U0516443

成 长———著

诸葛亮身后的三国

中华书局

图书在版编目(CIP)数据

汉之季:诸葛亮身后的三国/成长著. —北京:中华书局,
2025.4. —ISBN 978-7-101-17124-2

Ⅰ.K236.07

中国国家版本馆 CIP 数据核字第 20250S56M3 号

书　　名	汉之季——诸葛亮身后的三国
著　　者	成　长
责任编辑	傅　可　李若彬
装帧设计	崔欣晔
责任印制	管　斌
出版发行	中华书局
	(北京市丰台区太平桥西里 38 号　100073)
	http://www.zhbc.com.cn
	E-mail:zhbc@zhbc.com.cn
印　　刷	北京新华印刷有限公司
版　　次	2025 年 4 月第 1 版
	2025 年 4 月第 1 次印刷
规　　格	开本/850×1168 毫米　1/32
	印张 19　插页 6　字数 300 千字
印　　数	1–8000 册
国际书号	ISBN 978-7-101-17124-2
定　　价	88.00 元

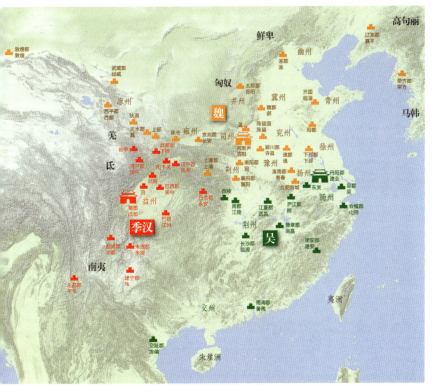

三国全图（建兴十二年）　　　　　　　　陈梦实绘图

河南焦作出土东汉陶楼模型   成长摄

陕西岐山五丈原

陕西安康冷水沟子午道　　　　　　　　　　　秦明摄

甘肃舟曲出土"无当司马"印

四川博物院藏景耀四年铭文弩机

四川剑阁剑门关城楼

成都武侯祠藏蜀汉宫城铺地砖

目　录

引言：五丈原与浊鹿城的遥望

公元 234 年，西方，罗马帝国塞维鲁斯王朝的末世。二十六岁的帝国皇帝亚历山大·塞维鲁斯面对频繁入侵的日耳曼人无能为力，不得不亲自前往莱茵河前线征讨，却于次年遭遇军队哗变，死于非命。他的死亡成为罗马帝国 3 世纪危机的开端，并为后来罗马帝国的分裂埋下伏笔。

公元 234 年，东方，甲寅年，东亚大陆上并存着三个以皇帝自居的政权，分别采用各自的纪年以示正朔。因此这一年既是魏青龙二年，也是汉建兴十二年、吴嘉禾三年。这一年之所以引人瞩目，并成为本书的开篇，是因为两个五十四岁的中年人同年逝去：魏山阳公刘协、汉丞相武乡侯诸葛亮。

刘协曾是这片土地上唯一的皇帝，即后世所称的汉献帝，但从他九岁即位开始，他就从未真正掌握过这个国家的权力。尽管延绵四百余年的汉朝事实上在刘协手中寿终正寝，但后人没有将他与那些亡国昏君归入同册，而是给予了充分的同情与怜悯。这大概是因为，在为权臣摆布的漫长生涯中，他已做了最大限度的抗争。

兴平二年（195），刘协带领着一群公卿大臣、宫女内侍脱离凉州军阀的虎口，从长安出发，踏上了一条坎坷的东归之路。整整一年的时光，一个皇帝在自己的国土上流浪，兵灾、饥饿、死亡、背叛……他和他的万千子民一道，被乱世的腥风血雨劈头盖脸地浇灌着。后来，孤立无援的刘协一头扎进了镇东将军曹操的怀抱，他也曾寄希望于曹操中兴汉室，再造山河，然而曹操比之于董卓、李傕，是一种更精致的野蛮，更温柔的凌迟，更深邃的绝望。那座由曹操亲手选定的都城——许县，成为刘协新的囚笼。刘协曾不止一次地参与对曹操的反抗，但换来的是更为残酷的报复。他身边的皇后、爱妃、汉臣被逐一更易，他成了真正意义上的孤家寡人。

几乎在刘协东归的同时，东海之滨的琅琊郡战火频仍，诸葛亮在叔父的带领下背井离乡，踏上了一条同样看不到前景的迁徙之路。虽然史书上并没有明确记载诸葛亮南迁的原因，但许多学者推测，这很可能与曹操屠徐州有关。《三国志·武帝纪》载曹操征徐州，"所过多所残戮"。而《后汉书·陶谦列传》中更增添了血腥的细节："凡杀男女数十万人，鸡犬无余，泗水为之不流，自是五县城保，无复行迹。"诸葛亮即便没有亲历曹军的屠戮，至少也因距离较近而有所耳闻。这在年幼的诸葛亮心中留下不可磨灭的阴影。及至多年以后的荆州变乱，诸葛亮的好友徐庶、石韬、孟建、庞山民等悉数北投曹操，他却义无反顾地跟随刘备的残部东走夏口，将反曹与扶汉作为自己毕生的事业。这样的选择，固然是一个服膺儒教的士人知遇报恩的本能，也是诸葛亮苦难童年永无止息的余波涟漪。

建安二十五年（220），刘协四十岁，曹操终于死去。此时四海之内，唯有刘备还打着"兴复汉室"的旗号，并且在一年之前占领了汉中，距离中原又近了一步。然而，刘协已经不可能等来刘备的"勤王之师"。曹丕继承了曹操所有政治资源，而刘协手中早已没有了任何底牌，只剩下任人宰割的命运。延康元年（220）十月辛未（二十九日），曹丕在许都西南郊繁阳亭的受禅台①上完成了他梦寐以求的表演，从法理上结束了汉朝的统治。逊位之后，刘协被封

---

① 汉魏禅代之受禅台至今仍存，位于今河南省临颍县繁城回族镇。曹丕受禅于繁阳亭，后升亭为县，改名繁昌县，唐朝废县，始称繁城。现存上圆下方的三层夯土台基，高 9.3 米，面积约 2500 平方米。台上平阔，原有殿、亭及天禄、辟邪等建筑，今已不存，仅余荒丘杂草。受禅台附近献帝庙内存有汉魏禅代之际所刻《受禅表碑》《公卿将军上尊号奏碑》碑石两通。受禅碑与受禅台是第五批全国重点文物保护单位。

为山阳公，前往河内郡山阳县浊鹿城[1]居住，继续自己体面却没有自由的余生。

于是在这一年，汉王朝、刘姓皇帝、曹丞相都已成为历史。但到了次年四月，巴山蜀水之间诞生了新的汉王朝——季汉[2]、新的刘姓皇帝，以及新的丞相。然而，在这个新生政权的政治语境里，刘协已经被曹丕害死了。刘备为刘协"发丧制服"，追谥他为孝愍皇帝。这场专为刘协举

---

[1] 浊鹿城遗址，在今河南省修武县五里源乡李固村南，平面近似正方形，城周回十五里，今仅存西城垣南段、南城垣西段，为河南省文物保护单位。

[2] 受陈寿所撰《三国志·蜀书》之名的影响，后世习惯将刘备在益州所建立的政权称为蜀或蜀汉。刘备身为帝室之胄，以恢复汉统为己任，故而其称帝时所用国号亦为"汉"。章武元年（221）刘备称帝《告天文》中有"惧汉阼将湮于地""惟神飨祚于汉家"之句，可知其政权承嗣汉祚，沿用汉之国号。陈震使吴，吴人所作盟书中也以汉、吴称呼两国。为了与刘邦所立前汉、刘秀所立后汉区别，当时人已用"季汉"作为称呼。如诸葛亮去世，朝廷谥文中有"将建殊功于季汉，参伊、周之巨勋"句；杨戏于延熙四年（241）作有《季汉辅臣赞》。按，"季"原有国家衰亡末世之义，《三国志》中也有用"季汉"代指汉末衰世之语（"往者季汉分崩，九土颠覆"），刘备政权所用之"季汉"显然另有他义。《说文解字》云："季，少称也。"杨戏在《季汉辅臣赞》序中用"中汉"代指后汉（"自我中汉之末，王纲弃柄"），可知"季汉"是因时间处于后汉之后，故名"季"，无衰世之义。本书在以刘备政权为角度的书写中，统一以"季汉""汉"称呼，以示对历史本原的尊崇。

办的"活出丧"，与繁阳亭的受禅仪式可谓殊途同归。曹丕和刘备这两个不共戴天的仇人在这件事上达成了空前的共识——只有将刘协的屁股从皇帝的位子上搬走，历史才能揭开属于他们的新一页。

南北相继称帝，天下依旧滔滔，浊鹿城里的刘协很快就被世人所遗忘。不幸的是，这两个新皇帝享寿不长，先后死在了刘协这个旧皇帝的前头。刘备崩逝后，诸葛亮受遗命辅政，成为季汉的实际主宰者，而他辅佐的皇帝刘禅，和与曹操初次相遇的刘协一样，都只有十六岁。那一年，刘禅投向诸葛亮的目光，一如当年刘协投向曹操的目光，在感激、敬仰与期冀之中，也掺杂着几许畏惧与不安。仅仅三年，少年皇帝与辅政丞相的搭配再度出现在这片土地上，绣着"汉"字的大纛依然猎猎飘扬，一切似乎都没有变化，一切都已经改变。

刘协在浊鹿城享受着一套特殊待遇，"奏事不称臣，受诏不拜，以天子车服郊祀天地，宗庙、祖、腊皆如汉制"，也就是说，除了自由、权力、尊严，皇帝该有的东西他一样不少。魏青龙二年（234）三月庚寅（初六），刘协病逝。这最后的十四年，刘协做了什么事情，史书无一字着墨，倒是民间对这位末代皇帝的晚年有着诸多驳杂的传闻。比如说他和夫人曹氏（曹丕的妹妹）在民间广行善事，悬壶济世，成为备受百姓热爱的乡村医生。这显然寄寓了后人对刘协乃至于汉室的同情。刘协死后，魏明帝曹叡追谥其为孝献皇帝，并于当年八月壬申（二十日）以汉天子礼仪将其葬于山阳国，陵曰禅陵。下葬之日，曹叡亲自着丧服送葬，哭得十分悲痛，也不知道他是因刘协悲凉的一生而伤感，还是由刘协想到了自己孤苦的童年。

就在刘协下葬的同月，季汉丞相诸葛亮病逝于渭水南岸五丈原的军营之中。相比刘协的寂寂无声，这最后的十余年是诸葛亮人生最为华彩的乐章。他内修政理，外和东吴，南抚蛮夷，北伐中原。他高擎着理想主义的大旗，一次又一次地穿越秦岭，向他心目中的大汉故地发动攻势。尽管希望的火苗越来越微弱，但他的心火却始终不曾熄灭。

诸葛亮的北伐震撼了曹魏，他成为这十余年中国大地上绝对的主角。这些事情，身居浊鹿城的刘协会知晓吗？当这个远离朝堂、心如死灰的退位皇帝听到巴蜀有一个与自己同龄的人像飞蛾扑火一般一次又一次地出兵，只为兴复那根本已经死去的汉室，他的内心该是怎样一番五味杂陈？是该放声大笑，还是该号啕大哭？

2019 年，笔者在日本福冈参观"三国志特展"，展品是二百多件从中国各大博物馆借展的文物，其中有一座东汉彩绘陶楼引起了我的注意。这座陶楼有五层，足有一人高，在它的四层开了两扇窗户，其中右边一扇里站着一个陶人，倚着窗棂面向远方，静静地守望。这座陶楼出土于焦作市山阳区，即在当时山阳公国范围内，因此策展方在展板介绍上特意将它描述成"汉献帝居住过的城楼模型"。当然，它很可能跟刘协没有任何关系，但当我与它对视的那一刻，确实有一种隐约的感觉——陶楼上那个眺望者就是刘协，他囚徒一般的人生和对诸葛亮遥远而深沉的期盼，都凝固在这件明器之上，讲述给一千八百年后的我们听。

刘协并不知道自己在巴蜀已经"被死亡"，但他或许知道在晦暗的夜空之中，还有一颗属于汉室的星星在散发着微弱的光芒。诸葛亮也许并不知道刘协是生是死，但刘协脚下的土地，正是他望眼欲穿的汉家故土。这一年，他引十万之众出斜谷，在渭水南岸的五丈原与魏军对峙。他深知这是自己的最后一次北伐，他甚至让士兵就地屯田，跟当地百姓杂居在一起，以作长久之计，抱定了不克关中誓不回师的信念。然而从春天熬到秋天，在魏军主帅司马懿的严防死守之下，他甚至连渭水也没有越过。秋风萧瑟，八百里秦川在他的眼中变得越来越模糊。

公元 234 年，刘协与诸葛亮先后离世，一个是东汉最后的皇帝，一个是季汉唯一的丞相，他们从未见过面，命运却彼此纠葛，形成了奇妙的互文。从某种意义上，他们是汉帝国在这片热土上残存的最后希望。他们的离开，标志着"汉"作为一代人的信仰，已经坠入永恒的梦境之中。

在许多人的观念里，三国时代到这一年就已经结束了，英雄全部谢幕，余下的历史，似乎一句"三国归晋"便能草草收尾。但实际上，自诸葛亮逝后，偏居一隅的季汉政权又延续了整整三十年，蒋琬、费祎、王平、马忠、姜维、张嶷、诸葛瞻、罗宪、陈寿……乃至于后主刘禅，他们的政治生涯才刚刚开始，季汉政权在跌宕起伏之中仍然不乏耐人寻味的故事。而就在这三十年间，魏、吴两国也接连发生惊心动魄的政局动荡，季汉亦无法置身事外。许多事情，看似发生在一国，却最终勾连着三国。当三个国家愈来愈互相影响、互为因果、纠葛不清的时候，也就是大一统即将到来的时刻。

第一章

世间已无诸葛亮

武侯的遗言

季汉建兴十二年（234）八月，时值秋收，秦岭北麓，渭水南岸，来自蜀地的士兵与魏地的农民错落有致地在稻田里手挥镰刀忙碌着，他们已经在这里相处了半年之久，彼此非常熟络，一起干起活来也很有默契。说起来，这批稻谷正是这些士兵刚来的时候所种的，如今，稻子经历了一个完整的生长周期，从一粒粒种子变成了一袋袋粮食，而士兵们依然不知道自己何时能够出战，何时能够归家。

某一天，当几个屯田兵和农夫在稻浪里直起腰来，擦拭额头上的汗珠时，他们看到了如下场景：一辆插着天子旌节的辎车在一列骑士的护送之下，从斜谷出官道，径向五丈原汉军大营的方向前进。不久，这队车马又整整齐齐地原路返回。然而没过多少天，一骑快马又从这条大道上向季汉大营疾驰而去。如果那些屯田兵看得仔细，他们会发现，骑马狂奔的人正是之前在辎车上端坐的那名官员。他虽然仍旧穿着那一身朝服，但在疾驰中已经顾不得端庄的形象，袍服已被吹得凌乱，旌节也没有顾得上带，随从的骑士想要追上他们的长官，但早已被甩出去很远 ①。

这名官员叫李福，字孙德，梓潼涪县（今四川绵阳）人，曾任巴西太守、江州督，此时已入朝担任尚书仆射，封平阳亭侯。李福在史传中记载寥寥，除了官职升迁，几无事迹可书。这次以皇帝钦使的身份来到渭南大营宣旨，竟成为他平淡人生中唯一的亮点。

中军帐内，丞相诸葛亮的病情正在急剧恶化。此次李福前来，不仅是代表皇帝关切慰问，还担负着为皇帝向诸葛亮"谘以国家大计"的重任。这次会面，关乎季汉的未来，李福深感责任重大，所以在第一次宣旨后，李福在诸葛亮榻前仔细聆听了诸葛亮对于国家大事的叮咛吩咐，唯恐记录不周。但不过数日，他还是回来了。病榻上的诸葛亮见状，就立即猜到他的来意，还没等他询问，自己先开口了：

　　　　孤知君还意。近日言语，虽弥日有所不尽，更来

---

① 事见《三国志·杨戏传》注引《益部耆旧杂记》："诸葛亮于武功病笃，后主遣福省侍，遂因谘以国家大计。福往具宣圣旨，听亮所言，至别去数日，忽驰思未尽其意，遂却骑驰还见亮。"

> 一决耳。君所问者，公琰其宜也。

李福一惊，他没想到诸葛亮竟然一眼看出了自己的心思，而且如此直白地给出了自己想要的答案。他也因此更感歉疚，于是出于礼节，补上了自己的问题和解释：

> 前实失不谘请公，如公百年后，谁可任大事者，故辄还耳。

李福诚恳地说，前一次是自己失误，忘了询问丞相"接班人"的人选问题，所以特意折返回来，把这事问个明白。

同在这本《益部耆旧杂记》里，对李福的评价是"为人精识果锐，敏于从政"。如此精明干练的大臣，在如此紧要的历史关头，为什么会把如此重要的事情遗忘了？

比较合理的解释是，这个问题也许并不在皇帝向诸葛亮"谘以国家大计"的清单之中，李福作为皇帝的代表，只能按照圣旨上的条文，依次询问这些军国大事，并记录诸葛亮的回答，绝不能借题发挥。但是当李福展开圣旨的时候，他自己或许也会迷惑：这么重要的事情，陛下为何只字不提？

　　李福当然不会知道，诸葛亮早已给皇帝写过密信，详细陈述此事。在离开渭南大营后，李福思虑再三，仍然决定折返回去问个清楚。他宁愿相信这是陛下的一时疏忽，而作为一个负责任的使者，想君王之未想，急君王之未急，是他的责任与义务。如果在诸葛亮有生之年没有把这件事问清楚，那他就成了历史的罪人，不仅对皇帝无法交代，对季汉百万军民也无法交代。

　　此时的诸葛亮虽然已经饱受病魔摧残，但意识依然超出常人。原则上，如此机密之事，诸葛亮必须直接汇报给皇帝，以免节外生枝。但自从跟李福第一次交谈之后，诸葛亮认为他是一个聪明谨慎的人，绝不会提前泄露机密。况且李福是持节使者，如皇帝亲临，让他再转述一遍，陛下想必会更为安心。

　　诸葛亮所说的"公琰"，即时任丞相留府长史蒋琬。诸葛亮出兵北伐这些年，蒋琬在后方"足食足兵以相供给"，是一个合格的内政之臣。"公琰其宜也"是诸葛亮斟酌再三给出的回答，可对于李福而言，或许有些意外。于是，他禁不住又追问了一句："蒋琬之后，谁可任者？"

　　诸葛亮一时猜不透这是刘禅的授意，还是李福的自作主张——难道是这一人选陛下不尽满意，又不好直接否定，索性让我"隔代择贤"？但话已至此，诸葛亮也不能再回避了，他用迟缓而沉重的口吻一字一顿地说：

文伟可以继之。

文伟，是费祎的字。费祎时任丞相司马，随诸葛亮在五丈原前线。此时的费祎，就在帐外焦急等候的人群之中。

没想到李福似乎还不满足，他发扬"打破砂锅问到底"的精神，继续追问费祎之后还有何人可继。

季汉不可一日无诸葛亮，在季汉君臣眼里，诸葛亮不仅是这个国家的大管家，还是这个国家未来的规划者，只有他尽可能计划得长远一些，那条通向远方、福祸莫测的道路才会少一些荆棘，多一些坦荡。

然而，诸葛亮已经默而不答。未来对他来说太遥远了，他毕竟是人，而不是民间传说中"前算五百年，后算五百年"的半仙之体。蒋琬、费祎是诸葛亮可以明确告知的答案，而当他们都逝去之后，季汉何去何从，就不是诸葛亮所能料算的。也就是说，只有交给天命了。

中国古代王朝历来有君王和宰辅两套传承体系。君王世代传承，宰辅也走马灯般流转。君王系出一脉，父死子继，而宰辅中虽也有所谓"四世三公""累世公卿"，却并非常态。谁能够坐在这样位极人臣的席位之上，是多种复杂因素共同构成的。只要君王的权力没有被架空，那么宰辅的人选大抵还是需要符合君王的意志和利益需求的。

君王是天然对权力敏感的生物，没有多少君王希望宰辅自己来决定"接班人"，这样无疑会削弱君王对本朝人事安排的权威。除非，君王需要在宰辅弥留之际配合他完成一场君臣相知、言听计从的表演。诸葛亮的人生偶像管仲在病笃之际，就不得不面对齐桓公的灵魂发问："寡人将谁属国？"管仲起先并不想回答，但挨不住桓公再三请教，只好先让桓公提出人选，他来做判断题。结果，管仲否决了自己的挚友鲍叔牙——只因他太过刚直，眼里容不得沙子，却大力推荐了隰朋——因为他做事善于抓大放小，为人能够宽容体谅，是有大局观的人。管仲死后，齐桓公遂以隰朋为相，可惜隰朋不久也去世，为齐国掌政的仍是鲍叔牙，管仲的遗言没起到多大的效果。

季汉的盟友东吴，亦有周瑜举鲁肃以自代、吕蒙举朱然以自代的先例。但吴主孙权在人事安排上有着鲜明的个人色彩，这种举荐不过是君臣默契的一种体现——君主早已有了属意的人选，而这个人选也堪称众望所归，临终举荐不过是顺水推舟。至于后来接替吕蒙掌军的是陆逊而非朱然，则另有原因。

季汉的政体与东吴有鲜明的差别。《魏略》引刘禅语将之概括为"政由葛氏，祭则寡人"。皇帝刘禅作为名义上的一国之君，主持祭祀天地祖庙这样的国家礼仪，而诸葛亮总摄内外军政，是国家政权实际上的主事人。诸葛亮在《出师表》里说得明白："宫中府中，俱为一体。"皇宫与相府，内廷与外朝，在实际运转中并不需要彼此分隔，而是连通管理，最大限度地给予诸葛亮治国理政的空间，减少掣肘与羁绊。

于是从建兴元年（223）开始，季汉政权在诸葛亮的操持之下，逐渐走出"危急存亡之秋"，恢复了两次荆州之败所折损的国力和民心。诸葛亮是一个救火者，也是一个裱糊匠，更是一个设计师，他按照自己的理想来建设国家，改良制度，教育君主，之后又按照自己的战略思想和战术思维发动北伐战争，整个国家上下齐心，如臂使指，拥有极强的动员能力和供给能力，即便有如李严龃龉于内，但不过是癣疥之疾，无伤筋骨。

主政十二年来，诸葛亮与季汉政权已经骨血相连，融为一体。魏主曹叡所发《露布天下并班告益州》中，先骂刘备背恩忘义，又訾毁诸葛亮"内贪专擅之实""虐用其民"，同时不忘嘲讽刘禅兄弟将权力拱手于他人（"刘升之①兄弟守空城而已"）。吴主孙权在与季汉的盟书中盛赞诸葛亮"德威远著，翼戴本国"，却只字不提刘禅。乃至于曹魏的落魄王爷曹植在给朝廷上书请战时，也声称要"禽权馘亮""歼其丑类"，将诸葛亮和孙权并列为两大强敌，欲除之而后快。而成都皇宫里的刘禅，在曹植眼里就如同他的妹夫山阳公刘协昔日的光景一样——空有天子之名，不过是一具傀儡。

然而在季汉建兴十二年（234）的秋天，只身撑起季汉大厦的诸葛亮在五丈原军中倒下了。当这一消息传到成都皇宫里二十八岁的刘禅耳中时，其震撼程度应不亚于十一年前从永安宫传来的父皇崩殂的噩耗。诸葛亮一旦撒手人寰，季汉将要面临的政治地震，或许将比刘备驾崩带来的动荡更为猛烈。

---

① 曹魏诏书称刘禅为"刘升之"，与刘禅名、字皆不符。又《三国志·刘封传》载孟达与刘禅书，有"自立阿斗为太子已来，有识之人相为寒心"句，可知刘禅又名"阿斗"，后世常称"阿斗"为刘禅小字。清人陈景云认为"升""斗"两字形近易混淆，刘禅一字"升之"，"阿斗"应为"阿升"之讹。"升"与"禅"亦有语义关联。

朝中之朝

权力的更迭交替，历来是一个王朝颇为敏感而脆弱的时刻，它挑战着这个王朝的执政根基，考验着这个王朝的生命力。

自三国鼎立以来，曹魏已经历了两次权力更替，其过程都并不顺遂。曹操新丧，便有青州兵与臧霸所部哗变于外，鄢陵侯曹彰欲逼宫夺玺于内。好在曹丕根基稳固，文武旧臣倾心辅佐，乱象很快就被平定。怎奈曹丕享寿不长，曹叡即位时主少国疑，于是就有孙权、诸葛亮先后率军北侵，让曹魏疲于东西应对。而回溯季汉并不久远的历史，刘备晏驾于永安前后亦是"危急存亡之秋"，夷陵兵败的创伤尚未愈合，蜀地又接连爆发汉嘉太守黄元拥兵作乱、南中大姓雍闿据城造反等一系列事变，若非有诸葛亮、杨洪一班能臣妥善处置、发兵弹压，社稷倾覆亦未可知。

皇帝为避免身后权力更替的动荡，常常会早立太子，公之于世，以安人心，并选拔忠直贤能之臣以辅之。诸葛亮身为人臣，理论上不能将丞相之位私相授受，内定所谓的"继承人"。但诸葛亮面对的现实是，季汉与曹魏的国力差距悬殊，兴复汉室的宏图伟业绝非一朝一夕之事，亦非一代人之内可以实现。诸葛亮是季汉家园忠诚而勤勉的大管家，但他管得了一世，管不了生生世世。他必须在有生之年，为季汉的将来做长远打算。

筹谋，从季汉建兴元年（223）就已经开始了。刘禅甫一即位，诸葛亮就上表请求追谥刘禅生母、皇思夫人甘氏为昭烈皇后，并将其灵柩与刘备合葬于成都惠陵。此一表解决了刘禅长期以来庶生子的身份尴尬，稳固了刘禅的位子，博取了刘禅的信任。很快，诸葛亮获得了开府治事之权。开府，意味着诸葛亮可以在丞相府的建制之内搭建起直接听命于自己的属官体系，即"朝中之朝"。自此，丞相府及其僚属构成了季汉政治、经济、军事的运转中枢。

丞相开府治事并非东汉旧制。东汉长期不置丞相，以三公（司徒、司空、太尉）为宰辅，三公虽各有僚属若干，但因三公已从核心行政事务中淡出，成为顾问、对策性质的角色，其僚属在政治上发挥作用的空间十分有限。曹操迎献帝都许后，升任司空，广置僚属。司空府的规模较之前膨胀数倍，逐渐将朝廷的军政权力全部收拢过来，"百官总己以听"。攻取冀州后，曹操将司空府迁至邺城，俄而又于建安十三年（208）罢三公，复丞相。曹操的丞相府机构庞大、人员众多，许多职位为曹操所首创。东汉朝廷的权力进一步集中于邺城，诏旨政令皆出相府，许都的皇帝及文武官僚仅存象征意义。东晋袁宏将曹操所创立的僚属体系称为"霸朝"，后世史家又多名为"霸府"。曹操之霸府逐渐演变为魏公国、魏王国，并最终在曹丕手上转化成为新的王朝。大量文武官员通过担任曹操"霸府"僚属，实现了自己从汉臣至魏臣身份的过渡，而曹操"霸府"中的诸多机构和职位成为后来曹魏王朝中央机构的雏形。

曹操所创"霸府政治"对后世影响深远，南北朝刘裕、萧道成、萧衍、高洋等开国君王（奠基人）无一不是通过做大自己的"霸府"来实现改朝换代的目的。然而，曹操"霸府政治"的第一个"学生"是诸葛亮。诸葛亮虽与曹操为政治立场上的一对仇雠，但对其人的政治、军事才能可谓钦佩有加。早在与刘备的"隆中对"之中，诸葛亮就盛赞曹操于官渡破袁绍"非惟天时，抑亦人谋"。及至诸葛亮也坐到曹操曾经担任的丞相之位后，其丞相属官体系也显露出鲜明的曹操"霸府"特点。大量季汉文武精英被延揽至丞相府内，丞相府成为季汉事实上的决策与政令中枢。

季汉建兴初年诸葛亮丞相府僚属可考者如下：

长史：王连、向朗

　　参军：马谡、廖化、张裔、杨仪、文恭

　　主簿：宗预、杨颙

　　军祭酒：射援

　　西曹掾：李邵、蒲元①

　　东曹掾：蒋琬

　　丞相掾：马齐

　　西曹令史：赖厷

　　令史：董厥

　　门下督：马忠

　　从籍贯来看，丞相僚属中荆州籍人士所占比例最重，如向朗、马谡、蒋琬、廖化、杨仪。刘备藉由荆州之力得益州之地，故而荆州籍人士早在刘备时期即各据蜀中显要职位。成汉时期隐士龚壮有"昔豫州（刘备）入蜀，荆楚人贵"之语，可谓切当。张裔、李邵是益州人士，属于少数。从资历来看，丞相僚属成员大多在刘备时期已担任要

---

① 蒲元之名不见于《三国志》及裴注。唐代类书《北堂书钞》载蒲元为诸葛亮作木牛，引《蒲元别传》云蒲元为"丞相诸葛亮西曹掾"，时在诸葛亮北伐前。考李邵任丞相西曹掾在建兴元年至建兴四年，可知蒲元始任丞相西曹掾当在建兴四、五年间。

职，如向朗曾任步兵校尉，王连曾任蜀郡太守，也有部分是诸葛亮从基层拔擢而来。

丞相府的僚属管理国家千头万绪的庶务，他们的业务直接向诸葛亮汇报，因此他们比常人更易获得诸葛亮的了解与信任，自然也拥有更易被提拔的上升渠道。稍有政治常识的人都能看出，未来诸葛亮事业的继承人，将会从他们之中产生。

最早木秀于林的，是马谡。而诸葛亮与马谡的渊源，还需要追溯到其兄马良。

马氏兄弟是襄阳宜城（今湖北宜城南）人，马良排行第四，字季常；马谡排行第五，字幼常。马氏五子在乡里并有才名，因马良眉中有白毛，乡里谚曰："马氏五常，白眉最良。"刘备领荆州，辟马良为从事。刘备称帝后，又以马良为侍中，甚为亲信。诸葛亮与马良的友谊可能在其躬耕陇亩之时就已结下。马良在与诸葛亮的书信中称其为"尊兄"，裴松之据此猜测，"良盖与亮结为兄弟，或相与有亲"，其亲密程度堪比刘、关、张。诸葛亮的荆襄故旧大多随曹操北去，而庞统殒没之后，马良就成为诸葛亮身边不可多得的至亲之人。刘备东征，诸葛亮身荷守国重任，马良随军从征。当时法正新丧，谋主出缺，刘备带马良在身边的用意不言而喻。如无意外，未来的季汉朝堂上，马良将成为诸葛亮无可替代的左膀右臂。

马良在东征初期立有大功，他只身前往武陵山区招纳五溪蛮夷，授予渠帅印信，使他们率兵响应汉军，袭扰吴军侧翼。但大错也就在此时铸下，马良的离开让刘备身边失去了直言进谏的良臣，以至于孤高自傲的刘备在战术上节节失误，最终落入陆逊的陷阱之中。夷陵一战，汉军几近全军覆没，马良亦葬身沙场。

马良之死成为诸葛亮挥之不去的伤痛，他失去了一个生活中的好兄弟、事业上的好搭档。在此之后的无数寂静的夜晚，诸葛亮都会心生自责——如果自己当年能够勇敢地站出班列劝阻刘备东征，或者在出征前嘱咐刘备让马良紧随其左右，对其听之信之，后来的悲剧就不会发生。诸葛亮对马良的全部亏欠与惋惜，都化作了对马谡的倾力栽培。

马谡亦在荆州时就担任从事，并随刘备入蜀，后历任绵竹令、成都令、越嶲太守，既积累了丰富的地方治理经验，也对处理汉夷杂居之地的事务颇有心得。然而偏偏刘备对他评价不佳。刘备于永安宫弥留之际，特意嘱咐诸葛亮说："马谡言过其实，不可大用，君其察之。"刘备一世英雄，壮志未酬，临终前所要托付的话语何其多，为何不见他对其他重臣有只言片语的评价，偏偏要给予马谡如此恶评？后人多对此大惑不解。清人朱璘甚至疑其"出于事后之附会"。

笔者认为，刘备不会无端有此一评，史书可能在这段对话之前省略了一个原委，即诸葛亮的主动询问。此时的诸葛亮已经对马谡有所偏爱，他迫切需要在刘备在世之时向马谡讨一个封赐，一来可以慰藉马良在天之灵，二来可以在名臣凋零、人才匮乏之际，为拔擢季汉的新秀做一个示范。可在刘备看来，诸葛亮在任人用事上与荆州籍人士过从甚密，已有结党之嫌，此时又力捧出身襄阳的马谡，其心殊为难测。因此，刘备对马谡"不可大用"的评价，可能并非针对马谡本人的能力，而是在提醒诸葛亮不要过于偏心荆州籍人士，以致因私废公。

刘备的遗言暂时阻断了马谡在官场的升迁之路，但它并未影响诸葛亮对马谡的提携。实际上，在用人方面，诸葛亮每每与刘备相左。刘备差点处死的蒋琬，最终成为诸葛亮指定的托国之人；刘备从行伍中一手提拔起的魏延，却被诸葛亮一再抑制约束，不能尽其所长。在对马谡的问题上，诸葛亮坚信自己的判断。诸葛亮以丞相开府，即延揽马谡入府为参军，使他可以直接参与季汉军机要略的谋划，积累经验与功业。马谡受此大恩，自然要尽心竭力表现，他与诸葛亮谈论国家大事，常常"自昼达夜"。诸葛亮南征，马谡又富有远见地提出了"攻心为上，攻城为下，心战为上，兵战为下"的方略，为诸葛亮所采纳。

南中平定战是诸葛亮对自己军事指挥能力的一次试水，也是对马谡是否"言过其实"的一次检验。南中的顺利平定让诸葛亮更加坚信自己的用人眼光，当面对着意气风发、侃侃而谈的年轻人马谡时，诸葛亮似乎看到了昔日草庐中为刘备指点江山、纵论天下的自己。他甚至会想到自己在年少时，也曾经历过一段孤高自傲到不被人理解的时光（"每自比于管仲、乐毅，时人莫之许也"），如果那时候的刘备听完诸葛亮一番对策，淡淡地说一句"言过其实，不可大用"，那么他诸葛亮的人生将会完全不同。这正是让诸葛亮始终不解的地方——那个三顾草庐、为一个年轻人赋予全新生命的刘备，和一句恶评几乎断送了一个年轻人前程的刘备，是同一个人吗？

对诸葛亮而言，培养未来的国之栋梁，最佳的途径无疑是让他与自己形影不离，军前效用。这样，既能让他在实战中得到自己的口传心授，锤炼与自己牢不可破的师生之谊，又能让他在三军将士之中树立威望，为将来的权力交接提前铺垫。诸葛亮之用心，可谓良苦，但他此生最大的错误，就是将培养马谡的私情掺杂进北伐这样的公事之中。季汉建兴六年（228），诸葛亮在曹魏毫无准备的情况下，突然兵出祁山，闪击陇右①，拉开了第一次北伐序幕。这是诸葛亮第一次踏上陇右这片神秘的土地，这也是马谡第一次来到生死莫测的军争前线。战场形势瞬息万变，胜负之数不过反掌之间，平生谨慎的诸葛亮却将两个赌注叠在了一起，面对着营中将领们错愕的表情，"违众"提拔马谡为先锋，将首次领兵的他推上了街亭②。

---

① 陇右，即今陕西、甘肃两省之间的陇山（六盘山脉）以西的地区。古代坐北朝南，故而以东为左，西为右。陇右与陇西本同义，但在三国史中，陇西一般仅指陇西郡（郡治在襄武，今甘肃陇西），陇右一般则指曹魏雍州西部的天水、南安、安定、广魏、陇西五郡，范围要大得多。
② 街亭，传统观点多认为其地在关中通往陇右的陇道道西口，具体位置在今甘肃秦安东北陇城镇一带，《通典》《元和郡县图志》《太平寰宇记》都持此说。但学者孙启祥从张郃赴陇右救急这一点出发，认为张郃入陇应当如建安十九年（214）战马超一样，由陈仓狭道入，街亭应在此道西口，即在今甘肃天水东南麦积镇街亭村一带，此地与上邽相距不远，也与史书中郭淮出上邽击高翔于柳城相符合。见孙启祥《街亭究竟在哪里》，载《蜀道三国史研究》，巴蜀书社 2017 年版。笔者倾向此说。

此战若胜，或者退一步说，哪怕是一场平局——马谡顶住了张郃的攻势，拖延了魏军上陇的时间，让诸葛亮从容拔三郡之民撤回汉中，他都将成为季汉的功臣，并从此在军中获得无可撼动的地位。但不幸的是，马谡自作主张，屯兵于山上，为张郃断水合围，终至大军溃散。败局已无可挽回，但若马谡战至力竭，以身殉国，仍不失其兄马良的结局，在青史上留下壮烈之名。然而，马谡脆弱的心态在兵败如山倒的残酷现实之下彻底崩溃，他临阵脱逃，苟且偷生，并试图逃亡以避免惩处，却没能成功，被投入大狱。刘备那句遗言，不幸一语成谶。

街亭之败让诸葛亮的第一次北伐功亏一篑，因为有了刘备那句话在先，季汉内部所有的指责声音都指向了诸葛亮的用人失察。为严明军纪、平息舆论，诸葛亮不得不自断臂膀，将马谡处斩，连对马谡逃亡知情不报的长史向朗都受到牵连，被免去职务。在向刘禅请求自贬的上疏中，诸葛亮坦言自己"授任无方""明不知人"，对自己的责任没有任何推卸之意。这次失败的教训足够深刻，诸葛亮呕心沥血的北伐大计和培养"接班人"的计划双双遭受重创，他必须重新调整北伐战略，以及重新物色可以担负起北伐大业的后起之秀。

时间回到季汉建兴十二年（234）八月的五丈原，马谡已经死了六年了，这个名字早已没人再提起。丞相府最初的那一批僚属，有的死去，有的被罢黜，又不断有新的面孔填补空出来的位置。这一年丞相府僚属可考者如下：

长史：蒋琬（留府）、杨仪（随军）

中参军：胡济

参军：李丰（留府）、马齐、阎晏、爨习、杜义、
　　　　杜祺、盛勃

司马：费祎

主簿：董厥

军祭酒：尹默

前军师：魏延

前军都督：张翼

督前部：高翔

督后部：吴班

督左部：邓芝

中监军：邓芝

前监军：刘巴

监军：马忠（驻南中）

前护军：许允

左护军：丁咸

右护军：刘敏

护军：姜维

中典军：上官雝

虎步监：孟琰

无当监：王平

属主簿：杨戏

从事中郎：樊岐

记室：霍弋

　　这个名单中有两名长史，一名留在成都的丞相府署府事，即蒋琬，一名跟随诸葛亮行军至五丈原，即杨仪。

　　马谡之后，杨仪就是诸葛亮身边风头最劲的人物。北伐是一项庞大的系统性工程，诸葛亮虽然经常事必躬亲，但行军规划、安营部署、粮食调度、军需供给等方方面面的事情不可能全部由诸葛亮操劳，这时杨仪就接过了重担。

　　诸葛亮病笃期间，杨仪实际上已经代理了丞相的工作，全盘负责季汉军营的一应大小事务。当诸葛亮屏退左

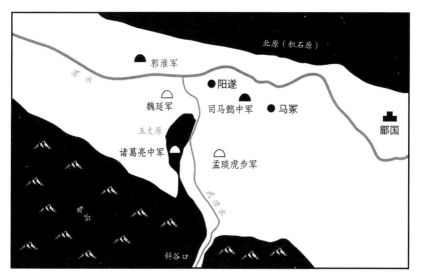

五丈原魏军、汉军对峙形势图　　　　　　　　陈梦实绘图

右与李福密谈时，杨仪是帐外最焦虑的那个人，他恨不得
自己的耳朵能钻进帐内，细数丞相在嘱咐后事的时候几次
提到了自己的名字。

　　可他究竟没有听到诸葛亮的遗言，这个秘密被李福带
着离开了五丈原，星夜奔赴成都而去。随即，杨仪与司马
费祎、护军姜维被唤进了帐中，诸葛亮要用生命中最后的
时间，为这支由他带到魏境的季汉军队安排好一条安全的
退路。长达七年的北伐战争将伴随着他的油枯灯灭而暂时
落幕。诸葛亮最后的希望是，除了他以外，所有的人都能

够活着回家。营垒对面的司马懿已经不足为惧，唯一让他担忧的，反而是营垒之中的魏延。

魏延的绝路

当魏延意识到自己可能是汉军大营最后一个知道诸葛亮病逝消息的将领时，他悲愤交加，将所有的情绪都写在自己沧桑而狰狞的面孔上，让他对面以沉稳见称的费祎都露出了畏惧之色。

魏延悲的是，诸葛亮这一去，北伐大业势必蒙上一层阴影；魏延愤的是，诸葛亮的遗命是让杨仪统领全军撤退，却让他断后。魏延与杨仪素来不和，这一点诸葛亮深知。因而，魏延的心头盘桓着巨大的困惑。但他非常清楚，他无法接受杨仪的统领，甚至不愿意按照所谓诸葛亮的遗命撤军回国。他对费祎直言："丞相虽然去了，但我还在，相府的官员自可以将丞相灵柩送还汉中，我还要继续留在这里统帅诸军杀贼，怎么能因为一个人的死而废了天下大事呢（"丞相虽亡，吾自见在。府亲官属便可将丧还葬，吾自当率诸军击贼，云何以一人死废天下之事邪"）？"

魏延未必是要真的留下来继续与司马懿周旋，这场战事早已陷入僵局，魏延也回天乏术。他实则是不满诸葛亮对他的"抛弃"。此时的魏延根本没有留意在他话音落下之时，费祎眼中掠过的一丝杀机。思绪，反而将他带向了十五年前的南郑拜将台，那是他一生中最为荣耀的时刻。

魏延，字文长。《三国志》载其为义阳人，未详何县。义阳郡是魏文帝黄初中分南阳郡所设，领安昌、随、义阳、平氏、棘阳、新野、平林、鄡八县，均在南阳郡南部。刘备依附刘表之后驻军新野县，所辖领地即南阳郡南部一带。刘备在此厚植人心，结交宾客，奠定了后来"荆楚群士，从之如云"的局面。魏延应当就是在这一时期成为刘备的部曲，其时间应早于诸葛亮出茅庐。

魏延从荆州到益州的十余年戎马生涯，史书上仅有"数有战功，迁牙门将军"寥寥九字，这极可能是因为魏延后来被打入"逆臣"之列，早年的事迹被尽数抹除，以至于身为蜀人的陈寿在撰写《三国志》时亦无从知晓。但仅从其担任的牙门将军一职，就可略见魏延之功。牙门将军是刘备自创之将军号，此前赵云因长坂救甘夫人与幼主刘禅，得封此职。刘备平益州，赵云升为翊军将军，魏延代之，由此可见魏延平蜀之功。

随后的汉中之战，魏延的传记又是一片空白，但我们仍可以从战后的嘉赏来反推魏延的表现。战毕，刘备当还成都，欲提拔一名重将镇守汉中。汉中是巴蜀的门户，与荆州同为对曹魏作战的前沿战场。总督荆州军事的是关羽，按照常理推断，汉中守将的人选应非张飞莫属，张飞也自觉如此。然而刘备的决定是：以魏延为督汉中、镇远将军，领汉中太守。陈寿如此形容当时众人的反应：一军尽惊。

刘备的决定显然是经过了深思熟虑的：一则，张飞目前镇守的阆中位于水陆要冲，地缘位置十分重要，逆水而上可支援汉中，顺水而下可策应荆州，不宜轻动；二则，刘备此前人才匮乏，在军事征战上长期依赖关羽、张飞等旧将，此时刘备已跨有荆、益二州，人才济济，需要为更多的人才提供磨砺的机会，方能使新生的季汉政权生机勃勃、生生不息。

魏延之所以能被刘备拔擢出来，显然是因为他在汉中之战贡献了突出的战绩，一如孙权"拔吕蒙于行阵"，是因为吕蒙守濡须、克皖城、诱郝普，战功累累，足以服众。吕蒙的加分项是他出身淮泗，属于随孙策平定江东的老班底。魏延的加分项同样是因为他出身南阳，跟着刘备打了十几年的硬仗。对于刘备而言，魏延是彻彻底底的自己人。实际上，魏延一生都只忠诚于刘备一人，这让他与同僚、与上司诸葛亮相处时，自带一种优越感和傲慢，这也成为他日后悲剧的根源之一。

拜将之日，当刘备询问魏延当如何镇守汉中时，魏延掷地有声地说出了这段豪迈的话语："若曹操举天下而来，请为大王拒之；偏将十万之众至，请为大王吞之。"口气之大，令众人再度惊叹。许多后世的论者都以为魏延过于张扬狂妄，不懂得处世之道。实则并非如此。作为一个突然被越级提拔、委以重任的新秀，他非常懂得这时候的刘备需要听到怎样的答复，领导有对下属"画饼"的智慧，下属也有对领导"画饼"的妙处。这一番话，既表达了自己的忠心和胆略，还成全了刘备知人善任的美名，可谓一举两得。

魏延出镇汉中后的九年间，天下局势天翻地覆，但《三国志·魏延传》对魏延的记载又是一片空白。难道魏延在汉中毫无作为？好在，我们在他人传记中找到了一些线索。在《三国志·姜维传》中，陈寿批评姜维御敌失策，以魏延时期的防御策略进行对比："初，先主留魏延镇汉中，皆实兵诸围以御外敌，敌若来攻，使不得入。"由此可知，魏延在汉中九年间，做的最重要的一项工作就是依托秦岭天险，构筑起了一条完备的防御体系。具体说来，就是将关口前置，把士兵分散安排在秦岭通向汉中的各条河谷之中，设置军事据点，修建防御工事（围戍）。魏军如果要来攻汉中，必从秦岭谷道中穿行，这些谷道艰险难行，魏军的士气与战力在行军途中就会大为削弱，而此时汉军的诸围戍驻军依靠地形优势，以逸待劳，就可以歼灭来犯之敌。

《周易·系辞下》云："重门击柝，以待暴客。"连姜维都不得不承认，魏延在汉中构建的这套防御体系合乎了《周易》的"重门之义"。魏延所建立的诸围戍像一重重大门，将汉中盆地保护了起来。这期间，季汉连遭败绩，内外交困，连毗邻成都的汉嘉郡都发生了叛乱，反倒是处在对魏前线的汉中固若金汤，这与魏延"实兵诸围"的防御体系不无关联。诸围之中的兴势围，在二十多年后抵御曹爽来侵之时，还在发挥重要的作用。

要知道，在魏延刚接手汉中的时候，曹操已经迁走了至少八万口的百姓，刘备"得地而不得民"。而在魏延的治下，汉中不仅完全恢复了元气，还成为支撑季汉今后历次北伐的桥头堡。季汉建兴五年（227），诸葛亮北驻汉中，迁丞相府于沔阳（今陕西汉中勉县），汉中从而成为事实上季汉的政令中心。诸葛亮北驻汉中不到一年，就于次年春发动了第一次北伐，效率如此之高，显然得益于魏延在汉中九年来搭建起的成熟的军政、道路、装备、粮运、谍报等诸多体系提供的支撑。

此次北伐，由于镇东将军赵云已分兵去斜谷，魏延当之无愧地成为诸葛亮主力中军的头号将领，督领前部。但在出兵之前，还有一层管理上的关系亟需理顺。诸葛亮的身份是丞相，为文职官员，如何能统御如魏延这样的重号将军？按照东汉的循例，"三公"亲征可加将军衔以解决这一矛盾。但诸葛亮选择了另一种方式，即让主要将领兼领丞相府僚属，于是魏延又有了一个身份——丞相司马。宋人胡三省注曰："汉丞相有长史而无司马，是时用兵，故置司马。"丞相司马初置于曹操，典满（典韦之子）、司马懿曾任此职。诸葛亮如法炮制，如此便保障了丞相府对北伐战事的指挥权和对主要将领的调度权，北伐就能够令出一门，如臂使指。

对于这一系列的职务安排，魏延或许会有一些不满的情绪。但他与诸葛亮的根本矛盾还不在于此，而在于在诸葛亮北驻汉中之前，魏延就已经制定了一套成熟的北伐方略，见于《三国志·魏延传》裴注引《魏略》①，后人惯称之为"子午谷之谋"：

> 亮于南郑与群下计议，延曰："闻夏侯楙少，主婿也，怯而无谋。今假延精兵五千，负粮五千，直从褒中出，循秦岭而东，当子午而北，不过十日可到长安。楙闻延奄至，必乘船逃走。长安中惟有御史、京兆太守耳，横门邸阁与散民之谷足周食也。比东方相合聚，尚二十许日，而公从斜谷来，必足以达。如此，则一举而咸阳以西可定矣。"

子午谷，又称子午道，其北端在今陕西省西安市长安区子

---

① 《魏略》是曹魏郎中鱼豢私撰的史书，裴松之为魏延本传所补充的两条史料均来自《魏略》。魏延"子午谷之谋"不载于《三国志·蜀书》，却见于敌国典籍，因此后世不少人都质疑其真实性。笔者认为，如此详尽的伐魏之谋，魏人没有凭空捏造的必要，其真实性应当无疑。《蜀书》失载的原因，同样可能与魏延被列入"逆臣"之后其事迹被季汉官方抹除有关。至于这份计划何以为魏人知晓，则与鱼豢身份有关。鱼豢为京兆人，京兆即今陕西西安一带，正是魏延"子午谷之谋"的目的地。鱼豢凭地利之便，得以获得大量季汉方面的情报材料，并撰入《魏略》之中。从今存裴松之注所引史料可见，《魏略》对季汉史事颇为关注，记载良多，多有与《三国志·蜀书》相悖之处，其史料价值应当得到重视。

午街道，由此南入秦岭山区，循沣水河谷翻越秦岭，再顺池河南下至今安康市石泉县池河镇，折西逆汉水可入汉中盆地，全程约一千里，谷道八百八十里。当年刘邦被项羽封为汉王，即是由杜县沿子午道入汉中。

子午道虽然艰险难行，但从路程上看，它是由汉中至关中最近的一条路线，而且出谷就是西汉故都、曹魏关中都督驻地长安，可以起到直入虎穴、乱敌中枢的作用。魏延的目的也正在于此。他计划亲自统帅五千名精兵和五千名负粮民夫穿越秦岭。因为当时季汉已经失了西城郡（治所在今陕西安康），子午道南口（即今陕西石泉池河镇）已落入魏人之手，曹魏在此设有安阳县。故而魏延需要先从褒中（今陕西汉中北）出发，沿秦岭南麓汉水河谷东行，绕过曹魏的眼线小心地进入子午道，然后再行北上。

这是一条魏延早已勘测好的路线，他不仅对行军方向烂熟于心，还准确计算了时间，即不出十日可以抵达长安城下。这样一支翻山越岭、快速行军的部队，势必将以轻装为主，不可能携带大型攻城器械，因此魏延也并没有寄希望于攻克长安。他笃信当汉军突然降临在长安城外时，城中主帅、魏安西将军兼关中都督夏侯楙必将弃城而逃，仅剩的御史、京兆太守等文官根本没有能力组织起反击力量，只能闭城自保。此时，魏延可趁机攻略长安近郊的横门邸阁（粮仓）与村庄，因粮于敌。只要坚守二十多日，诸葛亮的主力大军将顺利地穿越褒斜道，顺渭水东下。两军会师后，就将以咸阳为界隔断曹魏东西两部分之间的联系，咸阳以西就可以一举而定。

魏延并没有见过夏侯楙，也并没有进过长安城，但他对夏侯楙和长安城内外的了解却如数家珍，这得益于九年间魏延对曹魏内部进行的大量情报刺探工作，甚至不排除他在长安城内、都督府内都埋伏下了内应。事实证明，魏延对夏侯楙的判断并非空穴来风。夏侯楙是夏侯惇之子，曹操女婿，虽然出身将门，但"性无武略，而好治生"。后来魏明帝移驾长安，顺势褫夺了他的兵权，将他调回朝中。《魏略》中还记载了他"多畜伎妾"，与其妻清河公主不和，乃至于上演了妻子勾结小叔子构陷丈夫的闹剧。魏延将奇袭的赌注押在这个纨绔子弟身上，不能说十拿九稳，但也并非全无把握。

至于"子午谷之谋"是否能够成功？这个问题就仁者见仁，智者见智了，因为它毕竟只是个沙盘推演，未能真正实施。战争一旦开始，就会有无数的意外和偶然因素，不能以常理来推论。但至少可以明确的一点是，魏延此计并非异想天开，而是建立在前期充分的情报收集与地形勘探的基础上。它在兵法上属于"用奇"，一旦提前泄露就会功亏一篑，因此在相当长的时间内，魏延的军事准备只能暗中进行。直到诸葛亮将北伐正式提上日程，召开军事会议时，魏延方能和盘托出。

然而，诸葛亮却拿出了一套截然不同的北伐设想。在诸葛亮的规划中，不仅只字未提子午谷，连魏延为汉军主力选择的褒斜道也都成为了疑兵诱敌之处。诸葛亮真正的目标是向西迂回祁山道，攻击远离曹魏核心控制区的陇右诸郡，利用地缘优势阻击曹魏援兵，先将陇右吞下，再结好羌胡，徐图东下。"平取陇右"也不是诸葛亮的即兴发挥，从后来诸葛亮兵锋一出，天水、南安、安定三郡即叛魏响应来看，诸葛亮早在出兵之前就对陇右进行了大量的情报及策反工作。在诸葛亮看来，"平取陇右"虽然不如"子午谷之谋"那样直插敌人心脏，但胜在稳妥，可谓胜券在握（"十全必克而无虞"）。

诸葛亮和魏延都没有想到，在过去的几年间，两人背对背、没有任何沟通地各自研发了一套北伐战略。这两个战略不仅在行军方向上大相径庭，在军事思维上也完全是南辕北辙。而在这背后，还有一个北伐主导权的问题，如

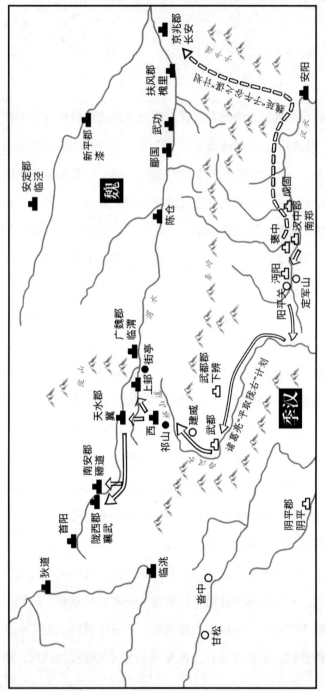

魏延"子午谷之谋"与诸葛亮"平取陇右"对比图

陈芽荣绘图

果采用魏延的"子午谷之谋",意味着魏延才是北伐的主导者,诸葛亮统帅的虽然是主力部队,但其功能是配合魏延的奇袭。而如果采用诸葛亮的"平取陇右"之策,则意味着魏延将被完全纳于诸葛亮的指挥之下,他为奇袭长安所做的所有前期工作都将付诸东流。

季汉建兴六年(228),诸葛亮的第一次北伐轰轰烈烈地展开,行军策略完全依照"平取陇右"的计划推进,最终以街亭大败、三郡得而复失告终。此时魏延的心中可能会发出一声冷笑,但他无法真正地笑出声来,因为"平取陇右"的失败并不能换来"子午谷之谋"的启用。这次北伐已经打草惊蛇,让曹魏意识到季汉汹涌而狡诈的攻势,他们用曹真替换了夏侯楙,增强了对蜀各处据点、关口的防御,"子午谷之谋"的实施条件也完全丧失了。

尽管如此,魏延并未心灰意冷。此后每次北伐,魏延都向诸葛亮要求单独领兵的权力,让自己从"异道"进军,会师于潼关。魏延甚至以汉初名将韩信自比,宣称自己的军事行为是"如韩信故事",师法韩信"暗度陈仓"之策。魏延以韩信自喻,除了因为韩信曾经成功地实现了从汉中向关中的军事征伐外,还因为他与韩信境遇相似,都是在汉中为君王所器,登坛拜将而令众人瞩目。魏延渴望成就韩信那样的千秋功业，以至于他根本没有意识到韩信悲惨的结局正在慢慢为他的人生蒙上了一层不祥的阴影。

季汉建兴八年（230），曹真伐蜀，其主力部队正是由子午道南下，魏军先锋夏侯霸已经成功穿越了子午道，安营于汉中盆地东缘的曲谷，这从实践上说明子午道具备大军通行条件，印证了"子午谷之谋"并非纸上谈兵。只是因为曹真不识天象，错误选在雨季进军，导致主力部队困于谷中，行路艰难，最终不得不撤军北还。

曹真撤走，让诸葛亮动起了乘势反击的念头。也许是为了安抚魏延的情绪，缓和他们之间渐趋紧张的关系，诸葛亮给予了魏延一次难得的独立领兵的机会。按照计划，魏延与吴懿率军一路西入，目的是笼络羌人为外援。魏雍州刺史郭淮、后将军费曜闻讯引兵截击，双方在阳谿① 遭遇。魏延、吴懿大破魏军，但考虑到行迹已被魏军知晓，

---

① 据《三国志·杨戏传》附吴懿传载"建兴八年，与魏延入南安界，破魏将费瑶"，可知阳谿在魏国南安郡境内。康世荣《"六出祁山"辨疑》考证："今礼县北有四礼公路通武山，起于礼县城，沿崖城河北上，越木树关即至武山界的杨河，迄于洛门南的四门，全长 60 公里……窃疑以木树关为界的南北峡谷，即建兴八年魏延、吴懿入西羌，于南安郡境内破费曜的阳谿。"

故引兵而归。阳谿之战充分发挥了魏延在长途远袭、山地作战方面的军事天赋，也进一步证明了魏延具备执行"子午谷之谋"的军事能力。尽管此番远征未能抵达羌中，但魏延为季汉北伐打开了新的思路。十年之后，姜维正是循着魏延开辟的这条道路，率偏军西入，引羌胡为援，翻开了季汉北伐新的一页。

　　魏延、吴懿凯旋后均得到晋封。魏延迁征西大将军，假节，封南郑侯。吴懿迁左将军，封高阳乡侯。魏延不仅在官位上"位次三公"，获得了假节特权，在爵位上还成为季汉当时屈指可数的县侯，相比之下，诸葛亮仅为次一级的乡侯①。但在北伐大战略上，他仍然是诸葛亮军事路线的

① 县侯，即食邑为一县之地的列侯，是列侯中的最高级。季汉县侯见诸史籍者仅九人，在魏延之前仅有事迹不明的阳泉侯刘豹、青衣侯向举两人，且其侯爵为东汉沿袭而来。诸葛亮之"武乡侯"实为乡侯（食邑武乡），非县侯（食邑武乡县）。按《后汉书·郡国志》，琅琊郡条下无武乡县，可知东汉武乡县已废，且未见复置。早于诸葛亮授爵的张飞、马超以及与诸葛亮同期授爵的李严、刘琰均为乡侯，可见诸葛亮之"武乡侯"亦为乡侯而非县侯。据《太平寰宇记》《读史方舆纪要》载，南郑县有武乡谷，为诸葛亮受封之地，是以诸葛亮之封邑应为汉中郡南郑县武乡。至于魏延爵位高于诸葛亮，也并不为奇，爵位本身即是为奖赏军功所设，与该人政治地位并没有绝对的联系。如汉末讨董诸侯中，孙坚为县侯（乌程侯），爵位高过袁绍、袁术，却仍听从袁术调度，政治地位远逊二袁。

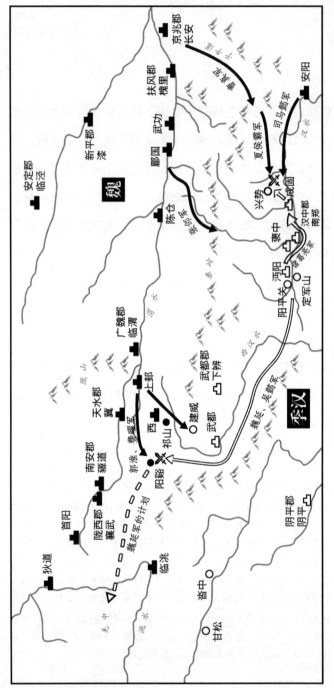

曹真伐蜀及魏延、吴懿"西入羌中"形势图

陈梦末绘图

执行者，而非决策者。

恰在同一年，诸葛亮对丞相府僚属进行了一次调整，其中最重要的是在相府内设诸军师职务。这是诸葛亮对曹操"霸府"制度的又一次模仿。早在建安三年（198），曹操就在司空府置军师祭酒，郭嘉任之，后又置前、中、左、右、后诸军师，任职者多为曹操所亲信之汉臣，如前军师钟繇、中军师荀攸等，此举意在模糊他们旧有的汉臣身份，专事曹操集团。诸葛亮此番所置诸军师，见诸史籍的仅有两人——前军师魏延，中军师刘琰。而魏延此前担任的丞相司马一职则为中护军费祎所代。

司马与长史、参军一样，是丞相府僚属的核心职位，而此番设立的诸军师则更像荣誉性的散冗之官。如担任中军师的刘琰不过是一个"不豫国政"、"随丞相亮讽议而已"的闲人。可见，魏延名义上获得了晋升，手中的实权却遭到了相当程度的削弱。大致也是在此前后，诸葛亮调巴西太守吕乂担任汉中太守，"兼领督农，供继军粮"，这意味着，魏延主持十余年的汉中政务也拱手让人。

魏延的资历、能力、地位，与他受制于人、无法自主开展军事行为的错位让他的心绪变得越来越无法平静，并渐趋暴躁。史书中描述他"善养士卒，勇猛过人，又性矜高，当时皆避下之"，这一描述极易让人想到"刚而自矜""善待卒伍而骄于士大夫"的关羽。关羽一世英雄，最终却军败身死，令人叹惋。十余年后，魏延又踏入了这个魔咒之中，而他自己却浑然不觉。

魏延依旧参与诸葛亮的北伐行动，包括季汉建兴九年（231）在西城大破司马懿，也是魏延担任主将。然而魏延与同僚之间的关系愈加紧张，他先是与"言语虚诞"的刘琰不和，又与长史杨仪不睦。魏延与杨仪经常当着诸葛亮的面争吵，"有如水火"，激烈的时候，魏延甚至会对杨仪举刀相向，而杨仪则在诸葛亮面前"泣涕横集"，委屈至极。好在费祎时常居中斡旋，安抚两人，才没有闹出多大的风波。

季汉建兴九年（231）北伐退兵之时，诸葛亮在木门道设伏，射杀了曹魏车骑将军张郃。张郃戎马一生，自官渡降曹之后，为曹氏三代征战三十二年，可谓忠心耿耿，任劳任怨，以他的功勋与资历，早就可以为一方都督。然而汉魏禅代之后，曹魏用人更看重门第出身，谯沛宗室与儒学世家垄断着上层权力，张郃虽然凭借资历和战功不断擢升，高居"比公"的车骑将军，但在对季汉用兵的战场，他依然要受曹真、司马懿的节制，在行军用兵上毫无自主权。张郃的阵亡，也与他和主帅司马懿的矛盾有关。因为原本张郃并不赞同追击，是司马懿动用上级的权威强迫他出兵，才导致了他命殒木门道的结局。面对这位老对手命丧沙场，魏延不会有任何快意，因为在张郃这面镜子中，魏延看到了自己命运的投射。

季汉建兴十二年（234）的北伐，诸葛亮使魏延在中军大营外十里下营，以为掎角之势①。然而就是这十里的距离，让他与中军帐的信息沟通出现了延宕。直至杨仪派费祎来魏延这里通报诸葛亮的遗令，魏延才知道，诸葛亮已经病逝于营中。

三年前被射死在木门道的张郃又浮现在了魏延的脑海中，与其说他死于汉军的箭下，不如说是死于司马懿傲慢的权力之下。但魏延不甘就此听命于杨仪，他觉得自己仍有一搏的机会。魏延首先要做的是笼络面前的费祎，费祎时任丞相司马，拥有相当大的兵马节制权力，如果与费祎结成战略同盟，杨仪的力量将大为削弱。

令魏延欣慰的是，费祎倒是十分配合，两人迅速制定

---

① 魏延大营所在位置，据考证在今陕西岐山蔡家坡镇高店街道，后称"魏延城"，今已不存。诸葛亮中军帐，相传在五丈原最南部，名为"豁落城"。

了一个行动方案——哪些部队留下来，哪些部队护送丞相灵柩回国。魏延让费祎将这个方案写成一封手书，两人一起署上名字，下发给军中诸位领兵将军。只要众将听命于他二人，杨仪即便手持诸葛亮的遗令，也无可奈何。

手书下发后，魏延想象着杨仪无法调动部队的窘状，不由自喜。费祎趁机对他说："让我替将军去给杨长史解释一下，杨长史是个文吏，不懂军事，他看到咱们的方案肯定不会违命的（"当为君还解杨长史，长史文吏，稀更军事，必不违命也"）。"魏延觉得也有道理，此时毕竟大敌当前，内部失和不利军心，不如让费祎向杨仪晓以大义，给他个台阶下。费祎缓缓退出魏延大帐后，迈开双腿飞奔向坐骑，一跃而上，双腿用力夹着马腹，狠狠地用马鞭抽着马屁股。那匹马惊愕于向来儒雅的主人为何突然如此粗鲁，四蹄飞腾，载着费祎像箭一样冲出了辕门。多年以后，当面对郭循刺向他腹部的尖刀时，费祎可能还会回想起自己纵马出营避免了一场厄运的那个午后。

等到魏延忽然意识到哪里不对时，为时已晚。魏延派人去探查中军大营，回报的消息是，汉军诸营已经在杨仪的调度下，纷纷拔寨起灶，做撤军的准备。显然，费祎背叛了他，将他的一言一行都汇报给了杨仪，那些发给众将的手书自然石沉大海，毫无回应。这标志着杨、魏军权之争，魏延已经落入了下风。

如果此时魏延能够暂时放下与杨仪的私人恩怨，按照诸葛亮的遗命为全军断后，那么整个局势尚有转圜的余地。没准魏延还可以借此重挫司马懿的追兵，为自己将来在朝堂上与杨仪争功赢取筹码。但魏延公然违令，率军先行，抢在杨仪大军之前进入褒斜道，奔赴汉中。

褒斜道在秦岭深处蜿蜒，两侧是高耸入云的山岭，脚下是川流不息的溪水，遇到险峻之处，士兵几乎无路可走，需要借助用木桩横插入山体搭建的栈道来勉强通行。为了延缓身后的杨仪行军，魏延下令将所过栈道尽数烧毁。六年前，正是在褒斜道中的赤崖，赵云、邓芝率部且战且退，烧断阁道，阻拦住曹真的追兵，"敛众固守，不至大败"。而此时，这把火烧过之后，通往汉中的褒斜道，这条魏延再熟悉不过的秦岭谷道，将成为他人生真正的绝路。

死诸葛吓走生仲达

渭河南岸，大纛之下，魏国中军帐内灯火通明，大都督、大将军司马懿正在等待一个确切的情报——诸葛亮已经死去。从春天熬到秋天，司马懿如此地渴望这个消息，而当这个消息真的到来的时候，他的内心中又升腾起了莫名的怅惘。

司马懿，字仲达，河内温县（今河南温县）人，生于东汉光和二年（179），比诸葛亮大两岁，比东吴皇帝孙权大三岁，比东吴丞相陆逊大四岁。也就是说，在相当长的时期内，魏、汉、吴三国的主政者都是"光和一代"，他们降生于黄巾起义的前夜，成长于汉末乱世的洪流中。他们站在历史转折的关口，见证了汉帝国崩溃的全过程，接受着火与血的洗礼与考验，并共同决定着这场长达百年的乱世最终的归宿。

司马懿与诸葛亮皆出身于地域性较强的官宦世家，司马懿先祖可溯至秦汉之际的殷王司马卬，司马懿父、祖、曾、高四代皆为二千石官员。诸葛亮先祖则可追溯至西汉司隶校尉诸葛丰，只是到东汉末年家族稍显没落。司马懿与诸葛亮另一个相似之处是，他们都是家中的"行二"。司马懿字仲达，仲即"二哥"。司马家兄弟表字均带一个"达"字，时称"司马八达"。《孟子》"达则兼济天下"的雄心被刻在了司马氏兄弟的名号里。诸葛亮字孔明，既明且亮，光照他的一生以及身后千余年。他上有一兄诸葛瑾，下有一弟诸葛均，由于诸葛瑾早年宦游京师，后来又离家下江东，诸葛亮实际上负荷着长子的重任，并且在父亲、叔父相继去世后，早早就担负起这个飘零的家庭在乱世之中的生存压力。

当司马懿还在受父亲"不命曰坐不敢坐"的严苛家风洗礼的时候，年轻的诸葛亮已经经历了迁徙之苦、丧亲之痛，他与他的家庭远离故乡琅琊，先南下豫章，又西赴荆州寄寓刘表篱下。坎坷的少年经历促使了诸葛亮的早熟早慧，丰富的交友和游历也培育了他对时局的洞察力和富有远见的战略眼光。待到刘备"三顾茅庐"邀请诸葛亮出山相助时，诸葛亮年已二十七岁。相比起二十岁举孝廉为郎的曹操、十五岁举孝廉茂才的孙权，诸葛亮的出仕时间显然有些偏晚，其背后自然是他对个人规划的长期思虑与谨慎选择。

司马懿在仕途上也曾经历过一个游移不定的阶段。他早在建安六年（201）就为本郡举为上计掾，职位虽低，却可以每年代表本郡赴京师汇报收支账目，借此开阔眼界及拓展交际。很快，尚书令荀彧慧眼识珠，举荐司马懿入司空府，但司马懿却拒绝征辟。《晋书·宣帝纪》将其原因叙为"帝知汉运方微，不欲屈节曹氏"，紧接着又写了司马懿装病卧床、曹操派间谍探查真伪的传奇故事。《晋书·后妃传》更说，为了防止事情泄露，司马懿之妻张春华亲手杀了一名婢女灭口。此事虽刊于正史，但后人颇多质疑，总觉得像是史官为塑造司马懿的清高人设而作的专美之词。因为，司马懿之父司马防是曹操初入官场的举荐人，其长兄司马朗早已在曹操司空府任掾属，以司马家与曹家的密切关系，司马懿不可能面对曹操的征辟摆这么大的谱儿。何况当时曹操忙于对袁绍的战事，岂有闲心对一个无名晚辈的卧病如此大费周章？

无论如何，司马懿终于进入丞相府为文学掾，后为主簿，负责机要文书，与他同时在相府任职的还有后来成为他对手的杨修、王凌。然而在此后十余年的相府生涯中，司马懿几无建树可言，可见他在人才济济的曹营中实难有崭露头角的机会。唯一见诸史册的一次献计是在曹操征汉中张鲁时，谋士刘晔劝曹操趁刘备在益州立足未稳，发兵攻取。司马懿随声附和，认为"刘备以诈力虏刘璋，蜀人未附而远争江陵，此机不可失也"。曹操却不予采纳。不少论者从后来曹操失去汉中、使刘备坐大来反推，认为曹操不听刘晔、司马懿良言，错失灭蜀良机。实则不然。益州有山峦阻隔，易守难攻，伐蜀之策绝非三言两语就能决定。以当时鼎足之势已成、曹魏三面受敌的大环境来看，想要一举而平巴蜀无异于奢谈。刘晔、司马懿所谓伐蜀之策不仅显得轻率孟浪，还有迎合讨好曹操之嫌。

当司马懿还在曹操的幕府下打理案牍文书之时，诸葛亮已经进入了刘备集团的核心决策层。他先是在刘备当阳大败之际发挥外交之长，一手促成孙刘联盟抗曹，让刘备绝处逢生。再是在刘备平定荆南之后，以军事中郎将身份督三郡赋税，以充军实，一展其内政之才。刘备攻益州，诸葛亮还与张飞、赵云等率军溯江分定郡县，在军事上也小露锋芒。刘备平益州后，以诸葛亮为军师将军，署左将军府事，连刘晔都称赞诸葛亮"明于治而为相"，将成为曹魏的大患。

当然，此时无论是诸葛亮还是司马懿，都与指挥千军万马的军事统帅无缘。曹操、刘备麾下皆有良将如云，更遑论两位君主也是百战之躯，每每亲自挂帅出征。诸葛亮虽已成为刘备军府的"大管家"，但其主要职责是坐镇后方，为前线"足食足兵"，不豫军事。如果历史按照这样发展下去，诸葛亮将如"镇国家，抚百姓，给馈饷，不绝粮道"的萧何一般载于史册，而司马懿的未来会像王朗、华歆一班耆老宿臣一样，在日复一日的朝会、年复一年的清谈中了此残生。

然而历史终究还是出了意外，而且还是连续的意外。

建安二十四年（219），夏侯渊战死，关羽败亡；次年，曹操病故，黄忠病故，法正病故，夏侯惇病故；又次年，张飞遇刺；又次年，马超病故，张辽病故，马良战死；又次年，刘备病故，曹仁病故……这不过才五六年的时间，历史被岁月进行了一次无情的折叠，英雄成群而来，又结伴而去，乱世的舞台中央被腾出了一大片空地，等待着后来人登场填补。

司马懿的仕途开始有起色。他搭上了曹丕这辆"顺风车"。司马懿在担任文学掾时便"与太子游处"，魏王国建立后，司马懿以太子中庶子的身份成为曹丕的左膀右臂。"每与大谋，辄有奇策，为太子所信重。"司马懿的奇策，史书并未详载，但想来应与夺取并巩固曹丕的太子之位有关，大抵也不会是什么见得了阳光的招数。在世子之争暗流涌动的浑水中泡过一遭，司马懿愈加工于心计，善于揣度人心，更历练了审时度势、能屈能伸、机谋善变等"内功"。曹丕受禅称帝后，司马懿一路高走，累迁为御史中丞、尚书右仆射、抚军、录尚书事。

　　曹丕的皇位是世家大族抬轿子抬出来的，因而与曹操既利用又防范不同，曹丕对世家大族出身的官员有着天然的好感与信任，比较放心地起用世家子弟处理政事，从而搭建起以世家大族为基础的曹魏文官体系。其中又以曾在潜邸辅佐、有从龙之功的陈群、司马懿最受器重。陈群是颍川人，司马懿的祖父曾任颍川太守，故而陈群与司马懿在曹丕一朝的重用可以视为曹操时代颍川集团影响力的延续。曹丕亲征东吴时曾下诏曰："吾东，抚军当总西事；吾西，抚军当总东事。"可见，在曹丕眼中，司马懿的重要性庶可与昔日之荀彧比肩。

　　可惜曹丕享寿不长，只过了六年皇帝瘾就一命呜呼，司马懿与陈群、曹真、曹休并受顾命，辅佐明帝曹叡。四名托孤大臣以宗室、士族各两人的均衡局面出现，折射了当时曹魏庙堂的政治格局。实际上，代表宗室的托孤大臣原本还有一名，那就是征南将军、都督荆州诸军事的夏侯尚。可夏侯尚先曹丕一个月病逝，这不仅让宗室的力量受到了削弱，更让荆州都督区出现了短暂的权力真空。东吴趁机入侵襄阳、江夏，司马懿临危受命，督军讨伐。不久捷报传来，司马懿大破诸葛瑾，斩敌将张霸并首级千余。新登基的魏帝曹叡当即升司马懿为骠骑将军，督荆、豫二州诸军事。

这场仗在三国战史中并不算亮眼，却是司马懿打破文武壁垒、跨越身份鸿沟的关键一役。曹操、曹丕时代，军事征伐大权几乎全部集中在以曹氏、夏侯氏为代表的谯沛武人手中，这在曹魏集团几成循例。如黄初三年（222）的伐吴之战，即便是曹营宿将张辽、徐晃、臧霸也要受晚辈曹真、曹休的节制。而世家子弟多为文史，不通军事，文武分工有如泾渭分明。司马懿的掌军，标志着曹魏政治均衡的天平出现了细微的倾斜，这成为后来魏晋禅代的先兆。

但说到文臣统军，诸葛亮早已先人一步。刘备临终托孤时，也曾考虑到文武的平衡、派系的平衡，将军事统领权交付益州旧人李严，使其率中军留镇永安。但在刘禅登基后，诸葛亮凭借季汉建兴三年（225）的南中平定战，将季汉军事决策权和统帅权转隶到自己手中，形成了丞相掌兵的局面。就这样，人事的更易、时局的变迁将诸葛亮、司马懿这样读圣贤书的孔孟门徒推向了血雨腥风的战场。

季汉建兴六年（228）春，诸葛亮突然大举北出，直扑曹魏防御最为薄弱的陇右三郡，让曹魏一时陷入全面被动。魏主曹叡移驾长安亲自督战，并以大将军曹真负责御蜀战事。曹真屯郿应对赵云偏师，并遣张郃率兵疾驰陇右为援。这场战事原本没有司马懿的戏份，但后世的小说家们却等不及了，他们迫切想要看到司马懿与诸葛亮的正面对决，于是就有了《三国演义》里脍炙人口、妇孺皆知的那场"空城计"：诸葛亮大开四门，端坐城头弹琴，而司马懿手握十万大军却不敢近前，仓皇逃命而去，胆怯如鼠。

"空城计"并非罗贯中的原创剧情。据王隐《蜀记》载，西晋时有一名叫郭冲的人在扶风王司马骏（司马懿第七子）面前夸夸其谈，讲述了关于诸葛亮的五条"隐没不闻于世"的逸事，其中之一就是"空城计"，《三国演义》几乎是原样照搬，只是把地点从"阳平"改为"西县"。但此事已被为《三国志》作注的裴松之批驳，因为它的漏洞实在太明显。且不说诸葛亮第一次北伐时，司马懿远在南阳，两人根本无法碰面。单就常理而言，司马懿如果怀疑城内有伏兵，让全军就地等待，然后派侦察兵一探便知，何至于狼狈不堪地逃走？更何况，这故事明显在贬损司马懿以抬高诸葛亮，郭冲一介匹夫，在司马骏的面前"显彰宣帝之短，对子毁父"，实在是荒诞至极。

"空城计"固然离谱，但这种流言居然能在三国归晋之后不久就开始流传，并为后世小说家所采用，是因为它切中了一个历史的真实脉息——司马懿怕诸葛亮。

司马懿原本是不怕诸葛亮的。

就在诸葛亮发动北伐之前，司马懿与诸葛亮有过一次隔空交手。当时，叛汉入魏的新城太守①孟达首鼠两端，在诸葛亮的策反之下，有归汉之意，并密谋在上庸（今湖北竹山）举兵起事。诸葛亮欲利用孟达牵制曹魏兵力，达到两败俱伤的目的，故意使人将孟达的密谋泄露给了魏国。诸葛亮的手段不可谓不高明，但他低估了已经总督荆州军事两年的司马懿。司马懿得到孟达欲叛的消息，先是写信稳住他，让他麻痹大意，然后亲自率队从宛城急行军，八日疾行一千二百公里抵达上庸城下，八面围攻，孟达遂败死。

孟达之败发生在季汉建兴六年（228）的正月，与诸葛亮出兵陇右几乎同时。诸葛亮期待的用孟达消耗魏军兵力的目的并未实现，反倒是让季汉错失收回"东三郡"的良机。两年后（230）曹真伐蜀，已经升任大将军的司马懿正是从"东三郡"溯汉水西上，水陆并进，一直推进到了汉中盆地的东端丹口（今陕西洋县东），只因曹真撤军，司马

---

① 孟达降魏后，魏将此前西城、房陵、上庸三郡合并为新城郡，因位于益州之东，称为"东三郡"。后上庸、魏兴（西城）两郡从新城郡析出，新城郡所领之地实际上与原房陵郡相当。

懿才原路退走。两番用兵，司马懿杀伐决断，指挥若定，对诸葛亮丝毫没有畏惧之心。

季汉建兴九年（231）春天，诸葛亮再出祁山，曹真却身染重病，魏明帝曹叡一句"西方有事，非君莫可付者"，将司马懿推上了前线，他终于将第一次与诸葛亮正面对战。

陇右对于司马懿来说是一片未知的土地，大西北刺骨的寒风和干燥的天气，以及桀骜不驯的宿将张郃、费曜、戴陵、郭淮等，都是司马懿所要面临的难关。更何况那个素未谋面的对手诸葛亮，司马懿无法理解是何种力量支撑着他屡败屡战、无岁不征，无法理解一个自小受儒学浸淫的读书人为何对兵戎将略有这么大的热情，无法理解在街亭惨败之后，诸葛亮为何会故技重施，再次选择兵出祁山。无数个疑惑在司马懿头上盘桓，让司马懿在此战乍前乍却、动静失宜、步步被动。诸葛亮则利用司马懿谨慎与求胜欲交织的弱点，主动从上邽（今甘肃天水）撤向卤城①，引诱司马懿来追，牵着他鼻子走。而当两军对垒时，司马懿却登山掘营，不肯战，引得部将嘲笑他："公畏蜀如

---

① 卤城，即西县，今甘肃礼县盐官镇，"西"古体与"卤"形似。

虎，奈天下笑何！"五月辛巳（初十），司马懿仓促发动攻势，结果遭遇惨败，汉军一战缴获了"甲首三千级，玄铠五千领，角弩三千一百张"，司马懿狼狈归营[①]。六月，诸葛亮粮尽退兵，司马懿欲挽回颜面，强令车骑将军张郃追击汉军，导致张郃中箭葬身木门道。张郃之丧，对曹魏不啻为重大损失，司马懿当有不可推卸的责任。好在魏主宽容，不予深究，仍以司马懿督雍凉，兼领民事。

如此三年，诸葛亮屯粮积谷，司马懿开渠筑陂，双方竟度过了一段难得的和平期。时间回到本书开头的季汉建兴十二年（234），诸葛亮大起十万之众出褒斜道，兵锋直指关中。褒斜道是从汉中至关中最常规的一条道路，七年五征，诸葛亮在最后一次选择了这条道，意味着他放弃了"用奇"，决定大大方方地摆开与曹魏正面对决的架势。司马懿迅速动员集结，将汉军压制在渭水之南、武功水以西

---

① 卤城之战诸葛亮大破司马懿，见《三国志·诸葛亮传》裴注引《汉晋春秋》。但《晋书·宣帝纪》对此役作了截然不同的记载："帝攻拔其围，亮宵遁。追击，破之，俘斩万计。"这一记载颇值得怀疑。若司马懿取得如此大胜，何以在《三国志·明帝纪》及相关魏将传记中不见记载？诸葛亮若遭此大败，何以在回师后不见惩戒与自责？可知其为不实之论。故而司马光《资治通鉴》叙述此役时，采纳《汉晋春秋》而摒弃《晋书》之言。

的这片区域，使之不得渡河。但司马懿没有料到的是，诸葛亮此次出师居然彻底解决了困扰汉军多年的军粮运输不济的问题，他一面采取自己研发的新式运输工具"流马"在褒斜道转运粮草，一面让士兵与渭水之滨的农民杂居耕种，"以分兵屯田，为久驻之基"。

诸葛亮打算与司马懿长期周旋，司马懿也早就做好了固守不出的准备。就这样，从这一年的初春到夏暮，两位五十多岁的中年人在渭水之滨下出了一盘僵局。本该是一场刀光血影的战争，却在此时成为一场耐力与心智的较量。一千六百多年后，一名叫曾国藩的文臣发扬了司马懿的作战方式，并总结为六个字："结硬寨，打呆仗。"

七月，孙权在东线失败的消息传来，局势已经对汉军越来越不利，诸葛亮数次派军挑战，司马懿龟缩不出，诸葛亮为羞辱司马懿，派人送去女人的服饰，一时间军营上下群情激奋，都欲出战一雪耻辱，司马懿作为指挥官的权威遭到严重质疑。但司马懿知道，此时出兵就是正中诸葛亮之怀，之前的隐忍都将付诸东流。为了安定军心，他派人向远在寿春御吴的魏明帝曹叡上表请求出战，不久，曹叡派"骨鲠臣"卫尉辛毗持节来到魏军大营，诏令司马懿不得出战。君臣二人的"双簧戏"成功压住了鼎沸的军心。

这种戏码，诸葛亮当然一眼就看破，但他却束手无策。比起魏军固守不战，更让他忧虑的是曹叡、司马懿远隔千里的信任与默契，他们的君臣之固宛若一道无形的绝壁，横亘在渭水南岸，摧毁了诸葛亮对于兴复汉室的最后一丝希望。

积劳成疾的诸葛亮终于在军中倒下了。司马懿比关心自己的妻子还关心这位可敬的对手，他在接待诸葛亮的使者时，不问军戎之事，只是对诸葛亮的寝食琐事嘘寒问暖，这使者倒也实诚，一股脑儿将诸葛亮"罚二十以上皆亲揽焉，所啖食不至数升"这样的军营机密都抖搂出来。司马懿知道，诸葛亮的生命已经进入了倒计时。

一夜秋风之后，当初与汉军一同在田间劳作的农夫们发现，汉军一夜之间拔寨而去。他们顾不得此前与汉军建立的友谊，立即奔向魏军大营向司马懿报告一切。司马懿判断诸葛亮已死，汉军已是群龙无首，于是亲率大军追击。然而，眼看就要追上，那支部队却毫无退兵常见的凌乱沮丧之象，而是调转兵戈，反旗鸣鼓，做出一副要与魏军决战的态势。

这是诸葛亮临终前留给杨仪、姜维的遗计，他用自己的余威下了一个赌注，赌的就是司马懿的"怕"。

诸葛亮成功了，汉军的这一举动让司马懿不由得想到诸葛亮此前熟练使用的撤退—伏击战术和王双、张郃的阵亡。这就是诸葛亮的"余威"，他可以让司马懿在每次与汉军对阵时都不得不去多想——这背后是否隐藏着更加深不可测的战略意图。就在司马懿犹豫之际，汉军结阵引去，消失在斜谷口。

据《晋书》载，司马懿在被杨仪摆了一道后，依然不死心。当时关中一带的土地上散布着很多野生蒺藜，士兵和马匹的脚掌容易被扎伤，司马懿就挑选了两千名士兵组成先头部队，穿着软材平底的木屐走在前面，把蒺藜都粘在木屐上，以此为后方的步骑开路。即便这样，魏军也只是追到赤岸，得到诸葛亮确实已经去世的消息，就撤军而返。

这一系列的事情再次坐实了司马懿"畏蜀如虎"的标签。据《汉晋春秋》载，当时乡野之间流传着这样一句民谚："死诸葛走生仲达。"这话传到司马懿耳中，司马懿并未动怒，反倒对诸葛亮更生敬仰："吾能料生，不便料死也。"《汉晋春秋》是东晋人习凿齿所作，也就是说，在司马氏当政的东晋，这样明显有损司马懿形象的故事就堂而皇之地载于时人著述之中，足见其流传之广、影响之大。

品评诸葛亮与司马懿的优劣，很快就成为人们茶余饭后的谈资，其中尤以第三方视角看汉魏战事的吴人张俨的论述最具代表性。张俨在《述佐篇》一文中评价诸葛亮、司马懿两名辅臣"各受保阿之任，辅翼幼主，不负然诺之诚，亦一国之宗臣、霸王之贤佐也"。然而，张俨在情感上明显偏向诸葛亮。他认为诸葛亮仅以一州之地对抗北敌，"至使耕战有伍，刑法整齐，提步卒数万，长驱祁山，慨然有饮马河洛之志"。反观司马懿，坐拥天下十倍之地和精锐之师，竟然"无禽敌之意，务自保全而已，使彼孔明自来自去"。张俨甚至还说，如果诸葛亮能够长寿，持续进行北伐，曹魏就要处于时刻紧张的备战状态，未来的获胜者很可能将是蜀汉（"若此人不亡，终其志意，连年运思，刻日兴谋，则凉雍不解甲，中国不释鞍，胜负之势，亦已决矣"）。张俨之论，虽有为东吴北伐张目之意，但他的结论"仲达之才，减于孔明"，千百年来几成公论。

不过，对司马懿而言，那些流言蜚语、青史风评都是身外之物。此时此刻，战争结束了，他终于熬过了这个漫长的秋天，并亲眼目送诸葛亮时代的落幕。东晋裴启《语林》载，司马懿在渭滨与诸葛亮大战之前，曾派人跑到前线去窥看诸葛亮的样子，那人回报称诸葛亮"素舆葛巾，持白毛扇指麾，三军皆随其进止"。司马懿不禁叹："可谓名士!"如果这段记载属实，那么就意味着，作为三国时代最为著名的一组对手，司马懿与诸葛亮可能从未打过照面，他们只能根据别人的口述，凭空想象对方的模样。这也许是司马懿在侥幸获胜之余，最为遗憾的事情。

在汉军退却之后，司马懿特意去视察了汉军遗留下来的营垒，他看到经由诸葛亮亲手规划的营垒章法严密、井然有序，又叹曰："天下奇才!"古人云"见字如面"，司马懿权当是"见垒如面"，在时空伴随之中完成了对诸葛亮最后的致敬。他也终于明白了诸葛亮为何要将人生最后一次北伐选在褒斜道、选在五丈原——在他能够抵达的范围之内，这里是距离大汉故都长安最近的地方。跨过渭水，就是滋养大汉绚烂之花的八百里秦川，他虽身不能至，却终能梦回故国。

诸葛亮将理想主义者做到了极致，这是司马懿无比羡慕却永远无法抵达的境界。回溯历史，我们能看到，诸葛亮与司马懿并不是一对老对手，他们直到人生的晚年才在历史的机缘下迎头相遇，他们的人生交集只有四年，放在司马懿漫长的寿命之中更显短暂。然而，从某种程度上来说，与诸葛亮的交手搅动了司马懿心底的那一股暗流，乃至于重新塑造了他的心性，他比以往更加明了了自己后半段人生将如何书写。

五丈原肃杀的秋风无情地卷走了树枝上最后一片枯叶，司马懿转身而去，义无反顾地遁入了幽深的夜色里。在他的面前，还有一条更为凶险的路需要去跋涉，而这条路，将带领着他彻底走向诸葛亮的反面。

长史的屠刀

从诸葛亮病逝到年底蒋琬为尚书令，季汉的军政大权有几个月的时间都集中在长史杨仪的手中。而这几个月，也正是杨仪人生从巅峰走向谷底的过程。

长史一职，最晚在秦时已置，是丞相、国尉、御史大夫等重臣的属官。汉代以来，自三公至重号将军皆置长史。"史"通"吏"，长史即长吏，是属官中的"头把交椅"。西汉丞相置长史二人，秩千石，在服饰上也有明确规范：介帻，进贤一梁冠，朱衣，铜印黄绶。长史的职责是辅佐丞相，督率诸吏，署理各种政务。《通典·职官》云，长史"盖众史之长也，职无不监"。

汉献帝建安十三年（208），曹操罢三公，复丞相，"霸府"初具雏形。曹操的丞相府循西汉之例，置左右长史，任职可考者有陈矫、辛毗、杜袭、徐奕、蒋济、吴质、司马懿等诸人，他们大多成为后来曹魏王朝的开国元勋，位至公卿。曹操常年在外征战，需要在前线军中和后方"大本营"分别设置一套"相府班子"，于是丞相府被分割为随军和留府两部分，长史一职也被一分为二。随军长史随曹操军前效力，署理营中事务，非精明干练者不能胜任。如曹操征张鲁后，即提拔献策有功的刘晔为长史，兼领军。可见随军长史还兼有部分统兵之权。留府长史驻扎后方，主管相府日常事务，负责后方稳定及为前线供给兵粮所需。曹操的留府长史常根据需要选择驻地。如曹操失汉中东还，即以"柔而不犯""温粹识统"的杜袭为留府长史，驻关中。曹操常年不至许都谒汉献帝，但在许都置长史，以曹操"披荆棘时吏"王必任之，兼领兵马，以实现对献帝的监控。

曹丕称帝后，省丞相而复三公，"霸府制度"遂结束其历史使命。随着刘禅登基、诸葛亮以丞相开府治事，其僚属多效仿曹操"霸府"，其中长史作为僚属之首，成为季汉政坛举足轻重的角色。

诸葛亮开府后第一任长史是王连。

王连，字文仪，南阳人，他在刘璋时避难入蜀，任梓潼县令。刘备攻刘璋，王连闭城不降，引起了刘备的敬重。刘备平定益州后，大量延用益州旧人，为王连专门设置了司盐校尉一职。

盐、铁在古代长期是稀缺资源，是政府重要的财政收入来源。早在春秋时，齐国就推行"官山海"之策，由官府垄断盐铁，大获其利。汉武帝为应付穷兵黩武导致的财政危机，任用孔仅、东郭咸阳、桑弘羊等推行盐铁专营，使国家收入大幅增加，但也加重了民众的负担，引发朝野强烈的反抗。汉昭帝时专门举办"盐铁会议"，对盐铁官营存废之事进行大辩论。此后，汉朝对盐铁专卖采取了一些松动措施，以还利于民，至东汉已不再行盐铁专卖，而以征税代之。

刘备平蜀之后，成都府库为其士卒劫掠一空，财政捉襟见肘，刘备于是又打起了盐铁专卖的主意。王连上任后，"较盐铁之利，利入甚多，有裨国用"。王连的"盐铁专卖"与刘巴的"虚值大钱"成为刘备攒钱的两大法宝。然而盐铁专卖取利于民，势必会导致一定程度的国富民穷，这也让王连风评不佳。长水校尉廖立就批评他："王连流俗，苟作掊克，使百姓疲弊，以致今日。"

　　王连在刘备时期备受重用，后来他逐渐升任蜀郡太守、兴业将军，此二职前任者分别是法正和李严，足见王连地位之重。因此，诸葛亮选用他作为自己的首任长史，一方面可能出于团结益州旧人的考虑，另一方面也想借助王连在财政方面的专长，让丞相府在恢复季汉经济方面发挥更为积极的作用，尽快摆脱"益州疲弊"的不利局面。王连入相府后，具体作为不详，史书却偏偏记载了他与诸葛亮的一次冲突。当时，诸葛亮认为诸将才能都不如自己，决意亲自率师平定南中叛乱，但王连以"此不毛之地，疫疠之乡，不宜以一国之望，冒险而行"的理由反复劝阻诸葛亮出兵。

　　王连劝阻诸葛亮南征，大抵是出于公心，他的意见可能也代表了相当一部分蜀中臣僚的看法。但也不排除有一些私心。王连在用人方面有着很强的乡党情结，此前他担任司盐校尉时简选僚属，所任用的典曹都尉吕乂、杜祺、刘幹等都是清一色的南阳人。此次南征的主帅人选，王连很可能意在南阳人、中都护李严。李严前有平定犍为、越巂叛乱的军事经验，后有先主所授"统内外军事"的实职，方方面面看起来都比诸葛亮更为合适。

　　因为王连的反对，诸葛亮南征的计划被推迟了很久，直到王连去世才得以成行。此事让诸葛亮意识到长史这一职位的重要性，所托非人可能会对自己的施政形成掣肘之险。

诸葛亮第二任丞相长史是向朗。

向朗，字巨达，襄阳宜城人，少师"水镜"司马徽，与徐庶、韩嵩、庞统等人友善，更与同县马良兄弟相交甚笃，甚至"奉马良兄弟，谓为圣人"（廖立语）。向朗属于襄阳名士圈中的人物，他的朋友圈与诸葛亮的交友高度重合，可见他应该是诸葛亮早在荆州隐居时就往来密切的挚友。

向朗早在刘表主政时期就出任临沮长。刘备率众南奔，于当阳被曹军击败，向朗放弃官职，随刘备亡命，自此被刘备引为心腹。刘备入蜀后，向朗先后担任巴西、牂柯、房陵三郡太守，仕宦遍及刘备新据的"三巴"、南中、"东三郡"三大地域，史称其"不治素检，以吏能见称"，大约是行事风格比较随性，但业务能力无可挑剔。

向朗出任长史后，第一个重任就是为诸葛亮南征"留统后事"。在向朗提供的后勤保障之下，诸葛亮"五月渡泸，深入不毛，并日而食"，亦未有断粮之虞，在年内即略定诸郡，班师还朝。也正由于这一次默契的合作，两年之后，诸葛亮北驻汉中，特意征调向朗北上，让其负责汉中相府的一应大小事宜。

于是，在北伐大幕拉开之际，诸葛亮身边最亲密的是两位襄阳人：参军马谡、长史向朗。他们构成了一个看似完美、实则微妙的政治搭配——一个参与军前谋划，一个主掌军需供给。他们鹤立于丞相僚属的顶端，不免引起了季汉军民的一番遐想，也会让朝堂上的其他文武臣僚心生狐疑：未来的季汉，是否会成为襄阳人的季汉？

随着第一次北伐的失败，马谡被诛，向朗也因对马谡逃亡"知情不举"，被免官发回成都。对丞相府而言，这俨然是一次权力结构的大洗牌，几分出自诸葛亮的主动为之，几分出自内外压力所导致的不得不为，我们已经很难去掂量。此后的两年时间，诸葛亮的汉中行营长史空缺，而留守成都的长史张裔亦非合适的人选。

张裔，字君嗣，蜀郡成都人，他是益州旧人，同时也是益州本土人士的代表。诸葛亮用张裔接替向朗担任留府长史，除了看重他有理政之才，更重要的是借助他的身份稳定蜀地人心。即如清人何焯所言，若不考虑丞相僚属中籍贯的平衡，那便是"一府皆楚人，失蜀士心也"。

张裔还有一个与王连相似的优势，即在刘备时期担任过司金中郎将，主掌督造农战之器。刘备伐汉中时的战备物资都由张裔负责生产保障，可谓肩负重任。后来，张裔因南中作乱而被雍闿俘虏，缚送东吴。汉、吴复交后，诸葛亮委托使者邓芝将张裔接回国内。诸葛亮对张裔十分敬重，形容两人的关系是"古之石交"。张裔言谈风趣幽默，一次他从成都出发去汉中与诸葛亮议事，城中有数百人为他送行，车马堵塞了道路。张裔给朋友的书信谈论到这事，说："人们敬重的是丞相的长史，我张君嗣不过是附着在它身上，真是要累死我了（"人自敬丞相长史，男子张君嗣附之，疲倦欲死"）。"这个故事也道出了当时的一个实情，就是丞相长史这一职位在当时拥有巨大的权力和声望，几乎可以与丞相比肩。

但张裔的缺点也很明显，就是性格不好，容易与同侪产生矛盾。张裔的好友、蜀郡太守杨洪对此事早有洞察，并且一度劝谏诸葛亮，认为张裔"性不公平，恐不可专任"，建议诸葛亮仍将向朗留在成都任长史，而让张裔担任他的副手。然而诸葛亮并没有听杨洪的建议，坚持自己的安排。这件事反而让杨洪与张裔两人的关系闹得很僵。果然，不久，张裔与司盐校尉岑述不睦，而且到了"忿恨"的地步。一个是丞相府的大管家，一个掌握着季汉的"钱袋子",这两人在大后方闹起矛盾,让远在汉中的诸葛亮头疼不已,甚至亲自写信,苦口婆心地来劝和。

总体而言,自季汉建兴元年(223)诸葛亮开府后八年的时间里,无论是成都的"留府"还是汉中的"行营",在人事安排上总是出现这样那样的问题,难以尽如人意,尤其是作为"众史之长"的长史一职,更是一直没有找到合适的人选,这对诸葛亮北伐大业的负面影响是显而易见的。

季汉建兴八年(230),张裔病故,这成为诸葛亮人事改革的契机之一。是年,诸葛亮对丞相僚属进行了大幅度的改造,比如增设了诸军师,完善了监军、护军、典军制度,当然最为重要的是提拔了两位新长史——杨仪、蒋琬,他们二人将在之后的北伐战争中分别担负起汉中、成都两大政治中枢运转的重任。

杨仪,字威公,襄阳人。是的,又是襄阳人,诸葛亮的后半生终究是离不开襄阳人。走了马谡与向朗,来了杨仪。但相比之下,杨仪的身份显然还要复杂一些。

襄阳人自建安十三年(208)之后被命运分为了三类,一类随曹军北上,成为魏臣,如蔡瑁、蒯越;一类随刘备南下,入蜀为官,如马良、向朗;还有少数成为吴臣,如李衡、张悌。杨仪原仕曹魏，但在荆州南北对峙之时，杨仪改换门庭，投奔了关羽。

关羽时为刘备署为襄阳太守，董督荆州事。襄阳太守一职虽为遥领，但暗含着刘备赋予关羽攻取之深意。故而在刘备入益州后，关羽开始着手扭转荆州战场的攻守形势。当时，曹操因患于孙权进犯，陆续将襄阳守将乐进、当阳守将满宠调往东线，让荆州防线出现了一些松动，而关羽恰在这一期间逐步北进蚕食。以至于当曹操意识到荆州形势严峻，复以宗室大将曹仁行征南将军南下时，曹仁只能坐困于襄阳、樊城两座孤城，关羽军队则可以在汉水以南自由驰骋。

杨仪很可能就是在荆州攻守形势逆转的时期叛魏投汉的。杨仪的到来对关羽有着双重的价值。一则，杨仪家族是襄阳冠族，杨仪之兄杨虑"少有德行，为江南冠冕"，乡人号曰"德行杨君"。杨仪宗人杨颙随刘备入益州，担任巴郡太守。据《水经注》："有洄湖……杨仪居上洄，杨颙居下洄，与蔡洲相对。在岘山南广昌里，又与襄阳湖水合。"蔡洲是襄阳豪族蔡瑁家族所在，其家族有"婢妾数百人，别业四五十处"，杨仪、杨颙两家与蔡家隔江而对，可见其盛。二则，杨仪曾担任曹魏荆州刺史傅群主簿。主簿是两汉常见的一种属官，中央及州郡官府均置，典领文书簿籍、经办事务。汉末，随着州郡长官权力的扩大，州郡主簿地位愈显重要，仅次于从事、功曹等，也会经手大量军政机要。杨仪以州主簿的身份降汉，势必会为关羽带来曹魏荆州防区的战略情报。我们甚至不妨大胆推测，杨仪投汉，很可能对关羽在荆州的节节胜利发挥了重要的作用。

这样似乎可以解释杨仪在投汉之后得到的一系列厚待——先是为关羽委以功曹之职，紧接着又作为使者西入益州拜谒刘备。刘备、关羽恩若兄弟，往来通信应当早有固定人选，关羽令杨仪赴蜀，显然有向刘备举荐重用之意。刘备与杨仪讨论了一番军国大计、政治得失，也十分欣赏他的才能，直接将他征辟入左将军府，任兵曹掾。刘备将杨仪留在蜀中，无意中挽救了杨仪一命。倘若杨仪继续留在关羽身边，之后关羽覆亡，他性命堪忧，更遑论后来仕途上的锦绣前程。

左将军是汉献帝在许都正式册封给刘备的官职，刘备自从与曹操决裂之后，走荆州、入益州，一直头顶着这一名号，以示自己权力来源的合法，故而刘备的左将军府长期以来都是刘备集团的军政中枢。曹操的丞相府下设户曹、贼曹、兵曹、铠曹、士曹等，各置掾属，刘备亦效仿之，杨仪担任的兵曹掾即为左将军府主管兵事的长官。当时诸葛亮以军师将军署左将军府事，是杨仪的顶头上司，他与杨仪的主从关系从这时开始就结下了。

刘备称汉中王，法正厥功至伟，受封尚书令。这意味着在原有的左将军府（后来演变为丞相府）体系之外，刘备又建立了一套尚书台体系，两者在处理日常政事方面职权多有重叠，构成了季汉行政管理上的双轨制。杨仪也在此时转任尚书。这很可能是诸葛亮的主意——既能够丰富杨仪的工作经验，又能够在尚书台打入一个忠诚于自己的楔子。但尚书令法正是一个狠辣的角色，"一餐之德，睚眦之怨，无不报复，擅杀毁伤己者数人"。陈寿评价他"不以德素称"。杨仪在他手下做事，其艰难可知。不久法正去世，尚书令的位置由尚书刘巴补任，尚书台依旧控制在刘璋旧属手中。

刘巴是名士出身，他早在荆州时就被曹操征辟为掾，遣往荆南招抚，后又远走交州，辗转入蜀。刘巴长期与刘备为敌，饶是如此，他却因其声望与智谋而备受刘备敬重，刘备称赞刘巴"才智绝人"，只有自己才能任用他。诸葛亮盛赞刘巴"运筹策于帷幄之中"，认为自己的才能远不及他。平素"爱敬君子"的张飞专程前去刘巴的住所请教，被刘巴辱骂为不可共语的"兵子"，刘备也并不责难。

刘备初定益州，采用刘巴之策，铸虚值大钱，平抑物价，"数月之间，府库充实"。

刘巴历任左将军府西曹掾、尚书，与杨仪都是平级，此番突然跃升为上级，杨仪心中难免不满。他或许无法理解刘备有意使左将军府、尚书台相互制衡的深谋远虑，只是单纯对尚书台没有落入荆州人手中、有负诸葛亮的期盼而耿耿于怀。如此下去，他与刘巴的相处必不可能愉快。不久，杨仪与刘巴"不睦"，被贬为弘农太守。弘农郡远在曹魏腹地，让杨仪担任这等无实权的遥领官职，实与免职无异。

"左迁"让杨仪在蜀中度过了四年蹉跎时光，他很清楚自己降臣身份在季汉的尴尬处境。曾经赏识过他的贵人关羽、刘备先后离去，诸葛亮成为杨仪在蜀中唯一可以倚仗的一棵大树，而"荆楚人贵"的身份则赋予了他再度翻身的机会。

季汉建兴三年（225），诸葛亮统军南征，一应军戎调度都变得繁忙起来，杨仪被征召入相府，担任参军，署理府事，随后又随诸葛亮北驻汉中，参与北伐的大小事务处理。"亮数出军，仪常规画分部，筹度粮谷，不稽思虑，斯须便了。"可知杨仪在诸葛亮的数次北伐中，主要承担着军队调度、粮草供应这两大重任。

汉中是北伐的枢纽之所在，诸葛亮每次出兵，将士都要由各屯戍地拔寨集结，奔赴前线。十万大军，各有所统，如何传令，如何行军，如何安营，如何后撤，都需要进行缜密而细致的规划安排。出兵之后，军粮供给大多都由巴蜀腹地运输至汉中，再由汉中穿越秦岭谷道运抵前线，这一汉军将士的生命线也需要妥善管理和维护。诸葛亮纵然事必躬亲，也不可能在应敌作战的同时处理这么多军戎杂事，而精明能干的杨仪恰恰成为诸葛亮最得力的助手，以至于"军戎节度，取办于仪"。杨仪勤勉的工作和出众的才能，使诸葛亮和众将有目共睹，因此他于季汉建兴八年（230）升任长史，可谓顺水推舟之事。

到了诸葛亮的第五次北伐，杨仪在诸葛亮身边形影不离，再加上兼领绥军将军，他也有了统兵调兵之权，职权进一步扩大，事实上成为汉军中的二号人物。诸葛亮病重不能理事，更是授权杨仪代行其职。在许多人看来，杨仪多年深受诸葛亮教诲与栽培，已是诸葛亮属意的继任人选。

然而杨仪的缺点也十分明显，即"性狷狭"，他追随诸葛亮多年，没有习得诸葛亮谦逊包容的处世之道，反而一点点在向他曾经的上司法正靠近。尤其是他与魏延的矛盾，在汉营中已经闹得白热化，连诸葛亮都无能为力。据《华阳国志》载，诸葛亮甚至在百忙之中，写了一篇《甘戚论》供杨仪与魏延阅读。《甘戚论》原文已佚，亦不晓题中"甘戚"为何指，笔者以为可能为"干戚"之讹。诸葛亮将杨、魏二人比作季汉的盾牌、大斧，苦口婆心地规劝二人应当协力同心对外，而不应自相戕害。但从结果来看，这篇文章并未产生任何效果。

杨仪、魏延争权，不仅在国内尽人皆知，甚至还传到了友邦。一次季汉使者费祎出使东吴，孙权在酒后不怀好意地说：杨仪和魏延都是"牧竖小人"，诸葛亮一旦辞世，他两人必为祸乱，你们这些人怎么不知道防范呢？这话一出，费祎顿时愣住了，不知如何作答，副使董恢连忙提醒费祎，让他这样回应：杨仪、魏延之争是出于私怨，并不像英布、韩信那样难以驾驭，如今北伐之际，正是广纳英才的时候，如果因此就要废黜他们，那不就跟怕风浪就把船只毁坏一样，不是长久之计啊（"可速言仪、延之不协起于私忿耳，而无黥、韩难御之心也。今方扫除强贼，混一区夏，功以才成，业由才广，若舍此不任，防其后患，是犹备有风波而逆废舟楫，非长计也"）！孙权闻而大笑。

董恢的机智应变维护了季汉的尊严，但孙权的酒后之言却一语成谶。杨仪与魏延的矛盾撕裂着季汉内部脆弱的团结，并在诸葛亮去世后走向失控。

就在汉军从五丈原撤还的同时，两封举报信先后通过快马送到了成都的朝堂之上，一封是魏延控告杨仪叛逆，一封是杨仪控告魏延叛逆。刘禅一时没了主意，求问于侍中董允与留府长史蒋琬，两人给出了一致的意见——"保仪疑延"。这与诸葛亮在临终前的部署是一致的，这充分说明在杨、魏之争这件事上，成都方面早就得到了诸葛亮的指示，魏延已经被整个季汉孤立和抛弃了。

魏延的私自行军没有得到成都的支持，这实际上已经宣判了他政治上的死亡。他固然有自己的委屈与理由，但已经完全没有申辩的机会。可是，固执的魏延仍试图做最后的挣扎，他抢先走出褒斜道，占据了南谷口（即褒谷口），将兵锋对准了季汉的中军。这里曾是"子午谷之谋"的起点，此时却成了魏延人生的终点。

杨仪令人修桥铺路，统帅大军后至，见魏延公然与大军对阵，知道他已经如射出的箭，难以回头。他派大将王平在前，王平对着魏延军士呵斥道："丞相逝去，尸骨未寒，你们胆敢谋反作乱吗？"（"公亡，身尚未寒，汝辈何敢乃尔！"）此言一出，魏延手下士兵一哄而散。尽管他们大多是跟随魏延征战多年的亲兵，但魏延的情分再大，哪有诸葛亮的恩威大？能够从渭水之滨随魏延一路走到这里，他们已经是仁至义尽，而如今他们面对的是诸葛亮的灵柩、诸葛亮的旌旗，以及诸葛亮生前的亲信将帅，他们怎么可能为了魏延而将兵戈对准"诸葛亮"？正如何焯之言："丞相之泽，数十年追思不忘，况此日乎？顺逆一明，则延虽善养士卒，一叱即散矣。"

魏延没了士兵，失去了最后一张牌，他带着儿子和亲随数人成了一群逃亡者，他们直奔汉中而去。很明显，魏延还留有最后一丝幻想，那就是回到成都，面见天子，当面陈述自己的冤屈。杨仪当然不会给他这样的机会，他派平北将军马岱追赶上去，将魏延首级斩下。

马岱是马超从弟，职级并不比杨仪低。他之所以能够如此听命于杨仪，是因为杨仪的身后是诸葛亮的棺椁，他的命令被视为诸葛亮意志的延续。而权力，历来就是一柄双刃剑，它在诸葛亮的手里可以是凝聚举国力量北伐曹魏的令旗，而在杨仪的手里就可以沦为宣泄私人恩怨的屠刀。

于是季汉史上最血腥的一幕出现了，当马岱将魏延的首级带回时，杨仪当着众人的面，抬脚踏在那颗血淋淋的头颅上，骂道："庸奴！复能作恶不？"这是杨仪对长年以来在与魏延争执中屡处下风的报复，也是他作为季汉新的主宰者向他的同僚们进行的一次示威。骂完仍不解气，杨仪下令，将魏延夷三族。

夷三族，是古代的一种重刑，用以惩治谋逆大罪。《史记》认为始于秦文公，《汉书》认为始于商鞅变法，看来其源头都是以严苛闻名的秦法。"三族"的范围，张晏认为是"父母、兄弟、妻子"，如淳认为是"父族、母族、妻族"，但从史传所载"夷三族"的记录来看，连坐受诛的人不止于此，还包括罪人的子女及后代，毕竟这更符合这一酷刑"斩草除根"的初衷。因此有学者认为，到了汉代，"夷三族"只是一个习惯性的称呼，实际执行的就是"夷宗族"，即将罪人沾亲带故的人通通杀掉，而具体将屠杀扩大到多大的规模，则完全看施刑者的脸色。

中国古代社会是建立在以血缘关系为纽带的宗法制度之上，宗法血缘渗入社会的方方面面，而以此为标准蔓延并使之"合法化"的屠杀，可以最大限度地摧毁罪人的整个家族网络，并对他人产生强烈的震慑作用。因此，在汉末三国，"夷三族"频频出现在史书中，在政治斗争中被胜利的一方反复使用，如曹操、司马懿父子及吴末帝孙皓，都是活学活用"夷三族"巩固权力地位的标杆。而动手斩杀魏延的马岱，正是曹操夷灭马腾全族的幸存者。

季汉建政以来，在律令法规上较刘焉父子时期要严苛一些，多有因言语悖逆而被诛戮之案例，但由于其政治格局较为稳固，内部斗争不甚激烈，加之诸葛亮恩威并施、宽严有度的分寸感，"夷三族"这样残忍而血腥的刑罚从未出现过，也似乎与这片温润的土地格格不入。可是，就在诸葛亮尸骨未寒之际，诸葛亮生前最为倚重的"大秘"杨仪将屠刀挥向了季汉当时最杰出的将领魏延的全族。从史书记载来看，杨仪族灭魏延，没有遇到任何阻碍，这显示出至少在汉中防区，他的权力已经没有了制约，可以随意对他人生杀予夺。与此同时，由于闻听杨仪与魏延相争，刘禅特派留府长史蒋琬率成都的宿卫诸营北上，以防不测。但闻听魏延被杀的消息，已行数十里的蒋琬竟掉头返回了成都。

就这样，面对这场你死我活的政治斗争，季汉一时陷入了可怕的沉默，谁也不愿意蹚这浑水，大家眼睁睁地看着昔日的同僚互相残害——胜利的一方面目狰狞，失败的一方血流成河。

这是季汉五十年间最不像季汉的一个冬天，诸葛武侯撒手而去的悲痛还没有平复，内斗的序幕已经拉开，此衅一开，又不知道是多少生灵涂炭、人头落地。杨仪，这个诸葛亮一手提拔起来的心腹，正在将诸葛亮苦心维系的国家推向悬崖边缘。

附：季汉历任丞相长史

建兴元年（223）至建兴三年（225）	王连（成都）	
建兴三年（225）至建兴五年（227）	向朗（成都）	
建兴五年（227）至建兴六年（228）	张裔（成都）	向朗（汉中）
建兴六年（228）至建兴八年（230）	张裔（成都）	
建兴八年（230）至建兴十二年（234）	蒋琬（成都）	杨仪（汉中）

李平不平

双手沾满魏延全族鲜血的杨仪完成了对汉中的完全控制，这才向成都报丧。随即，诸葛亮病逝的消息也传到了蜀中各地。

史书中记载了这些人的反应：

一是季汉皇帝刘禅，此时他已二十八岁，绝非昔日刚登基之孺子。但由于十二年来政事"咸决于亮"，刘禅显得毫无存在感，以至于《三国志·后主传》记载的这十二年，几乎全是诸葛亮的政治、军事部署，没有刘禅本人任何言行举止记载。诸葛亮病逝的消息传来，刘禅派左中郎将杜琼持节，追谥诸葛亮为忠武侯，并颁布诏书如下：

> 惟君体资文武，明睿笃诚，受遗托孤，匡辅朕躬，继绝兴微，志存靖乱；爰整六师，无岁不征，神武赫然，威镇八荒，将建殊功于季汉，参伊、周之巨勋。如何不吊，事临垂克，遘疾陨丧！朕用伤悼，肝心若裂。夫崇德序功，纪行命谥，所以光昭将来，刊载不朽。今使使持节左中郎将杜琼，赠君丞相武乡侯印绶，谥君为忠武侯。魂而有灵，嘉兹宠荣。呜呼哀哉！呜呼哀哉！

从诏书来看，诸葛亮的猝然离世让刘禅十分伤心，以至于"肝心若裂"。而在短短几句中，诏书对诸葛亮的"盖棺定论"可谓评价极高，既追溯了诸葛亮遗命托孤之后的匡君辅国之功，也赞颂了他数次北伐的功业，将他对季汉的功勋比肩于伊尹、周公。这份诏书不会是刘禅的亲笔，应为董允、郭攸之等"侍卫之臣"的代劳，刘禅此时的心思与性情，仍然被掩盖在阴影之下，难以捉摸。

另一位是劝学从事谯周，他是益州本土儒生，诸葛亮兼领益州牧，起用他为益州劝学从事①，负责益州的文教工作，算是专业对口。时年三十四岁的谯周听到诸葛亮病逝于敌庭的消息，感念于诸葛亮的提携之恩，连忙从家中动身，北上奔丧。不久，朝廷就降下了"禁断"的诏书，即禁止大臣擅离职守、私自为诸葛亮奔丧，而当时谯周已经抵达了诸葛亮停灵的汉中。

有论者从诏书"禁断"大臣奔丧来揣测刘禅对诸葛亮的态度，其实大可不必，且不说当时刘禅尚未亲政，诏书并不能体现刘禅本人的意志，从东汉以来，为"府主"奔丧就是明令禁止的事情。建安年间，司徒赵温去世，长陵令吉黄"违科奔丧"，为司隶钟繇所收，遂伏法。东吴律法明文规定"长吏遭丧，皆不得去"，孙权近臣胡综甚至建言以"大辟"之刑来惩处奔丧者，以儆效尤。后来，连为父母奔丧都是违律的，名列后世"二十四孝"之一的孟宗违命为母奔丧，自拘于武昌听刑，还是陆逊出面说情才被"减死一等"。

为何奔丧这种私事会受到当时公权力的干预？盖因战

---

① 据《三国志·先主传》，建安二十五年（220）谯周已任劝学从事，并缀名劝刘备称帝表之中。沈家本疑此处"谯周"为"周群"之讹。

乱时节，内外多事，大小官吏若因丧事擅离职守，则势必以私废公，引发管理上的混乱。谯周明知有此律令，还"顶风作案"，一则说明自东汉形成所谓"二重君主观"以来，士人与府主之间浓厚的恩情关系犹存；二则反映了诸葛亮作为一个客居蜀中的统治者，在以谯周为代表的益州士人心中已享有崇高的地位，这一点殊为难得。需要说明的是，谯周及益州本土士人对诸葛亮的感情固然浓厚，但这也止步于诸葛亮的人格魅力与道德感化，并不代表谯周等人认同诸葛亮的治国之策。二十余年后，谯周将作为北伐的坚定反对者，猛烈攻击诸葛亮北伐事业的继承人姜维。

当谯周抵达诸葛亮生前的理政之地汉中沔阳（今陕西勉县）时，他大抵也听到了一个消息，那就是诸葛亮的灵柩将不会像前朝的功臣那样迁回成都，附葬于先帝陵寝之侧，而是依照诸葛亮生前遗愿，葬于定军山下，因山为坟，不起坟垄①。十五年前，黄忠在此地斩落魏将夏侯渊，

① 诸葛亮墓（武侯墓）在今陕西勉县定军山镇定军山脚下，为第四批全国重点文物保护单位，墓冢为覆斗型，高5米，周长60米，周砌八卦形护栏。墓前坟亭有明万历二十二年（1594）陕西按察使赵健所立"汉丞相诸葛忠武侯之墓"、清雍正十三年（1735）果亲王允礼所立"汉诸葛武侯之墓"两通墓碑。墓园内有正殿、献殿、东西厢房等建筑，为清嘉庆七年（1802）修建。墓园内古柏参天，许多树龄在一千七百年以上。

为刘备平定汉中提前奏响凯歌，那是季汉的极盛时刻。诸葛亮将坟茔选在这里，除了宣示自己矢志北伐、死不旋踵的态度，也似乎是想枕着季汉辉煌的旧梦，在另一个世界遥想汉室中兴的图景。

诸葛亮下葬之后，蜀中士民都悲痛不已。《朱子语类》载，汉中男女每逢春月，都会头戴白楮巾，前往诸葛亮墓上哭丧，"其哭甚哀"。《襄阳记》载，蜀地许多民众争相要求为诸葛亮立庙祭祀，朝廷因为不合礼秩而予以拒绝，百姓就选取时节在道路两边私祭诸葛亮。为诸葛亮立庙的争论一直持续了许多年，直到季汉灭亡的前一年才有了结果，这些都是后话。

诸葛亮逝世的消息传到了季汉更多偏僻的角落，犍为郡武阳县（今四川彭山）十一岁的李密与祖母刘氏相依为命，从小经历父亲去世、母亲改嫁的他对悲伤的情绪格外敏感，诸葛亮逝世想必在他的童年留下了深刻的印记。巴西郡安汉县（今四川南充）的陈寿时年只有两岁，尚对人世间的悲喜懵懂未知，但他应当会在后来的日子里反复听到父亲对此事的回忆。因为他的父亲曾任马谡参军，因街亭之败而被诸葛亮处以髡刑，仕途就此终结。陈寿与诸葛丞相之间的渊源早在他出生之前就已经注定。四十年后，当他向晋武帝诚惶诚恐地献上编纂一新的《诸葛氏集》时，他或许会想到童年时村中老少号泣不绝的那个夜晚。

绝望，在那些曾被诸葛亮贬黜的臣子身上表现得尤为明显。消息传到了成都西北的汶山郡（治所在今四川汶川南），一位名叫廖立的中年农夫叹息道："吾终为左衽矣。"汉族服饰左襟掩覆右襟，称为"右衽"，而少数民族则相反，称为"左衽"，后多以"左衽"代指汉族之外的异族。《论语》中孔子曾言："微管仲，吾其被发左衽矣。"汶山郡此前由蜀郡北部尉进行军事化管理，是汉人与羌胡杂居之地。廖立感叹在诸葛亮死后，他一辈子都将沦落于这异族之地，再也不可能官复原职了。

廖立，字公渊，武陵临沅（今湖南常德）人，他自荆州跟随刘备，年未三十即出任长沙太守，被诸葛亮赞誉为与庞统齐名的"楚之良才"。然而到了刘禅即位后，廖立仅任长水校尉这种散冗之官，官位不显，这让原本清高自傲的他牢骚满腹，恰逢丞相掾李邵、蒋琬前来拜访，廖立就将心中的愤懑一股脑儿发泄出来。席间，他又是批评刘备时期的种种失策，又贬损诸葛亮身边的红人向朗、文恭、王连等德不配位，用语也多讽刺。李、蒋出门就直奔相府向诸葛亮揭发了廖立。尽管廖立所说不乏实情，但在诸葛亮刚主持国政、朝野上下人心惶惶之际，廖立这些话无疑是在谤讪朝政，破坏稳定团结的大局，即便是身为荆州人利益代言人的诸葛亮亦不能容忍。于是诸葛亮上表将廖立废为庶人，徙至汶山。比起此前同样因言获罪却遭弃市极刑的张裕来说，廖立毕竟保住了性命。

廖立几乎看不上季汉的所有臣子，惟独对诸葛亮崇敬有加，即便狂傲至极也"自谓才名宜为诸葛亮之贰"。所以，也只有诸葛亮才知道他的价值，会重新任用他。廖立在汶山"率妻子耕殖自守"，过着诸葛亮出山之前那般平民的日子，一等就是十年，最终却等来了诸葛亮的死讯和永恒的绝望。多年以后，姜维率偏军途经汶山，专程拜访这位前辈，称赞他虽然年迈，但"意气不衰，言论自若"。

与廖立一同翘首等待的还有谪居在成都东北梓潼郡（治所在今四川梓潼）的李平。当得知诸葛亮已逝，李平激愤于胸，不久即发病而死。他的死在当时可能并未产生多大的波澜，毕竟这个名字已经消失在这个国家里整整三年了，而且人们其实更熟悉他的另一个名字——李严。

李严，字正方，南阳郡人，年少就在郡中担任吏员，以才干著称。李严在工作中常常不讲情面，性格不是很讨喜，因此在乡里品评盛行的汉末，他在家乡得了一句谚语："难可狎，李鳞甲。"狎，亲近、接近之意。《礼记·曲礼》云："贤者，狎而敬之，畏而爱之。"李严的脾气连乡里人都觉得无法接近，好像身上穿着厚厚的鳞甲一般，可见他确实不好相处。

在刘表主政荆州时期，李严在诸县流动任职，到了建安十三年（208），他已经是秭归（今湖北秭归）县令。这个关键的时间和关键的地点决定了李严今后一生的命运。如果李严当时在襄阳任职，那么他大概会随着刘琮投降，与文聘、邓羲、刘先等同僚北归曹操，日后在曹魏有一席之地。如果李严当时在荆州中、南部任职，那么他大概会和同乡黄忠、陈震、宗预一样加入刘备阵营，成为"从之如云"的"荆楚群士"之中一员。若如此，李严此后随刘备入蜀，其身份以及与诸葛亮的关系都将迥然不同。命运的捉弄就在于，李严所处的秭归，恰恰是荆益两州的连接处。曹操南下时，李严不甘于屈身事曹，又与刘备东西相隔，于是索性溯江而上，投益州刘璋而去。这一路他经过了长江边上的鱼腹县（后改名永安县，今重庆奉节）、江州县（今重庆市区），这些地方将成为他日后人生的重要坐标。他在荆州变乱中做出了与众不同的选择，他的结局也由此埋下伏笔。

刘璋对李严的到来十分欣喜，授他为成都令，让他管理益州的首邑，大约也是利用他来招徕更多外州之人。可是，李严来得太晚了，他已经错过了属于"东州士"的红利。

"东州士"是指汉末离乱以来从三辅（今陕西关中）、南阳等地流入益州的民众。因为三辅、南阳在益州的东边，故而称"东州"。《华阳国志》载："时南阳、三辅民数万家，避地入蜀，焉恣饶之，引为党与，号东州士。"《英雄记》亦云："先是，南阳、三辅人流入益州数万家，收以为兵，名曰东州兵。"刘焉、刘璋父子治益州，而益州本土豪强常恃威不服，甚至举兵叛乱。刘焉、刘璋依靠"东州士"，镇压了益州豪强，暂时坐稳了益州之主的位子。需要强调的是，近世不少论者喜欢将刘焉、刘璋旧部文武要员归为"东州派"或"东州集团"，笔者以为似可商榷。因为很明显，前述史料中"东州士""东州兵"指的是被武装起来的流民、平民，而非官吏、士人。更有不少人将李严也作为"东州集团"的一员，甚至核心成员，笔者以为更站不住脚。因为"东州士""东州兵"集中出现在史籍中，乃是刘焉时期。而在刘璋平定赵韪叛乱后，"东州"一词已不见于史。李严入蜀距刘焉去世已经十五年之久，早他十余年入蜀的法正、孟达尚且郁郁不得志，李严又如何成为一个集团的核心人物呢？

可以说，李严从踏入益州的那一刻开始就是孤独的，他既没有朋友，也没有班底，更没有派系。他在南阳就曾遭到乡里品评的恶意，那么离开生养自己、任职多年的荆州，他又有多大的施展空间呢？

刘璋不是个理想的主君，待在他手下注定庸碌，好在李严等到了机会，那就是刘备与刘璋反目。刘璋大约是想炮制之前镇压益州豪强叛乱的手法，将外乡人李严加封为护军，派往绵竹（今四川德阳北）御敌。当时的战局对刘璋十分不利，刘备一路南下，各县不是闭门不出，就是望风而降，李严刚到绵竹，绵竹令费诗就举城先降。张任、刘璝等将连战连败，退往雒城。李严没有跟他们退走，而是径直投向了刘备。

李严倒戈，不像是临时起意，应当是对刘备有过一番了解。笔者猜测，李严很可能在荆州历仕郡县的时候就与刘备打过交道，甚至可能同时出现在刘表的宴席之上。刘备在涪城与刘璋"欢饮百余日"，在葭萌"厚树恩德，以收众心"的时候，李严可能已经与刘备重新建立了联系。李严的投降，更像是对五年前弃荆入益那个错误决定的一次弥补。好在亡羊补牢，犹未迟也，况且还是带兵来投，两手不空，刘备当即封他为裨将军。

与李严在绵竹一起投降的还有参军费观。费观与刘璋是两重姻亲，如此身份之人却在战争一开始就背叛刘璋，让人匪夷所思。笔者推测，费观很可能是被李严胁迫投降的。交出费观这样一个刘璋姻亲，也算是李严给刘备的一个分量十足的"投名状"。费观的投降还意外催生了另一个政治红利，它将在若干年后影响另一个费家人的人生。

刘备平益州，李严被任命为犍为太守、兴业将军。犍为郡地势险要，土地广博，与蜀郡、广汉郡并称为"三蜀"，是成都的南大门，也是巴蜀腹地伸向汉蛮杂居的南中地区的一只臂膀。建安二十三年（218），郪县（今四川三台郪江镇）盗贼马秦、高胜作乱，合数万人侵入资中（今四川资阳），不久越嶲夷帅高定又率军入侵新道县（今四川甘洛东北）。彼时刘备率大军北征汉中，无暇南顾，李严仅率五千人就将两起叛乱全部平定。新道县位于越嶲郡，并不在李严的辖区内，本不属他的职责。李严主动跨郡平叛，显然是想在刘备面前积极表现。他清楚地知道，他如今的一切都来自刘备的恩泽，只有对刘备效忠，他才能摆脱半生蹉跎的困境。

建安二十四年（219），刘备称汉中王，犍为郡武阳县传来"祥瑞"，说当地的赤水上出现了一条黄龙，盘桓了九日才离去。黄龙是帝王之象，九乃阳数之极，"赤水"又呼应了汉高祖"赤帝之子"的说法。这一祥瑞的所有指向都是将刘备与皇帝之位联系起来。故而在次年，许靖、麋竺、诸葛亮等群臣向刘备上表劝进，表文中所列祥瑞图谶，打头就是"黄龙见武阳赤水，九日乃去"。这一祥瑞是何人所造？史书虽没有具详，但为纪念这一祥瑞所立的两通《黄龙甘露碑》[①]留下了线索，其中一碑的碑侧题有"时太守南阳李严正方、丞宋远文奇、武阳令阴化"字样。很显然，李严正是炮制这一祥瑞的主力，是刘备称帝的积极鼓吹者。

章武二年（222），李严终于等到了他飞黄腾达的机会。夷陵新败的刘备一纸诏令将他召到永安，加拜尚书令。次年三月，刘备病笃，遗诏李严与诸葛亮共同辅佐太子刘禅，并明确了诸葛亮为正，李严为副。李严的身份又进阶

---

① 《黄龙甘露碑》今已不存，其碑文载于北宋洪适《隶续·卷一十六》。

一层——中都护，统内外军事①。

不到半年的时间内，李严由一郡太守跃升至与丞相齐名的托孤重臣，令人惊愕。刘备选择李严的背后原因，固然有李严在劝进方面的表现，但更重要的还是李严突出的军政才能。在刘备托孤之时，季汉的文武精英已经凋零大半，关羽、张飞、黄忠、法正、董和、刘巴、马良等地位在李严之上的人才相继离去，刘备可以选择的托孤人选已寥寥无几。而李严文武兼备，除在荆、益两州诸郡县任职多年，他还与诸葛亮、法正、刘巴、伊籍共同制定季汉法典《蜀科》。因此，当刘备要选一名政治上忠诚、内政军事能力突出且取得过骄人政绩的托付者时，李严之名自然浮出水面。

选择李严，当然也有他作为刘璋旧部身份的这一层考虑。在荆州失陷之后，刘璋即落入孙权之手，并被孙权遥

---

① 对于李严"统内外军事"，有学者认为是指统领蜀汉全国军务，但也有学者表示质疑。如祝总斌《都督中外诸军事及其性质、作用》认为"是以宫城为内外界限"。张金龙《魏晋南北朝禁卫武官制度研究》认为"是指永安宫之内外军事，而非全蜀国之内外军事"。朱方玉《论三国时期某些职官的职能变化与各国君主的用人方式》认为"李严的'统内外军事'，内不达成都诸葛亮，外不统汉中魏延，从他常年驻留永安而言，也就只限于永安一地"。

置益州牧，作为分化瓦解刘备阵营的工具。刘璋被孙权安置的地方秭归，正是李严入蜀的起点。刘璋死后，孙权复以其子刘阐为益州刺史，处交、益界首，意在煽动蜀中豪强、刘璋旧部叛乱生事。刘备委李严以托孤重任，很大程度上能够起到稳定人心、维护团结的作用。但需要说明的是，李严此时并不是什么"东州派""东州集团"的首领，他与原仕刘璋的吴懿、张裔、李恢、杨洪等人，包括已逝的法正、刘巴、董和，已降魏的孟达、黄权，都没有什么交往的记载。从他"性自矜高"，对护军辅匡"不与亲亵"等记载来看，他也很难在刘璋旧部中结下什么政治盟友。唯一与他"通狎如时辈"的费观还年纪轻轻就死了。这让李严虽然"一步登天"，却"高处不胜寒"。他与被"荆楚群士"簇拥的诸葛亮相比，压根儿就不是一个层面上的对手。

属于李严的荣耀只是暂时的，很快，他的命运便一路跌宕。先是汉吴两国在诸葛亮的主导下实现了议和，永安的军事防御功能不再，留镇于此的李严随即被架空了军权，所谓"统内外军事"也成为一纸具文。与此同时，诸葛亮获得开府治事之权，让丞相府诸曹掾僚属接管了季汉行政中枢，李严名义上统领的尚书台也失去了实权。诸葛亮又兼领益州牧，可以直接管辖益州所有郡国，主导人才察举。两年后，诸葛亮平定南中，牢牢握住了季汉中央军的指挥权。而远离政治中心的李严，孤坐在汉吴边境上的这座小城里，感到了长江江面上泛起的刺骨的寒风。

季汉建兴四年（226），诸葛亮开始紧锣密鼓地准备北伐，北伐是全国一盘棋的大事，需要做大量的士兵动员和物资调配工作，李严终于被分派了任务。他的屯驻地从永安西迁到了江州，江州水路通达，可由阆水（西汉水）直上汉中前线。因此李严在北伐中的职责也就确定了，即"知后事"，为北伐供应军资粮草。

这一年还发生了一件事，那就是李严给已经投魏的孟达寄去了一封信。事情的缘起是李严手下的一名叫王冲的牙门将因为与李严交恶，叛逃曹魏，在孟达座中大肆攻击诸葛亮，说诸葛亮曾劝刘备诛杀孟达全家，只是刘备没有听从。这当然是造谣污蔑之语，但这话却传回了诸葛亮耳中。造谣者是从李严这里走出的，这些不利于季汉内部团结的言论与李严有多大关系？于是，诸葛亮和李严分别致信孟达，诸葛亮在信中对谣言做了澄清，并顺势笼络孟达，信中有"依依东望，故遣有书"之句，半遮半掩地表露出希望孟达归汉的意思。李严的信中则称："吾与孔明俱受寄托，忧深责重，思得良伴。"前半句是强调自己与诸葛亮"平起平坐"的托孤重臣身份，后半句的"思得良伴"比诸葛亮更明显地表达出招降之意。只是，李严的招降，不像是为国，而更像是为自己。这反而说明了一件事，那就是在季汉朝堂之上，李严从来就没有一个"良伴"。

李严终究没有在江州等来他的"良伴"，孟达死于诸葛亮的借刀杀人之计。随之，诸葛亮主导的北伐大幕徐徐拉开。前线打得如火如荼，李严在江州无所事事，心血来潮之下，他开始大兴土木修筑城池。据考证，李严所筑江州大城在今重庆市渝中半岛上，周回十六里，三面环江，可谓易守难攻。但就这样，李严还不满足，他甚至想从今重庆鹅岭山一带凿开一条水渠，把渝中半岛彻底改造成一个江中岛①。江州并非对敌前线，大规模筑城毫无必要，可见李严此举带有强烈的政治目的——既是表露对诸葛亮专权的不满，也是在强调自己在季汉朝中业已名存实亡的辅臣身份。这期间，李严与诸葛亮的关系也在急剧恶化。李

---

① 《华阳国志·巴志》："后都护李严更城大城，周回十六里；欲穿城后山，自汶江通水入巴江，使城为洲。求以五郡置巴州，丞相诸葛亮不许。亮将北征，召严汉中，故穿山不逮；然造苍龙、白虎门，别郡县仓皆有城。"

严曾给诸葛亮写信，劝他受九锡、进爵称王。九锡和称王是曹操篡汉的制度前奏，李严此信无疑是在将诸葛亮置于炉火之上，怀着满满的恶意。诸葛亮也只能老老实实回复他，如今"讨贼未效，知己未答"，不能享有这样的尊贵待遇。待到灭了曹魏，与众臣一起晋升，别说九锡了，就是十命我也能受（"虽十命可受，况于九邪"）。这算是诸葛亮主动开了个玩笑，打破一下两人之间尴尬的气氛。

季汉建兴八年（230），曹真三道伐蜀，汉中告急。这是自刘备入蜀以来曹魏首次大规模入侵，尽管此前魏延已经在汉中建立了"错守诸围"的防御体系，但诸葛亮仍没有十成的把握，特别是分兵屯戍诸围导致的兵力不足可能成为汉军在防御上的短板，于是诸葛亮命李严统两万人至汉中协同作战。

可是，就在这军情紧要的节骨眼儿上，李严却跟诸葛亮谈起了条件——以益州东部五郡为巴州，让他当巴州刺史。众所周知，季汉自建号称帝以来便只有一州之地，益州牧一职由诸葛亮兼领。李严提出在季汉现有行政区划内单独划出一个巴州，无疑将形成一个不隶属于诸葛亮的"特区"，其与诸葛亮分陕而治、分割权力的目的表露无遗。这一近乎要挟的提议是诸葛亮不能接受的。在巴州之议未果之后，李严又给诸葛亮写信，陈述曹魏大臣陈群、司马懿开府辟召之事。这封信直指诸葛亮另一项重要权力——开府权。李严的目的诸葛亮一眼便看穿，但权力，恰恰是他唯一不能慷慨给予的东西。最终，作为妥协方案，诸葛亮答应向朝廷表奏李严之子李丰为江州都督，接替此前李严在江州的地位，这相当于认可了李严父子在益州东部的世袭统治，同时表奏李严为骠骑将军。李严这才动身北上，来到了汉中。

也就是在这一年，李严将自己的名字改成了李平。若非避帝王家讳，古代成年男子一般不会随便改名。李严改名为"平"，史书未载原因，笔者猜想他可能正是因为心中不平，而想向诸葛亮索要一个"平起平坐"。

曹真伐蜀未及大战，就因大雨而退兵。季汉这边严阵以待，却没能一展身手，这反倒激励了诸葛亮于次年再次出师北伐。此时李平仍在汉中，诸葛亮不便带他从征，又不好打发他回江州，于是让他以中都护的身份署理汉中的丞相府事，为前线供应军需粮草。此次北伐，诸葛亮与曹真一样也遇到了大雨，军粮运输极为艰难。于是季汉历史上极其匪夷所思的一幕就这样发生了。李平派参军狐忠、督军成藩去前线告诉诸葛亮运粮之难，建议诸葛亮退兵。

而当诸葛亮退兵回到汉中，李平却佯作不可思议状，惊讶地问："军粮还足够，你为什么撤兵回来了（"军粮饶足，何以便归"）？"还差点儿杀了督运粮草的岑述。与此同时，李平给刘禅上表，称诸葛亮是为了诱敌深入而假装撤军（"军伪退，欲以诱贼与战"），把此次北伐无功而返的责任一股脑儿地抛给了诸葛亮。可是当诸葛亮拿出李平前后的手书作为物证时，李平无话可说，只得认罪。

　　诸葛亮随即向刘禅狠狠参了李平一本，历数李平此前谋求权力的种种劣迹，称其"安身求名""逼臣取利"，表示自己对李平已经一再宽容，而他竟然得寸进尺，做出不利于北伐大业的事情，"不意平心颠倒乃尔"。如果继续任用他，季汉的大业"将至祸败"。在另一封递送给尚书台的弹劾表中，诸葛亮更称李平"横造无端""迷罔上下"，认为"国事惟和，可以克捷"，不能再纵容李平。其后还有诸葛亮与车骑将军刘琰、征西大将军魏延、左将军吴懿、绥军将军杨仪等二十二人的联合署名，建议解除李平的职位，削去他的封爵。不久，诏书下达，李平被废为庶人，徙梓潼郡。至此，李平与诸葛亮的斗争以前者的完败而告终。正如当年一步登天成为"政治明星"一样，如今的李平一夜陨落。

　　检索整个事件，我们不难发现李平被废之事的诸多诡异之处。军粮供应，历来是行军打仗的头等大事，尤其对于季汉这个家底本就薄弱的国家，发动一场北伐，将耗费大量国力民力，后勤补给绝非儿戏。李平固然对诸葛亮有种种不满的情绪，但不至于在这一关乎季汉大军命运的事情上玩弄花样，欺上瞒下。事实上，李平所说也并不完全是虚妄，诸葛亮在撤军时于木门道设伏，击杀魏将张郃，这不就是"诱贼与战"吗？

学者田余庆在读到这段历史记载时也大惑不解，他说，李平在这一事件中"举动过于乖谬，不符常情"，"颇疑其间另有文章"。田余庆猜测，这可能是李平在不断挑战底线，破坏季汉新人与旧人的和睦，诸葛亮才不得不"假借理由"除掉他。这一推论颇有见地，但后世多有论者在此基础上借题发挥，甚至将诸葛亮的第四次北伐描述成让李平"请君入瓮"的一场阴谋，这又有些过了。诸葛亮就算再无法容忍李平，也不至于以私废公，拿北伐这一国家大计来对李平下套。然而，如果此次北伐从一开始就是一个错误，如选错了时间（夏秋雨季）、选错了路线（陇右防御严密），诸葛亮早有退军之意，又需要一个台阶下，那么将责任转嫁于李平确实可以达到"一石二鸟"之利。

田余庆也注意到，李平被废之事的相关史料可能多是据陈寿所编《诸葛氏集》写成，只有诸葛亮的一面之词，而缺乏李平方面的资料。"历史的真相究竟如何，已无从考定了。"但让李平倒台的关键人物，到底还是从有限的史料里浮现了出来，这就是丞相府参军狐忠。如前所述，李平与诸葛亮在战时的联络是由狐忠往来传话的，最终造成偌大的政治事件，狐忠不仅没有被追责，还在诸葛亮上尚书台的表章中得到了点名嘉奖。诸葛亮说，北伐大军回师时，李平一度想托疾逃回自己的势力范围江阳郡，是因为狐忠的劝谏才作罢。狐忠的另一个更为知名的姓名是马忠。他在诸葛亮开府之初就是门下督，在李平被废后更是升任庲降都督，镇抚南中十余年。狐忠担任的参军，并非李平的下属，而是汉中丞相府的僚属，狐忠在李平被废中扮演的角色，自然也是诸葛亮一手导演的。

由狐忠之事来反观李平被废，可以看出李平在政治上犯的两个错误：一是始终没有构建起自己信赖、对自己忠诚的僚属班底，故而在来到汉中之后，他虽名义上主掌丞相府事，但部下都是如狐忠这样诸葛亮的亲信吏员，这让他举动不得自专，步步被动；二是他贪图汉中军权，轻率地离开了自己长期经营的巴郡，从而导致虎落平阳、作茧自缚。就在李平被废不久，诸葛亮夺了李丰的兵权，将他改任为从事中郎，与长史蒋琬"共知居府事"。事实上，这是将李丰调到成都，让蒋琬将他看管起来，以免节外生枝。这也印证了诸葛亮对李平在巴郡搞"独立王国"的担忧。巴郡一带的军政权力也顺理成章地被诸葛亮收回，江州都督由巴西太守李福接任。

李平被废后，诸葛亮给李丰写过一封情意恳切的劝慰之信，信中让李丰规劝李平改过自新。诸葛亮还明确表示李平之事还有转圜的余地（"否可复通，逝可复还"），即李平可能会被再次启用。诸葛亮是李平政治生涯的终结者，也是李平余生唯一的期待，李平的命运早已不自觉地与诸葛亮绑在了一起。当诸葛亮逝世的消息传来时，李平知道，无论是谁来主掌朝政，诸葛亮当年的承诺已经永远无法兑现。在举国上下为诸葛亮齐哀之际，没有人会在意当年永安托孤的另一位辅臣也已悄然地离去了。

五大不在边

廖立与李平，一个是荆州旧部，与诸葛亮有密切渊源，一个是益州旧人，与诸葛亮有权力斗争。无论从地缘属性还是派系利益来看，他们都是截然不同的两类人。然而，他们同样破坏了季汉内部的和睦，同样被诸葛亮弹劾罢黜，同样在诸葛亮生前抱有复出之望，又同样在诸葛亮死后饮恨长嗟。他们二人很大程度上代表了当时季汉朝野那些与诸葛亮有过龃龉之人的心态——固然与诸葛亮"好尚不同"、心怀不忿，但当诸葛亮这个国之栋梁倒下，他们面前的道路将更为幽晦。诸葛亮用了十二年鞠躬尽瘁，让自己成为一个巨大的道德光环，他让所有人都无法失去他，让所有人都会感受到失去他之后所要面临的生存危机。

东晋史家习凿齿就说，诸葛亮执法量刑，有如水面、镜面一样，是极其公正无私的。正因为诸葛亮始终端着这样一面公正无私的"水镜"，他在动用权力处置蜀中官员的时候，才能做到"法行于不可不用，刑加乎自犯之罪"。习凿齿感叹，诸葛亮用人不会徇私情，罢黜人也不会引发对方的忌恨，天下谁还会不敬服呢（"爵之而非私，诛之而不怒，天下有不服者乎"）？

习凿齿的评价，自然带着一些"粉丝滤镜"，但也大抵反映了相当长的一段时间内人们对诸葛亮用人的看法，那就是诸葛亮用人并非仅以道德教化，而是"刑法峻急"，常以刑名法令惩恶立威。这一套治国之策成功让季汉维持了内部的和睦团结，乃至推动了不同地缘身份与派系利益之间的融合协作，也正是因为有了这样的政治基底，他才能举全国之力，持续而密集地展开军事行动。而一次次的北伐，虽然从战果上看堪称令人沮丧，但毕竟，当所有人有了共同的目标后，就忽视了彼此的矛盾，当集体的利益成为至高无上的政治准则时，对个人利益的争夺也就被限制在很小的范围之内了。

而诸葛亮死后，这样的局面会不会一朝崩溃？原先季汉内部那些被隐藏的矛盾会不会重新被释放出来？从魏延与杨仪之争来看，这显然是令所有人担忧的事情。

即便是季汉上下都沉浸在诸葛亮去世的哀恸之中，也总有人与主流民意相左。就在皇帝刘禅宣布为诸葛亮素服发哀三日时，一个叫李邈的人站了出来，上了一道堪称"语不惊人死不休"的奏疏。他说，诸葛亮的死，不仅不该哀伤，而且应该大加庆贺，奏疏原文如下：

> 吕禄、霍禹未必怀反叛之心，孝宣不好为杀臣之君，直以臣惧其逼，主畏其威，故奸萌生。亮身杖强兵，狼顾虎视，五大不在边，臣常危之。今亮殒没，盖宗族得全，西戎静息，大小为庆。

这封奏疏一上来就以西汉权臣吕禄、霍禹举例。吕禄是吕后的侄子，霍禹是霍光的儿子，他们均因叛逆之罪，被诛戮全族。李邈认为，吕禄和霍禹未必有反叛之心，而诛杀霍禹的汉宣帝也并不是一个喜好杀臣子的君主。之所以他们君臣关系到了势同水火、刀兵相见的地步，是因为臣子的权力太大，盖过了君主，所以臣子害怕君主的猜忌，君主也畏惧臣子的强势，这才导致了吕、霍两家身死族灭的悲剧。话锋一转，李邈直言不讳地议论起了尸骨未寒的诸葛亮，他连续用了两个词来形容诸葛亮：身杖强兵、狼顾虎视。

如果说"身杖强兵"还算是一句客观的描述——毕竟诸葛亮长期掌握季汉军权是不争的事实——那么后一句"狼顾虎视"就着实有些不敬了。在史籍中，"狼顾"常被视为权臣毕露的野心，如陈琳在《檄吴将校部曲文》提到董卓作乱以来，天下豪杰并起："其余锋捍特起，鹯视狼顾，争为枭雄者，不可胜数。"《晋书·刘聪载记》"石勒鸱视赵魏，曹嶷狼顾东齐"，说的是汉赵刘聪时期两名地方统兵大将石勒、曹嶷已经产生了割据自立的叛逆之心。而石勒不久便灭汉赵自立为帝。"狼顾"最为著名的典故发生在诸葛亮的对手司马懿身上。《晋书·宣帝纪》记载，曹操认为司马懿有"狼顾相"，于是故意对他做了个测验，即让他向前走的同时突然转头去看身后。结果司马懿"面正向后而身不动"，就像一只狼一样，身子不动，头来了个180度大旋转。这可信吗？史家多对此表示怀疑。《晋书》采用的多为美化司马懿的史料，这一记载也多半是为了体现司马懿的"天生异相"而生造的虚妄之言。

诸葛亮和司马懿走在南辕北辙的两条人生轨迹之上，却都被贴上了"狼顾"这一标签，这着实令人有些意外。可见"狼顾"一词，并非说此人心怀叛逆之心，而是说此人具备成为篡逆之臣的条件。在李邈看来，诸葛亮也是"未必怀反叛之心"，但他权力太大，不可不防，依据就是——五大不在边。

"五大不在边"，典出《左传·昭公十一年》，说的是春秋时期楚灵王吞并了蔡国，将幼弟弃疾封为蔡公，大臣申无宇劝谏楚灵王说："臣闻五大不在边，五细不在庭。亲不在外，羁不在内。"汉儒贾逵注疏云："五大，谓大子、母弟、贵宠公子、公孙、累世正卿也。"也就是说，帝王的长子、同胞兄弟、贵宠公子、公孙和累世为官的权臣这五类人，是不能派到边境驻守的。因为他们一旦外放，就会脱离君王的控制，形成地方割据势力，最终威胁君王的权力，即"末大必折，尾大不掉"。楚灵王没有纳谏言，而后来的事情也一语成谶，公子弃疾夺位自立，成为楚国历史上相当残忍的楚平王。

在李邈的眼中，诸葛亮就属于"五大"中的一员。而诸葛亮长期不在成都，处于北伐前线，可不就是如公子弃疾一样的"尾大不掉"吗？李邈认为，诸葛亮在生前权力过大，对君权已经形成威逼之势，这是皇帝刘禅需要警惕的。而诸葛亮死后，刘禅并没有像汉宣帝诛霍氏一样清洗诸葛亮的宗族，也没有因此导致外敌乘虚而入，这说明刘禅比素有"中兴之主"之称的汉宣帝更为仁德宽容、善于治国，因此值得为此庆贺。话到这里，对刘禅的恭维算是溢于言表了。

这个为了讨刘禅欢心而不惜訾毁刚去世的诸葛亮的人，到底是什么身份？

李邈，字汉南，广汉郪县（今四川三台郪江镇）人。他出身豪族大姓，有昆仲三人。李朝历任功曹、临邛令、别驾从事，起草汉中王劝进表，后随刘备东征，病故于永安。李朝弟李邵，任益州书佐部从事，为诸葛亮提拔为丞相西曹掾，后又为益州治中从事，于季汉建兴三年（225）去世。李朝另有一弟早亡，连名字都未存。但据《益部耆旧杂记》记载，这兄弟三人"各有才望，时人号之李氏三龙"。可见，李氏兄弟在季汉益州籍人士中处于十分尊贵的位置。

与三位兄弟相比，李邈的性格却有些"狂直"。他早在刘璋时期就担任了牛鞞（今四川简阳）县长，刘备平定益州后，辟他为从事，他却在一次宴会上指责刘备从刘璋手上夺取益州是背信弃义之举。当时刘备身边有人建议杀了李邈，还是诸葛亮出面求情，才留了李邈一条命。

在刘备时期，益州人士总体来说还处于被压制的状态，因为刘备入蜀后带来了大量荆州旧部，同时又要安抚笼络刘焉、刘璋父子的旧部（多为外州人），这些以不同方式进入益州的"客人"占据了季汉政权绝大部分席位，益州"主人"能得到重用的不过黄权、杨洪、张裔数人而已。诸葛亮执政时期，季汉面临严重的人才断档危机，而季汉只有益州一州之地，故而诸葛亮开始通过征辟的方式将大量益州本土人士纳入朝中，其中益州大姓豪族自然成为优先考虑的对象。如前述谯周出任劝学从事即是一例。李邈也被诸葛亮作为重点培养的本土人才，累升为犍为太守。到了诸葛亮北伐时，"李氏三龙"均已殁，出于对这个兼具忠诚与才干的家族的信任和弥补，诸葛亮以李邈为丞相参军、安汉将军，让他随军北伐。这一职位已经可以与马谡比肩。

李邈却偏偏栽在马谡事件上。马谡失守街亭，诸葛亮下令诛之，李邈劝谏说："秦赦孟明，用霸西戎，楚诛子玉，二世不竞。"看来李邈在相府混了这么久，还是没有学会说话的艺术。"楚诛子玉，二世不竞"是一句很不恭敬的话，说楚王诛杀了城濮之战兵败的子玉（成得臣），楚国两代就衰落了。季汉兵败，原本就士气低落，李邈拿斩马谡的事情来诅咒国运，这岂能不让诸葛亮恼怒？于是，李邈被诸葛亮遣回蜀地，不再重用。相比之下，蒋琬就比李邈的情商高得多，同样是劝谏诸葛亮斩马谡，同样引用楚成王杀成得臣的例子，蒋琬说出来的话是："昔楚杀得臣，然后文公喜可知也。天下未定而戮智计之士，岂不惜乎？"蒋琬不仅没有因此忤逆诸葛亮，反而在之后愈见器重。可见，李邈被黜，并非诸葛亮心胸狭隘，听不得谏言，而是他的话造成了极其负面的舆论影响。

李邈与马谡既非同籍又非故旧，且同为丞相参军，还存在着一定程度的竞争关系。李邈能够在诸葛亮面前为马谡请命，至少说明他有公心，心性不坏，只是话语方式欠妥。但这一遭被黜，让李邈产生了变化，他不像李平、廖立那样期盼着诸葛亮的重新录用，而是将目光投向了深藏于皇宫内廷中的刘禅。诸葛亮的时代终会过去，而刘禅还拥有漫长的皇帝生涯，随着他逐渐长大，他终会走出帷幕，走向台前，而那时候，可能才是李邈真正的机会，也是李邈所代表的益州本土豪族真正在益州做主的机会。

说到了这里，我们似乎可以猜测，李邈向刘禅所上的这封訾毁诸葛亮的奏疏，可能并非他一人所为。他背后的一些人急切地想要在诸葛亮新逝的这个时间点上试探刘禅的真实心思，他们凭着自己的政治直觉判断，一个从即位开始就被束之高阁、大权旁落、形如傀儡的皇帝，不可能对那个如训诫儿子一般垂训自己的丞相没有一点看法和不满。这些长久以来被淤积于胸内的情绪需要一个释放的窗口，而诸葛亮的去世正是刘禅开始做自己而不必扮演一个诸葛亮需要的皇帝的时候。"鹰视狼顾""五大不在边"这样刺眼的词句堂而皇之地出现在奏疏上，就像一根根钢针，向刘禅内心最深处刺去。

他们赌输了，刘禅勃然大怒，立即将李邈下狱，随即处死；但他们也赌赢了，那封奏疏的确刺痛了刘禅心里最柔软的地方，让他在二十八岁这年体会到了从未有过的清醒。只是，刘禅仍然需要将他与诸葛亮如子事父、君臣相知的和睦关系继续表演下去。在这个国家，对刚去世的君王和臣子进行言语诋毁，从来都是一件忌讳的事情。当年庞统在围攻雒城时中箭身亡，南阳人广汉太守张存说："统虽尽忠可惜，然违大雅之义。"只因这一句话，张存就遭到了刘备的免官，不久病卒。廖立也是因为"诽谤先帝，疵毁众臣"被罢免。然而，他们毕竟罪不至死，唯有李邈丢了性命，只因为他质疑和破坏的，是季汉最为敏感的君臣关系，而这也正是季汉这个国家最大的脸面。

挝妻者

其实，就在这一年初，刘禅就已经为了维护季汉的脸面杀过一个人了。这个人比李邈资历更深、官职更高。或者说，这个人在当时名义上是仅次于诸葛亮的季汉大臣。但他的被杀，就像一阵风一样从巴蜀大地吹过，竟没有引起半点波澜。

这个人叫刘琰，字威硕，鲁国（治所在今山东曲阜）人。其名出现在郑玄与弟子答问录《郑志》之上，可知其曾为大儒郑玄门下弟子。刘备在豫州的时候[①]，刘琰就已

---

① "刘备在豫州"在历史上有两次，一次是兴平元年（194）徐州牧陶谦表刘备为豫州刺史，刘备驻小沛；一次是建安三年（198）曹操表刘备为豫州牧，益与兵使东击吕布。

经担任了从事，由于他是汉室宗姓，且风度翩翩、喜好言谈，所以刘备对他很好，经常将他带在身边。刘琰跟随刘备一路辗转南北，到了刘禅即位之时，刘琰已经是少数存世的元从勋贵。刘禅即位后，刘琰的班位"亚于李严"，后来更是累迁至张飞曾经担任的车骑将军一职。在东汉，车骑将军常由外戚担任。刘备本无宗室之臣，刘琰能够在季汉至此高位，完全是因为他"宗姓"的身份，符合正统形象的需要。可是，他在政事上几无任何建树，也不掌握任何实权。

诸葛亮北伐初期，并没有将刘琰留在后方，而是将他带在身边。刘琰"不豫国政，但领兵千余，随丞相亮讽议而已"。这一安排颇令人匪夷所思，如果刘琰的存在只是为了树立一个"汉室"的招牌，那么让他在成都悠游享乐就好，大可不必让他到汉中前线这种戎马倥偬之地。而这刘琰非但无益于军戎，反而过着奢靡的生活，"车服饮食，号为侈靡，侍婢数十，皆能为声乐"。相比于奉行"俭以养德"的诸葛亮以及并不宽裕的季汉国力来说，刘琰无疑是一个十分讽刺的存在。

诸葛亮何以对刘琰的奢靡如此放纵？又何以要将他带在身边？笔者推测刘琰的身份并非普通的汉室宗亲，而是汉光武帝的嫡系苗裔，与《后汉书》所载东海懿王刘祗之子、汶阳侯刘琬可能是同一家族成员[①]。刘备以汉室"肺腑枝叶，宗子藩翰"之名于益州称帝作王，但毕竟属支脉，与东汉皇室的血缘关系疏远。而作为光武正宗的刘琰比刘备更有资格承嗣汉统，他在血统与法理上威胁到了皇帝刘禅的地位。为避免节外生枝，诸葛亮只得将刘琰带在身边，便于约束，同时又不能授予实权。

但到了季汉建兴十年（232），即李平被黜的第二年，刘琰与魏延产生不和，以至于"言语虚诞"。此时诸葛亮正在呕心沥血筹划第五次北伐，不能因刘琰的言论影响北伐的军心士气，于是只能将他遣回成都，官位如故。

回到成都的刘琰，神志有些恍惚失常，于是就发生了

[①] 据《后汉书·光武十王列传》载，汉光武帝刘秀长子刘彊因母失宠，失去太子身份，被封为东海王，兼食鲁、东海两国之地。刘秀以鲁有西汉恭王所建灵光殿，故诏令刘彊治所在鲁。刘彊临终交还东海郡于朝廷，故而东汉一朝的东海王实领鲁国之地，此与刘琰"鲁国人"之身份相合。同传又载："初平四年，（东海懿王祗）遣子琬至长安奉章，献帝封琬汶阳侯，拜为平原相。"刘祗即刘彊玄孙，其子刘琬被拜为平原相之年，正是曹操伐徐州陶谦之时，时刘备恰被公孙瓒伪署为平原相，而次年即被陶谦举为豫州刺史，与《刘琰传》中"先主在豫州，辟为从事"契合。因此笔者推测刘琰与刘琬可能有非同寻常的关系，或为一人，或为兄弟，或为父子。刘琰教婢女诵读《鲁灵光殿赋》，可能意在追思其东海王府（鲁灵光殿）出身的身世。

揍妻事件。

季汉建兴十二年（234）正月，正值新春佳节，群臣的妻、母等女眷循例要进宫朝见太后，刘琰之妻胡氏也在其中。胡氏与吴太后相谈甚欢，太后便留胡氏在宫中居住了一个月方才允其返家。这胡氏"有美色"，年纪应当不大，而刘琰此时至少也有六旬。老夫少妻，最容易猜疑。刘琰怀疑胡氏在宫中逗留是被刘禅看中，胡氏当然予以否认。刘琰气急败坏，竟然令身边兵卒将胡氏殴打了一顿，而后将胡氏休弃遣走。胡氏不堪受辱，径向官府控告刘琰，刘琰遂被押入大狱。不久，有司的判决文书出来了，"卒非挝妻之人，面非受履之地"，刘琰因为打老婆而遭弃市之刑。

《礼记》云："刑人于市，与众弃之。"弃市，即当众斩杀于闹市，以示为大众所弃。三国之时，只有偷盗、逃役等罪行者才处以弃市之刑。刘琰打老婆固然行迹恶劣，但罪不至死。翻检诸史，亦未有以此罪而被处以极刑之例，况且刘琰还是位比三公的高级官员。诸葛亮治蜀一向以执法公平取信于民，何以在处理刘琰之事上用刑明显失当？无怪为《三国志》评校的刘家立讶异："刘琰因挝妻罪至弃市，不知主何律，得毋失刑？岂后主果与胡氏有私乎？"刘禅处死刘琰，这不是让所谓"私通"之疑欲盖弥彰了吗?

刘禅是否真的与胡氏有那档子事,这属于宫闱秘事,不在我们讨论之列。况且以董允等"侍卫之臣"对刘禅的严加管教,应当不会发生这样的丑事。而刘琰之所以会被以弃市论处,也绝非因为他"挝妻"的行为,还是出在他的老毛病"言语"之上。他挝妻的原因是怀疑妻子与刘禅私通,这一言论一旦流传,刘禅荒淫好色的形象将不胫而走,这显然已经构成了对皇帝的诽谤,伤了朝廷的脸面。

作为季汉现存资历最老的臣子,刘琰不会不知道言论罪在这里一向都是从重处罚的。《三国志·蜀书》总共只记载了两件弃市的案子,无独有偶的是,另一件也是因言获罪。那还是刘备初入益州之时,刘璋从事、蜀郡人张裕在宴会上拿刘备没有长须开涮,嘲讽他是"潞涿君"①。刘备对此记恨在心。后来刘备定益州,张裕虽然出任后部司马,却多次发表不当言论,不是对刘备争汉中泼冷水("不可争汉中,军必不利"),就是诅咒刘氏江山不久将被取代("岁在庚子,天下当易代,刘氏祚尽矣")。最终,刘备不

---

① 潞与露谐音,涿与啄(嘴巴)谐音,这是讽刺刘备没有胡子,露出了嘴巴。

顾诸葛亮的劝谏，将张裕处以弃市之刑，以儆效尤。

处死张裕，并不只是刘备为了泄私愤，更多的是借他的头向益州本土人士立威，让他们闭上嘴巴，踏踏实实为新生的季汉政权做事。如今国内政局平稳，北伐大业如火如荼，对一个资历和官职都如此之高的刘琰，真的值得用弃市之刑来加以惩处吗？

值得注意的是，刘琰被处死的时间，正是诸葛亮出兵斜谷、发起第五次北伐的时候。诸葛亮已经顾不得朝中之事，而刘琰此前又是一个长期被诸葛亮带在身边"保护"起来的角色。因而刘琰之死，就令人不由得多想，这件事前前后后，刘禅的意见参与了多少？刘琰在汉中前线"言语虚诞"，与大将争执，诸葛亮尚不能把他怎么办，而他回到成都才两年，却被送上了断头台。这是不是意味着，刘禅在借他的头向诸葛亮示威，在通过处置刘琰向世人展示——我的名誉与先帝一样，也是戏弄不得、污蔑不得的？

从这一年初的刘琰弃市，到这一年末的李邈受刑，刘禅的面孔开始逐渐从深宫里的那一团黑影中浮现出来。那个如师如父的诸葛亮已经为他做了太多的事情，多到人们差点儿忘记了还有一个皇帝的存在。而从这一年开始，他开始亲手下诏杀人了，无论是为国家社稷的大局，还是为皇帝自己的那点私利，毕竟，杀人是一个政治人物开始走向成熟的标志。

　　漫长的季汉建兴十二年（234）终于要过完了，这一年带走了太多的人和太多的秘密，这一年也成为季汉皇帝刘禅的真正成人之年。这一年的很多事情将沉淀在刘禅的记忆里，并将影响他以后的人生。比如李邈奏疏里的那句"五大不在边"，会时常在一个个孤独而寂静的夜晚提醒着他，防范下一个权臣出现。而当他终于可以不被约束地为后宫广纳姬妾时，他也可能会想到刘琰妻胡氏那曾让他怦然心动、却又让他困陷于蜚短流长的国色之貌。建兴十二年，如此艰难的一年，连刘禅都不知道是怎么熬过来的，但毕竟熬过来了。很多人在那一年死了，可他还活着，季汉还活着。

/

第二章

蒋费之治

/

酒徒蒋琬

蜀郡广都县（今四川成都双流区）的县衙大堂上卧着一个酒徒，衙役们低着头嘀嘀咕咕，谁也不敢搅扰他，因为他是本县县长。

醉醺醺的县长还没有苏醒，而门外已经涌入了一群不速之客。衙役们把头垂得更低了，大气也不敢喘一声，因为为首的是新任益州牧刘备。

这个县长无疑是不幸的，他上班"摸鱼"，不理政事，喝得酩酊大醉，却恰被巡行至此的上司刘备撞个满怀。在常规的剧本里，他在这时候就剧终了。的确，刘备盛怒之下也差点儿要将他处死。但幸运的是，刘备身边的诸葛亮发话了，这个县长因此得救。命运的齿轮从这里开始转动，二十年后，这位名叫蒋琬的县长将成为诸葛亮临终前以举国相托之人。

蒋琬，字公琰，零陵湘乡人 ①。弱冠而有名。赤壁之

---

① 零陵郡湘乡县，据谭其骧主编《中国历史地图集》，在今湖南省湘乡市。学界对蒋琬籍贯有争议，主要依据地方志和族谱考证，有祁东、全州、泉陵诸说。

战后，刘备平定荆南四郡，蒋琬出仕，任荆州书佐。当时的荆州南部主要为零陵、武陵、桂阳、长沙四郡，其地多深山密林，繁荣度和开化程度均不如江北郡县，人才更是短板。故刘备虽以荆南为基业，但吸纳的"荆楚群士"多来自荆州北部的襄阳、南阳一带。荆南仅零陵赖恭、武陵潘濬、武陵廖立等数人能够在刘备集团拥有一席之地。因此，蒋琬虽是刘备的荆楚旧部，但地位比较边缘，因而在入益州后，也只能担任县长这种基层小官。许多人因诸葛亮选择蒋琬作为继承人，先入为主地认为蒋琬是诸葛亮的晚辈。事实上，蒋琬的年龄很可能比诸葛亮还大①。当诸葛亮以军师将军署左将军府事、总管蜀中政事时，年逾四旬的蒋琬却在广都这个小县城里蹉跎度日。或许正因为此，他才索性自暴自弃，醉酒不理政事。

三国的酒徒不少，如魏之徐邈、吴之郑泉，而君主们往往对酗酒者不甚宽容，盖因天下纷乱，粮食紧缺，酗酒势必造成对粮食的浪费。徐邈就是违反了曹操的禁酒令，

---

① 关于蒋琬的年龄，《三国志·蒋琬传》虽然没有记载，但仍有一些线索可查。据《三国志·潘濬传》载，潘濬年未三十即被刘表辟为部江夏从事。而又据裴注《江表传》，蒋琬为潘濬姨兄，可知蒋琬长于潘濬。而诸葛亮在刘表去世那年也不过才二十八岁，可见蒋琬很可能比诸葛亮年纪还大，至少也是同龄人。

"私饮至于沉醉"，差点儿被曹操砍了头。刘备平益州后，也制定了禁止酿酒的规定以节约粮食，为此还遭到简雍的一番戏谑。蒋琬顶风作案，自然会让刘备格外恼怒。但笔者以为，最令刘备气愤乃至于要诛蒋琬的是，益州初定，大批随刘备而来的荆州旧人在益州诸郡县据得要职，这让刘璋旧部、益州大姓多少都有些不平之色，他们紧紧盯着这些闯入家门的"客人"。蒋琬在这个节点上醉酒而疏忽政事，岂不成为益州旧人攻击刘备的口实了吗？

好在诸葛亮是了解蒋琬的。刘备平定荆南四郡后，诸葛亮曾住临烝（今湖南衡阳），督零陵、桂阳、长沙三郡。临烝距离湘乡不远，蒋琬的乡里品评和仕官任职过程，诸葛亮应当不陌生。而在庞统死后，作为刘备集团荆州籍士人的新领袖，诸葛亮也有义务维护荆州人士的利益。因此，诸葛亮在刘备面前为蒋琬担保，认为他"非百里之才"，夸赞他是"社稷之器"，并且解释他并不是懒政怠政，而是为了"安民"，不折腾，这听起来颇有一种"无为而治"的感觉。

很多人读到这里会觉得似曾相识。没错，同样的事情发生在数年前的桂阳郡耒阳县，当时庞统任县令，也是"在县不治，免官"。无独有偶的是，鲁肃写给刘备的信中，夸赞庞统"非百里之才"。后来刘备提拔他出任治中从事、军师中郎将，庞统方才有了施展才华的舞台。

看来，刘备的识人水平并不怎么高。若非鲁肃，他险些错过一个人才；若非诸葛亮，他险些错杀一个人才。诸葛亮一句话保住了蒋琬的性命，也为自己培育下了一个忠心耿耿的助手。此一番活命之恩，让蒋琬从前半生的轻狂不羁、浑浑噩噩中彻底苏醒了过来，他从此将唯诸葛亮马首是瞻。

在诸葛亮的庇护下，蒋琬仅被短暂地免官。不久刘备北伐汉中，诸葛亮总管后方政事，拥有了一定的人事选拔权。也就是在这一阶段，诸葛亮开始将一些重点栽培的人物安排在关键位置上，如让杨洪担任蜀郡太守，让蒋琬担任什邡（今四川什邡）令。刘备称汉中王后，蒋琬又升任尚书郎，与杨仪一起在法正领衔的尚书台工作，参与季汉核心机要。

然而就在蒋琬凭着诸葛亮这棵大树，在季汉官场稳步上升时，一个突发的变故迎面而来——潘濬降吴了。

潘濬，字承明，武陵汉寿（今湖南常德东北）人，初为刘表辟为从事，后归刘备。刘备入蜀后，以潘濬为治中从事留在荆州"典留州事"，让他与关羽成为一对文武搭档。但是，潘濬与关羽的关系闹得非常紧张，竟至于"不穆"。后来孙权袭杀关羽，潘濬摇身一变，成为东吴的辅军中郎将，还为东吴统兵平定荆南，备受孙权宠信。种种事迹都显示，潘濬并非迫于无奈降吴，而是积极主动地叛汉附吴，甚至关羽的败亡、荆州的失守很可能都跟潘濬脱不开关系。后来蜀臣杨戏写《季汉辅臣赞》，将潘濬与献城投降、置关羽于绝地的麋芳、士仁归为一类，讥讽道"自绝于人，作笑二国"。可见在蜀人眼中，潘濬已是彻头彻尾的叛国之臣。

蒋琬是潘濬的姨兄。潘濬叛国，蒋琬势必会被牵连。这也使得他在刘备称帝后一度寂寂无闻。待到刘禅登基，蜀吴之间复归于好，旧怨逐渐消弭，潘濬变节的影响也逐渐消散。在此背景下，诸葛亮将蒋琬纳入自己丞相府，让他担任主掌人事选拔的东曹掾一职。

此时的蒋琬有如脱胎换骨，与当年那个酒徒判若两人。他为人不事张扬、极其谦逊。诸葛亮举荐他为茂才，蒋琬一再辞让，并谦让给刘邕、阴化、庞延、廖淳（即廖化）。他推荐的这些人几乎全是南阳、襄阳人，这也能看出蒋琬敦朴中透露着一丝精明。蒋琬也在努力对诸葛亮的恩德加以回报，比如在长水校尉廖立与他私下闲聊发表不当言论时，他毫不顾忌廖立与自己同为荆南人士的地缘情谊，及时向诸葛亮检举揭发，消除了杂音，维护了季汉内部的和睦。

到了诸葛亮北伐之际，蒋琬已升至丞相参军，并与长史张裔"统留府事"。诸葛亮在给刘禅的《出师表》中特意提到了蒋琬，将他列为"贞良死节之臣"，请求刘禅"亲之信之"。诸葛亮北驻汉中后，还多次给张裔、蒋琬写信，议论时事，品评人才。可见诸葛亮与蒋琬虽常年不在一处，却通过书信保持频繁而密切的联系。三年后，张裔去世，蒋琬接替他出任留府长史，加抚军将军，成为成都政事"大管家"。与此同时，蒋琬的外弟刘敏也进入了季汉高级将领的序列，行右护军、偏将军。他将在十余年后的兴势反击战中发挥重要的作用。

诸葛亮对蒋琬的定位是明确的，即相当于刘备北征汉中时诸葛亮自己的角色——足食足兵、保证后勤供给。而蒋琬面对的时局也比诸葛亮主掌内事时要艰难得多。诸葛亮连年动兵，对季汉国力消耗巨大。蒋琬坐镇成都，协调各方，尽力保证前线的后勤供给。他对北伐付出的心血得到了诸葛亮嘉奖："公琰托志忠雅，当与吾共赞王业者也。"

　　浪子回头的蒋琬，是诸葛亮为季汉一手打造的良臣，他虽然可能在政务干练上不及杨仪，但他的勤恳、务实、谦逊、质朴，无一不是在向诸葛亮模仿并且靠拢，并无形之中与杨仪形成了一种耐人寻味的差别。后来居上的蒋琬，在人才济济的丞相府内熬过了马谡、向朗等潜在竞争者，成为诸葛亮北伐最坚实的后盾。

　　于是在季汉建兴十二年（234），成都、汉中的两名丞相长史已经事实上成为季汉自诸葛亮以下实权最大的人，他们之中的任何一人接替诸葛亮的位置都不算是意料之外。可在两人之间，人们大多不看好蒋琬。一是因为蒋琬年纪太大了；二是蒋琬毫无军事经验和军中威望，这对于一个长期处于战时状态、以北伐为国策的国家来说似乎不是明智之选；三是蒋琬毕竟常年不在诸葛亮身边，远则必疏，他哪里能比得过形影不离诸葛亮的杨仪得宠？

　　杨仪本人应当也是这样想的。建兴十二年的年尾，在完成了诸葛亮在定军山的葬礼后，杨仪率诸军回到成都。他以为自己坐拥完师而归、诛讨魏延两大功劳，可谓功勋卓著，丞相之位已是唾手可得。再加上他与魏延相争之时，无论前线的费祎、王平还是成都的蒋琬、董允，无不站在他这一边。这让杨仪误以为，他在朝中已是人心所向。

不过杨仪还不放心，回到成都后，他找来擅长算命的都尉赵正为他卜卦，占得《周易》中的《家人》卦。"家人，利女贞"，其象辞云："女正位乎内，男正位乎外，男女正，天地之大义也。"此句为《三国志·魏书·后妃传》开篇所引，意在解释男女尊卑有序的中国传统家庭格局。《家人》卦强调男女分工、家庭和睦，对于女性来说是一副吉卦，而对于在仕途上野心勃勃的杨仪来说，却显得有些不搭调。难道这是在劝杨仪放弃权力，回归家庭，做个"富家翁"吗？因此，杨仪当时的反应是"默然不悦"。

清末易学家尚秉和认为："《家人》有反身内修，巽顺、贞静之义，与仪愿违，故不悦也。"《家人》卦与其说是一种预言，不如说是一种劝谏。杨仪已经在追名逐利这条路上走了太远，这时候的他最应该做的是坐下来读一读恩师诸葛亮的《诫子书》，里面那句"静以修身，俭以养德，非澹泊无以明志，非宁静无以致远"才是此时杨仪的警训之语。而狂躁孤傲的杨仪哪里静得下来，他迫不及待地等待着刘禅降诏，授予他丞相之职。

刘禅的诏书终于来了：以左将军吴懿为车骑将军，假节督汉中，以丞相留府长史蒋琬为尚书令，总统国事。

以杨仪为中军师。中军师是那位挝妻者刘琰曾担任过的官职，是名副其实的散冗之官，史书称"无所统领，从容而已"。也就是说，杨仪在季汉政坛已经靠边站了。

杨仪愤怒了。《三国志》如此形容此时的杨仪："怨愤形于声色，叹咤之音发于五内。"惜墨如金的陈寿罕见地在史书中用如此文学性的手法来描述一个人的愤怒，可见这样的场景在蜀人的记忆中留下了多么深刻的印记。杨仪想起自己在尚书台担任尚书的时候，蒋琬只是自己手下的一个默默无闻的尚书郎，杨仪从未把他放在眼里。后来两人虽然都累升为参军、长史，地位齐平，但自己跟随诸葛亮鞍前马后，"当其劳剧""征伐勤苦"，这种功劳又怎是在后方坐享其成的蒋琬所能相比的？

面对着终日大放厥词、骂骂咧咧的杨仪，他的同僚们依然用冷漠和沉默来对待他，一如他们当初面对魏延被族灭时一样。这似乎是一场早已被安排好结局的大戏，麻木的观众们鸦雀无声，目视着在舞台中央的演员从癫狂走向灭亡。

而戏，终归是要有人来收结的，门可罗雀的杨仪家门口，费祎来了。患难之中见真情，杨仪不禁感叹，朝中到底还是有一个知心的朋友。从调停他与魏延的争端，到抛弃魏延奔回中军大帐，种种往事让杨仪确信，费祎一直向着自己，与那个表面老实、私底下钻营权术的蒋琬不是一类人。何况，此时的费祎被调任后军师，看来与杨仪同样被排挤冷落了。惺惺相惜之间，杨仪更坚定地认为，费祎可以成为自己的盟友。

于是当着费祎的面，杨仪将他的委屈与苦恼，前前后后、颠颠倒倒、絮絮叨叨地都诉说给了费祎，费祎安静地听着，默默地记着，并努力压制着自己心中的厌恶，无时无刻不表达出一种理解和宽慰的样子。直到杨仪完全放下了警惕，信口开河，已经到了口无遮拦的地步，费祎的眼睛突然亮了，因为他听到杨仪亲口说出了这样一句话：

"当年丞相刚去世的时候，我如果带领全军投奔魏国，怎么会落得现在这个地步？实在是让人后悔莫及啊！"（"往者丞相亡没之际，吾若举军以就魏氏，处世宁当落度如此邪！令人追悔不可复及。"）

这句话是杨仪心底的一股暗流，它被压抑了许多年，终于在费祎的循循善诱下说了出来。杨仪是叛过一次的人，变节为他带来的巨大红利，使杨仪不能自控地去幻想，如果这一次他故技重施，带着季汉军队这个巨大的投名状叛蜀归魏，那么他的未来，以及三国历史的走向，又将会如何呢？

就在杨仪一吐胸中闷气，畅快淋漓之时，费祎退出了房间，悄悄离开了。是的，他花了这么大心思，忍了这么久，就是为了等这一句话。悖逆之语，一句便足够了。他回到家中，紧闭房门，将杨仪的原话用工整的隶书抄录在密表上，束好封口，派人直接送进宫中，放在了皇帝刘禅的桌案上。

杨仪的政治生涯结束了。在季汉，言论罪是重罪，轻则流放，重则弃市。这在过往的历史中都有十足的教训。益州名士彭羕因为对官位不满而跑到马超那里发牢骚，又是辱骂刘备是"老革荒悖"，又是对马超说一些"卿为其外，我为其内"这样含义莫测的话，结果被马超反手一个举报，终为下狱诛死。廖立的废徙亦是一例。杨仪公然说出"举军以就魏氏"的逆乱之语，其罪行远超廖立、彭羕，处死亦不过分。但考虑到季汉新遭大丧，而杨仪又确有前功，刘禅与蒋琬等人不得不审慎决断。

翻过年关，也即季汉建兴十三年（235）的正月，朝廷的决议下来了：废杨仪为民，徙汉嘉郡（治所在今四川雅安北）。这是采用了廖立模式，给杨仪留了条生路，也给季汉留了点颜面。汉嘉郡距离成都不算太远，杨仪在生活上的待遇应当不会差。这或许正应了《周易·家人》之卦的谶语，让杨仪在余生做个安分守己的百姓，这已经是对他宽大处理了。

可是即便这样，杨仪也倔强地不认命。他此时应该很清楚，自己落入了蒋琬、费祎两人联手编织的陷阱中，但他依然对刘禅抱有幻想，他一封接一封地给刘禅写信鸣冤，信的内容不得而知，但从史书中"上书诽谤，辞指激切"的描述来看，应该是对蒋琬、费祎等人进行了激烈的攻击，这等于是展开了一副鱼死网破的架势。

朝廷的容忍度是有限的，季汉内部的和睦是最大的政治。在大局已定的状态下，谁再挑战这个底线，继续制造分裂和内讧，谁就是朝野共同的敌人。当初的魏延是这样，如今的杨仪亦是这样。杨仪没有等来宽恕，等来的是一纸诏令——收入大狱。

不久，杨仪在狱中自杀。机关算尽的杨仪，在人世间终于没有了烦恼，他唯一需要准备的，是如何在另一个世界面对诸葛亮那肃穆的面孔。

脆弱的联盟

杨、魏内斗的消息很快传到了曹魏，代表曹魏视角的《晋书·天文志》记载如下："群帅交怨，多相诛残。"字里行间充满了幸灾乐祸。据《晋书·宣帝纪》载，司马懿听到杨、魏争权的消息，甚至打算趁机伐蜀，然而魏帝曹叡却制止了他。比起对季汉趁火打劫，曹叡更惦记的是什么时候把破败的洛阳宫室修建一新。即位九年来，这位年轻皇帝无时无刻不被汉、吴进犯的军报所搅扰，他肩负着祖、父传下来的基业，总摄群下，宵衣旰食，几乎没有享受一天作为帝王的福分。这期间，他的三个儿子和一个女儿接二连三地夭折，他悲恸欲绝，心力交瘁，脸上爬满了与他年龄不匹配的皱纹。如今，那个"号称剧贼，无岁不有军征"的诸葛亮猝然离世，曹叡不禁长舒一口气，多年紧绷的神经终于得以放松。

诸葛亮去世后，曹魏没有趁火打劫，东吴却蠢蠢欲动。永安方面传来急报，说东吴忽然在巴丘（今湖南岳阳）增加了守军万人，目标不明。巴丘远离汉江，而处在长江航道之上。在这里屯兵不可能绕远去进攻曹魏的襄阳、江夏，唯一合理的猜测是东吴要溯江而上入侵季汉地界，"一欲以为救援，二欲以事分割也"。季汉不得不做出反制措施，增添了永安的守备，"以防非常"。

汉吴两国忽而剑拔弩张，显然是不符合双边利益的，该轮到外交上场了。季汉派出的使臣是宗预。

宗预，字德艳，南阳安众（今河南南阳西南）人，与蒋琬一样都属于由荆入益的旧人。刘备攻益州时，宗预跟随张飞作为援军入蜀作战。张飞死后，宗预进入丞相府，初为主簿，后迁参军、右中郎将，长期在成都留府工作 ①。诸葛亮去世这年，宗预已四十七岁。对于外交，宗预是一个彻彻底底的新人。季汉与东吴邦交已久，互使频繁，何以要启用一位新人？

不妨先回溯一下汉吴两国通使交聘的历史。汉吴之盟好始于赤壁之战前的孙刘联盟，彼时刘备与孙权之间尚未有任何渊源，且因刘表与孙权有杀父之仇，依附于刘表的刘备与孙权原本处于两个敌对阵营。献帝建安十三年（208），曹操南下打破了荆州原有的政治局面，面对着共同的敌人，刘备和孙权被历史绑上了同一辆战车。

---

① 据《三国志·宗预传》，延熙十年（247）宗预为屯骑校尉，邓芝称其"甫受兵"。可知宗预此前担任右中郎将为一虚职，并没有统兵，故而推测其并未在汉中行营，而是留任成都。

当时，孙刘双方唯一的渊源就是琅琊诸葛兄弟。诸葛瑾避乱江东，被引荐给孙权，"与鲁肃等并见宾待"。其弟诸葛亮甫出茅庐，被刘备喻为"犹鱼之有水"。因此，代表孙权来荆州探听虚实的鲁肃，见到诸葛亮便套近乎："我子瑜友也。"为了促成孙刘联盟，实现绝处逢生，刘备遂遣诸葛亮渡江东去，终有孙刘合兵，赤壁之火。

曹操败走北归后，孙刘之间曾有一段情好日密的时期。但随着刘备西取益州，势力渐长，孙刘在荆州的矛盾陡然升级。为缓和矛盾，孙刘之间互派使者，孙权派出的是中司马诸葛瑾，刘备派出的是从事中郎伊籍、左将军掾马良。

诸葛瑾作为使者两次面见刘备，一次是向刘备索取荆州诸郡，刘备托词不予，孙权大怒，出兵夺取荆南三郡，引发双方一场争端。后曹操入汉中，刘备惧益州有失，向孙权求和，孙权再派诸葛瑾前往，双方达成以湘水划界中分荆州的方案，各自退兵。诸葛瑾的出使处在孙刘失和的大背景之下，因此他在言行上十分谨慎，即使对弟弟诸葛亮，也只是在公开的外事场合相见，从不私下会谈，以免落得闲话。事实也证明了诸葛瑾的远见，后来他在荆州掌军，就遭到了别有用心之人的构陷，说他与刘备有私下往来。孙权把这些举报信全部寄给诸葛瑾，并且手书安抚，以示信任无疑。

伊籍是刘表的同乡，在刘备依附刘表时就已自托于刘备，在刘备集团内部资历较高。伊籍长于才辩，他来见孙权，孙权想给他一个下马威，于是在伊籍入门拜见时，冷冷地来了一句："劳事无道之君乎？"当时刘备以诈术夺取益州，孙权愤恨，故称刘备为"无道之君"。不料伊籍反应敏捷，回应道："一拜一起，未足为劳（我一拜一起，不觉得辛苦啊）。"巧妙地把"无道之君"的帽子甩回给孙权。汉吴之间自始至终暗藏着龃龉、冲突与角力，两国的外交场合也常常成为"打嘴仗"的舞台，言语之间，暗流涌动，刀光剑影，这构成了汉吴外交的主基调，也对两国使者的口才与应变能力提出了很高的要求。

伊籍之后，马良继任。马良以"今衔国命，协穆二家"来描述自己的使命，孙权对马良也礼敬有加。伊籍与马良，均是刘备在荆州时的旧人，这也显示这一时期巩固与孙权盟好对于刘备的重要性。

吕蒙袭南郡，关羽覆败，使汉吴关系降至谷底。夷陵一战，又让两国关系破裂到几乎无可挽回的地步。面对北方强大的曹魏，汉吴两国均意识到，鹬蚌相争最终的结局只能是让曹丕坐收渔利。于是，在刘备病居白帝城时，汉吴就已开始恢复使者往来。

而关于这段外交的破冰，双方立场的史料记载颇不一致。《三国志·蜀书·先主传》载，孙权听说刘备没有撤回成都，而是留在白帝城，"甚惧"，主动遣使请和，刘备则派太中大夫宗玮向孙权回访，算是答应了求和的要求[①]。《三国志·吴书·吴主传》载，孙权"使太中大夫郑泉聘刘备于白帝，始复通也"。韦曜《吴书》又称是刘备先向孙权寄书信，孙权不答。刘备当面质问郑泉缘故。郑泉却毫不客气地指责刘备既为刘氏宗室，不率师讨伐曹氏父子篡逆，反而自立为帝，"未合天下之议"。刘备的反应是"甚惭恧"。

可见，无论是《先主传》中孙权的"甚惧"，还是《吴书》中刘备的"甚惭恧"，都是为本国专美而对他国的一种污名化。这一年冬天究竟是谁先抛出橄榄枝，让两国捐弃前嫌、重归旧好，已经不重要了。两国均派出了秩千石的太中大夫作为使者，已足以显示诚意。不久刘备驾崩，孙

[①] 宗玮，《三国志·邓芝传》作"宋玮"。另据该传"先是，吴王孙权请和，先主累遣宋玮、费祎等与相报答"，费祎似在刘备时即聘使东吴。但考《费祎传》，费祎在章武年间为太子舍人、太子庶子，职在成都宫中陪侍太子刘禅，不宜作使者，疑误。

权还派立信都尉冯熙前往吊唁。

　　只是此时汉吴的交聘更像是一种临时性的休战，双方在一些涉及核心利益和尊严的问题上尚未达成一致，或者说，还根本没有条件坐下来谈。比如，当时刘备已经称帝，但孙权根本不愿意承认季汉的正统，先是称之为"蜀"，后来称刘备为汉中王，但仍不以皇帝相称。而孙权本人身份更为尴尬，他的"大魏吴王"称号，慢说刘备，就是孙权自己也觉得憋屈。两国究竟以怎样的身份来对等交往，仍是一个亟待解决的问题。

　　诸葛亮总领国政，对刘备时期的政治制度进行一系列大刀阔斧的改革，处理与吴国的关系、为季汉营造一个良好的外部环境成为重中之重。诸葛亮是汉吴联盟最早的实践者，他也必须成为两国盟好的忠实维护者。于是，诸葛亮决定主动派使者去东吴修好，他选择了邓芝。

　　邓芝，字伯苗，义阳新野（今河南新野）人，是东汉开国功臣司徒邓禹之后。邓芝早年流徙益州，依附刘璋的儿女亲家、巴西太守庞羲。刘备入主益州，邓芝因旧职微末，仅担任成都附近郫县的邸阁督。邸阁即屯驻粮食之处，这一职位在人才济济的季汉本没有多少上升的空间。幸而刘备巡察至郫县，与邓芝交谈一番，发现他谈吐不俗，便立即擢升其为郫县县令。作为刘备亲手从底层提拔上来的人才，加之政绩卓著，邓芝在季汉不断晋升，至此时已出任尚书。

季汉建兴元年（223）十一月，邓芝来到吴都武昌（今湖北鄂州）。起初孙权故意冷落他，不予接见，邓芝仿效战国纵横家之说辞，上表对孙权说："我来不只是为了季汉的利益，也是为了吴国的前途。"孙权这才相见。孙权坦言自己的疑虑："蜀主幼弱，国小势逼，为魏所乘，不自保全。"说白了，就是认为季汉连遭败绩与丧主，已经没有资格与东吴平等交往，东吴也没有必要结交这样一个弱国来开罪于曹魏。处于如此不利的开局，邓芝面不改色，侃侃而谈，他说汉吴两国拥有荆、益、扬、交四州之地，蜀有山川险要，吴有长江天堑，且两国主政者诸葛亮、孙权都是当世英杰，若汉吴联手，共为唇齿之国，则"进可兼并天下，退可鼎足而立"。邓芝随即站在东吴的利益方面考量，说孙权如若继续向曹魏称臣，则曹魏一定会咄咄逼人，不断向东吴提出无理要求，如让孙权入朝，让太子为质，若那时孙权不答应，曹魏来伐，季汉也会趁势顺流东下，东吴就保不住江东之地了。

邓芝这一番说辞有着高超的论辩技巧：其一，他强调了季汉实际执政者是诸葛亮，打消了孙权对季汉"主弱国疑"的印象。其二，他摆明了魏强而汉吴弱的天下形势，阐明汉吴只能联合而不能对抗的原因。其三，他说中了孙权不愿意屈身臣服于曹丕的心结，进一步离间魏吴关系，而让吴国倒向季汉这一边。最重要的是，邓芝话语绵里带针，他既奉承孙权是"命世之英"，同时又敢于当面威胁孙权，说出"蜀必顺流见可而进"这样冒犯的话。这非胆识过人的使者不能为之。

当时的魏吴关系背景是，孙权已经拒绝了曹魏送质子入朝的要求，并且成功逼退了曹丕三路伐吴的大军。两国虽仍有使者往来，但事实上已经成为敌对之国。汉吴再次联盟的条件已经成熟，再加上邓芝一番强有力的推动，孙权"遂自绝魏，与蜀连和"，并派辅义中郎将张温为使者出使季汉。

可以说，启用邓芝为使者促成汉吴的二次结盟，是诸葛亮主政初期的一大亮点。至此，季汉解除了东边的威胁，可以专注于北伐。邓芝此后还多次前往东吴与孙权巩固盟好，孙权也引邓芝为知己，与他相谈甚欢。一次孙权对邓芝说，若天下太平之时，汉吴两国分而治之，岂不美哉？邓芝却毫不客气地反驳说，"天无二日，土无二王"，如果季汉灭了曹魏，大王还不知天命归降的话，汉吴之间恐怕是要重新开战了。在孙权面前，邓芝必须维护季汉的正统地位，所谓正统，就是"汉贼不两立，王业不偏安"。因此邓芝需要阐明：季汉不仅不能容忍曹氏篡汉自立，也不能承认孙权割据江东，汉吴二分天下是在挑战季汉的底线，绝不可以接受。

孙权包容了邓芝的冒犯，大笑，称赞他的"诚款"。后来孙权与诸葛亮书信往来，称："丁厷掞张，阴化不尽[①]，和合二国，唯有邓芝。"对邓芝促成汉吴复交的功绩给予高度评价。邓芝因使吴之功而被诸葛亮器重，从第一次北伐开始，诸葛亮就授予他兵权，让他以中监军、扬武将军的身份协助赵云出斜谷。诸葛亮去世后，邓芝累迁至车骑将军、阳武亭侯，位极人臣。

使吴的汉使邓芝官运亨通，使汉的吴使张温却没有那么好的结局。

张温，字惠恕，吴郡吴县（今江苏苏州）人，出身

[①]《华阳国志》中"丁厷"作"丁宏"，"不尽"作"不实"。丁厷未详其事；阴化，《黄龙甘露碑》载其曾在李严为犍为太守时任武阳令。掞张，言多浮艳之意。可知在邓芝之前季汉曾多次派使者赴吴，但因人选平庸，未能达成外交成果。

"吴四姓"中吴郡张氏，他少年知名，为张昭、顾雍等老臣称赞，累迁为议郎、选曹尚书、太子太傅。张温出使时，年仅三十二岁，年轻气盛，孙权派张温出使，估计也有向季汉彰示东吴新秀的意图。张温在蜀也的确是不辱使命，得到了季汉朝臣的敬重，他与蜀中大儒秦宓的一番围绕"天"的辩论你来我往、精彩纷呈，成为两国交往中的一段佳话[①]。张温的副使郎中殷礼也为诸葛亮夸赞："东吴菰芦中乃有此奇伟。"

但回国后不久，张温就被卷入暨艳案，遭孙权罢黜流放。暨艳案与张温被黜背后有着孙权与江东世家大族之间复杂的矛盾渊源，但有意思的是，据《三国志·张温传》记载，孙权对张温不满的产生，最初竟是来自张温的这次

---

① 事见《三国志·秦宓传》："吴遣使张温来聘，百官皆往饯焉。众人皆集而宓未往，亮累遣使促之，温曰：'彼何人也？'亮曰：'益州学士也。'及至，温问曰：'君学乎？'宓曰：'五尺童子皆学，何必小人！'温复问曰：'天有头乎？'宓曰：'有之。'温曰：'在何方也？'宓曰：'在西方。《诗》曰："乃眷西顾。"以此推之，头在西方。'温曰：'天有耳乎？'宓曰：'天处高而听卑，《诗》云："鹤鸣于九皋，声闻于天。"若其无耳，何以听之？'温曰：'天有足乎？'宓曰：'有。《诗》云："天步艰难，之子不犹。"若其无足，何以步之？'温曰：'天有姓乎？'宓曰：'有。'温曰：'何姓？'宓曰：'姓刘。'温曰：'何以知之？'答曰：'天子姓刘，故以此知之。'温曰：'日生于东乎？'宓曰：'虽生于东而没于西。'答问如响，应声而出，于是温大敬服。"

出使。因为他"称美蜀政"，即回国后在各种场合称颂季汉
在诸葛亮治理下欣欣向荣的样子，而这恰恰犯了孙权的忌
讳。后来，在给张温定罪的诏书中，孙权不便于在"称美
蜀政"上大做文章，便指责张温出使时在季汉君臣面前吹
捧副使殷礼，"扇扬异国，为之谭论"。这个罪名实在荒诞又
牵强，因此偏将军骆统在为张温辩护的表章中，就大惑不
解地说，张温在季汉赞誉殷礼，能够"显国美于异境，扬
君命于他邦"，这是好事啊，怎么会是他的过错呢？骆统没
有领会到的是，孙权在意的不是张温对殷礼的吹捧，而是
他对季汉的吹捧。汉吴之间虽然复交，却是一对始终在较
劲的盟友，季汉在诸葛亮治下的重兴让孙权心头不快，而
诸葛亮的善政传播到东吴，又会反衬出孙权的施政之失，
让孙权颜面无光。

至于张温支持暨艳等人在东吴大搞吏治改革，淘汰不
合格的三署郎官，很可能是他在蜀地受了诸葛亮治蜀兴邦
之策的启发，于是将诸葛亮"刑法峻急"那一套措施引入
了东吴政治内部，从而招致朝野上下一片怨恨之声，并最
终为孙权所厌弃。这也就解释了为何诸葛亮得知张温落败
后说："其人于清浊太明，善恶太分。"诸葛亮说张温善恶过
于分明，何尝不是在说自己？只是区别在于，诸葛亮拥有

的权力可以在蜀地顺畅地推行新政，而张温仅仅是进行局部的吏治改革，却要面临着东吴内部复杂的政治斗争和空前的政治阻力，最终引祸上身。汉吴政治的相互影响，在汉吴两国的交聘中略见一斑。

邓芝转为领兵将领之后，季汉对吴的外交重任由昭信校尉费祎接棒。费祎年少，是诸葛亮悉心栽培的季汉年轻才俊中的代表人物。据《元和郡县志》《太平寰宇记》记载，成都城南有万里桥，费祎出使东吴，诸葛亮在此相送。费祎曰："万里之路，始于此桥。"因以为名。由此可见诸葛亮对费祎的出使寄予厚望。后来诸葛亮发动北伐，希望东吴在东线实现策应，让曹魏两面受敌，首尾不得兼顾。于是此一时期，费祎出使东吴十分频繁。

费祎多次与孙权及东吴群臣见面，孙权"性既滑稽，嘲啁无方"，喜欢开玩笑，诸葛恪、羊衜等吴臣又有辩才，于是这一时期汉吴的外交场合就出现了不少有趣的场面。一次孙权想故意捉弄费祎，他设宴招待蜀使，却提前让东吴大臣们都伏案吃饭不理睬他，费祎进门见状，就嘲讽道："凤皇来翔，骐骥吐哺，驴骡无知，伏食如故。"这是自诩为凤凰，把东吴群臣都辱骂为目中无人的驴骡。诸葛恪当时在座，立即回击道："爰植梧桐，以待凤皇，有何燕雀，自称来翔？何不弹射，使还故乡。"贬损费祎是不自量力的燕雀，要把他赶回家去。又一次，费祎朝见孙权，诸葛恪在座，酒酣之际，两人争论起了吴、蜀两字的含义。费祎问："蜀字云何？"诸葛恪对曰："有水者浊（"浊"的繁体字为"濁"），无水者蜀。横目苟身，虫入其腹。"费祎又问："吴字云何？"诸葛恪又说："无口者天，有口者吴，下临沧海，天子帝都。"诸葛恪巧用拆字法，贬低了蜀汉，赞美了吴国。

此二则故事出自吴国史料，特为彰显诸葛恪的聪明才智。事实上，费祎虽然并不以口舌之辩为长，却在面对吴国君臣的咄咄逼人时，始终能够做到"据理以答，终不能屈"。比如，孙权喜欢与费祎讨论国家大事和天下局势，但每次都要趁着费祎酒过三巡、已经半醉的时候才来问，而且问题一个比一个难回答。费祎虽然酒醉，但很清醒，他知道在这种状态下谈论国事，稍不注意可能会犯政治错误，贻人口实。于是他每次都以酒醉为由退席，等酒醒后再将孙权的提问一条一条作答完毕，给孙权呈上去，居然从没有遗漏。孙权对费祎十分欣赏，他对费祎说：您将来必定会成为蜀国的股肱之臣，到那时候可能就不会再来见我了。他还将自己的宝刀赠予费祎，以表达自己对他的敬意。

许多年后，费祎真如孙权所言成了季汉一朝之望，诸葛恪也在东吴权倾朝野，他们可能会怀念当年在宴席上唇枪舌剑、笑谈痛饮的光阴，可是他们都已经回不去了。他们为各自的国家选择了两条截然不同的路，这两条路则会将他们带往同一个绝命之年。

参分天下

季汉建兴七年（229）四月，汉吴两国关系最大的挑战终于到来，孙权在武昌登基称帝了。孙权的登基诏书明确说道："咸以为天意已去于汉，汉氏已绝祀于天，皇帝位虚，郊祀无主。"即宣称汉室已灭，天下无主，自己代汉而立。这就意味着否认季汉的存在。难题被抛给了季汉——是否承认孙权的皇帝身份？如果承认，那季汉的正统性将被进一步削弱。如果不承认，那将会失去一个共同伐魏的盟友，而徒增一个敌人。因而消息传来，朝堂争论不休，多数大臣认为"交之无益，而名体弗顺"，建议直接与东吴断交。

但诸葛亮比这些只会空谈的大臣看得更长远。这一年春天，他刚遣陈式攻取了魏武都、阴平二郡，这是历次北伐中取得战果最大的一次，他本人也因功复丞相之职。北伐正在紧要关节，后方安定至关重要，此时的季汉比东吴更需要一个稳固的汉吴联盟。因此，诸葛亮力排众议，认为不仅应该承认孙权称帝，还应当主动派使者前去庆贺。诸葛亮说，孙权早就有僭越之心，季汉之所以一直加以容忍，是因为要利用孙权作为伐魏的"掎角之援"。如果因此与东吴断交，那么两国将结下仇恨，反倒使得魏国得逞，这绝非上策。当时还有大臣提出，孙权志在"鼎足"，对北伐没有动力，与他结盟没有益处。诸葛亮也对此反驳称，孙权的"限江自保"，只是受地理环境所限无法越江北击，如果我们北伐，东吴就会趁势出兵向曹魏略地，绝不会坐视不理。而且东吴可以极大牵制曹魏的"河南之众"，这对北伐也是十分有利的。因此，"权僭之罪，未宜明也"。

为了表示季汉的诚意，诸葛亮选择了九卿之一的卫尉陈震作为出使东吴的使者。陈震，字孝起，南阳人，是随刘备入蜀的荆州旧人，历任汶山太守、犍为太守、尚书、尚书令。诸葛亮对陈震非常信赖，陈震出使前，诸葛亮专门给兄长诸葛瑾写信，赞扬陈震"忠纯之性，老而益笃"。陈震也是诸葛亮执政坚定的支持者。他在临行之前，还不忘向诸葛亮揭发自己的同乡李严"腹中有鳞甲，乡党以为不可近"，暗示诸葛亮尽早对李严动手，以绝后患。

是年六月，陈震到达吴都武昌，受到了孙权隆重的接待。为了全面提升汉吴两国的联盟关系，孙权特意举办了一场敬告天地山川的盟誓大典，他与陈震一道升坛歃盟，并命亲信胡综作了一篇"文义甚美"的盟词。盟词中约定汉吴两国"戮力一心，同讨魏贼，救危恤患，分灾共庆"，并承诺："若有害汉，则吴伐之；若有害吴，则汉伐之。各守分土，无相侵犯。"

此次盟誓最重要的成果是"参分天下"，即汉、吴两国对曹魏的土地进行了划分：豫、青、徐、幽四州属吴，兖、冀、并、凉四州属汉，司州则以函谷关为界双方对半分割。其中，幽州是刘备、刘禅父子祖籍之所在，但由于当时孙权正在与辽东公孙渊进行"海上之盟"，早已预先将幽州纳入自己的势力范围，幽州居然在"参分天下"中被划给了东吴，可见季汉为了维护同盟做出了极大的让步。

诚然，汉吴"参分天下"只具备象征意义和幻想作用，两国自此之后连曹魏的一郡之地都不曾夺得，更遑论对其领土进行重新分配。"参分天下"的唯一实际作用在于，两国为了履行合约，不得不对本国的遥领职位做出更改，如季汉将刘禅的两个弟弟刘永、刘理的封号从鲁王、梁王改为甘陵王、安平王[1]，因鲁国、梁国属豫州，被分在吴界，而孙权解除了步骘、朱然遥领的冀州牧和兖州牧，因为冀州和兖州被划给了季汉。

汉吴关系在孙权称帝时达到了顶峰，但两国联盟最重要的目的——协同北伐却始终未能实现。早在第一次北伐时，诸葛亮就期待东吴同时发兵，可直至诸葛亮街亭兵败，东吴都按兵不动。结果到了是年八、九月，东吴通过诱敌之计在石亭大破魏大司马曹休。诸葛亮认为有机可乘，又于当年冬天仓促发动第二次北伐，可惜为郝昭阻于陈仓，无奈退军。这一年汉、吴伐魏之所以不同步，主要因为两国用兵面临着不同的水文地理环境，季汉多山，故而北伐要避开夏秋雨季，以利山路。东吴多水，故而渡江多选夏秋涨水之时，以利行船。如果两国同时出兵，则其

---

[1] 东汉即有甘陵、安平二国，在冀州。据《后汉书》，中平元年（184）黄巾起义爆发之初，安平、甘陵两国民众即擒获安平王刘续、甘陵王刘忠以响应黄巾军。两王被黄巾军作为人质囚禁数月，其中刘续复国后又因无道被诛。可知甘陵、安平两国王在汉末均遭厄难，名声不佳。天下郡名多矣，季汉为何偏以此二不吉之国名加诸刘永、刘理？笔者以为应是诸葛亮刻意为之，意在弱化两王地位，以示对刘禅的忠贞。

中一方需要在行军补给方面付出高额的成本。

为了破解这一军事难题，诸葛亮经过多年筹谋，终于在季汉建兴十二年（234）第五次北伐找到了应对之法。他赶在秦岭雨季之前的四月出褒斜道，用更适应水路的"流马"运粮，并且在渭水以南"分兵屯田"，这一切的举措都是为了让汉军在秦岭北麓坚持得更久一些，以等待夏秋涨水之时孙权在东线发动对曹魏的攻势。孙权这一次的确也十分配合，于五月就出师北伐，而且是三路齐发：陆逊、诸葛瑾攻襄阳、江夏，孙韶、张承攻广陵、淮阳，孙权亲率号称十万的大军围攻合肥新城。东吴的进攻的确对曹魏造成了很大的威胁，魏帝曹叡不得不亲御龙舟，东下寿春督战。结果曹叡还未至，吴军就在合肥新城遭遇满宠重创，提前退却。两国如此合力用兵都不能令曹魏有毫发之损，绝望将诸葛亮消瘦的身躯彻底击倒了。

诸葛亮死后，汉吴联盟的脆弱再度显现，邓芝已掌兵马，陈震年高卧病，费祎也已进入了季汉核心决策层，季汉需要一位新使者。于是，与蒋琬在成都丞相府共事多年、资望颇深的宗预就成了最佳人选。宗预的出使意义重大，他将展现季汉在蒋琬主政后的新面貌，让友邦看到季汉并不会因诸葛亮的去世和杨、魏之争而有丝毫的衰败之色。

　　季汉建兴十三年（235），宗预率领的使团从成都出发，乘船取道外水下江阳，这是当年牙门将军赵云率军入益州所走之路。船入长江，顺江而下很快就到了江州，宗预站在船头，能看见九年前中都护李严在此所筑之大城。顺水行舟，不几日宗预就到了永安，这是季汉的伤心之地，如果永安督陈到还活着，宗预可能会顺道拜会这位"名亚赵云"的老英雄。船只过了白帝城，就进入长江三峡，两侧山势陡峻，江水蜿蜒其间，熟练的船工操纵船只小心地绕过一处处暗礁，堪称险象环生。

　　驶出三峡，就已是东吴地界，更令季汉人伤感的西陵（今湖北宜昌）、猇亭即在眼前，数万亡魂埋葬在江水的最深处，通过水流的呜咽诉说着十三年前那场惨烈的战事。驻防西陵的是吴骠骑将军步骘，作为距离季汉最近的东吴方镇督将，步骘与季汉常有书信来往。就在前一年，诸葛亮还曾写信给步骘，解释自己驻军五丈原是因为此处"有高势，攻之不便"。西陵顺江而下是关羽经营十年之久的江陵（今湖北荆州），曾参与擒获关羽的吴车骑将军朱然已在此驻防十六年。与江陵一江之隔的是被刘备赐名的公安，六十二岁的吴大将军诸葛瑾在这里听到弟弟去世的消息，可能会专门迎接季汉使团，与宗预一番长吁短叹。领略了洞庭湖的夕阳和云梦泽的月色，季汉使团的船队来到汉吴联盟的缘起之地赤壁古战场，如果宗预会作诗，他定会兴怀古之思。在距离赤壁最近的蒲圻，七十五岁的镇南将军吕岱刚接替去世的潘璋驻防此处，见到季汉使团，他或许会想起二十四年前自己随刘备入益州的峥嵘岁月。

长江的江面越来越宽阔，两岸的风物景致与巴蜀愈显不同。船过樊山，东吴故都武昌在望。这座城规模虽不算大，却颇显王者之气，六年前，孙权在此称帝后就迁都建业（今江苏南京），留下了太子孙登、诸皇子、上大将军陆逊及尚书九官等诸多机构，故而这里仍是东吴的行政中心之一。宗预可能会在这里受到孙登和陆逊的盛情款待，宴席中他还会见到那个差点儿牵连蒋琬仕途的潘濬，此时他已升任东吴太常，与陆逊共掌武昌事。

从武昌东下，又历经柴桑、虎林、牛渚等长江戍塞，江南的春色愈加浓郁，宗预漫长的航程终于到达了终点，石头城矗立于大江南岸，这里就是吴都建业。二十余年前，当这里还是一座叫秣陵的小城时，谒见孙权途经此处的诸葛亮目睹山形地势，留下了"钟山龙盘，石头虎踞，此帝王之宅"的感叹。如今，它已经今非昔比，俨然有江东首邑的气象。

　　与诸葛亮几乎同龄的吴大帝孙权在崭新的建业宫内接见了宗预，孙权质问道："东之与西，譬犹一家，而闻西更增白帝之守，何也？"宗预从容应对："臣以为东益巴丘之戍，西增白帝之守，皆事势宜然，俱不足以相问也（吴国增加了巴丘的守兵，我国增加了白帝城的守兵，这是时势所致，没必要互相询问了吧）。"孙权大笑，暗想这蜀国又来了个耿直的使者，于是对他也很敬重，待遇仅次于邓芝和费祎。

　　汉、吴两国的这次小冲突很快得到化解，宗预此后多次往返于这段航程中，为两国之盟好来回奔走。步入晚年的孙权与宗预结下了深厚的情谊，一次孙权送别宗预时，突然老泪纵横，拉着他的手说："今君年长，孤亦衰老，恐不复相见。"宗预亦感叹："年老多病，恐不复得奉圣颜。"两国君臣，如一对普通老者一样惺惺相惜、喟叹年华易逝，这场景实在令人动容。孙权去世的前一年，季汉派校尉樊建使吴，孙权当时已经重病，没法亲自与使者相见。但他仍记挂着宗预，问诸葛恪："樊建何如宗预也？"樊建自然是比不上宗预的，但诸葛恪又不愿伤了他的面子，于是回答："才识不及预，而雅性过之。"

　　宗预和孙权都不曾想到，四十多年后，一支载满士兵的舰队将沿着宗预走过的水路，自成都顺江而下，直至建业，见证吴主孙皓的投降。这条路终将成为东吴的亡国之路。

后诸葛亮时代

昔日蒋琬被刘备免官后，曾做了一场噩梦，梦见一头牛在门前，身上的血像泉水一样流在地上。蒋琬醒来非常恐惧，请占梦者赵直为自己解梦。赵直说：梦中见血，就是事情已经分明了。牛的两个角加上鼻子，画出来就像一个"公"字，这是大贵之象，预示着您将来位当至公。赵直这么一说，蒋琬的心情才稍稍平和了一些。

从现代心理学角度来看，蒋琬刚与死神擦肩而过，又遭罢黜，心中充满着惊恐与失意，心理压力极大，梦见血腥场面是再正常不过的事了。赵直的占梦，可谓极尽牵强附会之能事，目的是安慰蒋琬。不过他却歪打误撞地做出了准确的预言。

季汉建兴十三年（235）夏四月，尚书令蒋琬迁大将军、录尚书事，这标志着蒋琬正式身登公位，成为季汉新的宰辅之臣，再加上此前已经获得的假节、兼领益州刺史，可以说，蒋琬集季汉大权于一身，他的时代正式开启了。

大将军，汉初置，汉武帝以卫青为大将军，主征伐，位在三公上。此后，大将军或在丞相之上，或次于丞相[①]。至东汉，大将军多由外戚担任，常在三公之上，如窦宪、窦武、何进等。韦昭《辨释名》云："大将军，将军之大者。汉时贵戚为之，或录尚书事。"三国鼎立后，魏、吴皆置大将军，如魏之曹仁、曹真、司马懿，吴之诸葛瑾。而季汉建号以后，一直未置。所置诸将军中，比公者仅骠骑将军马超、车骑将军张飞而已。

大将军一职的悬置，很容易让人联想起季汉建号之前就已逝的关羽。关羽当时已任前将军，为诸将军之首，若他活到刘备称帝，则是大将军一职的不二人选。故而此职出缺，极可能是为表达对关羽的纪念，以示无人可替。后诸葛亮以丞相身份兼掌征伐事，事实上兼领了大将军的职

[①] 大将军在丞相之上例有："汉兴，置大将军，位丞相上。"（《汉官仪》）"大将军之官内秉国政，外则仗钺专征，其权任出丞相之右。"（《文献通考》）大将军位次丞相例有："汉兴，置大将军、骠骑，位次丞相。"（蔡质《汉官典职仪式选用》）"旧大将军位在三公下，置官属依太尉。宪威权震朝庭，公卿希旨，奏宪位次太傅下，三公上。"（《后汉书·窦宪传》）

责，故而在季汉一朝，大将军缺位长达十四年之久。

蒋琬打破常规，成为季汉的首任大将军。而这也意味着，蒋琬无法继承诸葛亮的职位——丞相。

在季汉过去的十四年中，丞相一职已经与诸葛亮深度绑定，浑然一体。诸葛亮的忠诚、公允、勤勉、理想、名望、雅量都让丞相这个曾因曹操父子篡汉而被"污名化"的职务重新泛起了金色的光泽。它有如一座高山，永远地横亘在巴蜀大地上，令人敬仰，也让人望尘莫及。而对于皇帝刘禅来说，他当然更希望丞相这个让他又敬又畏的称呼，能像宗庙里的牌位一样被挂起来，受到众人的缅怀和追忆，而非被另一个人继承下来，当作袍子穿在身上。事实上，从这一年开始，年岁已经不小的刘禅始终在致力于一件事，那就是在这个国度里防止出现第二个诸葛亮式的人物。为此他做了许多看似微不足道，实则意味深长的事情，有人因此而死去，有人的命运因此发生突变。这些在后面都会仔细讲。

在刘禅与蒋琬的默契之下，蒋琬的新职位刻意避开了丞相，而代以地位相近的大将军。大将军这一尘封多年的职位的重启，似乎呼应着过去的这些年季汉举国北伐、频繁用兵的状态，对蒋琬的执政也是一种鞭策。

大将军是蒋琬名义上的最高身份，而蒋琬的实际权力来源于"录尚书事"。

录尚书事并非一个独立的官职，常以兼领的方式出现，其可以上溯至西汉霍光执政时期的"领尚书事"。彼时昭帝年幼，霍光需要代行皇帝权力处理文书，而文书的上传下达又都由尚书台负责，故而需通过"领尚书事"来使霍光权力合法扩大。及至霍光死、宣帝亲政，"领尚书事"遂废。行至东汉，尚书台机构扩大，已成为诏令起草、公文通达、参政议政的中枢部门，故而章帝时采用了"录尚书事"来为外朝太傅、太尉等官员作加官，以方便他们参与尚书台事务，进一步起到辅弼朝政的作用。此后，外朝上公、三公是否拥有参与政事的实际权力，便都取决于是否"录尚书事"，不录尚书事的上公、三公基本就成为坐而论道的"备员"。建安元年（196），曹操谒汉献帝于洛阳，献帝授予曹操假节钺、录尚书事之权。而当时曹操甫领司隶校尉，位不及公，但凭"录尚书事"已将朝政大权攫入手中。刘备称帝，以诸葛亮为丞相，录尚书事，假节，是以"职无不总"。直至此时，蒋琬以大将军录尚书事，昭示着他对诸葛亮权力的继承。

随着蒋琬宰辅地位的确立和巩固，季汉进行了一次较大的人事调整，形成了崭新的官员阵容。兹据《三国志·蜀书》各列传梳理诸葛亮去世后蜀汉主要官员及职务如下：

　　*蒋琬，尚书令，总理国政（由丞相长史、抚军将军迁），俄而加行都护，假节，领益州刺史，迁大将军，录尚书事，封安阳亭侯

　　*吴懿，督汉中，车骑将军（由左将军迁），假节，领雍州刺史，封济阳侯

　　*杨仪，中军师（由丞相长史、绥军将军迁），旋废为民，徙汉嘉郡，死

　　*邓芝，前军师、前将军（由中监军、扬武将军迁），领兖州刺史，封阳武亭侯

　　*费祎，后军师（由丞相司马迁），顷之，代蒋琬为尚书令

　　*向朗，左将军（由光禄勋迁），封显明亭侯，位特进

　　高翔，右将军，玄乡侯

　　吴班，后将军，安乐亭侯

　　陈震，卫尉，城阳亭侯，季汉建兴十三年（235）卒

马忠，监军、奋威将军、庲降都督，博阳亭侯

*姜维，右监军、辅汉将军（由中监军、征西将军迁），统诸军，封平襄侯

刘敏，右护军、偏将军

*胡济，中典军，统诸军（由丞相主簿迁），封成阳亭侯

*王平，后典军、安汉将军（由讨寇将军、无当监迁），旋领汉中太守

向宠，中领军

*张翼，前领军（由前军都督、领扶风太守迁），封关内侯

马岱，平北将军，陈仓侯

李福，尚书仆射，平阳亭侯

董允，侍中，领虎贲中郎将，统宿卫亲兵

*宗预，侍中（使吴后由丞相参军、右中郎将迁）

*马齐，尚书（由丞相参军迁）

*来敏，大长秋

*尹默，太中大夫（由丞相军祭酒迁）

*费诗，谏议大夫（由益州刺史部永昌从事迁）

杜琼，左中郎将

董恢，巴郡太守

*吕乂，广汉太守（由汉中太守迁）

廖化，阴平太守

*谯周，典学从事（由劝学从事迁）

*霍弋，黄门侍郎（由丞相记室迁）

*杨戏，尚书右选部郎（由益州主簿迁）

李譔，尚书令史

张嶷，牙门将，属马忠

上表中，加 * 的均为《三国志·蜀书》中明确记载在"亮卒"后有职位变迁的人，他们占到了相当大的比例。

据上表分析，诸葛亮去世后季汉人事安排有如下几点值得注意：

1. 蒋琬未开府

蒋琬身兼大将军、益州刺史、录尚书事数职，却唯独没有开府，因而他没有办法像诸葛亮那样通过征辟府官将季汉的行政权力全部转移到大将军府，更不可能像诸葛亮那样将季汉的主要将领都以府官的身份划归自己麾下统一管理。因此，蒋琬从接班的那一刻开始，他的权力承袭已经是被打了折扣的。而这种打折扣的情况还将在下一次权力交接中再次出现。对于相权在传递过程中的不断弱化，刘禅是最大的受益者。

2. 吴懿、王平北督汉中

诸葛亮最后的八年一直住在汉中，通过汉中的丞相府来总管全国政事。蒋琬接班后，留镇成都，这显示出季汉已经开始调整北伐国策，从积极的对外进攻转为以防守为主、有限的进攻。汉中防区的重任则交给了吴太后之兄吴懿，吴懿更是在此次人事调整中从左将军升为车骑将军，假节，遥领雍州刺史，在军事序列上的地位仅次于蒋琬。此外，吴懿的爵位由高阳乡侯晋封济阳侯①，比蒋琬的亭侯还要高过不少。如此看来，蒋琬在成都、吴懿驻汉中的搭配，颇似又回到了季汉北伐之前诸葛亮在成都、魏延驻汉中的场景，彼时季汉"数丧师众"，亟需恢复国力，而此时五次北伐受挫，季汉也将进入又一次的"务农殖谷，闭关息民"。

为什么是吴懿？盖因魏延丧后，无论从资历还是战绩

---

① 吴懿受封济阳侯，济阳县在陈留郡，盖因吴懿是陈留人，封邑毗邻籍贯地是东汉以来封爵之所常见。但陈留属魏，故吴懿之济阳侯为虚封，不得封邑赋税，与魏延实封之南郑侯相比逊色很多。姜维之平襄侯（平襄县在魏之广魏郡，毗邻天水郡）、马岱之陈仓侯（陈仓县在魏之扶风郡）亦属此类，有名而无实。

来看，吴懿都已是军中的头号将领。昔日作为副将随魏延在阳谿大破郭淮的吴懿，终于迎来自己在汉中独当一面的时代——尽管他督汉中的时间并不长，而且是汉中最为和平、无战事的时期。

诚然，吴懿的外戚身份也是他快速擢升的原因。但不要忘了，东汉外戚擅权的故事还未远去，"五大不在边"的警言犹在耳畔，吴太后又非刘禅之生母。让这位外戚将军总督汉中，刘禅是否真能把心放到肚子里，恐怕还得打一个问号。因此，此次人事调整一个耐人寻味的安排是，因平定魏延之乱立功的王平得到了擢升，"副车骑将军吴懿住汉中"。一个"副"字，形象地说明了王平对吴懿权力的分割和制衡。不久，王平又领汉中太守，而此前被诸葛亮提拔担任汉中太守的吕乂转任广汉太守。不领太守的地方督，只有军权而无政事之权，是以吴懿在汉中的权力比起魏延来已经被大幅削弱了。

3. 费祎领衔尚书台

在蒋琬实现了从丞相长史到尚书令、大将军的快速三级跳的同时，费祎也迅速递补了尚书令的出缺，成为季汉内政序列仅次于蒋琬的二号人物。费祎的升迁和诸葛亮的临终遗言不无关联，但更取决于他复杂的身份和丰富的从政履历，这些我们将在后面详细说。这么看来，费祎在诸葛亮去世后短暂担任的后军师一职很像是"虚晃一枪"，目的就是要让杨仪以为他也受到了冷落，从而将他引为同类，不设防备，信口开河。费祎升任尚书令，可能是让杨仪心态崩溃的最后一根稻草。

季汉的尚书台体系早在刘备称汉中王时已设立，出任尚书令的法正、刘巴、李严均是在蜀中威望甚高的刘璋旧人，杨仪、蒋琬都曾在尚书台任职。然而自诸葛亮开府、李严留滞地方，尚书台已经失去文书草拟、诏令通达、建言献策的实际功能，其权力逐渐被留府长史、参军等蚕食，接替李严担任尚书令的陈震更是不豫朝政，成为备员。陈震进封卫尉，尚书令竟空置长达五年之久。诸葛亮去世后，蒋琬、费祎接连出任尚书令，标志着尚书台作为季汉重要的行政中枢机构被重新启用，而大将军与尚书令的并置，某种程度上也呈现出"二相共治"的局面。此后，费祎的地位将愈来愈高，其对蒋琬权力的分割和制衡也将愈来愈明显。相权的进一步削弱，为后来刘禅的亲政铺平了道路。

4. 监、护、典军体系继续沿用

诸葛亮掌军之后，对季汉军事系统进行了大刀阔斧的改革，其一大特征就是将军逐渐班位化、散职化，而在将军体系之外，出现了大量的监军、护军、典军，构成了一个独立而完整的升迁体系。从季汉建兴九年（231）弹劾李严的《公文上尚书表》中所列人名头衔可见，"行中监军""行中护军""行中典军"等监、护、典军职位皆置于"扬武将军""偏将军""讨虏将军"等将军名号之前。监、护、典军的设置原本置于丞相府掌征伐的框架之内，如今蒋琬统事，丞相府体系已不存，而监、护、典军仍被沿用，且任职者姜维、胡济、王平等均为北伐旧将，可见这一职官体系业已成熟，且在管理军事方面确有效用，故而在蒋琬时代仍旧发挥着重要作用。

5. 浓重的恩赐与慰劳之意

蒋琬统事后，有记载获得爵位晋升的就有七人之多。其中吴懿由乡侯封县侯，姜维由亭侯封县侯，蒋琬、邓芝、向朗、胡济封亭侯，张翼封关内侯。爵位晋升的覆盖面囊括了荆州籍、益州籍、降将等多方面身份的人士。其中向朗是在诸葛亮时期遭到"冷处理"的失意人物，此次也被"追论旧功"而封侯，可谓皇恩浩荡。与他相似的还有名门之后来敏，他在诸葛亮时期"坐事去职"，受到诸葛亮的公开批评（"来敏乱群，过于孔文举"），而在诸葛亮死后，来敏被复用为大长秋，以示既往不咎。曾因反对刘备称帝而被遣往南中不毛之地的费诗也在十四年后终被调回，为谏议大夫，虽是闲官，但也体现了朝廷的体恤之情。总之，忘过记功，广施恩惠，再加上季汉建兴十二年（234）末刘禅即位以来的首次大赦，让诸葛亮去世后疑虑重重的季汉官民得到了一定程度的抚慰和安定。这些措施，表面上的受益者是新的主政者蒋琬。事实上，人们会愈加强烈地感知到，这份温暖是从深宫里那位曾经存在感极弱的刘禅那里传来，而他的宽仁和恩德则会像他那个极善收买人心的父亲一样，在季汉的国土上生根发芽。

总的来说，诸葛亮选择蒋琬这个老成持重、政事娴熟的同龄人作为接班人的考虑是周全的。蒋琬只需要做好一件事，那就是迅速安顿诸葛亮去世后季汉内部的种种乱象，让这座大厦不因栋梁的倒掉而坍塌，让这艘航船不因舵手的缺位而迷失航向。史载，诸葛亮刚去世的时候，季汉内部人心惶惶，"远近危悚"，但蒋琬凭借着多年以来练就的沉稳持重，驾轻就熟地操持起季汉的家业，"既无戚容，又无喜色，神守举止，有如平日"，可谓给群臣起到了表率作用，于是弥漫在朝野的不安情绪开始消散，蒋琬的威望也逐渐建立起来了（"众望渐服"）。

走向延熙

诸葛亮去世后，建兴这个年号又被"萧规曹随"地沿用了三年，蒋琬主政和新的人事班底的确立，让季汉从短暂的危机中解脱出来，再加上魏主曹叡沉迷于修建宫室，汉吴同盟重申旧好，这使得季汉拥有一个较为宽松的外部环境，进入一个相对平稳发展的阶段。

这三年间，季汉对外的军事行动只有一次[①]，即季汉建兴十四年（236）武都氐人归附事件。

氐人是汉末居住于益州西北部、凉州西南部一带的少数民族，一般被视为羌人的分支，部族众多。武都、阴平二郡本为白马氐所居之地，建安二十年（215）曹操率军入汉中，氐人塞道，曹操使张郃、朱灵攻破之，又破兴和氐王窦茂万余人，氐人乃降。后刘备来争汉中，氐人即已分化为两派，一派以雷定为代表，共有七部万余人，响应张

---

① 唐人杜佑《通典·州郡一》白帝条下云："后主建兴十五年，吴将全琮来攻，不克。"《太平寰宇记》《读史方舆纪要》等书均沿用全琮攻白帝之事，但不书建兴十五年。学者宋杰认为建兴十五年吴蜀关系并未恶化，不应有大规模战争，且全琮一直驻守东部，与魏作战，更于当年十月袭魏六安，不见到过西部的记载，故认定《通典》所述全琮攻白帝应为谬误。

飞、马超反曹，一派以强端为代表，成为曹军强援，在下
辨（今甘肃成县西北）斩杀了蜀将吴兰。汉中之战以曹操
退出而告终，武都、阴平孤悬在外，于是曹操令雍州刺史
张既、武都太守杨阜将武都氐民万余户内迁至秦岭以北的
京兆、扶风、天水等地[1]，说明曹魏对武都、阴平已萌生
弃意。

季汉建兴七年（229），诸葛亮使陈式攻取武都、阴平
二郡。尽管曹魏已经将二郡居民迁徙一空，但对季汉来
说，二郡为北伐向祁山、天水乃至更西的方向进军提供了
跳板，未来，姜维北伐还将持续受益于此，季汉的灭亡也
将与这里息息相关。

武都、阴平二郡入汉时，仍有不少氐人在此居住，季
汉对他们也以抚慰为主。诸葛亮去世后，氐人对季汉的忠
诚有所动摇，投魏的势力开始抬头，在强端的鼓动之下，

---

[1] 此次迁徙武都氐民之人数，《三国志》记载不一致。《张既传》载：
"太祖从其策，乃自到汉中引出诸军，令既之武都，徙氐五万余
落出居扶风、天水界。"《杨阜传》载："阜威信素著，前后徙民、
氐，使居京兆、扶风、天水界者万余户，徙郡小槐里，百姓襁负而
随之。"两传所载徙户数差异颇大。按《后汉书·郡国志》，武都郡
"户二万一百二，口八万一千七百二十八"，此是东汉顺帝永和五年
（140）户口数据，至汉末三国，连遭战乱，人口锐减，即便加上氐
人人口，亦不可能有五万户之多，或应为万余户、五万余人。

武都氐王苻双决定率部投魏，而苻双之兄、另一位氐王苻健却心向汉室，派人赴蒋琬处请降。蒋琬派将军张尉前往接应，但过了很久也没有消息。当时随马忠驻守南中的牙门将张嶷恰在成都，他分析说："苻健肯定会按时来降，但我听说他弟弟很狡猾，氐人内部也不同心，因此可能会迟滞。"张嶷长期与羌、夷作战，更熟悉少数民族的情况。果然，苻双、强端带着氐人四百多户投了曹魏，只有苻健等少数人被接到了季汉 [1]，后来被安置在蒋琬曾任职的广都县居住。

此次氐人归附事件中，汉魏两国也有过军事冲突。据《晋书·宣帝纪》，汉将马岱率军追讨投魏的氐人，侵入魏境，司马懿遣将军牛金迎击，斩千余级，马岱退走。可能因为败仗的原因，此役《三国志·蜀书》无载。

---

[1] 武都氐人归附事件，史书记载颇有差异，《三国志·张嶷传》载："数日，问至，健弟果将四百户就魏，独健来从。"《晋书·宣帝纪》载："武都氐王苻双、强端帅其属六千余人来降。"可知氐人大部投魏而去，只有苻健率少数人附汉。但《三国志·后主传》载："徙武都氐王苻健及氐民四百余户于广都。"与前述史料迥异。这可能是将目的当作结果记载了，属于史传中常见的讳败为胜。另，十六国前秦的建立者苻洪，史载为略阳临渭人，很可能就是从武都徙入魏境的苻双后人。《晋书》载苻洪见孙苻坚背上有"草付"之字，应了"草付应王"的谶文，遂改姓苻氏，此应为讹传。氐人早在汉末即有苻姓。

　　马岱自随马超入蜀后，长年寂寂无闻，虽官至平北将军，爵至陈仓侯（县侯），但在刘备、诸葛亮的历次军事征伐中不见任用的记载。这凸显了马氏军团进入季汉政权后的尴尬境遇。马超在投奔刘备之前，即已割据凉州，自称征西将军，领并州牧，为一镇诸侯。他于穷途末路之际来投，刘备既对他厚加礼遇，以慰来者之心，又考虑到他反复无常的履历，对他多有防范，不敢大用。这使得马超在蜀中"羁旅归国，常怀危惧"，故而当广汉人彭羕在马超面前发表狂悖之词时，马超惊恐万分，立即将其言论举报给官府，致使彭羕下狱处死。可见，入蜀后的马超身上已全然没有昔日于渭南与曹操大战时的那般英雄胆略，这匹西凉烈马被刘备驯化成了一只温顺的羔羊。作为马氏军团的继承者，马岱自然也难以在诸葛亮时代获得足够的信任。杨仪选择他来斩杀魏延，或许也是看中了马岱郁郁不得志的经历，从而方便对其进行利用。

　　此次马岱一反常态地独立领兵出击，一方面可能因为马超家族在羌氏素有威望，另一方面也可能是在杨仪倒台之后，马岱深恐自己会被归为杨仪一党，故而格外渴求表现的机会，以求将功抵过。此役之后，马岱在史书中就没有了记载，这成了威名赫赫的马氏军团在三国的绝唱。

同年夏四月，《三国志》还记载了一件看起来微不足道的事情：皇帝刘禅"至湔，登观阪，看汶水之流，旬日还成都"。

湔县，又名都安县，属蜀郡，即今四川都江堰市，在成都西北不远。观阪即秦蜀郡太守李冰主持修建的著名水利工程都江堰。都江堰导岷江之水入成都平原灌溉农田，使蜀地沃野千里。诸葛亮北伐，"以此堰农本，国之所资"，他曾在都江堰设堰官，并征发了一千二百人专门维护。刘禅所观之汶水，即岷江。在明代以前，岷江被长期误认为是长江的源头。

这是史书记载刘禅在位时期唯一一次外出活动。《三国志》多载国家政治、军事大事，何以将刘禅出巡观水这种微末小事提一笔呢？史家胡三省认为，此是意指诸葛亮去世后，刘禅终于可以不被约束，随意玩乐了（"诸葛亮既没，汉主游观，莫之敢止"）。史家何焯也认为，这里刻意书一笔刘禅的出游，就是讥讽他不务国政，只知道在外游玩。而且他认为刘禅此后应当是经常出外游玩，大臣频频劝谏无效，这些琐事不值得全部记录，所以只记录了这开始的一次（"识其不恤国事，盘游于外，自此始也……后不书者，不可谏则不足讥也"）。可见，史家的分析无不建立在刘禅是个昏君的预设前提之下。

可事实真是如此吗？且不说诸葛亮去世后，刘禅并未亲政，国政大事自有蒋琬、费祎等人处理，看到他出游就指责他"不恤国事，盘游于外"，似有失当。且都江堰是"农本"，是诸葛亮在世时特别关切过的水利工程，刘禅在开春种稼之时视察水利、关心农业，这又岂是荒嬉之"游观"呢？

笔者以为，刘禅出巡，虽不排除在宫里闷久了、出游以娱心情的因素，但更多的应是一种政治上的昭示——即便诸葛亮已经去世，他所推行的良政都将继续推行。此前刘禅久居宫中，政事全部委予诸葛亮，对于皇帝的形象，臣僚和百姓都极为陌生。因此，笔者推测此次出巡，很可能是在蒋琬等人主导之下，刘禅所做的一场亲民秀。刘禅的"登观阪，看汶水之流"与蒋琬的"神守举止，有如平日"恰如一对互文，这个小小的举动，展示出了诸葛亮去世后季汉的稳定祥和。

季汉建兴十五年（237），刘禅的皇后张氏去世了。张氏是车骑将军张飞之女，她于章武元年（221）被纳为太子妃，季汉建兴元年（223）被立为皇后，这是皇族与勋贵政治联姻的产物。十五年中，她的事迹在史书上没有丝毫记载,我们仅能得知的是,她没能给刘禅生下儿子。

张皇后谥号"敬哀",葬于成都南陵。接下来的大事就是要为三十岁的刘禅选择一位新的皇后。最终,入主后宫的是张飞的另一个女儿。次年正月,朝廷使左将军向朗行丞相事,主持了对新皇后张氏的册封。帝王先后娶姐妹为妻,这在历史上也不算少见,远者有舜娶娥皇、女英姐妹,近者有汉成帝刘骜娶赵飞燕、赵合德姐妹,在以后的历史中还有唐朝的李隆基、南唐的李煜、清朝的皇太极与康熙等。

立皇后是一个大喜事,借着这个机会,季汉朝廷又宣布了三件事:大赦,改元,立太子。

先说大赦。陈寿曾评价诸葛亮"军旅屡兴而赦不妄下",并以此为美谈。而诸葛亮去世才三年多,就已大赦两次,可见季汉新的掌权者需要不断向民众释放善意以维护政权稳定,而频繁通过大赦这种简单粗暴的方式取悦民众,也将为后来的国家治理埋下不安的伏笔。

再说改元。诸葛亮主政时期,"经载十二而年名不易",此次改元,让季汉正式送走了那个与诸葛亮和他的北伐融为一体的"建兴"。新年号"延熙"与之相比,少了热血沸腾的斗志,多了安定祥和的氛围,标志着季汉历史翻开了新的一页。

最后说立太子。太子为一国储君，立太子关系到政权的稳定与延续，历来是皇家的头等大事。刘备为汉中王时就确立了刘禅的太子地位，而刘禅即帝位十五年，由于敬哀皇后没有生子，太子之位一直空悬。此次册封的太子刘璿，是刘禅的庶子，其母王贵人为已逝的张皇后侍婢，非公卿之家，地位较低。选择生母寒微的太子，似乎也是季汉政权极力避免东汉外戚专政旧弊的措施之一。季汉一朝，宗室和外戚始终构不成威胁皇权的力量，相权也在诸葛亮死后被一点点削弱，这是季汉没有像魏、吴一样陷入激烈政治内斗的重要原因。

就在季汉改元的前一年，北方的曹魏因更替历法，也改了年号，改青龙五年为景初元年。但改元并没有给曹魏带来好运，就在这一年，曹魏的后院着火了——辽东公孙渊反了。

辽东，即今辽宁省中南部一带，自东汉末年由公孙度割据，至公孙渊已历三代四主，跨度近半个世纪。因为相对稳定和平，辽东吸引了诸如邴原、管宁、王烈等名士迁徙至此，成为与巴蜀一样的乱世避风港。曹操平定河北，公孙氏接受曹魏册封，名义上归附，事实上仍保持独立状态，并且还将疆域向朝鲜半岛北部扩张。公孙渊即位之后，就已不大服从曹魏的统治，他试图通过海路与孙权勾连，在魏吴交战之间捞取政治利益。彼时，曹魏忙于应付汉、吴两面之敌，需要保持北境的稳定，故而对公孙渊的挑衅选择了隐忍的态度，加以高官厚爵安抚之。

诸葛亮死后，曹魏对辽东不再姑息，遂采取此前曹操处理马超、韩遂的方式，遣幽州刺史毌丘俭以大军入界，将公孙渊逼反。但让曹魏没有料到的是，公孙渊兵马强盛，而当时又值霖雨，辽水暴涨，魏军征讨不利，只能暂时退还。公孙渊见状，更是得寸进尺，便自立为燕王，置百官，称绍汉元年。《说文解字》云："绍，继也。"绍汉，就是继承汉室。这和偏居西南的季汉政权可谓殊途同归。看来汉献帝虽然已退位十八年，但汉家余威依旧好用。

景初二年（238），即季汉延熙元年的正月，曹叡急召太尉司马懿率军征讨辽东。辽东偏远，征讨将耗费大量钱粮和时间，司马懿统帅的是曹魏最精锐的中军，这意味着辽东交战之时，曹魏对蜀、吴的防线上只能依靠州郡兵。为此曹叡很是担忧，他问司马懿征伐公孙渊需要多久。司马懿计算了一番，说："往百日，攻百日，还百日，以六十日为休息，如此，一年足矣。"一年，对曹魏来说还是太久了，如果这期间蜀、吴来犯，曹叡可能会陷入捉襟见肘的处境。

果然，公孙渊叛变的消息传到季汉，蒋琬喜出望外。曹魏内部生变的机遇是季汉多年苦苦等待的。此前诸葛亮五次北伐，面对的都是固若金汤的曹魏政权。如今司马懿主力远征，国中空虚，岂不是送到嘴边的北伐良机？于是蒋琬立即向刘禅上表请求北驻汉中，筹备北伐，而朝廷也很快颁下了诏书：

> 寇难未弭，曹叡骄凶，辽东三郡苦其暴虐，遂相纠结，与之离隔。叡大兴众役，还相攻伐。曩秦之亡，胜、广首难，今有此变，斯乃天时。君其治严，总帅诸军屯住汉中，须吴举动，东西掎角，以乘其衅。

从诏书来看，季汉朝廷也认为辽东之叛"斯乃天时"，于是命蒋琬"总帅诸军屯住汉中"。但同时，朝廷也对蒋琬提出了要求，那就是需要等待东吴协同出兵，双方呈掎角之势，才能在北伐中获得最大的利益。

新的北伐开始紧锣密鼓地准备了，可是季汉已经三年没有大规模用兵了，进行军事动员、筹备粮草军械，以及将这些兵员、物资调往汉中，都需要大量的时间，遣使向东吴请求出兵一来一回也不是短时间能完成的事情。汉、魏两国，开始了一场与时间的赛跑。

进入夏季，辽东的战事已经进入胶着态势，局面越来越不利于公孙渊，留给季汉的时间不多了。蒋琬的大军还没出发，他决定先派边军出击。恰好，秋八月，曹魏凉州出现了烧当羌王芒中、注诣等人的叛乱，凉州刺史率诸郡前往平叛。趁此乱象，九月，季汉阴平太守廖化（《魏书》作廖惇，为廖化原名廖淳之讹）出兵攻打守善羌侯宕蕈营①。曹魏雍州刺史郭淮遣广魏太守王赟、南安太守游奕分兵沿着山岭东西两侧进军，欲合围廖化。郭淮为自己的计划沾沾自喜，甚至在向曹叡的上表中吹嘘"围落贼表，破在旦夕"，可远在洛阳的曹叡比郭淮还看得清晰，他诏令郭淮让诸军屯驻在要处，谨慎行军，告诫郭淮用兵最忌讳分兵作战（"兵势恶离"）。诏书还未到，魏军就吃了败仗，游奕为廖化所破，王赟则中流矢阵亡。

---

① "守善羌侯"应为归化曹魏的羌部。宕蕈，《三国志集解》引赵一清："宕蕈，胡号也。宕，即石宕水。蕈，即蕈垲川。"北魏曾置蕈川县，属洪和郡，治所在今甘肃临潭县东北冶力关乡附近。可推测守善羌侯宕蕈营在魏陇西郡南部，廖化此次北伐应是从阴平郡走临洮道入魏境。

汉军临阵射杀曹魏太守一级的官员，这是季汉自建兴九年（231）射杀张郃后就没有获过的战绩，廖化立了大功。可由于没有大军后援，廖化的偏师也只能略做袭扰便退了回去。

蒋琬和他的中军直到十二月才来到汉中屯驻。他太慢了，当然这也怨不得他。作为一个长期从事内政工作的文官，这是他第一次执掌这么大规模的军队，军事部署、地形堪舆、兵士调度、情报收集等许多具体的工作他都必须从零开始学习，和在诸葛亮身边工作多年的杨仪相比，这些都是他的短板。蒋琬因此不得不小心谨慎，不敢出一丝纰漏。

汉中是诸葛亮五次北伐的前沿基地，也是诸葛亮托身长眠之地，来到这里的蒋琬身上自然会有一些沉甸甸的压力。此时吴懿已于前一年病逝，汉中太守王平代其督汉中，并进封安汉侯。蒋琬此时已获得了开府之权，但蒋琬已没有能力像诸葛亮那样将大将军府一分为二、在汉中和成都各置一套，其开府所获得的权力也大幅削弱。蒋琬以王平为前护军，署府事，这样就顺理成章地将汉中驻军接管了过来，又以尚书仆射李福为前监军，领大将军司马，这可能是对他传递诸葛亮遗命、确立自己宰辅地位的投桃报李。

就当北伐的一切都看起来准备妥当的时候，北方的消息传来，司马懿早在九月就攻破了襄平，斩公孙渊首级，辽东已告平定，现司马懿大军已经班师回朝。而东邻吴国已经进入了至暗的赤乌年间，校事吕壹在孙权授意之下，正在用严刑峻法整治东吴官员，大兴白色恐怖，东吴显然无意配合北伐。至此，北伐的时机已经失去。

蒋琬想必懊恼不已，但他既已来到汉中，怎好轻易退还？于是，蒋琬留驻汉中，密切地关注曹魏局势。

到次年初春，曹魏又传来了重磅消息——魏主曹叡崩逝。

东下之计

魏明帝曹叡是诸葛亮最为低估的对手。他即位的第二年，就开始面对季汉持续不断的北伐战争，他虽以少主临朝，却拥有敏锐的洞察力和准确的判断力，在许多政治、军事大事上都做出过正确的决策，被陈寿评为"沉毅断识，任心而行"。曹叡大胆启用司马懿担任荆州、雍凉方面的军事督帅，将司马懿这个文臣推向了战场，一手开启了司马懿及其家族辉煌的前景。司马懿能够在五丈原与诸葛亮相持半年，熬走汉军，得益于曹叡充分的信任与支持。

司马懿坐着追锋车昼夜兼行，赶在曹叡还有一口气的时候回到洛阳嘉福殿内，与大将军曹爽共同接受托孤辅政之命。景初三年（239）春正月丁亥（初一），曹叡病逝，时年三十五岁，还没有他父亲曹丕活得久。曹叡无子，即位的是曹叡从宗室中抱养的齐王曹芳，年仅八岁。按常理来说，皇帝英年早逝，新主幼冲即位，国中少不了要经历一番动荡。然而在这次权力交接之中，曹魏政权居然没有出现任何不稳定的因素。这说明经过曹操、曹丕、曹叡三代的经营，曹魏的官僚体系和军事体系已经形成了一套成熟的运转系统，并不会因为皇帝的变更而露出破绽。相比之下，季汉一旦"新丧元帅"，就会"远近危悚"，的确是脆弱许多。

曹芳即位两月后，即季汉延熙二年三月，在汉中未建尺寸之功的蒋琬接到朝廷的诏书，晋升为大司马。大司马是一个始于殷周的古老官职，东汉初年，大司马为三公之首，后改为太尉。到了汉末，大司马再度启用，位在三公之上。曹魏承袭之，曹休、曹真两名抵御吴蜀的宗室大将都曾担任大司马，握有军事实权，高于三公。不久之前才被诛灭的辽东公孙渊就曾被曹魏封为大司马以示抚慰。

但对季汉来说，大司马一职有着更为特殊的政治意义。早在刘备刚入蜀之时，刘备与刘璋在涪县传杯送盏，言笑晏晏，刘璋便表奏刘备行大司马，领司隶校尉。后来刘备称汉中王，群臣上汉帝表中再次申明刘备兼领大司马一职。正由于此职曾为刘备领，地位尊贵，故而刘备称帝之后，大司马一直未置，以示回避。如今，蒋琬就又一次打破了季汉人事制度循例，成为季汉第一任也是唯一一任的大司马。

俗话说，无功不受禄。蒋琬总领国政已经五年多了，除了日常的行政事务外，还没有做出一件可以称得上功绩的事情，却已经在升官这事上接连破例。这是因为刘禅对他格外青睐和倚重吗？这是因为他的威望和地位已经达到诸葛亮的高度了吗？看来都不是，那么就唯有一种解释——刘禅在向蒋琬施压，这些层层叠加的官职附带着的不仅是权力，还有沉甸甸的责任。蒋琬头顶着诸葛亮巨大的光环，身负着朝廷授予的一连串殊荣，这让他一步步地被置于季汉士民的众目睽睽之下。他深知这样的恩宠受之有愧，于是只能对刘禅献上无尽的惶恐与忠诚，并且想方设法在北伐这件国之大策上打开新的局面。若不在汉中做出一点成绩来，蒋琬实在无颜回朝。

可是北伐的道路已经被诸葛亮试完了，祁山道、陈仓道、褒斜道，哪一条穿越秦岭通向秦川的道路没有留下季汉将士撤退时的叹息声？哪一个兵争要地、关塞隘口没有曹魏重兵防守？面对着密不透风的曹魏边防体系和连绵不绝的巍巍秦岭，原本就对军事不甚熟稔的蒋琬一筹莫展，站在沔阳的城头上，他切身体会到恩公临终前的那种无助和绝望。

既然老路已经走不通，那么方向就只有两条：西行和东下。西行，即循着秦岭向西，从曹魏的南安、陇西郡一带寻找新的突破口。但这一方案路途遥远，山路崎岖难行，风险很大，需要统兵之人熟悉地情，有胆有魄，且兵还不能带多。蒋琬选择右监军姜维执行西行的任务。当时李福新丧，蒋琬提拔姜维为司马，交给他一支偏军。此后，姜维"数率偏军西入"，经过长期不断的摸索，终于在曹魏的防线上打出一个缺口。这些，我们将在后面的章节仔细讲来。

但蒋琬倾向的方案是第二条：东下。延熙五年（242），在汉中屯驻五年之久的蒋琬正式向刘禅提交了自己的伐魏新方案。他认为昔日诸葛亮伐魏，都是穿越秦岭而入秦川，但山路险峻，粮草运输异常艰辛。既然如此，不如放

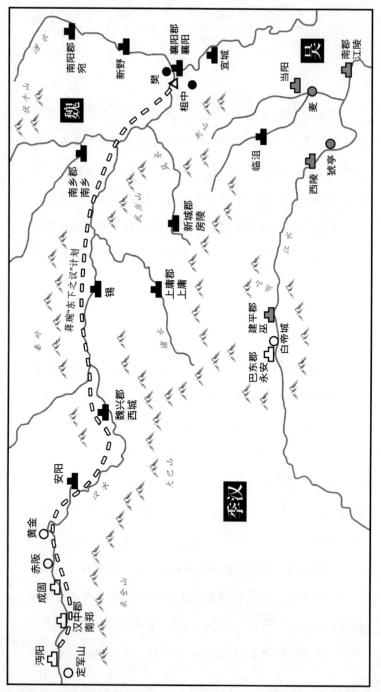

蒋琬 "东下之议" 规划图

陈孝实绘图

弃北伐改为东下，放弃陆路改走水路。具体而言，就是多造舟船，从汉中出发，顺汉水而下，攻取曹魏的魏兴、上庸二郡，然后再徐图曹魏领土。

魏兴（原西城郡）、上庸二郡，加上新城郡（原房陵郡），即前文所述"东三郡"。魏兴濒临汉水（沔水），上庸及新城则分别以堵水、筑水与汉水相连。因此，三郡虽然处于崇山峻岭之中，道路险阻，但与外界有水路通达，唐人李吉甫称之为"秦头楚尾"。二十三年前，刘备遣刘封、孟达攻取"东三郡"，其中刘封一路就是"自汉中乘沔水下"，与蒋琬的东下之计路线一致。只是因为孟达叛汉投魏，"东三郡"才归入魏境。

蒋琬选择向"东三郡"进兵，目的是打通汉水航道，与东吴合兵北伐。就在一年前，吴将朱然、诸葛瑾发兵攻打樊城、柤中，对曹魏震动颇大，年过六旬、已升为太傅的司马懿不得不亲自披挂上阵，南下督战，才将吴军击退。这条东吴北伐的道路，正是诸葛亮在"隆中对"中规划的"命一上将将荆州之军以向宛、洛"的路线。关羽当年也正是从此路北上，差点儿就攻陷樊城、撕开曹魏荆州防线的缺口。一旦攻取"东三郡"，汉军即可由汉中东下，吴军则由江陵、夏口北上，汇合点恰在襄阳、樊城。这样，汉吴协同北伐将不再是共同举兵，而是合兵一处，这也正是对刘禅诏书中"东西掎角，以乘其衅"的回应。

应该说，蒋琬"东下之议"是经过慎重考虑的，为了酝酿这一新战略，他还专门征求了费祎、姜维的意见。前一年的十月，费祎放下尚书台繁忙的工作，专门从成都来了一趟汉中，与蒋琬"谘论事计"，待到年末才回去。而从次年正月姜维"自汉中还屯涪县"的记载来看，姜维当时也在汉中。蒋琬、费祎、姜维三人（可能还包括王平）开了一个闭门的军事会议，"东下之议"应当是得到了费祎、姜维等人的支持。

然而蒋琬的计划一抛出，就在朝堂之上引起了一致的反对之声。反对的理由也非常直接，就是"如不克捷，还路甚难，非长策也"。具体来说，就是如今的形势与二十多年前完全不同了，当年刘封顺流而下取"东三郡"，是有孟达从秭归北上配合。孟达切断"东三郡"与襄、樊之间的联系，东西两面夹击之下，"东三郡"遂成囊中之物。然而此时从汉中顺汉水东下，势必成为一支孤军，虽然顺流行船，有利于进攻，可一旦战事不利，汉军想要逆流退回汉中可就太难了。可别忘了夷陵之战的惨痛教训，当时正是因为汉军水师顺江而下，出三峡峡口，遭遇败绩后难以撤回，终至全军覆没。因此，一场只能进军而难以退却的战争，无异于一场豪赌，谁又敢拿季汉数万将士的性命做赌注呢？

反对蒋琬"东下之计"的声音成了庙堂上的主流，可是这些大臣反对的仅仅是这一战略规划吗？他们又比蒋琬懂多少军事呢？他们反对的是被诸葛亮指定接班、没有功绩却封官不停的蒋琬，他们反对的是十余年来劳师动众、耗资巨万却未有所成的战争。因此，无论蒋琬提出什么伐魏方略，都会在成都掀起一片抵制的浪潮。小国攻打大国，无论哪一种策略都不可能胜券在握、不冒一点风险。错误并不在"东下之计"，而是因为在朝臣们眼里，蒋琬的存在，本身就是一种错误。

事实上，蒋琬虽贵为一国宰辅，却未能拥有宰辅一般的威严，连他的属下都瞧不上他。键为人杨戏被蒋琬征为东曹掾，但蒋琬与他言论，他经常不回答，态度十分轻慢。督农杨敏公开批评蒋琬工作能力不强，说他"作事愦愦，诚非及前人"。"前人"，指的当然是诸葛亮。这种以下犯上的情况在诸葛亮时期是不可能出现的，在刘备时期是要抓起来砍头的，而蒋琬面对这些责难，不仅忍气吞声，还要表现出谦逊的态度。比如对于杨戏的冷漠，蒋琬只能自己打圆场，说杨戏只是不想反对自己而"显吾之非"，这是他的性格使然。对于杨敏，蒋琬索性承认，自己就是不如诸葛亮，这没什么好说的（"吾实不如前人，无可推也"）。

"东下之计"被驳回后，朝廷派尚书令费祎、中监军姜维专门前往汉中"喻指"。另据《三国志·马忠传》，当时坐镇南中的安南将军马忠还朝奏事，也被派往汉中，向蒋琬"宣传诏旨"。宣读诏书这件事用一使者足矣，朝廷连派费祎、姜维、马忠三位高级官员前往汉中，可见所要传达内容之重要。

延熙六年（243）十月，蒋琬带着病弱的躯体和落寞的心情离开了汉中。但他并没有回成都，而是来到了涪县（今四川绵阳），并在此给刘禅写了一封奏疏，表文如下：

> 芟秽弭难，臣职是掌。自臣奉辞汉中，已经六年，臣既暗弱，加婴疾疢，规方无成，夙夜忧惨。今魏跨带九州，根蒂滋蔓，平除未易。若东西并力，首尾掎角，虽未能速得如志，且当分裂蚕食，先摧其支党。然吴期二三，连不克果，俯仰惟艰，实忘寝食。辄与费祎等议，以凉州胡塞之要，进退有资，贼之所

惜；且羌胡乃心思汉如渴，又昔偏军入羌，郭淮破
走，算其长短，以为事首，宜以姜维为凉州刺史。若
维征行，衔持河右，臣当帅军为维镇继。今涪水陆四
通，惟急是应，若东北有虞，赴之不难。

奏疏中，蒋琬对自己过去的六年进行了深刻的检讨，坦言
自己能力不足，身体也欠佳，以至于筹谋多年的"东下之
计"成为一纸具文。蒋琬表示，曹魏仍保持着强大的国
力，不是轻而易举就能征服的，唯一的取胜之道还是与东吴
形成掎角之势，联手北伐，即便不能在短期之内灭魏，至少
可以蚕食其土地，削弱其力量。只可惜东吴始终没有响应共
伐之约，东吴自己的北伐也一再受阻，这就让北伐这件事
变得极度艰难。

"东下之计"胎死腹中，蒋琬终究还是将责任抛给了
东吴的消极配合。其实，由蒋琬主导汉吴合作，原本有一
个先天的优势，那就是他当年那个叛汉附吴的表弟潘濬。
潘濬在东吴很受孙权的器重，已经升至九卿之一的太常，
还与孙权结成了儿女亲家。校事吕壹弹劾丞相顾雍，黄门
侍郎谢厷就对他说，顾雍若是被罢免，接替他的很可能是
潘太常。吕壹畏惧潘濬，连忙释放了顾雍。可见，潘濬已

经被视为丞相潜在的继承者。潘濬若能在东吴更进一步，想必能够对蒋琬的"东下之议"做出更积极的回应。只可惜，潘濬在赤乌二年（239），即蒋琬升任大司马的那一年就病逝了，两年后诸葛瑾也病逝，东吴朝中与季汉有渊源的官员越来越少，汉吴协同北伐也变得更加遥遥无期。

其实，在蒋琬筹划"东下之计"的同时，东吴也有人向孙权提出联合北伐的方略，此人就是曾经作为副使随张温出使季汉的零陵太守殷礼。殷礼认为曹魏"虎争之际而幼童莅事"，正是北伐的绝佳时机，可以先请蜀军出陇右牵制曹魏长安以西的军队，然后吴军举全国之力北伐，"强者执戟，羸者转运"，兵分三路，诸葛瑾、朱然出襄阳，陆逊、朱桓出寿春，孙权御驾亲征入淮阳，历青徐，曹军势必土崩瓦解。殷礼反对"刮痧式"的小规模袭扰，提出"悉军动众"的北伐战略，可以说是非常有视野和胆魄的。清人李光地都不禁称赞："此人有大略，公瑾之后一人耳。"只可惜殷礼因为当年受张温之事牵连，已经不被孙权信任，而步入晚年的孙权也早已没有当年气吞山河、兼并天下的气概。殷礼之策，竟不为其所用。

赤乌四年（241），就在东吴北攻曹魏樊城、祖中期间，孙权寄予厚望的太子孙登英年早逝，孙权悲伤不已，

"益以摧感，言则陨涕"。孙登之死让孙权心性大变，他愈加偏执、暴虐、多疑、缺乏安全感。孙登之死也为东吴悄然开启了权力内斗的"潘多拉魔盒"，随着次年东吴南宫、鲁王宫"二宫并阙"，太子孙和与鲁王孙霸各为一党，朝臣也分立两派，互相攻讦，彼此倾轧，以致东吴朝堂血流成河。如此局面，东吴又怎会配合季汉北伐呢？

从三国史来看，军队主力中军往往部署在最高统帅的常驻处。蒋琬由汉中还驻涪县，中军也随之南撤，这预示着季汉再度回到安守自保的状态，由蒋琬主导的北伐大戏还没有鸣锣开演，就草草落下了帷幕。季汉一朝，权力中心无外乎成都、汉中两地，成都偏重于政治，汉中侧重于军事，不在此两地常驻的官员，即便官职再高，也都将沦为权力边缘之人，李严便是最好的例子。涪县是刘备在益州"梦开始的地方"，它处于成都与汉中之间，而又略偏于后方。来到涪县的蒋琬，事实上已经交出了季汉最高政治军事权力。

至此我们再回看发生于前一年的费祎、姜维、马忠赴汉中"喻指"事件，就可以发现，这实质上是一个温和的政变，他们代表刘禅面见蒋琬，绝不仅仅是念一遍诏书，而是去与他商谈一个稳妥的权力交接的方案。随着蒋琬的淡出，季汉又迎来新一轮人事变动。在延熙六年（243），有六人获得了职位的晋升，显然，蒋琬交出的权力已被他们所分割：

> 费祎，由尚书令迁大将军，录尚书事，两年后复领益州刺史。
>
> 王平，由前护军署大司马府事迁前监军、镇北大将军，督汉中事。
>
> 姜维，由大司马司马迁镇西大将军，遥领凉州刺史。
>
> 马忠，由安南将军加拜镇南大将军，仍督南中事。
>
> 邓芝，由前军师、前将军迁车骑将军，仍督江州事。
>
> 董允，以侍中加辅国将军，次年又代费祎为尚书令。

以上六人，形成了后蒋琬时代季汉新的权力分配，他们分工十分明确：王平重新获得独立督汉中之权，邓芝、马忠分别管辖东、南两个方面，季汉三大都督区的建制已臻成熟，《三国志·王平传》："是时，邓芝在东，马忠在南，平在北境，咸著名迹。"费祎和董允坐镇成都，主持季汉全面的政务。费祎无疑是此次人事变动的最大赢家，他迅速获得了当年蒋琬在诸葛亮逝后得到的所有职位，"录尚书事"的加官更显示了他已成为季汉事实上的宰相。

上述六人中，唯一担负北伐使命的是姜维。"东下之计"废黜后，西进成为蒋琬最后的希望，因此蒋琬特意在奏疏中推举姜维为凉州刺史，在此前"偏军西入"的基础上进一步开拓局面，蒋琬自己则愿意担任姜维的"镇继"。蒋琬对姜维的举荐，体现了蒋琬的一片公心，以及对诸葛亮北伐事业的精神继承——即便自己已无力为之，也要去发掘最适合的北伐领军者，并倾力予以支持。后世常言诸葛亮临终将北伐托付予姜维，甚至还授予兵书韬略，那些都是小说家之言。姜维能够成为季汉北伐的"总指挥"，最关键一步是延熙六年（243）的这一次晋升，最应该感谢的是蒋琬用他残存的影响力将他扶上马，又送了一程。

蒋琬的时代以还驻涪县的方式落幕，但这一举动却差点儿带来一次外交风波。季汉内部的这些国策更易、人事变动、权力重组，东吴哪里清楚。在他们看来，季汉的宰辅大臣莫名其妙地从伐魏前线汉中退回到成都附近，同时又在计划打造舟船，这实在是太可疑了。于是，东吴的西陵督骠骑将军步骘、江陵督车骑将军朱然等纷纷向孙权上疏，认为蒋琬很可能要"背盟与魏交通"，让孙权早做准备。好在孙权明晰事理，相信季汉只是正常的军事调度，不至于掉转头来攻伐东吴，并愿意为季汉担保（"人言苦不可信，朕为诸君破家保之"）。后来事实证明，确实是东吴诸将敏感过度。但从这一事件可以看出，在失去了潘濬、诸葛瑾等与季汉有渊源的东吴重臣后，汉吴两国的关系愈加疏离。蒋琬"多作舟船"本是为了与东吴联手伐魏，却被吴臣视为季汉要伐吴的先兆，可见两国之间的日常信息沟通有多么匮乏，亦可知汉吴"东西并力，首尾掎角"是如此痴人说梦。

就在蒋琬离开汉中的第二年，曹魏突然出动了十余万大军，直扑汉中而来。季汉终于要在没有诸葛亮的时代，承受外敌入侵之痛了。

无当飞军

建安二十年（215）冬天，賨人何平被裹挟在数万族人之中，随着他们的首领杜濩、朴胡，离开世代居住的家园益州巴西郡，循着米仓道北行来到了汉中。当他们以为就要在此落脚时，负责监护他们的曹魏士兵命令他们继续北上，穿越艰险的秦岭谷道前往三辅、陇右，那里才是他们未来的栖身之地。疲惫的賨人们不得不将行囊放回牛车之上，再次启程，而何平则接到一份单独的告知，他因为体格健硕而被选中，将随杜濩、朴胡赴洛阳去面见魏公曹操，这意味着他很可能会被选入曹军队伍之中，成为一名将领。

可这个消息并没有让何平振奋起来，他依旧沉浸在背井离乡的痛苦之中，面对着银装素裹的秦岭山脉和一望无垠的汉中盆地，他像一个突然被抛入乱世的孩童，对自己的未来充满着迷惘。族人们都已经上路，他必须在今夜与汉中告别。这里只不过是他漫漫人生的一个途经点。如果这时候有人告诉他，他在四年之后就会重回汉中，他的余生都要在这里建功立业，乃至成为这里的太守、大督，击退十余万来犯之敌，他一定会觉得这人疯了，口出痴言。他会冷笑一声："就凭我？一个粗人？"

何平，字子均，巴西宕渠（今四川渠县北）人。他幼年寄养在母家，所以随了母姓"何"，长大之后，他改回了原姓"王"。他出身寒微，从小在军旅里长大，"手不能书，其所识不过十字"，"王平"这个简单庸常的名字对他来说倒是颇为适合。建安二十年（215），割据汉中的张鲁降曹。作为给曹操的见面礼，张鲁说服长期盘踞在巴郡的賨人也归附了曹操，"巴七姓夷王朴胡、賨邑侯杜濩举巴夷、賨民来附"。从史书所载王平随杜濩、朴胡两名賨人首领"诣洛阳"来看，王平极大可能也是賨人，且是一名小头目。

賨人，又称板楯蛮、白虎蛮、白虎夷，他们在战国后期即已活跃在朐忍（今重庆云阳）一带。据《华阳国志·巴志》载，秦昭襄王时，巴蜀有白虎为害，朐忍的賨人善于用竹子制作成弩箭射杀白虎，得到了秦王的嘉奖，秦王还与他们刻石为盟，约定秦、夷之间互不侵犯界限。汉初，賨人帮助刘邦定乱有功，刘邦让他们"专以射白虎为事"，因此他们被称为"白虎夷"，又因为他们常持板楯作战，称"板楯蛮"。而"賨人"的名称，则来自巴人对赋税的特别称呼。《说文解字》云："賨，南蛮赋也。"《晋书·李特载记》："巴人呼赋为賨，因谓之賨人焉。"

汉代賨人的活动范围开始扩大，宕渠、阆中、汉昌等三巴诸县都有分布。他们"俗性剽勇，又善歌舞"，刘邦非常喜欢賨人的舞蹈，甚至还诏令皇家的音乐机构乐府派人学习，"巴渝舞"因此得以流传。东汉末年，张鲁在汉中、巴中传播五斗米道，賨人原本就信奉巫觋，于是大多成为五斗米道的信众。因此张鲁一号召，巴郡的賨人大多都跟着归附了曹操。

曹操知道三巴之地难以长期控制，于是派张郃将这一带的賨人悉数迁走。不久张飞果然来攻，两人在王平的老家宕渠一带展开了一场恶战。虽然结果是张飞取胜，张郃败走，但数万賨人已经被迁往汉中。王平随杜濩、朴胡到洛阳，成为曹军的一名假校尉（代理校尉）。与此同时，王平的宕渠同乡、賨人李虎率领五百余族人由汉中北上，迁徙到了魏国广魏郡的略阳居住下来。七十多年后，李虎的孙子李特将带领他的族人为了生存重返巴蜀，并逐渐成为流民首领，拉出一支反抗晋军的部队，奠定了成汉政权的基础。

王平仕魏仅四年，刘备率众北上攻阳平关，汉中之战爆发。由于夏侯渊的阵亡，曹操不得不亲自从长安出发再下汉中，与刘备正面交锋，王平也随军出征。这一战关乎未来曹魏、季汉两个国家的国运，也关乎王平这个曹营校尉个人的命运。这一战的结果是，曹操连战不利，放弃汉中，撤军北还。王平不愿意再度离开故土，他用自己的脚为自己的未来投出了关键一票——趁着曹军兵败投奔了刘备，被拜为牙门将、裨将军。

在故乡与族人之间，王平选择了故乡，这也使得他从降汉一开始就是一个独行者。史书上说他的性格"性狭侵疑，为人自轻"，可能与这样的经历有关。但无根基之人在季汉也自有其优势，那就是不从属于任何派系，也不会成为任何派系的敌人。只要立有功业，就有出人头地的机会。

季汉建兴六年（228）诸葛亮第一次北伐时，王平被派给了参军马谡做先锋，与他同守街亭。马谡自以为深谙兵法，要将部队屯驻在山上防守，以期对魏军形成居高临下的攻防优势。可是长期在山林中生存、以射猎为基本技能的王平一眼就看出了马谡部署的问题，那就是远离水源，容易被魏军截断汲水之道。王平劝谏马谡，马谡却根本不听。这也难怪，马谡出身荆襄大族，从小饱读诗书，又是与诸葛亮彻夜谈论兵法韬略的座上宾，他从骨子里看不起目不识丁的王平，又怎么可能听进去王平的意见？

战争的结果不幸被王平言中了，街亭之役，"读书人"输给了"泥腿子"，马谡大军因为被张郃切断汲水之道，军心涣散，不战自溃。就在兵败如山倒之时，王平统领的一支仅有千人的部队却敲响战鼓，严守阵地，没有退后一步。这让见惯了大仗的张郃都有些吃惊，怀疑王平这里有伏兵，不敢贸然进逼。趁着张郃犹豫之时，王平徐徐收合各营的逃兵，率领将士们顺利返回了蜀地。

街亭之败，马谡及其部将均遭到不同程度的处罚，唯有王平得到诸葛亮的嘉奖。战后，在诸葛亮本人都自贬为右将军的背景下，王平却得到了提拔，加拜参军，统五部兼当营事，不久更是进位讨寇将军，封亭侯，成为季汉高级将领之中的一员。

诸葛亮提拔王平的意图很明显，他希望将王平树立成一个打撤退战的杰出样板。这让人联想到当年曹操在宛城大败后封赏于禁，就是因为于禁"在乱能整，讨暴坚垒，有不可动之节"。诸葛亮斩马谡而赏王平，既是对季汉军队的一次整肃，也是对北伐如何部署撤军的一次反省与思考。此后诸次北伐，虽然多是以"不克而还"告终，但没有再出现过街亭之战的那种乱象。汉军撤军不仅从容有序，还能在撤退的过程中巧用伏兵，击杀曹魏将领，这应该得益于王平的军事实践。

季汉建兴九年（231），诸葛亮再出祁山，王平已经成长为一名可以分兵独当一面的将领。当时诸葛亮引大军屯卤城，王平率军守南围，呈掎角之势。司马懿使张郃攻王平，自己据中道与诸葛亮交锋。这是王平与张郃的第二次交锋，大概张郃也想不到，他当年从巴地迁徙出来的这批賨人之中，会成长出一位如此棘手的对手。这一次，王平故技重施，依然凭借着自己高超的指挥能力和对地形、地势的巧妙运用，将营垒防守得如铁桶一般，在张郃的猛攻下依然岿然不动。王平的坚守对魏军形成了有效的牵制，诸葛亮使魏延、高翔、吴班等果断出击，大破司马懿。

　　王平此次领兵的身份，据《汉晋春秋》所载为"无当监"。季汉在常规军之外常设有一些特别部队，其统兵将领称为某某监。如在第五次北伐中屯驻武功水以东的孟琰就是虎步监，即虎步营统帅。安汉将军糜竺之孙糜照担任虎骑监，掌宿卫士。王平的无当监，应是统帅一支以"无当"为番号的队伍。

　　史籍虽然对"无当"的含义没有做出阐释，但回看季汉建兴三年（225）诸葛亮平定南中之后对当地蛮族的整编一事，我们就可以发现其中密切的联系。《华阳国志·南中志》载，诸葛亮"移南中劲卒、青羌万余家于蜀，为五部，所当无前，军号'飞'"。这里的"五部""所当无前"与王平"统五部""无当监"的身份相契合，故而基本可以认定，这支由"南中劲卒、青羌"改编而成的部队，就是王平所统之军。近人习惯将其称为"无当飞军"①。

───────────────

① 《三国志·王平传》所载王平"统五部兼当营事"一句，学者白帆认为"兼"字或为"无（無）"字之讹，两字字形相近，"无当营"与《汉晋春秋》中"无当监"契合。20世纪70年代，在今甘肃省舟曲县立节镇华年村出土过一方"无当司马"印，此地属于汉魏战事较为激烈的阴平郡，这方印应为无当飞军司马所佩。

那么，"南中劲卒、青羌"又何解呢？青羌，又称青衣羌，为羌人中的一支，因其居住于青衣水（今青衣江）而得名。汉武帝天汉四年（前97），朝廷在蜀郡西部置两都尉，"一居旄牛，主徼外夷。一居青衣，主汉人"。可知早在西汉时期，青衣羌就被纳入汉朝的管理体系中，与汉族关系较为密切，且可能存在夷汉杂居的情况。东汉改蜀郡西部都尉为蜀郡属国（后刘备又改为汉嘉郡），其地距离益州核心地带成都平原很近。刘焉入主益州，本地豪族任岐、贾龙举兵攻打刘焉。刘焉一面依靠"东州士"，一面招募青羌作战，这才击杀任岐、贾龙，稳定了益州局势。由此可见，青羌作为一支生活在益州腹地的西南夷族群，素有战力，与汉朝的地方政权关系也比较融洽，这才能在刘焉危急时施以援手。

诸葛亮"移南中劲卒、青羌万余家于蜀"的背景是平定南中，改四郡为七郡，但青羌所聚居的汉嘉郡并不属于南中。笔者猜测"南中劲卒"与"青羌"可能是并列关系，这万余家既有南中七郡征调的南人精锐，也有青衣羌中选拔的健儿勇士。诸葛亮的北伐大军中应有相当比例的异族战士。据《后出师表》所载，诸葛亮第一次北伐中损失了

"突将、无前、賨、叟、青羌、散骑、武骑一千余人"①。其中,"无前"应是由夷人组成的"无当飞军",賨、青羌都是异族。《后出师表》中将他们描述为"数十年之内所纠合四方之精锐",足见其在季汉北伐中扮演的角色之重要。

王平属于"賨",而"无当飞军"中又有"青羌",由王平来统领"无当飞军"应是诸葛亮的特别安排。无论是賨人、青羌还是南中夷人,他们的共同特点是生活于崇山峻岭之中,习惯山林地带的生存环境和饮食条件,熟悉山岭谷地行军、驻扎、埋伏、作战的特点。而诸葛亮的北伐需要穿越秦岭,山地作战恰是主战场。賨人擅长弓弩,又配有板楯,作用于军队上就是一支兼具远程攻击与近战防御的兵种,这些特性因王平的统领,也必将体现在"无当飞军"的实战之中。"飞军"之名号,正是对他们在山谷之间

---

① 《后出师表》真伪问题,历来为史家所争论。笔者认为此表不见于陈寿所撰《诸葛亮集》,却见于吴人张俨所作《默记》,应非诸葛亮所作,而是吴人为配合诸葛恪北伐的宣传动员,假托诸葛亮之名而作,其结构内容与诸葛恪《出军论》亦有颇多相似之处,详见拙作《乱世来鸿:书信里的三国往事》。不过,考虑到诸葛亮与诸葛瑾常有书信来往,诸葛恪对诸葛亮手书也多有阅览("近见家叔父表陈与贼争竞之计"),故《后出师表》中的许多描述,如季汉兵员构成等,可能是从诸葛亮信件中辑录而来,应视为反映季汉史实与诸葛亮思想的可信材料。

如猿猱一般上下攀爬、自如穿行的直观描述。

若说卤城之战逼退张郃还只是"无当飞军"的小试牛刀，那么十三年之后，已经独立统领汉中军队的王平面对汹涌而来的曹魏大军，他的考验才真正开始。

兴势反击战

魏汉南北相峙三十余年来，基本呈现的是汉攻魏守的态势，此前仅有魏明帝太和四年（230）曹真伐蜀这一次曹魏主动进攻的战事，还因连月霖雨、道路难行而被迫撤兵。曹真空劳师旅，无功而返，次年就气病交加而死。其子曹爽嗣其爵位，累迁至武卫将军。

曹爽少年时就因宗室身份出入宫廷，与魏主曹叡过从甚密。曹叡临终前，在卧榻之侧加拜曹爽为大将军，假节钺，都督中外诸军事，录尚书事。曹芳即位后，又加曹爽为侍中，改封武安侯。曹爽的食邑达到了惊人的一万二千户。要知道，他的父亲曹真生前食邑也不过二千九百户。同时，曹爽还获得了一项被称为"权臣标配"的特权——剑履上殿，入朝不趋，赞拜不名。其权势可谓到达了极点。

　　但是连曹爽自己都知道，他如今拥有的一切无不来自父亲功业的荫庇，他对内无声望，对外无战功，尤其是与历事四朝的司马懿相比，他更是自惭形秽。于是，曹爽在秉政后就不遗余力地从司马懿手上夺权，他采纳亲信丁谧的建议，将司马懿明升暗降为太傅，这样就将尚书奏事之权全部掌握在自己手中，方便他代天子下诏，操控朝政。可是司马懿在军中扎根太深了，他虽当了太傅，仍"持节统兵都督诸军事如故"。曹魏正始二年（241），司马懿督军南征，败吴将朱然于樊城；正始四年（243），司马懿率军东下，退吴将诸葛恪于舒县。眼见这个六十多岁的老人仍旧精神矍铄，东征西讨，不肯放权，曹爽甚为忧虑。

　　曹爽的亲信邓飏、李胜看出了他的心思，于是献策道，要想"立威名于天下"，最直接的途径就是率军征伐，建立军功，这样也可以顺势接掌曹魏军权，削弱司马懿的力量。至于征伐的对象，无外乎吴蜀两国。邓飏、李胜为曹爽选择了伐蜀，一是因为蜀国相对弱小，自诸葛亮去世后，蜀国由攻转守，说明其国力已经大不如前。二是因为蜀国的宰辅蒋琬和中军都调回了后方，汉中的防守势必薄弱，此是出兵的好时机。

　　如果说还有什么利好，那就是当时都督雍凉军事的正是曹爽的姑表兄弟、征西将军夏侯玄（夏侯尚之子，其母为曹真之妹德阳乡主），曹爽伐蜀势必要得到雍凉都督区的支持，夏侯玄正可与他互为表里。李胜当时正在夏侯玄的将军府担任长史，其父李休曾为张鲁的镇北将军司马，随张鲁降曹，因此李胜对打回汉中去有着非常强烈的渴望，在鼓动曹爽伐蜀一事上也表现得十分积极。曹魏正始五年（244）二月，在曹爽控制的尚书台的操作下，魏主曹芳诏令曹爽率众伐蜀。曹爽西至长安，大发兵卒六七万人，合夏侯玄雍凉之兵，已达步骑十余万之众。

司马懿当时正在淮南主持屯田修渠，听闻曹爽要伐蜀，连忙派人劝阻，但曹爽哪里会听。为了防止司马懿继续阻挠，曹爽还特意征调司马懿次子司马昭为征蜀将军，随夏侯玄出征。而曹真的昔日部下、前将军郭淮也被调来督诸军为先锋，郭淮纵是有一百个不情愿，也不得不豁出老命来"陪太子读书"。

从长安出兵征蜀，自东向西有子午道、傥骆道、褒斜道、陈仓道四条路可供选择。有曹真的前车之鉴，子午道被首先排除。陈仓道绕路太远，而且其南端是易守难攻的阳平关，不适合建功心切的曹爽。事实上比较合适的路线是褒斜道，这条路在秦岭诸途中行程较短，汉代关中通往巴蜀的驿路就设在这里。诸葛亮第一次北伐的赵云、邓芝偏师和第五次北伐的汉军主力都是走的这条道。

然而曹爽可能还是觉得褒斜道远，选择了更靠东的傥骆道。傥骆道之名，来自南端的傥水河谷和北端的骆水河谷。从长安西行，到今周至县西南骆峪镇可入骆水河谷，越十八盘岭，过骆谷关，经厚畛子、老县城（原佛坪县城）、华阳镇，出傥水河谷至今陕西洋县，即进入汉中盆地的东端。这条路看起来并不长，但是山路险峻，曲曲折折，通行条件比较差。顾祖禹的《读史方舆纪要》描述傥骆道"谷长四百二十里，其中路屈曲八十里，凡八十四盘"。秦岭的险阻对汉、魏双方都是公平的，季汉北伐困难重重，曹魏想要南征也必须面对行军和后勤补给的巨大挑战。

但这毕竟是一场兵力悬殊的战争。季汉的中军已经在一年前随蒋琬调往涪县，汉中所余兵力不满三万。蒋琬曾在奏表中信誓旦旦地表示，涪县的陆路、水路交通都十分便利，如果汉中有敌情，涪县大军可以迅速往救（"若东北有虞，赴之不难"）。如今看来他显然是过度自信了。涪县迫近成都，与汉中相隔近千里，加上金牛道行旅艰难，汉军又久未征战，士卒懈怠。当汉中边防真的告急之时，涪县的中军从动员到集结再到行军，怎么可能在短时间内完成呢？

汉军得到敌情时，曹魏前部已经进入骆谷，汉中守军唯有采取有效的方式挡住魏军的攻势，等待涪县中军来援。而防御措施无外乎两种：一种即积极防御的"实兵诸围"，这是季汉首任汉中太守魏延所建，前文已述。另一种是消极防御的"听敌入平"，即放敌军进入汉中盆地，汉军集中在汉、乐二城固守，以期拖垮敌军。当王平在汉中召开军事会议的时候，多数将领倾向于第二种方案："听当固守汉、乐二城，遇贼令入，比尔间，涪军足得救关。"究其原因，还是因为汉中兵力太少，如果实施"实兵诸围"的策略，就要将有限的兵力分散在各个围戍屯驻，每个围戍都可能面临数倍于己的敌军，谁也不愿意冒这个风险。

可是王平当即提出了反对意见，他认为汉中与涪县相隔千里，如此轻易就放弃关隘，那可能会带来不可预知的祸患（"汉中去涪垂千里，贼若得关，便为祸也"）。左护军、扬威将军刘敏也支持王平，他说，城外居住着大量百姓，分布着众多未收割的庄稼，如果放弃这些，任凭敌军在汉中盆地驰骋，那局面就无法挽回了（"男女布野，农谷栖亩，若听敌入，则大事去矣"）。王平和刘敏的见解是准确的，一旦曹魏大军出傥谷进入汉中盆地，就会迅速占据郊野的人口和农田，因粮于敌，补充长途跋涉所消耗的资源，汉军的士气也将大挫，只能困守孤城，到那时，很可能中军还未抵达，汉中就已沦陷。

王平提出了他的作战规划——依然沿袭魏延"实兵诸围"的防御思路，但考虑到汉军兵力不足的特点，又根据具体情况进行了调整。此前，由于诸葛亮北伐多向西进，所以汉中守军集中在西侧的沔阳（今汉中勉县）一带，东部兵力较弱。既然此次魏军全部由傥骆道而来，王平决定就以傥骆道南口的兴势围作为防御重点，他派护军刘敏、参军杜祺先去兴势占据有利地形，建立防御工事，自己再率大军为后继。王平还做了一套应急预案，如果魏军被堵在兴势，想要分兵从黄金围突破，他就亲自统领千人部队前去迎击。只要将魏军堵在傥谷口，就能为涪县中军的救援争取宝贵的时间。

与此同时，战报传到了成都。考虑到大司马蒋琬在涪县病势愈重，无法领兵了，朝廷授予大将军费祎假节之权，让他统领中军驰援汉中。就在费祎紧张地筹备北上之际，还发生了一个小插曲。光禄大夫来敏专程来为费祎送行，并提出共下一盘围棋。当时屋外军报不断送达，士兵和军马都披好了甲具，全军已经整装待发，费祎却不慌不忙，冷静地与来敏对弈，没有一丝厌倦之色。来敏这才坦白说："我就是来试探您的，您一定能击退敌人（"向聊观试君耳！君信可人，必能办贼者也"）。"

来敏不过是个宫中没有实权的散官，平时不豫朝政，且曾因"语言不节，举动违常"多次被免官，此次故意来"贻误军机"，若是他个人行为，费祎压根儿不会搭理他。但来敏另一层身份是"荆楚名族，东宫旧臣"，他在刘禅初当太子时就被选为太子家令，教授儒家经典，是天子之师，因此他可以屡屡"废而复起"。费祎很清楚，来敏的试探就是代表刘禅而来。这毕竟是费祎第一次执掌大军出征，皇帝有一些忧虑和关心也是很正常的事情。以费祎之精明圆滑，宁可耽误一些时间，也要配合来敏把戏做到位。这盘棋下完，深宫里的刘禅就踏实了，而费祎也就没有了后顾之忧。

曹爽大军进入骆谷之后，虽然没有像他父亲一样不幸遇到大雨，但傥骆道行进之艰难超出了他的想象。据严耕望、李之勤、陈显远等学者对傥骆道的考证，傥骆道所依托的骆水、芒水、湑水、傥水（一作浇水）谷地彼此分隔，中间需要翻越数座山梁，其中海拔超过 1500 米的就有官岭梁、西老君岭、秦岭梁、财神岭、兴隆岭、大牛岭等 [1]，人行尚且不易，何况还要用牛马驮运大量粮草物资。为了供应这支十余万人大军的日常消耗，曹爽不仅调动了关中的资源，还征发了氐、羌等部族来为大军运输。但长途跋涉，山路多艰，许多牛、马、骡、驴都累死在路上，汉夷民众苦不堪言，傥骆道中充满着他们的号泣之声。魏军将士的斗志和战力，已经在山谷之中被消耗殆尽。

兴势山，今称汉王山，在今陕西洋县北二十里。当年曹真伐蜀，前锋夏侯霸就已经走出了子午道，绕过黄金围，抵达了兴势附近的曲谷。如今曹爽大军到来，兴势山刚好挡在傥骆道的出口处。刘敏抢在魏军之前抵达，派人多张旗帜，前后长达百余里，待到魏军来到，看到汉军已

---

[1] 参见严耕望《唐代交通图考·骆谷驿道》、李之勤《傥骆古道的发展特点、具体走向和沿途要地》、陈显远《"傥骆道"初考》。傥骆道在唐代以后逐渐被废弃，2016 年至 2017 年，佛坪厅故城遗址考古调查队对傥骆道进行了实地调查，明确了傥骆道秦岭段主线的大体走向，共发现道路、墓葬、庙址、房址、摩崖石刻、碑刻等各类遗迹 123 处，详参王艳朋等《秦岭骆谷道——傥骆古道考古调查述略》，《文博》2017 年第 3 期。

经尽占山中险要之处，不知道有多少兵力，不敢前行。魏军本已疲惫，又被汉军堵在了谷口，内部顿时乱成一锅粥。参军杨伟劝曹爽撤军，否则就将吃败仗。伐蜀之战的鼓吹者邓飏要与他争辩，杨伟却当面斥责："飏、胜将败国家事，可斩也。"

五月，费祎统率的中军抵达战场，汉军开始向魏军发动反击。汉将王林夜袭司马昭营地，被司马昭击退。次日司马昭去见夏侯玄，对他说：费祎已经尽占险要地势，我们进不能与他们决战，攻又攻不下来，不如撤军，保存实力。杨伟、司马昭先后提议撤军，反映了魏军上层也基本不看好这场战事。与此同时，先锋郭淮见战事不利，竟然径自率领所部士兵撤走了。

看到魏军士气衰竭，萌生退意，费祎派兵循两侧山路潜行至魏军后方的三岭。果然，曹爽、夏侯玄开始引军回撤，汉军突然发动袭击。曹爽一番苦战，才率军突出包围，狼狈逃回。而当时征发运输物资的队伍，都被魏军抛弃在了后面，"死失略尽"。

兴势之战，以汉军的全胜、魏军的大败而告终，这是一场借助有利地形以少胜多、积极防御的经典战例。这场败仗不仅让曹魏损失惨重，而且因为征调运输之事，引得

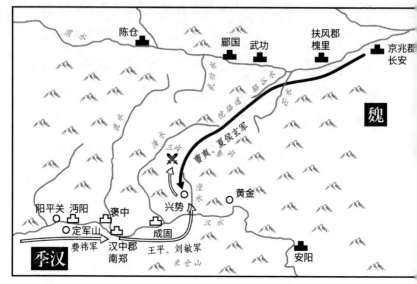

兴势之战形势图　　　　　　　　陈梦实绘

　　"羌胡怨叹""关右悉虚耗",原本依附曹魏的陇右少数民族对曹魏离心离德,并开始向季汉靠拢,这客观上为姜维正在执行的笼络羌胡、"偏师西入"的方略提供了条件。至于曹爽和夏侯玄,经此一败,在朝中声望大跌,"时人讥之"。曹爽无法从司马懿手中攫取军权,只能通过政治手段对司马懿步步紧逼,双方矛盾愈加升级,直至在五年之后的高平陵政变中彻底激化。

　　兴势之战这一年,恰是诸葛亮去世的第十个年头,这场战争成为后诸葛亮时代季汉与曹魏的第一场大战，也是第一场大胜。它至少说明，季汉并没有因为失去诸葛亮而一蹶不振、走向衰落。王平在季汉人才凋零、青黄不接的时期守卫了这个国家的疆土，这既是时运所致，也与他本人的素养分不开。史载王平虽然文化程度不高，但他每每口授令人写成文章，竟能做到主题明确，条理清晰。王平还勤于学习，他不识字，就让人给他诵读《史记》《汉书》中的纪传，听完之后也能领略其大义，评论起来也常常切中要领。王平治军十分严格，他遵循法度，从来不开玩笑，经常在营中端坐一天，斯文得简直不像个武人。陈寿评价他"忠勇而严整"，可谓中肯。

兴势之战也促成了益州人在季汉政治体系中进一步崛起，而巴、蜀之中，巴人又走在了前头。王平是巴西阆中人，无独有偶，另一位阆中人马忠也在此战中参与了尚书台工作。

马忠，字德信，与王平一样，因少时寄养在母家而姓狐，名笃。据《华阳国志》，阆中大姓有"三狐、五马"，可知马忠父、母两家均为阆中豪族，比王平出身高出不少。刘备夷陵兵败，巴西太守阎芝派时为汉昌长的马忠率五千郡兵前往永安支援，当时镇北将军黄权刚降魏，刘备正在伤感之中，却见与黄权同县的马忠而来，不禁对尚书令刘巴感叹："虽然失去了黄权，但是又得到了狐笃，这世上总是不缺乏贤才（"虽亡黄权，复得狐笃，此为世不乏贤也"）。"笔者猜测，马忠后来更名为忠，很可能就是缘于刘备这一面之缘的恩赐。

诸葛亮掌政开府后，用马忠为门下督。诸葛亮南征，以马忠为牂牁太守，平定郡丞朱褒之叛，抚恤本郡，甚有威惠。季汉建兴八年（230），诸葛亮将马忠从南中调往汉中担任参军，随即发生了李平贻误军机被弹劾事件，马忠在李平倒台前后扮演了重要的角色，前文已述。此后马忠重返南中，代张翼为庲降都督，平定南夷豪帅刘胄之乱。马忠将治所移往味县（今云南曲靖），处民夷之间，使张嶷收复越巂郡失地，南中逐渐稳定兴旺起来。

曹爽伐蜀时，马忠已任镇南大将军、彭乡侯，主政南中十二年。费祎临行北上，表奏朝廷将马忠调回成都，平尚书事，协助董允处理尚书台的工作，以便在大战之际维系朝政的正常运转。马忠平尚书事的时间并不长，在费祎还成都后，马忠就返回南中了。"平尚书事"与"录尚书事"相比，也带有临时代理的意味。但马忠毕竟参与了相当于宰辅的工作，此前与此后，季汉所有"录尚书事"者都是外州人，唯有马忠是益州本地人。这个短暂的权力分配，标志着益州人作为季汉的一股政治力量，在诸葛亮死后开始扮演愈来愈重要的角色，张嶷、张翼、句扶、张表等益州人士都将逐渐成为季汉的重要军事将领。

可是，兴势之战后，并没有王平升迁的记载。的确，作为一个底层出身的武人，他官至季汉的一方大督、爵封县侯，已经到顶了。刘敏也只是加封了云亭侯。此战最大的获益者是费祎，他凭此一役，晋封成乡侯，爵位上超过了蒋琬，他更凭借这次战事正式从蒋琬手上接过了中军指挥权。不久，蒋琬又将益州刺史让给了费祎。费祎文武兼领，蒋琬的大司马已沦为虚职。

两年后，即延熙九年（246）冬十一月，蒋琬在涪县病逝，遗命葬于此地①，谥号"恭"。蒋琬担任季汉宰辅凡十二年，实际执政九年，其中三年在成都，可谓无为而治，六

---

① 蒋琬遗命葬于涪县，见其子蒋斌给钟会的复信："亡考昔遭疾疢，亡于涪县，卜云其吉，遂安厝之。"蒋琬墓在今四川省绵阳市涪城区西山景区内，为四川省文物保护单位。蒋琬祠在唐以后即已损毁，清道光二十九年（1849）绵州知州李象昺、邑绅熊文华在原址上重建。光绪十六年（1890），龙安知府、蒋琬后裔蒋德钧再次对祠墓进行修葺。1986年，绵阳市对蒋琬祠墓重修。如今的蒋琬墓为八角形，高4.6米，周长31.6米，墓顶封石板呈覆钵状。墓前有李象昺所立"汉大司马蒋恭侯墓"碑。墓侧为蒋恭侯祠。

年在汉中，也没有任何建树。当国家处于危机中时，他已经病得无能为力，而国家也并不需要他了。蒋琬的执政用平庸来概括并不算过分。也许直到蒋琬临终前，他才恍然大悟，明白了诸葛亮临终遗言"公琰其宜也""文伟可以继之"的真实含义，那就是，他根本不是诸葛亮事业的继承人。诸葛亮当初之所以选择他，只是希望他扮演好一个过渡者的角色，让季汉尽快度过权力交接的混乱期，回归常态。因为只有在这件事上，他可以比杨仪、魏延做得更好。当他完成了这一任务时，他的政治生涯就已经走到了尽头。

魏廷里的季汉故人

曹魏正始元年（240），即季汉延熙三年，这是魏汉两国无大战的一年。是年四月，魏车骑将军黄权病逝，魏国葬其于南阳宛县预山之南 ①，谥景侯。消息传到季汉，东曹掾

---

① 《水经注》："清水又南迳预山东……山南有魏车骑将军黄权夫妻二冢，地道潜通。其冢前有四碑，其二魏明帝立，二是其子及臣吏所树者也。"

杨戏将他写入《季汉辅臣赞》，称赞他"镇北敏思，筹画有方，导师襄秭，遂事成章"，用"镇北"代指，是因为他在蜀人心中的身份依然是镇北将军。黄权死后，汉魏两国都有人为他服丧，在汉是他的大儿子黄崇，在魏是他的小儿子黄邕。黄权成为当时唯一一位在两个敌对之国都享有威望的人。随着他的去世，魏廷里的季汉故人越来越少了。

黄权，字公衡，巴西阆中（今四川阆中）人。他少为郡吏，后在刘璋帐下任主簿。张松举荐刘备入蜀，黄权是激烈的反对者，他一眼看出刘备"有骁名"，不可以宾客礼待，建议刘璋闭境自保，将刘备拒之门外。刘璋不听，反而将黄权外放为广汉长。《三国演义》可能嫌这一段过于温和，遂为黄权编造了一段激烈的诤谏场景，令人印象深刻："权叩首流血，近前口衔璋衣而谏。璋大怒，扯衣而起。权不放，顿落门齿两个。"刘备举兵袭益州，各郡县望风而降，黄权闭城坚守，以全其义，反而受到刘备的尊敬。

刘备平定益州后，延请诸多刘璋旧部出来做官，以抚慰蜀中人心，其中就有黄权。《三国志·先主传》云："及董和、黄权、李严等本璋之所授用也。"将黄权排在李严之前，这显示出黄权在益州旧人中的地位。黄权既能统兵，也有筹谋之才。建安二十年（215）曹操破汉中，张鲁走入巴中，黄权敏锐地看出汉中、三巴、蜀地三块政治区域之间密切的地缘关系，提出"若失汉中，则三巴不振，此为割蜀之股臂也"，建议刘备迅速去巴中迎张鲁，收复汉中。刘备遂加黄权为护军，率诸将入巴。

尽管黄权晚了一步，张鲁已经北降曹操，但随后的季汉战略，刘备基本是沿着黄权的思路，先攻取三巴，又倾全力攻取汉中。黄权参与了这些战略的全部谋划。刘备为汉中王，以黄权为益州治中从事。当时季汉官僚以荆州人士为贵，能得到重用的益州籍官员不多，黄权堪称其中翘楚。

刘备称帝后，决定发兵东征，群臣多谏，刘备一概不听。黄权自知无法劝阻刘备东行，故而他希望改变刘备的作战方式，自愿为"先驱"伐吴，让刘备统大军为后继。这实际上是一个较为稳妥的方案，正如黄权所分析的，顺江而下出峡口，"进易退难"，汉军倾巢而出是要冒很大风险的，不如分成前后两部，渐次而出。但这一方案也未被刘备接受。事实上，我们看刘备东征所用将领冯习、张南、辅匡、廖化、傅肜、向宠等，荆州籍人士占了大多数。这是一场荆州人为收复荆州而发动的战争，他们不可能让益州人黄权去抢了头功，而刘备作为这场战争的发起人，也只有挺身而出才能激励士气。最终，刘备以黄权为镇北将军，让他率一支部队在江北防御曹魏，而汉军主力则循着长江南岸东进。

一条长江把黄权与刘备分隔开来，没想到这一分隔竟成了永恒，隔开了黄权与他的故乡益州。黄权的预言不幸成真，刘备在猇亭为陆逊大败，因为无法从水路退却，只能放弃船只逾山越险，逃往白帝城。与此同时，黄权的归路被截断，成为悬于江北的孤军。八月，黄权引军径直北上，路过了季汉伤心之地临沮，抵达了关羽昔日的北伐目标襄阳。他只有一条去路——降魏。

关于黄权的降魏，历代史家都给予了同情和宽容。杨戏将黄权列入"季汉辅臣"，陈寿将黄权编入《蜀书》，评其为"弘雅思量"，这说明蜀人始终将黄权视为汉臣，并未将之投入"贰臣"之列。裴松之引徐众评论为黄权打抱不平，说刘备对待黄权"然犹薄少，未足彰忠义之高节，而大劝为善者之心"，暗示着黄权在季汉没有得到真正的重用。清人何焯为黄权惋惜，他认为黄权若非降魏，很可能会与诸葛亮一道成为刘备托孤之臣，"若使黄公衡不因丧败隔绝，则受遗当属斯人，不伤昭烈之明矣"。

至于黄权为何降魏，我们可以从魏文帝曹丕接见黄权时的对话中找到当事人的答复。曹丕问他："您是想效法韩信、陈平去楚归汉吗？"黄权回答："我受过刘备特殊的待遇，不能降吴，也无路还蜀，所以才来降魏，而且我是败军之将，能苟活已经是侥幸了，哪里能去比拟古人呢（"臣过受刘主殊遇，降吴不可，还蜀无路，是以归命，且败军之将，免死为幸，何古人之可慕也"）？"黄权所言，确是实情。但学者田余庆发现，从刘备夷陵之败到黄权降魏，其间有两个月之久，黄权军队动向不明，很可能处在一个反复权衡的犹疑期。田余庆猜测，在两年前就已由汉叛魏且得到曹丕厚待的孟达可能是黄权降魏的居中促成人，他既与黄权同属刘璋旧部，又镇守毗邻荆州的上庸，具备这样的条件。但田余庆拿不出太多的证据，因为无论是在蜀还是在魏，黄权与孟达都没有任何互动的记载，孟达为三辅人，与黄权本非乡里，两人关系如何的确不好下定论。

笔者以为，黄权降魏容易被后人忽视的一个原因，就是他并非独自一人，而是统帅着一支规模相当大的部队。据《魏书》载，黄权诣魏荆州刺史 [①] 时，手下有南郡太守

---

① 据《三国志·文帝纪》，黄初三年（222）三月，曹丕因册封孙权为荆州牧，更易行政区划，以"荆、扬、江表八郡"为荆州，以荆州江北诸郡为郢州。故此时黄权所诣之荆州刺史应为郢州刺史，为夏侯尚。同年十月，因孙权复叛，曹丕复郢州为荆州。

（季汉所置遥领职）史郭等三百一十八人。魏廷厚加封赏，拜黄权为侍中、镇南将军，封列侯，封史郭等四十二人为列侯，百余人为将军、郎将。可见其军队规模应当不小。这些将领之中可能有相当一部分是荆州人。荆州北部自建安十三年（208）后长期为曹魏占领，荆州人多有故旧在曹魏，他们对曹魏的向心力比益州人更强，很大程度上会左右黄权的看法。

这些人中代表性的人物是庞统之弟庞林。庞林时为荆州治中从事（亦属遥领），黄权的参军。庞林故旧多在魏地，如庞林的从兄、诸葛亮的姐夫庞山民，仕魏后官至黄门侍郎、吏部郎，他们在魏的显达对于蜀中荆州人有着较强的吸引力。更重要的是，庞林的结发之妻、同郡习祯之妹习氏也在魏，两人因战乱分隔已十五年，习氏一直孤身守养弱女，未曾改嫁。庞林降魏后，两人"始复集聚"。曹丕封庞林为列侯、钜鹿太守，还赐习氏床帐衣服，以嘉其大义。

如此看来，黄权很可能是在庞林等荆州人士的鼓动甚至胁迫之下降魏的。毕竟黄权作为益州人士，与曹魏本无渊源，他若是对故主刘璋怀有旧恩，应当降吴。因为刘璋在荆州失陷后为孙权所得，其子刘阐更被孙权置为益州牧，用以招徕蜀中故旧。但刘备对黄权亦恩情厚重，降吴就意味着对刘备的背叛，相比而言，投魏算是一个较好的归宿了。

自魏、汉、吴三足鼎立之后，黄权是第一个身处三国夹心之地、进退失据的人，他的人生贯穿着荒诞与无助，成了这个时代的投影。黄权降魏后，有人建议刘备收捕黄权留在蜀地的妻儿，刘备说："孤负黄权，权不负孤也。"对其妻儿待之如初。裴松之将此事与汉武帝族灭李陵之家相对比，高度评价刘备的宽仁。刘备对黄权妻儿的恩赦也留下了余音，四十一年后，黄权留在蜀地的儿子黄崇将在绵竹为保卫季汉疆土而战，至死也未投降他父亲坟茔所在的魏国。

黄权在魏，虽得曹丕厚待，却秉性不移，无媚事之语，对故国与故主也始终报以尊重。当时有蜀降人讹传刘备诛杀了黄权在蜀中的妻儿，连曹丕都要下诏为黄权家眷发丧，黄权却表示，自己了解刘备、诸葛亮的为人，这不像他们所做的事，应调查清楚再说。这也说明，黄权不愿意被曹魏当作政治宣传的工具，来煽动曹魏对季汉的仇恨和恶意。这就是为什么他与孟达虽同为降将，却有着本质上的区别。

刘备病逝的消息传来后，群臣皆向曹丕庆贺，唯有黄权例外。曹丕知是黄权对刘备有念旧之情，但仍想试探一下他，于是派左右下诏宣黄权觐见，而且故意连续派出几趟使者催促。黄权身边的官员看到这场景，都胆战心惊，以为皇帝龙颜大怒，但黄权"举止颜色自若"，十分淡定从容。司马懿对黄权也敬重有加，他曾问黄权："蜀中还有多少像您这样的名士？"黄权笑而答曰："没想到您将我看得这么重要。"后来司马懿在给诸葛亮的信中称赞黄权说话直爽，而且经常在曹魏众人面前夸赞诸葛亮（"黄公衡，快士也，每坐起叹述足下，不去口实"）。

黄权被授予的镇南将军是个虚职，没有兵权，作为曹魏朝廷中仅有的益州人士，他的存在具有强烈的政治宣传意义。后来，曹魏还授予黄权遥领益州刺史，徙占京畿之地河南县（今河南洛阳市区），这不仅是让他精神上回家，更是要在汉魏交战之际，昭示曹魏的正统和对益州的"主权"。关于正统之辩，魏明帝曹叡召见黄权时，曾问了他这个送命的问题："天下鼎立，当以何地为正？"黄权在魏，自然要答魏为正统，但这未免显得有些谄媚。于是他巧妙地避开了个人见解，而将判断权交给了上天。他说，自古出现"荧惑守心"（即火星停留在心宿二附近的一种天象）就代表国有厄运，但上次出现荧惑守心，文皇帝驾崩了，吴蜀二主却平安无事，这就说明天象对应的是魏国的运势。其实，查《三国志》及《晋书·天文志》《宋书·天文志》等诸书记载就会发现，黄初中并没有"荧惑守心"的记载，曹丕去世之前只有黄初六年（225）五月出现"荧惑入太微"的记载，看来黄权是随口一说，敷衍曹叡罢了。

黄权在曹魏历事三朝，曹芳即位后，黄权被迁为车骑将军，仪同三司。"仪同三司"，即在礼仪上享受三公同等的待遇。据《晋书·职官志》，"仪同三司"始于东汉殇帝延平元年（105）邓骘为车骑将军，而黄权是第一个享受"开府仪同三司"的人。两晋南北朝之时，此职常为高级官员的加官，以示优待。与此同时，黄权的同乡王平、马忠都已成为季汉的国之栋梁，黄权虽不在蜀，应当也为益州人的崛起而欣慰了。

除黄权外，魏廷里的季汉故人还有不少。如陈郡人袁涣，他在刘备任豫州刺史时被举为茂才，因而对刘备始终感其举荐之恩。建安十九年（214）刘备攻益州，北方传言刘备已死，群臣皆向曹操贺。袁涣时在曹营，独不贺，曹操也并未为难他。袁涣后累迁至郎中令，他死后，曹操"为之流涕"。又如与司马懿同受曹丕托孤之命的陈群，早年曾被刘备辟为别驾，并在徐州与刘备有一段共事的时光。刘备继陶谦为徐州牧，陈群劝谏，认为"将军虽得徐州，事必无成"。刘备不听，不久即为吕布所破，几近穷途末路，"恨不用群言"。陈群在魏官至司空，曾与诸葛亮有书信往来，并在信中问候刘巴的消息。陈群晚诸葛亮两年去世，其子陈泰将在未来的陇右战场上成为姜维北伐的劲敌之一。

此外，魏廷里还有那些诸葛亮在荆襄时期的故旧老友，如颍川人徐福（徐庶）、颍川人石韬、汝南人孟建等，徐福官至御史中丞，石韬官至典农校尉，孟建官至凉州刺史、征东将军，皆贵达。虽然身处敌战之国，诸葛亮也时常怀念这些老友，他曾公开对群下夸赞徐福"处兹不惑""勤见启诲"，是自己的良师益友。诸葛亮二出祁山时，还在给司马懿的书信中，托杜袭代为问候孟建。诸葛亮也曾为老友打抱不平，他认为以徐福、石韬的才华，在魏国的官职还是太低了，感叹道："魏国真是人才多啊，为什么这两人不被重用？（魏殊多士邪！何彼二人不见用乎？）"当然，这也是庆幸自己当年没有跟着他们北归，否则，哪有现在的季汉丞相。

魏廷中曾与刘备有过深厚交往的还有牵招和田豫两名武人。

牵招，字子经，安平观津（今河北武邑）人，初从袁绍，后投曹操，为曹操招抚乌丸峭王苏仆延有功，受封护乌丸校尉，文帝时又持节封护鲜卑校尉，屯昌平（今北京昌平北），出为雁门太守（郡治广武，今山西代县西），防御鲜卑。牵招在雁门十二年，"威风远振"，"百姓追思之"。他一生为曹魏镇守北境，但官止太守，爵止关内侯，连陈寿在其列传末都叹息他"未尽其用"。究其原因，可能是因为他早年与刘备之间的关系。

据西晋孙楚所作《雁门太守牵招碑》[①]，牵招年少的时候就与刘备在河北相识，"英雄同契，为刎颈之交"。"刎颈之交"语出《史记》，描述的是赵国廉颇与蔺相如"将相和"之后的患难与共、同生共死的挚友关系。燕赵自古多

---

① 该碑原石及拓本均不存，仅碑文见于《艺文类聚》卷五十、《初学记》卷十八，并为严可均编入《全晋文》。孙楚为魏骠骑将军孙资之孙，西晋名臣，存世诗文极多，故此碑文可信度较高，碑文如下："君体德允直，才量高洁，明鉴达于世变，弘毅足以致远，聿振鸿翼于衮尘之表，卓尔先觉于拟议之前。君与刘备，少长河朔，英雄同契，为刎颈之交。俄而委质于太祖，备遂鼎足于蜀汉，所交非常，为时所忌，每自酌损，在乎季孟之间。迁雁门太守，教民耕战，听断以情，信赏必罚，干服其命，是以夷狄窘迫，罔知所安。譬秋枯之陨晨风，激霆之不及掩耳也。伐叛柔服，威震沙漠，遗种远迹，万里无烟。烈烈君侯，文武允崇，少兼七德，翰飞抚戎。名扬河朔，威震汉中，临危运奇，在难匪从。回旌束麾，抚司徐、青，截彼降贼，海岱以平。剖符千里，为国干城。"

慷慨悲歌之士，同为生长在燕赵大地上的刘备和牵招实现了向先贤的致敬。从碑文描述来看，牵招与刘备的相识可能比关羽、张飞更早，其关系也更密切、更接近于异姓结义的状态。

后来牵招归入曹操麾下，而刘备辗转南下建立蜀汉，这就让牵招的处境比较尴尬。碑文说牵招"为时所忌，每自酌损，在乎季孟之间"，意指牵招为了防范猜忌，只能时常表现出自谦自贬的态度，让自己在魏国做一个"季孟之间"的中人。这似乎也可以解释，曹魏三代国君为何一直让牵招镇守北境，刻意避免他与蜀作战。牵招在北方难有立大功的机会，自然在官爵上也就显得逊色了。

刘备一生善于"厚树恩德，以收众心"，为刘备的人格魅力所感召、心甘情愿为刘备驱驰的人才不在少数，牵招很可能是第一个。当刘备在数十年的戎旅生涯中，不断结识新的伙伴，又不断失去旧的部曲时，牵招的形象可能已经在他的脑海中淡漠了。当刘备在永安宫冰冷的床榻上忍受失败的痛苦和疾病的煎熬时，他会不会想到四十年前烽烟四起的燕赵大地上，他与牵招两个少年面对高山和大川，说过的那些幼稚而热血的铮铮誓言？当牵招在雁门的长城迎着塞上的朔风，目送远遁的胡骑时，他可能始终感受不到胜利带来的成就感，因为他的脑海中会无数次地回想，设使他一直跟着刘备不曾掉队，如今的他身在何处，将会过上怎样的人生？

牵招终究带着遗憾而去，而他与季汉的渊源还将由他的次子牵弘续写。三十二年后，牵弘将以陇西太守的身份随邓艾伐蜀，在绵竹与诸葛亮之子、黄权之子生死相搏。随后，他还将成为季汉灭亡后的首任蜀郡太守，代表父亲去治理刘备的长眠之地。

田豫，渔阳雍奴（今天津武清北）人。田豫早在刘备依附公孙瓒时便投身其帐下，刘备对这位小自己十岁的少年"甚奇之"。刘备到徐州，被陶谦委以豫州刺史，遂脱离公孙瓒。田豫因有老母在北，不得不向刘备告别。刘备临别对田豫泣涕道："恨不与君共成大事也。"

在《三国演义》中，刘备常以好哭的形象出现，哭泣多达三十次。而据学者谭良啸统计，在《三国志》中，有载的刘备因人因事涕泣仅有六次，远少于曹操（十四次）和孙权（十三次）①。这六次之中，除叹髀肉复生是因事而涕，其余五次皆是因人。在这五次中，又有四次是因人逝

---

① 见谭良啸《三国英雄的情感世界》，西南交通大学出版社2021年版。

去而哭（刘表、庞统、法正、刘封），唯有对田豫是因别离而动情，可见两人之间情谊之深。

田豫回到幽州后仍事公孙瓒。公孙瓒败亡后，田豫辗转归入曹营，历任军谋掾、县令、太守。田豫长期居于胡汉杂处之地，谙熟胡骑作战之法，在辅佐曹操之子鄢陵侯曹彰征代郡乌丸之战中立下大功。曹丕登基后，即以田豫持节，为护乌丸校尉，与牵招同守北境。田豫不仅善战，还广有谋略，他采用分化瓦解的手法，让鲜卑诸部互相攻伐，然后再进兵诛讨，鲜卑力量大为削弱，"胡人破胆，威震沙漠"。其后，田豫又被转任汝南太守、殄夷将军，在对吴作战中屡立战功。

曹芳即位后，已逾七旬的田豫被重新调回北境，担任护匈奴中郎将，加振威将军，领并州刺史。即便离开北境多年，田豫的威风犹在。"外胡闻其威名，相率来献。州界宁肃，百姓怀之。"年迈的田豫身体每况愈下，记忆力也开始衰退，但正如许多老人一样，他对年少时的事情反而记得尤为清晰，刘备那句"恨不与君共成大事也"始终盘桓在他脑海里。但无论这"大事"是兴复汉室，还是建号称帝，都与他无关。除了早年与刘备有过几年君臣之义，田豫一生都在为曹魏尽忠，作为魏廷之中最后一个季汉故人，他与季汉始终遥遥相望，连给季汉当敌人的机会都没有。

曹爽伐蜀失败后，曹爽与司马懿的党争更加激烈，曹爽控制禁军，广树党羽，进一步将司马懿权力架空。此时魏国比司马懿还年长的四朝老臣，仅有王凌、高柔、徐邈、田豫等数人。其中王凌为曹爽笼络，高柔站在司马懿一边，徐邈与司马懿交情匪浅，唯有田豫无朋党之交，持重守节。司马懿想要拉拢田豫，征他入朝担任九卿之一的卫尉，田豫"屡乞逊位"，司马懿不愿批准，田豫就再次上书，说："年过七十还官居高位，就像钟声已经敲响，滴漏已经漏完，还在夜里行走，这是有罪之人啊（"年过七十而以居位，譬犹钟鸣漏尽而夜行不休，是罪人也"）。"于是称疾居于魏县（今河北大名西），不去京师就官。

田豫的这番话，对司马懿而言无疑是刺耳的，因为司马懿也过了七十大关，却仍不放权。因而这话明面上是田豫在自谦，实则也是他在给司马懿一个善意的提醒。但司马懿早已走上了这条不归路，难以回头了。于是，田豫有意与司马懿、与曹爽、与洛阳保持距离，因为他能感受到，平地而起的风正在将大魏的旌旗卷起，权力的腥味开始在里坊里四溢，而大多数人对此还毫无感知。

　　曹魏正始十年（249），即田豫七十九岁这一年，洛阳终于出事了。正月甲午（初六），皇帝曹芳前往曹叡高平陵祭祀，曹爽兄弟随行。就在车驾出城不久，装病在榻的司马懿就联合太尉蒋济、司徒高柔、太仆王观等发动政变，出兵占领武库，关闭洛阳城门，胁迫郭太后下诏，历数曹爽之罪。曹爽虽然手中握有皇帝，但家眷都在城内，一时六神无主。司马懿又遣侍中许允，尚书陈泰前来劝降，许诺曹爽只要交出皇帝和兵权，将保留他全家性命，并以洛水为誓。曹爽犹豫一夜，最终决定放弃抵抗，投刀于地曰："我不失作富家翁！"他身边的"智囊"大司农桓范痛哭道："曹子丹佳人，生汝兄弟，犊耳！何图今日坐汝等族灭矣！"

　　正月戊戌（初十），黄门张当告发曹爽等人计划在三月谋反，于是司马懿违背誓言，下令将曹爽兄弟及其党羽何晏、邓飏、丁谧、毕轨、李胜、桓范等全部下狱，以大逆不道之罪弹劾，最终全部夷灭三族。七十一岁的司马懿，终于凭借着自己的沉稳、狠辣与长寿，拔掉了阻挡自己前行的最后一根尖刺，站上了权力的巅峰。他以一己之力又一次开启了王朝更替的大门。而此时距离诸葛亮去世已经过去了十五年，渭水之畔的顿悟，终于在洛水之畔化为了腥风血雨、滚滚人头。

　　高平陵的风，也吹到了季汉。大将军费祎召集众臣，设"甲乙论"① 来评论此事的是非曲直。所谓"甲乙论"，相当于现在的辩论比赛，众人分别持甲、乙两种观点展开论战。其中甲方支持司马懿，认为此事曲在曹爽，是曹爽兄弟平庸无能，又骄奢淫逸，结党营私，祸乱国政。司马懿奋起讨灭，是他的责任所在，也符合曹魏朝野的期望。乙方则谴责司马懿，说司马懿哪里有为国家的公心，完全就是为了自己的私利，看到自己无法形成专权之势，就对政敌大加屠戮。而且司马懿发动政变时，皇帝曹芳还在曹爽手上，司马懿闭门举兵而向君王，这怎么能称为忠臣呢？即便曹爽有罪，司马懿将他废了、杀了都还好，如今株连

---

① 费祎"甲乙论"，见《三国志·费祎传》裴注引殷基《通语》："司马懿诛曹爽，祎设甲乙论平其是非。甲以为曹爽兄弟凡品庸人，苟以宗子枝属，得蒙顾命之任，而骄奢僭逸，交非其人，私树朋党，谋以乱国。懿奋诛讨，一朝殄尽，此所以称其任，副士民之望也。乙以为懿感曹仲附己不一，岂爽与相干？事势不专，以此阴成疵瑕。初无忠告侃尔之训，一朝屠戮，揆其不意，岂大人经国笃本之事乎！若爽信有谋主之心，大逆已构，而发兵之日，更以芳委爽兄弟。懿父子从后闭门举兵，蹙而向芳，必无悉宁，忠臣为君深虑之谓乎？以此推之，爽无大恶明矣。若懿以爽奢僭，废之刑之可也，灭其尺口，被以不义，绝子丹血食，及何晏子魏之亲甥，亦与同戮，为僭滥不当矣。"

三族，绝其嗣继，这不就是滥杀嘛！

费祎所设的"甲乙论"，更像是两汉清谈的一种延续，季汉臣子们隔岸观火，对着曹魏的政局空发一番议论。从史书所载篇幅来看，似乎是乙方更胜一筹，对司马懿的责难占据了上风。这倒也符合季汉的主流价值观，因为在季汉，即便是权力斗争，失败的一方也不过是免官、流徙，唯一动用过"夷三族"的杨仪也很快被清算。司马懿的手段，在季汉众臣看来实在是胆战心惊、令人瞠目。

高平陵的风，也吹进成都的皇宫中。曹魏政局的巨变，连同那些"甲乙论"的论词，都吹入了刘禅的耳中。这阵风足以让这个四十三岁的皇帝打一个寒战，并陷入深思之中。他或许会想：如果季汉出现一个司马懿，朕该怎么办？

第三章

战和之辩

凉州上士

魏太和二年（228）的初春，雍州天水郡 [①] 冀县（今甘肃甘谷），渭河上的冰凌还没有完全消融，山坳里的野蔷薇在顽强地生长，麋鹿在荒原上结群奔走，冬眠的刺猬从灌木丛里露出了脑袋。熬过了一个寒冷的冬天，这里的一切都在生机勃发。一支队伍迤逦南去，冀县城楼逐渐消失在他们的脑后。为首的年轻人二十七岁，名叫姜维，他在这一天做出了一个重要的决定——离开世代居住的家乡。他的前方，是陌生的敌国以及未知的命运。

这样的场景，很容易让人想起多年以前也有一个年轻人，他义无反顾地背井离乡，在战火纷飞的岁月里举家南迁，成为他乡之客。汉代人极重乡土情结，因为他们一生

---

① 天水郡，东汉明帝永平十七年（74）改称汉阳郡，辖十三城，治冀县，据永和五年（140）统计，有户27423、口130138，户口均超过凉州总户口的1/4，为凉州第一大郡。中平五年（188），分汉阳郡西部置南安郡。据《三国志·张既传》"太祖徙民以充河北，陇西、天水、南安民相恐动"可知，至晚在建安十九年（214），汉阳郡已复名天水。后魏又分天水东、北置广魏郡，天水郡领九县。

的地位、生计、尊荣都离不开乡里与宗族的赐予,《汉书》中将这种心态描绘为"安土重迁,黎民之性"。可这个年轻人比别人想得更多,中原人才济济,哪里有他的出头之日。于是当友人提出回乡发展时,他淡淡地说:"中国饶士大夫,遨游何必故乡邪!"[1]不久之后,这个年轻人决定将自己的未来押注在一个寄人篱下、前途未卜的君主身上。彼时,他也是二十七岁,从那时开始,他的名字——诸葛亮才开始为世人所知晓。

彼时彼刻,恰如此时此刻。诸葛亮坐在中军帐中,等待着姜维的到来。他隐约地感到,这个年轻人的身上,隐藏着与他相似的某种东西。

姜维,字伯约,天水冀县人。姜氏在天水是大姓豪右。据《新唐书·宰相世系表》载,天水姜氏为太公望姜尚后裔,田氏代齐后,姜氏子孙分散。汉初,姜氏以关东大族徙关中,遂居天水。《魏略·儒宗传》载:"天水旧有姜、阎、任、赵四姓,常推于郡中。"四姓互为党羽,甚

---

[1] 此句,《三国志集解》作"中国饶士丈夫,遨游何必故乡邪",其中"大夫"作"丈夫",并注曰:"宋本'丈'作'大'。"学者张寅潇认为此句原文应为"丈夫",且应重新断句,即"中国饶士,丈夫遨游何必故乡邪",备一说。

至联手打压寒门，以巩固自身在郡中之地位。姜姓为四姓之首。

在姜维十一岁那年，即建安十七年（212），天水发生了一场事变。在潼关被曹操击败的马超"走保诸戎"，集结了一批羌胡军队反攻陇右诸郡。一时间，诸郡县皆应之，唯有冀县固守。马超率军万余人攻城，冀县从正月守到八月，援军不至，凉州刺史韦康无奈投降。马超进城后，将韦康及天水太守诛杀，此举激起了天水大族的恐慌。冀县人杨阜是韦康旧吏，表面归附马超，私下与十余人密谋反之。杨阜的同党见于史册的有：杨阜外兄姜叙，杨阜同乡姜隐、赵昂、尹奉、姚琼、孔信，武都人李俊、王灵，安定人梁宽，南安人赵衢、庞恭等。其中姜姓就有两人，可见天水姜氏作为本地大姓积极参与了反马超的行动。九月，杨阜、姜叙起兵于卤城，马超不敌，抛弃家眷南奔汉中。但杨、姜等人也付出了巨大的代价，杨阜"身被五创，宗族昆弟死者七人"，姜叙之母为马超所劫，她怒骂马超，为超所杀。

在这场变乱中，以杨阜、姜叙为首的冀县大姓展现了其在本地巨大的组织动员能力，这是东汉末年以来地方大姓豪右深度参与本地政治生态的一个生动案例。地方大姓拥有庞大的宗族网络，占据大量田亩和产业，雇有众多宾客、部曲、徒附等，他们在战乱时能转化为私兵。大姓子弟占据着本地属吏要职，往往能够架空外来的流官。再加上天水郡远在西北，地近羌胡，其自治程度更高，对中原政权的离心力也更强。此次天水之变，曹操所置镇抚关西的行护军将军夏侯渊迟迟不来援，天水大姓完全是靠自己的力量才把马超驱走，这也势必让他们感到寒心，从而更增对曹魏的疏离感。

据《三国志·姜维传》记载，姜维"少孤，与母居"，其父姜冏曾为郡功曹，"值羌、戎叛乱，身卫郡将，没于战场"。汉末西北羌乱频仍，因史料记载不详，我们无法得知姜冏是在哪场战役中阵亡的，不排除就是建安十七年（212）这次天水变乱，因为马超所统的叛兵本就是羌戎为主，当时的姜维也的确还年少。姜维是在极其动荡的岁月中长大的，这将在他的心中造成巨大的创伤，并将影响他今后的人生选择。

凉州因处于西北边陲，文教不盛，此地人多尚武而不从文，但姜维从小"好郑氏学"，即喜读郑玄的经学著作。郑玄是东汉经学的集大成者，被华歆评为"名冠华夏，为世儒宗"。郑玄弟子众多，其学说在曹魏为显学，朝廷论讲五经奥义均以郑玄所注作为参照。姜维不知师从何人，但能博览郑氏经学，已显现出其卓然不群。后来蜀臣郤正评价姜维"乐学不倦"，看来读书学习始终伴随着姜维，这也让他身上很早就显现出儒将的色彩。

与此同时，姜维也和乱世之中的许多少年一样有着任侠之风。《傅子》载姜维早年在本郡"好立功名，阴养死士，不修布衣之业"，给我们展现了姜维"游侠儿"的另一面。喜好"郑氏学"的儒生，与"阴养死士"的游侠，合于一人身上，看似矛盾，实则并不违和，这展现了这个边地少年性格上的某种复杂成分。从姜维"好立功名"的特征可以看出，他对自己的现状是不满意的，他有着更为高远的鸿鹄之志，天水之大，已经无法容纳他。

凭借着豪右大姓和烈士遗孤的身份，姜维在天水郡很容易地就获得了上计掾、中郎的职务。上计掾属于郡中佐吏，是司马懿、邓艾等许多汉魏人物政治生涯的起点。中郎属于冗散之官，多授予世家子弟，亦用作加衔。据《太平御览》引《魏略》："郡欲表维以为将。维家本衣冠，不愿为将，郡因表拜郎中。"可知姜维耻于为武人，想凭借家世跻身士大夫之列，但仅得郎中一职。

除了在郡内任职，姜维还曾为雍州辟为从事。当时的雍州刺史是郭淮。郭淮，字伯济，太原阳曲（今山西阳曲）人，父祖皆为二千石高官。郭淮初为曹丕五官中郎将掾属，后从曹操征汉中，留任夏侯渊征西将军府司马，此后，郭淮就一直镇守雍州，讨平叛乱，安定关中，在羌胡中很有威望。姜维为州府所辟，可能是郭淮发现了姜维的才华，有栽培之意。但不知什么原因，姜维没能在州府留下，又返回了本郡。郭淮与姜维这对短暂的上下级，将在多年以后的陇右战场上化为一对势均力敌的对手。

姜维的仕途一直在本郡打转，这凸显了边郡人在曹魏政权中的边缘感。其实在东汉末年，凉州人尚可凭武勇晋升，如陇西临洮人董卓以"六郡良家子"的身份被征调入朝任羽林郎，后又随中郎将张奂征伐，以军功累迁，跻身朝廷重臣之列。生于陇西的马腾也因在讨伐羌乱中屡立战功，为一方雄帅。或如杨阜，早年就被察为孝廉，推举到曹操的丞相府任职，后因逐马超之功，为曹操所器赏，至明帝时已入朝为九卿之一的少府。但自汉魏易代后，九品官人法的推行将人事铨选之权收归中央，乡举里选对于人才晋升的影响力逐渐式微，再加上西北羌乱大体平复，以军功博取功名的出路不再。因而，姜维在曹魏的升迁之路已被阻断，这为后来姜维的投蜀埋下了伏笔。

姜维在天水唯一值得一提的职位是"参本郡军事"，这说明姜维对本郡的军事部署有着一定的参谋建议权，当然，这一权力能够发挥多少，还得看太守的好恶。魏太和二年（228）春，郭淮在天水郡视察，太守马遵陪同，随行的郡内吏员包括姜维及功曹梁绪、主簿尹赏、主记梁虔等人。众人行至洛门（今甘肃武山洛门镇），突然传来了诸葛亮大起诸军出祁山、向陇右的信报，一时俱惊。

曹魏陇右地区有五郡，诸葛亮中军才到祁山，其中南安、天水、安定三郡就"叛魏应亮"，致使"关中响震"。从史料中梳理，我们不难看出，三郡"叛魏应亮"的主体不是郡守，也不是普通平民，而是在本地拥有相当影响力、甚至掌握一定私兵部曲的大姓豪右。长期以来，他们与外郡调任而来的郡守矛盾重重，加之诸葛亮很可能在北伐之前做了大量策反工作，这才使得汉军甫一出兵就在曹魏境内引发如此大面积的响应浪潮。

陇右局势之被动超出了郭淮的想象，他完全没有做好军事应对的措施。而洛门又处在天水的西境，汉军一旦北上，郭淮与关中的联系将被切断。于是，郭淮决定连夜循渭河东下，走保上邽（今甘肃天水）[①]以待来援。上邽城池坚固，且处在陇右通向关中的要道"陈仓狭道"的西口，可以更快地得到曹魏援军接应。事实证明郭淮的决定是正确的，后来诸葛亮确实在上邽城下消磨了太长时间，没能完成"断陇"的计划。但郭淮的这一决定也意味着，上邽以西的陇右诸郡县将被战略放弃，接下来只能自求多福。也因为郭淮带了个好头，除陇西太守游楚坚守城邑外，天水、南安两郡太守纷纷"弃郡东下"。马遵更是直接跟着郭淮奔往上邽，置冀县吏民于不顾。

姜维见马遵要走，便劝他："明府当还冀。"谁料马遵竟对着姜维破口大骂："卿诸人巨复信，皆贼也。"这是陇右流官与大姓豪右长期积累的矛盾的一次总爆发。从马遵的角度来看，三郡豪族纷纷"叛魏应亮"，以姜维为代表的天水大姓自然不可信任，"疑维等皆有异心"。十六年前那一幕再次降临，冀县将在强敌入侵之下成为一座孤城，州郡长官

---

① 魏雍州刺史初驻长安。但从《魏略》中所载郭淮"遂驱东还上邽"可见，当时魏雍州刺史驻地已经迁徙到上邽。这也可以解释为什么魏延"子午谷之谋"没有将郭淮计算进去，因为郭淮当时已不在长安。从后来陈泰解狄道之围后"还屯上邽"、灭蜀之战雍州刺史诸葛绪从天水郡出发可知，上邽已成为雍州刺史常驻地和雍州军事中心。

的冷漠犹如一只大手，将姜维和他的同僚们推向了诸葛亮的怀抱。

关于姜维归汉这一段的细节，史料给出了两种截然不同的记载。据《三国志·姜维传》，姜维等人追太守至上邽，上邽闭门不纳，他们返回冀县，冀县也不让他们入城。走投无路之际，姜维等人只能向诸葛亮投降。可《魏略》却说，姜维遭受了马遵的辱骂之后，与郡吏上官子修等返回冀县。冀县吏民见姜维大喜，便推举他二人代表冀县向诸葛亮献城投降[①]。

《魏略》为魏人所作，立场多站在曹魏一边，按理对于姜维叛魏之事，不应加以粉饰。但比较这两则记载，我们发现《魏略》中姜维的形象反倒更为正面，无论是马遵对姜维的辱骂，还是姜维还冀，冀中吏民喜迎汉军的场景，立场更倾向季汉一方。且据《魏略·游楚传》载，汉军此次北伐已经越过冀县，西进至陇西郡治襄武县（今甘肃陇西），可知冀县应已为汉军所占。

但《三国志》本传所云姜维等人被冀县吏民拒于门外之事，也并非讹言，而应当发生在街亭之役之后。马谡失

---

① 季汉建兴十年（232）诸葛亮弹李严表中有"行中典军讨虏将军臣上官雝"，且排位紧随姜维之后，可能就是与姜维同时归降之上官子修。

守街亭，张郃引诸军上陇，汉军地利尽失，仓皇撤走。在这一局势反转之际，冀县大姓吏民出于恐惧，再度附魏，闭城拒汉。姜维时在汉营，无法入城，只能随汉军南撤。

姜维投汉，留在冀县的母、妻、子都沦为了曹魏的人质。按理，姜维属叛国之罪，其家眷应连坐。但曹魏以"维本无去意"，赦免了其家眷死罪，交由保宫（少府属官，主领工徒役作）羁押。这也能看出姜维当时投汉有一定的不得已之处，至少从魏人的角度来看，他是被迫投降的，而非主动投诚的。随姜维投汉的还有梁绪、尹赏、梁虔三人，他们后来在季汉分别做到了大鸿胪、执金吾、大长秋这样位高且无实权的官职。从他们的姓氏来看，应与杨阜反马超的盟友尹奉、梁宽是同族，可见亦是天水大姓。这说明，在姜维降汉的同时，有相当一部分天水大姓子弟已经被诸葛亮延揽，入汉营听用①。

对于姜维背魏降汉的原因，陈寿在《三国志》中解释

---

① 姜维、梁绪、尹赏、梁虔四人降汉未影响其家族在曹魏的地位，这从《曹真碑》中可见踪迹。《曹真碑》出土于陕西西安，现藏于故宫博物院，为故吏州民为魏大司马曹真颂功德之碑，碑阴载有捐资立碑者六十余人，有"主簿中郎天水姜兆元龟""州民郎中天水尹辇叔毂□""州民雍州部从事天水梁苗"，均为天水姜、尹、梁三姓族人，可知三姓在姜维降汉三年后、曹真去世时仍活跃于曹魏雍州。

为"志立功名"，这与《傅子》所载"好立功名"相合，看来这可能是西晋初年的一种主流观点，即将姜维视为一个投机者，他眼见在曹魏功名无望，遂放手一搏，投身人才相对匮乏的季汉，以图一展抱负。据此，东晋史家孙盛毫不客气地批评姜维，称他"策名魏室，而外奔蜀朝，违君徇利，不可谓忠，捐亲苟免，不可谓孝"，即背叛了母国，抛弃了母亲，是彻头彻尾的不忠不孝之人。但到了南朝宋，裴松之在为《三国志》作注时提出了相反的观点，他说姜维降汉事出不得已，"本无叛心，以急逼归蜀"，认为孙盛对姜维的谴责有些过分。不过裴松之也承认，姜维"背母"的行为的确有违孝道。

受两汉儒家思想的浸淫，孝道对中原士人的行为影响较深，往者如田豫、徐福，都是因老母在北，脱离刘备，最终入魏为官。在个人前途与家族利益相抵触时，他们大多会弃前者而从后者。然而凉州边地受羌胡风俗熏染，对于儒家所宣扬的孝道并没有那么顺从，从而导致边地之人在追逐个人意志时，往往做出一些被时人看来"不孝"的事情。马超明知父兄在邺，却举兵反曹，导致其父兄皆被曹操所族灭，便是一例。

据孙盛《杂记》载，姜维入蜀后，其母写信劝他归魏

（《宋书·五行志》称此信为魏人强迫姜母所书），并且随信寄来了一种药材——当归。当归是一个哑谜，意在让姜维回归故国。这其实是对曹操旧事的模仿。昔日曹操闻太史慈在江东，便寄去一箧，拆开发现没有信件，只有一株当归。太史慈当时是如何回复的，史无记载，但姜维却有一封巧妙的回信，信中说：

　　　　良田百顷，不在一亩，但有远志，不在当归也。

远志，亦是一种药材名，以"远志"回应"当归"，可谓绝妙。

　　司马光在《资治通鉴考异》中对这封信产生了质疑，称"维粗知学术，恐不至此"。司马光洞察力可谓非凡，以姜维当时新附之人的身份，应不敢与敌国暗中通信。笔者以为，魏国来信应当是为诸葛亮所得（姜维主动上交或为汉军截获），而此封回信，极大可能是诸葛亮的手笔。"良田百顷，不在一亩"与诸葛亮年轻时所言"中国饶士大夫，遨游何必故乡"恰好形成了一对互文，这是对故里乡情的狠心诀别，也是对一个崭新人生发出的豪迈宣言。

　　这一年季汉的北伐以失败告终，诸葛亮失去了倾力栽培的马谡，却得到了意外之喜——姜维。诸葛亮对姜维十分欣赏，不吝赞美之词。他在与留府长史张裔、参军蒋琬的书信中夸赞姜维"忠勤时事，思虑精密，考其所有，永南、季常诸人不如也"，称他为"凉州上士"①。李邵（永南）是诸葛亮开府后首任西曹掾，北伐前已故，马良（季常）生前与诸葛亮兄弟相称。诸葛亮不便将姜维与朝中诸臣对比，特意用两位过世的故人衬托其才性，用心良苦。在另一封书信中，诸葛亮还高度肯定了姜维的军事能力，说他"甚敏于军事，既有胆义，深解兵意"，又夸他"心存汉室"，这其实是为姜维的"变节"开脱，指他并非投机于蜀，而是与季汉君臣一样，都有一个兴复汉室的理想。姜维投汉不是叛国，而是受理想的驱使。

为了全面历练姜维，诸葛亮先让他入丞相府任仓曹掾，主仓谷事。粮食是季汉北伐的重中之重。在熟悉了后

---

① 天水郡在东汉属凉州。魏行"雍凉分置"，以原凉州河西八郡（武威、张掖、酒泉、敦煌、西海、西郡、金城、西平）为凉州，以原凉州陇右五郡（陇西、南安、天水、安定、广魏）及司隶三辅五郡（京兆、扶风、冯翊、北地、新平）为雍州。季汉初不认可魏"雍凉分置"，故诸葛亮仍沿用东汉旧制，称姜维为"凉州上士"。诸葛亮去世后，吴懿以车骑将军遥领雍州刺史，可知此时季汉已经接受了"雍凉分置"的既定事实，此后姜维以雍州人身份遥领凉州刺史，亦不算违背汉代任官的避籍制度。

勤工作后，诸葛亮将他转往军事岗位，加奉义将军，封当阳亭侯，训练虎步军五六千人之众。虎步营是季汉的精锐部队，诸葛亮选择让姜维担任他们的教官，应是看重了姜维"练西方风俗"的优长，充分发挥他的地利优势，将这支军队训练成一支将来在魏境纵横穿梭的劲旅。在后来的第五次北伐中，虎步军由孟琰统帅，据武功水以东，一度对司马懿构成了很大的威胁。

在姜维完成虎步军的训练后，诸葛亮为他安排了一趟行程——回到成都觐见皇帝刘禅。这既能抬高姜维的身份，也是诸葛亮在向刘禅展现自己的识人之能。刘禅小姜维五岁，两人年齿相近。尽管我们无从知晓这一对君臣初次见面的详情，但从之后的故事可以推测，此番晤对让姜维在刘禅这里留下了很好的印象，他们的君臣缘分从此结下，并将逐渐形成一份独有的默契，进而深刻影响此后三十余年季汉的政治生态。

在诸葛亮历次北伐中，姜维虽没有留下具体的战绩，但从其职位的升迁可以看出，姜维一直随诸葛亮中军，参与诸葛亮的军事行动。《三国志·姜维传》载姜维"迁中监军、征西将军"。《华阳国志》载姜维于季汉建兴八年（230）春迁为"护军、征西将军"，与杨仪迁丞相长史同时。季汉建兴九年（231）诸葛亮弹劾李严表中，姜维的职位是"行护军、征南将军"。如前文所述，诸葛亮治军后，诸将军逐渐班位化、散职化，监军、护军、典军掌握了军队的实质性权力，构成了一个独立而完整的升迁体系。姜维在归汉短短数年之间就跻身监、护军之列，与邓芝、费祎诸人并升，可见诸葛亮对姜维的提携。

作为汉军将领中屈指可数的凉州人，姜维对陇右地情的熟悉让诸葛亮的北伐大为受益。季汉建兴九年（231）的祁山之役中，诸葛亮统帅的汉军灵活自如地辗转于上邽、西县之间，巧妙利用地利之势，牵制魏军，给予痛击，取得上佳战绩，这很可能与姜维参与了军事决策、提供了天水郡的地理情报有关。只可惜，此次北伐，汉军最远只抵达上邽城外，终因粮尽退兵。咫尺之遥的故乡冀县，对姜维犹如镜花水月，触不可及。

季汉建兴十二年（234），诸葛亮放弃了对陇右的争夺，转而出斜谷，被司马懿阻于渭水南岸，病笃于军中。这意味着，姜维想在诸葛亮有生之年"打回老家去"已无可能。诸葛亮有没有对姜维做出过收复天水、接回其家眷的承诺，我们不得而知。但面对此次北伐陷入僵局，诸葛亮对姜维应当是有所愧疚的。他所能做的，就是提升姜维在军中的地位，让他在自己殁后成为季汉北伐的有力推动者。于是，在五丈原的中军大营内，诸葛亮将魏延屏蔽在外，而让姜维、杨仪、费祎一道面授机宜。虽然诸葛亮"令（魏）延断后，姜维次之"，但他已经料定魏延不会听令，故而这是一个非常明确的信号，即让姜维取代魏延的统兵之权，保证大军的顺利返回。

姜维与杨仪联手以疑兵之计逼退司马懿的追兵，在动荡的环境下将汉军撤回汉中。回到成都后，朝廷追叙前功，封姜维为右监军、辅汉将军，其爵位也由亭侯一跃而升县侯——平襄侯。平襄县（今甘肃通渭西北）属广魏郡，原属天水郡，地近冀县。故而此次册封含有爵封本县的抚慰之意。而想要真正荣归故里，姜维仍需要继续扛起北伐的大旗。

姜维的偏军

"诸葛亮北伐"与"姜维北伐"常被人视为前后衔接的军事行为，并衍生出诸葛亮临终前授予姜维兵书韬略、托付北伐大业等情节。这固然满足了人们对于"师徒之情""结草之恩"的想象与期待，但并不符合史实。

前文已述，诸葛亮生前明确指定由蒋琬、费祎主持政事，姜维毕竟"羁旅托国"，根基尚浅，且不谙政事。诸葛亮不可能将国政大事托付给他，这也不合当时季汉内部的权力逻辑。蒋琬北驻汉中长达六年，虽有北伐之志，但限于个人能力与复杂的内外因素，始终无法像诸葛亮那样发动一场北伐战争。然而，北伐曹魏是季汉的基本国策，是季汉维持自身正统性的脆弱支撑。因此，在无法发动大规模北伐的背景下，蒋琬只能采取小规模、不间断的袭扰来维持对曹魏的攻势。这一任务，就全部交给了姜维。

从延熙二年（239）蒋琬进位大司马开始，姜维在蒋琬的授意下，以幕府司马的身份"数率偏军西入"。姜维所领兵力不详，但既为"偏军"，数量恐不太多，估计应在两三千人。《华阳国志》载姜维此番伐魏是"西征入羌中"，可知姜维的军事行动承袭了延熙元年（238）廖化的北伐思路，目的是打通去往羌中的路线，获得羌人的兵力支援和粮食补给。

羌族是我国古老的民族。《史记·六国年表》称"禹兴于西羌"。《后汉书·西羌传》将羌人的起源追溯到上古三苗部落。三苗原本居住在南岳，被舜帝列为"四凶"之一，流放至西北，后成为西部诸戎之一。将羌人描述为三苗之后，未必符合实情，只是两汉以来汉羌之间长期敌对关系的一种映射。汉人政权希望为征讨羌人的战争讨得一些正义感和合法性，于是在历史构建上下功夫，将羌人喻为邪恶的"四凶"，而将汉人视为贤君舜帝的传人。事实上，从构字法就能看出，羌人与中国古史中的姜姓有着紧密的联系，"羌""姜"又都自"羊"变化而来，其名可能来自牧羊的生存方式或对羊的图腾崇拜。这样来看的话，羌人与汉人乃至中原文明的关系就更为紧密了。《帝王世纪》称神农氏为姜姓，长于姜水，号炎帝。《史记》载周人始祖后稷之母名"姜嫄"，周文王昌祖母名"太姜"，可知姜姓与姬姓为姻亲之族，姜姓出身的吕尚（民间俗称姜子牙）更为周灭殷商立下大功，成为齐国的始祖。

　　人类学家王明珂认为，"羌"这一名称在历史上长期是华夏人对生活在西方的非华夏人的统称，而并非某一部族的专名①。甲骨文中常出现的羌方，就是当时殷商对西部异族部落的笼统称呼。汉代中原王朝的版图向西部延伸，对

---

① 见王明珂《华夏边缘：历史记忆与族群认同（增订本）》（浙江人民出版社 2013 年版）、《羌在汉藏之间：川西羌族的历史人类学研究》（上海人民出版社 2021 年版）等书。

于羌人的认识逐渐清晰，从而将居住在不同地区的羌人按照特征进行命名，比如今四川汉源、西昌一带有牦牛羌，今四川雅安、芦山一带有青衣羌，今甘肃文县、平武一带有白马羌等，这些部族因为居于益州西部的山区，处于季汉境内，在诸葛亮主政时期已经大体宾服，乃至成为季汉北伐的士兵来源。

姜维偏师所要联络的羌人，则是居于今甘肃东部与青海东部黄河、湟水谷地的河湟羌人，他们居住的地方被称为羌中。秦始皇统一六国，临洮、羌中是其疆土的西陲。汉初，诸羌臣服于强大的匈奴，张骞第一次出使西域，在归国时欲取道羌中，曾为匈奴所获。汉武帝逐走匈奴，拓地河西，将势力延展至河湟一带，中原政权与羌人之间的冲突开始爆发。先零羌、封养羌、牢姐羌等部族合兵十万，起兵反汉，被汉将李息等击败。汉廷置护羌校尉掌西羌事务。汉宣帝时，先零羌又联络诸部反汉，攻金城，为汉将赵充国所破。汉廷置金城属国以安置投降的羌人。此后汉羌关系大体比较和睦。

到了东汉，河湟羌诸部力量持续扩大，汉羌关系日趋紧张。陇西太守马援在平定先零羌乱后，将降服的羌人迁徙到天水、陇西、扶风三郡安置，此后羌人被多次内徙，分布在凉州诸郡及三辅、河东等地，与汉人杂居。羌人内徙不仅没有改善汉羌之间的关系，反而因为地方官员、豪族对内迁羌人的剥削和奴役，使羌人对汉朝更生敌意。从汉安帝永初元年（107）开始，内徙羌人与域外羌人多次联合发动叛乱，让东汉的西境陷入永无宁日的战火之中。东汉历朝皇帝将大量兵力、钱财、物资投入平定西羌的叛乱上，但收效甚微。羌人对凉州、关中进行了严重的破坏，甚至一度攻到故都长安，烧毁了西汉皇帝陵园。直到桓帝、灵帝之际，在被称为"凉州三明"的皇甫规、张奂、段颎统兵多次征伐之下，羌乱才暂时得以平息。《后汉书》作者范晔感叹："惜哉！寇敌略定矣，而汉祚亦衰焉。"后世史家多认为西北羌乱是东汉走向衰亡的重要原因之一。

河湟羌人不同于北方以游牧为主的少数民族，他们生活在土壤肥沃、水源充足的黄河、湟水、洮水谷地，故而善于农耕，可以大量生产粮食。再加上东汉以来羌人大量内徙，与汉人杂居，向汉人学习，从生产方式到组织形式都有了突飞猛进的发展。这使得羌人吸收了农耕、游牧两种文化的精华，既拥有较高的农业生产能力，又擅长弓马，剽勇好斗。他们吃苦耐劳，敢于反抗压迫，但并不冥顽，遇见实施抚恤政策的官员也会表示服从。故而《后汉书》称羌人"王政修则宾服，德教失则寇乱"。羌人的缺点是部族多而分散，彼此之间还经常发生冲突，没有能够凝结成一个统一体。

羌人的这些特性在东汉末年乱世中为割据西北的军阀所利用，董卓、马腾的部队中都有大量羌人充当士兵，这也使得他们的战斗力一度十分强大，令人生畏。曹操逐走马超后，使夏侯渊、张郃等平定河西，再加上苏则、张既等一批能臣的治理，诸羌部族大体宾服，但由于汉羌之间不可调和的矛盾，小规模的骚乱仍时有发生。如郭淮就任雍州刺史不久，安定羌大帅辟蹄反，郭淮讨破之。诸葛亮第一次北伐后，郭淮又破陇西名羌唐蹄于枹罕（今甘肃临夏枹罕镇），这凸显了陇右地区魏、羌之间关系的脆弱。曹魏将雍州刺史驻地从长安迁至上邽，可能就有加强对陇右的控制、防范羌乱的考量。

羌人在雍凉一带长期以来的不安分，也是诸葛亮将北伐目标定在陇右的原因之一。早在"隆中对"之中，诸葛亮就提出了"西和诸戎"的策略，把团结西部各族作为季汉兴业的重大战略。掌政以来，他成功地将益州境内的羌、氐、夷、賨等少数民族纳入军旅。因此在北伐时，诸葛亮也寄希望于将地接陇右的羌族诸部拉拢成为汉军的盟友，对魏军形成夹击之势。季汉建兴八年（230）诸葛亮使魏延、吴懿西入羌中，正是奔着这一目的而去。事虽未成，但它对后来的姜维北伐产生了启发。姜维本是羌乱的受害者，其父在羌乱中殉难，但他的姓氏以及对凉州地情的熟稔让他与羌人有一种天然的亲近感。自马岱去世后，姜维就成为季汉最适合与羌人打交道的将领。于是，巨大的矛盾交织在姜维的身上——羌人是他的杀父仇人，又是他未来十余年北伐最为依赖的伙伴。

姜维率领偏师数次对陇右发动进攻，引起了魏军的警觉。延熙三年（240），姜维出兵陇西郡，魏雍州刺史郭淮亲率军迎击，这是史书所见姜维独立领兵伐魏的第一战，不妨将此役视为姜维的第一次北伐。

此役史书记载比较简单，姜维不敌退兵，郭淮追至强中（即强川口，今甘肃宕昌两河口镇）而返。据此可知，姜维此次偏军北伐的路线应是：由汉中出发，出阳平关向西至白水关，再溯白水（今白龙江）西上至强川口，即白水与今岷江汇合处，再溯岷江北上经由临洮道进入曹魏陇西郡西南临洮县（今甘肃岷县）一带。这条临洮道是诸葛亮北伐从未走过的路线，它较诸葛亮北伐更偏西，攻击对

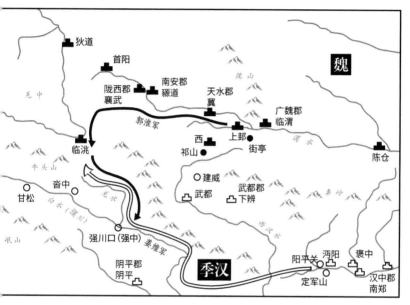

姜维第一次北伐形势图   陈梦实绘图

象也是比天水、南安更为薄弱的陇西郡。在击退姜维之
后，郭淮顺势讨伐了羌人首领迷当，并将当地氐人三千余
部迁徙往关中。由此我们可以推测，曹魏方面已经发现了
姜维试图与羌人联系，于是果断采取了措施。

　　这一年是郭淮担任曹魏雍州刺史的第二十个年头。
他已经几乎将自己的半生都献给了雍凉这片曹魏的西陲之
地，他的顶头上司从夏侯渊、张郃、曹真、司马懿到如今
的夏侯玄，如走马灯似地流转，而他就像一尊铁打金刚，

在年复一年地应对汉军的进犯和羌胡的骚乱中衰老下去。郭淮本以为在诸葛亮去世后，自己能够松一口气，然而从这一年开始，他不得不重新警觉起来。因为他昔日的僚属姜维，已经成长为敌国独当一面的大将，并且正在将战火燃烧到曹魏鞭长莫及的地方。

延熙五年（242）春正月，姜维督偏军自汉中还屯涪县，结束了为期三年对曹魏的试探性进攻。不久，蒋琬"东下之议"被朝廷否决，蒋琬也率领中军退居涪县。这一时间蒋琬与姜维见面的机会比较多。笔者推测，姜维可能向蒋琬汇报了自己"偏军西入"的成果和收获，尤其是他所探索的新路线，不仅能够迫使曹魏拉长防御体系、分散兵力，还能更接近羌氏部族，与他们形成南北呼应之势。因此，蒋琬在上疏中充分吸纳了姜维所获的情报以及对敌我形势的判断，极力推荐姜维出任凉州刺史，执行"衔持河右"的全新北伐方略。

蒋琬的建议很快得到了朝廷的批复。姜维出任镇西大将军，领凉州刺史。这是季汉自魏延之后的第二任凉州刺史。此次受封，也说明姜维已脱离蒋琬的大司马僚属，拥有更多独立领兵的权限，其所能统御的兵力也相应增加，应当已超过五千人，至少不再是"偏军"。正当姜维筹备新一阶段的北伐时，曹爽、夏侯玄引大军伐蜀，季汉上下需要集中兵力应对，姜维的军事行动暂时停下来了。

在兴势反击战中，姜维的行迹无载，可能是统帅涪县中军支援汉中的将领之一。战后，大将军费祎从蒋琬手中接过了中军指挥权，并成为季汉政治、军事的实际主事人。然而从此开始，季汉突然平静了下来，从延熙七年（244）五月曹爽退兵到延熙九年（246）底，两年半的时间里，季汉没有发动过一次对外战争，连姜维的行踪也不见记载。除了延熙八年（245）八月吴太后去世和费祎在汉中、成都之间往来巡视之外，这期间季汉几无要事可述。显而易见，费祎秉政后推行了一种更为保守的内外策略，抑制对曹魏用兵。姜维新一阶段的北伐被无限期推延。

吴太后，陈留人，其族父为大将军何进部将吴匡，其父与刘焉有旧，故举家随刘焉入蜀。吴氏在成为刘备的皇后之前就已有婚配，当时蜀中善相者谓吴氏有大贵之相，刘焉当时已有"异志"，故使三子刘瑁娶吴氏为妻。刘瑁本有望接替刘焉之位，但刘焉去世后，益州大姓赵韪等扶持"温仁"的刘璋继统益州。后来，刘瑁又因狂疾而死，吴氏遂孀居，原本在蜀中地位颇高的吴氏家族随之被边缘化，对刘璋也就有了疏离感。因此刘备与刘璋反目之后，吴氏之兄吴懿就率先于涪城倒向刘备。刘备平定益州，孙夫人已还吴，刘备在群臣建议下迎娶吴氏。这也是一次政治寓意很强的联姻，一方面意在笼络以吴懿、吴班（吴匡之子）为代表的蜀中旧人，一方面则向蜀中士民展示刘备对刘焉、刘璋家族"遗产"的全部合法承袭，这与曹操为子曹丕娶袁熙妇甄氏的逻辑是一致的。

刘备称王称帝，吴氏也渐次进阶王后、皇后，刘备一生数丧妻妾，她们大多只有随刘备患难受苦的命，只有吴氏享到了福分。然而吴氏在与刘备九年的婚姻中始终未能产下子嗣，这使得刘禅即位之后，其皇太后的身份只具有象征意味。尤其在诸葛亮推动追谥刘禅生母甘氏为昭烈皇后、合葬刘备惠陵之后，吴太后在法理上已不是刘禅的嫡母，其地位更显尴尬。季汉对后族的刻意限制，应是汲取东汉外戚专权酿祸的教训。故吴氏家族的成员吴懿、吴班在季汉也始终位尊而权不大。吴懿在诸葛亮北伐时只任魏延副将，即便在蒋琬时期他出任汉中督，也受到王平的制约。吴班曾参与刘备东征和诸葛亮北伐，稍迁至骠骑将军，假节，封绵竹侯，可谓尊贵，但他在蒋琬时期也无事迹可觅。两人事迹之少，导致他们在《三国志》中连列传都没有。吴太后薨逝时，吴懿已去世八年，吴班应也不在人世，吴氏家族也随之从季汉政治舞台上退场。但吴太后毕竟给刘禅当了三十一年的后妈，且无干政之欲，故而刘禅对她还是怀有感情。刘禅追谥其为穆皇后，将她也合葬入父亲的惠陵，使惠陵之内形成一夫二妻的墓葬格局①。

延熙九年（246）秋，从汉中巡视围守返回成都的费祎宣布大赦。这是季汉的第四次大赦，距离上一次大赦才不到三年。朝会上，以直言敢谏著称的大司农孟光当众向费祎发难。孟光认为大赦是"偏枯之物"，是在国家衰败至极的时候为挽回民众的信赖才做的权宜之计，如今皇帝贤明，百官称职，国内平定，却多次采用大赦来施行所谓的"非常之恩"，非但不能让百姓受益，反而会让那些有罪之人逃脱法律制裁，为害社会。孟光当着群臣的面，抨击费祎施政之失，"上犯天时，下违人理"，真是一点面子都不给。孟光在灵帝末年就已在洛阳任职，在季汉朝堂年资最老，此时已是耄耋之年。面对他的批

① 惠陵位于四川成都武侯祠景区内昭烈庙西侧，陵墓建筑由照壁、山门、神道、寝殿等组成，现存封土高 12 米，周长 180 米。历代王朝对惠陵都有所保护，惠陵未发现被盗掘的痕迹，目前也未进行考古发掘，因而墓冢内部情况尚不得而知。

评，费祎虽心有不平，但也只能恭敬地表面应承，不敢反驳。

事实上，费祎也确实无话可说，因为无论是叫停北伐，还是频施大赦，都不过是他取悦百姓、为自己赚取政治声望的手段，这与诸葛亮勠力北伐、"赦不妄下"的务实作风形成了极大的反差。孟光的批评说明，尽管诸葛亮已经离开了十余年，但他的投影仍旧在季汉朝堂上挥之不去，人们不自觉地会用诸葛亮的标准去衡量当朝主政者，费祎的这些对诸葛亮治国之策改弦更张的行为自然会引起强烈的反对声浪。

可是费祎并不在乎，在蒋琬淡出政坛后，费祎作为诸葛亮钦定的"隔代接班人"，在朝中已无竞争对手。他既感激诸葛亮的提携之恩，又从骨子里反对诸葛亮的北伐之策，他既渴望获得诸葛亮昔日的宰辅权力，又不愿意始终活在诸葛亮的阴影里。如果说蒋琬还在小心谨慎地"萧规曹随"的话，那么费祎对自己的政治使命十分明确，那就是带领季汉真正走出"诸葛亮时代"。

延熙九年（246），大司马蒋琬、尚书令董允同年去世。按此前的惯例，费祎将递补大司马的出缺，进而获得开府治事之权，成为真正意义上的宰辅大臣，而董允空出的尚书台权力，也极有可能向费祎身上汇流，或由费祎来进行重新分配。费祎的地位和权力已经逐渐向昔日的诸葛亮靠拢。

次年，朝廷的诏书颁下，费祎没有等来自己的升迁，反而是被"雪藏"三年的姜维向上迈了一大步——迁卫将军，与大将军费祎共录尚书事。

提拔姜维以制衡费祎，这是再明显不过的帝王心术。让以主战闻名的姜维分割费祎的权力，对费祎而言无疑是一计当头棒喝。无怪乎常年关注季汉政治生态的魏人鱼豢会在《魏略》里写下这一笔："琬卒，禅乃自摄国事。"从提拔姜维开始，皇帝刘禅终于向相权展开了反击，并开启了自己的亲政时代。

费祎的身份

费祎，字文伟，江夏鄳县（今河南罗山）人。他在季汉的发迹，还要追溯到建安十八年（213）。

是年，刘备率军攻打刘璋控制的绵竹县，护军李严倒戈来降，并带来了一个叫费观的人，这让刘备喜出望外。

江夏费氏居然站在了自己这边，这让刘备吞并益州的底气一下子大了许多。

　　江夏是东汉荆州刺史部所辖七郡之一。益州的旧主刘焉是江夏竟陵（今湖北潜江）人。汉代地方大族的通婚网络大体以郡内或邻郡为范围，刘焉娶同郡费氏为妻，生刘璋。因而刘焉父子时期，江夏费氏凭借着姻亲关系，在益州有较大的影响力。费观是费夫人的族侄，同时又娶刘璋之女为妻，与刘璋可谓双重姻亲。因此，费观投向刘备，使刘璋部属产生了极大的动摇，"郡县望风景附"，很可能与费观率先归降有关。费观后来在季汉政权担任巴郡太守、江州都督，诸葛亮掌政后更是颇有心意地封其为振威将军（刘璋此前所任将军号），以示对刘璋旧部的抚慰。

　　费观年仅三十七岁便早逝，因其事迹不显，在《三国志》无传，但江夏费氏在蜀中的影响力另有传人。刘璋之母费夫人另有一侄，名曰伯仁。费伯仁游学入蜀，刘璋曾专程遣使相迎。与费伯仁同来的，还有他的族子费祎。这个年轻人凭借与刘璋家族的姻亲关系，很快在益州获得了声望，当时与他齐名的有许靖家族的许叔龙、董和之子董允。

　　刘备平定益州后，大量延揽刘璋旧部为官，费观、许靖、董和都是刘备的座上之宾。其中董和被任命为掌军中郎将，与诸葛亮并署左将军大司马府事，成为益州"新人"与"旧人"合作的典范，作为他们下一代的费祎、董允也成了香饽饽。一者，他们背后的家族与刘焉、刘璋渊源颇深，是刘备政权需要笼络团结的对象；二者，他们原籍在荆州（董允为南郡枝江人），而刘备部属又多为荆楚人士，彼此有着天然的亲近感；三者，他们因年岁较少，未曾在刘璋时代出仕，故而也没有他们父辈更易门庭所背负的历史包袱。就这样，费祎与董允从入仕之初就没有鲜明的派系色彩，或者说，他们身上较好地体现着当时益州内部主客之间、新旧之间的融合，加之他们年轻有才干，因此，在刘备时期，他们就成为季汉政权一股不可小觑的新生力量。

刘备称汉中王，立刘禅为太子，费祎和董允俱为太子舍人，俄而分别迁太子庶子、太子洗马。据《后汉书·百官志》，此三职统属太子少傅，均为太子官属中的重要成员，随太子左右奉事，更值宿卫，多由良家子担任。他们与刘禅亦师亦友，建立了深厚的君臣情谊。刘禅登基后，诸葛亮对费祎和董允更加提携，让两人同时出任黄门侍郎，作为刘禅身边的近臣，一方面教导刘禅学业政事，一

方面匡正刘禅的言谈举止。诸葛亮在《出师表》中将费
祎、董允及南阳人侍中郭攸之并称为刘禅身边的"良实"
之臣，夸赞他们"志虑忠纯"，是先帝刘备"简拔"的人
才，要求刘禅对宫中之事"事无大小，悉以咨之，然后施
行"，同时他也对郭攸之、费祎、董允提出了希望，要求他
们在刘禅身边"斟酌损益，进尽忠言"，甚至把丑话说在了
前面——如果刘禅"无兴德之言"，就要对他们进行问责。

与董允相比，费祎在品性上又高出一筹。有一次，许
靖的儿子去世，众臣都去吊丧，董允怕丢了面子，向父亲
求借一辆车子，而董和却只给了他一辆鹿车①。鹿车是底层
劳动者运送物资的工具，士人坐于车上岂不难堪？董允因
此面有难色。可费祎一点不觉得尴尬，拉着董允一屁股坐
了上去，径往许靖府上去。现场高士云集，诸葛亮等人都
乘坐鲜亮的马车而来，董允"犹神色未泰"，而费祎在人群
中"晏然自若"。董和得知此事后对董允说："吾常疑汝于文
伟优劣未别也，而今而后，吾意了矣。"费祎在董和眼里妥

---

① 鹿车，又作辘车，即独轮小车，靠人力推行。《风俗通义》云："鹿
车窄小，裁容一鹿也……无牛马而能行者，独一人所致耳。"在山东
武梁祠、四川彭县所见的汉画像砖石上均绘制有鹿车形貌。一种观
点认为诸葛亮为北伐运输粮食物资所创制的"木牛"就是由鹿车改
造的。

妥成了"别人家的孩子"。

诸葛亮也更为器重费祎。诸葛亮南征还朝，群臣于城外数十里相迎，许多人都比费祎年长资深，但诸葛亮惟独邀请费祎和自己同乘一辆车，为他提升声望，"由是众人莫不易观"。在诸葛亮北驻汉中不久，他对费祎和董允的任用已经开始呈现出差别。他将董允迁为侍中，仍旧主管宫省内事，并且领虎贲中郎将，统宿卫亲兵，而将费祎调入丞相府，担任参军，从事外交工作，频繁出使东吴。三年后，诸葛亮又转费祎为中护军、丞相司马，召至汉中前线任用，让他直接参与北伐战事。丞相司马总管北伐军的军事调度，之前担任此职的是北伐头号将领魏延。诸葛亮让一名文职官员担当此职，足见他对费祎的肯定。

至此，短短四五年间，费祎的仕宦涉足内政、外交、军事诸领域，且均是核心要害岗位，纵观诸葛亮掌政时期，再也看不到第二个人得到这般待遇。诸葛亮对费祎的任职安排，明显是为了让他熟悉不同的业务范畴，培养他全面的施政能力。可见，诸葛亮已经将费祎视为潜在的接班人倾力栽培。

费祎凭借着一张忠厚老实的面孔，让魏延引为党羽，与他共作手书，让杨仪不设防备，当面口出妄言。而很快，魏、杨二人都因为轻信费祎而付出了沉重的代价。这些不甚光彩的政治手段，到底是诸葛亮的临终遗计，还是费祎的精巧布局，我们已经无从得知。但无论如何，在诸葛亮去世之后的权力洗牌中，费祎不仅深度参与，而且将自己择得干干净净，以手不沾血的方式坐稳了季汉朝臣中的第二把交椅。

费祎是一个天生的政治家，史料中记载了他的一些精于政事的细节。费祎处理政务的效率极高，公文案牍只需扫一眼便可知其大意，速度数倍于他人，而且过目不忘。费祎还练就了一心多用的本事，他处理政事的时候，往往会同时接待来访的宾客，费祎与他们饮食、嬉戏、博弈，客人兴尽而去，政事却没有丝毫的疏废。费祎担任尚书令九年，让尚书台重新成为季汉公文传达、行政运转的枢纽机构。后来董允接替尚书令之职，想要效仿费祎的办事效率，"旬日之中，事多愆滞"，于是不得不承认自己与费祎之间的能力相差甚远。

费祎的官职蹑着蒋琬一路升迁，由尚书令而至大将军、录尚书事。他通过否决"东下之议"逼迫蒋琬退居二线，通过兴势之战将军权控制在自己的手中。在此期间，费祎还与皇帝结成了双重姻亲——次子费恭尚公主，长女配太子刘璿为妃，时隔半个多世纪，江夏费氏再度成为益州之主的外戚之家。史载费祎"当国功名，略与琬比"。

到了延熙十年（247），费祎的身上已经叠加了如下身份标签：他是刘璋的母族，是刘禅的亲家，是先主简拔之臣，是后主潜邸之人，是董和盛赞之才，是诸葛亮同舆之友，是留任宫中的内政官，是出使东吴的外交官，是随师北伐的军政官，是勤于政事的尚书令，是御敌于外的大将军，是陷魏延于绝路的背刺者，是致杨仪于死地的告密者，是季汉国政真正的"接班人"，却又是季汉北伐最大的反对者。

当费祎的仕途一路顺遂，距离他期盼已久的至高权力仅剩一步之遥的时候，姜维出现了。费祎千算万算，也没有料到，这个他从未重视的凉州武人、降虏之徒，将成为自己在季汉朝堂上最大的障碍。

向西，再向西

据《后汉书·百官志》，姜维受封的卫将军是比公的四大将军之一，次于大将军、骠骑将军、车骑将军。刘备称帝时未封卫将军，考虑到马超、张飞的骠骑将军、车骑将军是从左将军、右将军迁转而来，故可推测卫将军一职本应由后将军的黄忠迁任，只因黄忠病逝于刘备称帝之前，故而此职空置，直至二十六年后才在姜维手中重新启用。姜维同时成为继诸葛亮、蒋琬、费祎之后季汉第四位"录尚书事"。当时季汉大将军是费祎，车骑将军是邓芝，姜维在班位上虽居于第三，但由于邓芝不录尚书事，姜维的实际地位仅次于费祎。

从弃魏投蜀到出任宰辅重臣，姜维用了整整二十年。昔日飒爽英姿的年轻人，如今已经是四十六岁的中年人。他背负着不忠不孝的世俗之讥，抛却父母之国来到陌生的巴蜀，他的身边没有亲人，也没有朋友，诸葛亮是他唯一效忠的对象。而在诸葛亮去世后，无亲故、无根基的姜维与深宫中的孤家寡人刘禅意外地产生了惺惺相惜之感。刘禅深知姜维对功名有着超乎常人的渴望，而唯有他才能给予姜维建功立业的机会。只要刘禅赐予他一分恩宠，他就会回报刘禅百倍的忠诚。在费祎的权力逐渐膨胀之际，姜维成为最能够给刘禅带来安全感的人。

刘禅提拔姜维，意味着授意他重启"衔持河右"的北伐方略。姜维此时所统领的军队数量也有所增加，接近一万人。是年,姜维先率军赴汶山郡(治所在今四川汶川南)平定当地的平康夷叛乱,算是北伐前的一次练手①。汶山郡北接阴平,南通成都,自姜维北伐后,因其行军路线偏西,大军常从阴平郡出,汶山的战略价值得以凸显。

汶山局势稳定后,犍为资中人王嗣出任汶山太守、安远将军,他招抚当地羌胡,待以恩信,并且从羌胡部族中征调了大量马、牛、羊、毡罽、粮谷供给前线,积极支持姜维北伐,史称"国赖其资"。汶山郡从夷汉杂居的边僻之地转为姜维北伐的重要后勤保障之所。王嗣为人"美厚笃至,众所爱信",后来王嗣跟随姜维北伐,中箭不治身亡,汶山夷人数千人为其哭泣送葬。从王嗣对汶山夷人的管理,我们略可窥到姜维在处理与少数民族关系上颇有心得和手腕。这将在后来姜维的北伐中集中体现。

与此同时,曹魏却开始陷入东汉的魔咒——羌乱。曹爽伐蜀强行征调羌胡牛马运粮,损失惨重,引发"羌胡怨

---

① 今四川省汶川县威州镇存有姜维城遗址,传为延熙十年(247)姜维平定汶山叛乱所筑,是目前岷江上游发现最早、堆积最厚、延续时间最长、最具代表性的一处古遗址,遗址范围内分布有较为集中的新石器时代文化遗存、汉代汶山郡夯土城墙遗址、点将台、明代石砌城墙以及汉、晋、唐、明、清各时期的古墓葬群,是第六批全国重点文物保护单位。

叹""关右悉虚耗",已经在雍凉埋下了苦果。曹爽回师之后,醉心于与司马懿争权,无暇顾及对羌胡部族的抚恤。羌胡诸部积怨日久,终于在三年之后总爆发。

魏正始八年(247),也即姜维出任卫将军同年,西北羌乱大起,此次叛乱的羌胡部族共有六部,分别是陇西、南安、金城、西平四郡诸羌饿何、烧戈、伐同、蛾遮塞,以及凉州"名胡"白虎文、治无戴。治无戴可能为黄初二年(221)曹真讨破卢水胡首领治元多的族人,其势力范围在河西走廊武威、张掖两郡之间(今甘肃永昌一带)。这是曹魏有史以来波及范围最广的一次羌胡叛乱,雍、凉二州共六郡卷入战火。而且此次叛乱的羌胡诸部都有南下附汉之意,主动"南招蜀兵",这俨然呼应了当年蒋琬奏疏中"羌胡乃心思汉如渴"的判断。

姜维当然不会放过这个机会,他的第二次北伐就此开启。此次北伐目的在于迎接叛魏的羌胡,并在更向西的方向寻找新的进军路线。

姜维趁郭淮进军狄道征讨羌乱之际,率军取临洮道北上。魏国早有防备,以讨蜀护军夏侯霸屯兵为翅(又称翅上,今甘肃岷县东)阻之。当时郭淮帐下众将多认为应当先平定枹罕羌乱,再讨外敌,郭淮则认为姜维的威胁更大，于是率军从狄道南下汜中，支援夏侯霸。姜维果如所料攻打为翅，见郭淮援军来，便撤军而去，郭淮顺势进讨陇西、南安两郡叛羌，斩饿何、烧戈，降者万余。

次年，郭淮溯黄河河谷攻河关（今甘肃积石山西北）、白土城（今青海化隆回族自治县东南），击破蛾遮塞等，平定西平、金城羌乱，这样曹魏境内的叛乱势力就只剩下凉州的治无戴等。治无戴当时正围攻曹魏武威郡，郭淮采用围魏救赵之计，驱兵攻打治无戴家眷所在的西海（今青海湖），治无戴中计来援，为郭淮大破于龙夷（今青海海晏）之北。眼见郭淮转斗千里，大有荡平胡羌叛乱之势，姜维再次出兵，迎接治无戴残部南下，这是姜维的第三次北伐。

此次姜维选择的路线，据《三国志·郭淮传》为"出石营，从强川"。石营在今甘肃武山南，是通往南安郡之路，而强川是当时对白龙江上游的俗称，因其水由强台山（今西倾山）南麓发源而得名，在阴平的西北部。两地完全是两个方向，何以能够在同一条出兵路线上？学者宋杰考证认为，姜维可能是先从武都赴石营受阻，然后撤回蜀境，转而西行，溯白龙江西北至沓中（今甘肃舟曲、迭部县一带）、甘松（今甘肃迭部县一带），由此向北穿过迭山和南秦岭山脉的峡谷，渡过洮水至今甘肃临潭一带，这样就进入了魏陇西郡洮水西岸的一片区域。学者宋杰认为，这一地带主要是羌族居住区，曹魏没有驻兵设防，因此姜维选择这条道路虽然纡远，却比较安全，且可以在羌地获得补给。因此后来姜维多次北伐，包括两次攻打狄道都是由这里通过的①。

由于此次北伐深入曹魏陇西郡腹地，为保障后路不被截断，姜维特意留下阴平太守廖化在成重山（大致在洮西至沓中之间，具体地点不详）筑城戍守，收纳被郭淮击败的羌人残部，同时作为与羌人进一步合作的保质。曹魏诸将害怕姜维与胡人接上头，都建议合兵西进，截断胡、蜀之间的通路，郭淮却再次力排众议，决定分兵两路，让姜维疲于奔命。他亲率诸军攻打廖化，使夏侯霸击姜维。姜维怕廖化有失，果然来救廖化，与郭淮、夏侯霸战于洮西，不久引退。夏侯霸追姜维至沓中而返。郭淮凭此次功劳进封都乡侯。

需要说明的是，姜维第二、第三次北伐的详细过程，主要记载于代表曹魏视角的《三国志·郭淮传》，多有专美传主之语，不可全信。结合《三国志·后主传》《三国

---

① 宋杰《三国战争中的阴平》，见《三国战争与地要天时》，中华书局2024 年版。

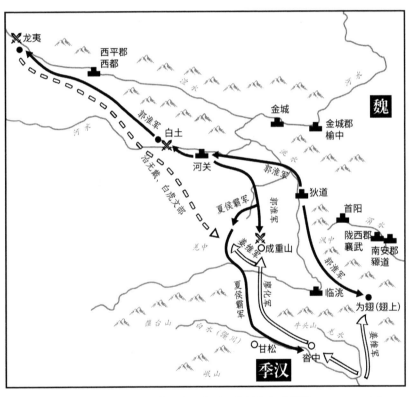

姜维第二、第三次北伐（迎接羌胡）形势图　　　　　陈梦实绘图

志·姜维传》来看，此役姜维虽然退军，但成功迎回了胡王白虎文、治无戴等，并将其部安置于成都北郊的繁县[①]，算一次小胜。据《三国志·姜维传》"又出陇西、南安、金城界"，可知姜维此次北伐最远抵达了隶属凉州的金城郡（治所在今甘肃兰州）界内，这是姜维以凉州刺史的身份首次踏上凉州的土地，姜维与白虎文、治无戴等部的会师地点可能就在金城郡南部一带。

姜维不断在西线向曹魏发动攻势，不仅挑动着曹魏的神经，也让成都的费祎坐立难安。作为追随诸葛亮多年的僚属，费祎十分清楚季汉的政治生态，即谁主导了征伐之任，谁就将接管军权，进而主宰内外政事。如今姜维频繁出兵，大有形成姜维掌军于外、费祎主政于内的二元格局，一旦如此，费祎的"大将军"一职将名不副实。

费祎必须行动。延熙十一年（248），汉中督、镇北将军王平病逝。借此机会，费祎于夏五月率中军出屯汉中。

[①] 今四川省彭州市致和镇存有白虎夷王城，遗址为长方形结构，南北长约220米，东西宽约170米，总占地面积约3.7万平方米，现仅存西北、东北城墙的一段；又有白虎夷王墓，为单室砖墓，墓室进深5.5米，宽2.75米。此地即三国时繁县境内，据当地地方志记载，此"白虎夷"即延熙十年（247）姜维从魏地所迎之胡王白虎文所部。

如果说十年前蒋琬出屯汉中是为了展现北伐姿态的话，那么此次费祎北屯汉中，更多的是抑制姜维北伐，并进一步增强自己对季汉军队的控制权。因为姜维北伐需由汉中发兵，他的一应后勤保障都需由汉中供应。费祎来到汉中，基本宣告了姜维北伐的停滞。

不过很快，曹魏的政局发生了突变。高平陵政变爆发，司马懿诛灭曹爽，独摄国政。受此影响，雍凉都督区也发生了人事变更：夏侯玄因与曹爽一党，受到司马懿的猜忌，被褫夺兵权，征调入朝担任大鸿胪。镇守关右三十余年的郭淮终于晋升征西将军、都督雍凉诸军事，成为曹魏西部战区的头号人物。而他的雍州刺史之位，则由在高平陵政变中劝降曹爽有功的尚书陈泰"空降"补缺。陈泰，字玄伯，是故司空陈群之子，文武兼备，深通兵法，他的到来让姜维北伐又多了一大劲敌。

司马懿对曹爽一族的血腥屠杀，让长期驻防雍凉的右将军夏侯霸心生恐惧，加之他与郭淮不睦，郭淮升任征西将军后，他更加不安，于是索性南投季汉。然而，夏侯霸不熟悉道路，在阴平道中迷路，以至于粮食吃尽，杀马步行，直到走得脚下流血，卧倒在岩石之下。好在此时有山人路过，夏侯霸求问道路，他南来的消息才为季汉所知。季汉方面忙派人去迎，这才将夏侯霸从绝境救了出来。

自姜维降汉二十一年后，再度有魏将南来，而且是曹魏宗室之人。夏侯霸成为曹魏政治内斗给季汉带来的一份大礼。皇帝刘禅亲自接待了夏侯霸。夏侯霸是夏侯渊之子，与季汉本有杀父之仇，刘禅为了消除他的疑虑，甚至当面对他说："卿父自遇害于行间耳，非我先人之手刃也。"又因刘禅皇后张氏之母为夏侯霸从妹，刘禅便指着自己的儿子说："此夏侯氏之甥也。"实际上，张皇后并未产子，此皇子与夏侯家根本没有血缘关系。刘禅如此生硬地向夏侯霸套近乎，既是为了向他展示皇恩浩荡，也是藉由对降将的厚待，向姜维释放出信赖与勉励的信号。

夏侯霸的来降对姜维是一次极大的激励，皇帝刘禅的态度又分明是在支持他在此前的北伐基础上继续开拓新的成果。是年，姜维获得了假节之权，于是他在秋季开启了第四次北伐。

此次北伐，姜维的目标是西平郡。西平郡为建安年间析金城郡西都、安夷、破羌、临羌四县所设，治西都（今青海西宁）。从上述县名略可看出，西平郡为羌人聚集之地，又地处偏远，是曹魏控制较为薄弱之处。从汉末开始，西平一带的豪强就多次爆发叛乱。如西平豪强麹演数次举郡反叛。黄初中，金城太守苏则诱斩之。彼时西平大族郭氏亦从叛乱，魏讨平后，郭氏一女没入宫中，为明帝曹叡所纳，成为如今洛阳永宁宫中的郭太后。又魏太和元年（227）西平豪强麹英反叛，杀临羌令、西都长，魏遣郝昭、鹿磐讨斩之。及至前述魏正始八年（季汉延熙十年，247），西平仍有羌乱爆发，郭淮虽率军讨平，但仅能做到暂时的稳定，终究无法尽除羌胡叛心。

西平郡的情况，可能是由夏侯霸透露给姜维的，这与姜维"衔持河右""诱诸羌、胡以为羽翼"的北伐方针完美契合。但西平毕竟路途遥远，且要纵穿曹魏陇西郡，姜维决定先将魏军主力吸引到临洮一线。姜维率众沿临洮道北向，穿越牛头山（今迭山东部余脉），在临洮县东南的麹山①修筑了两座防御城堡，使牙门将句安、李歆等守之，并笼络附近的羌人袭扰周边曹魏城池。

曹魏这边，郭淮与陈泰组成了新的御蜀搭档。由于这是高平陵政变之后的首次防御战，司马懿唯恐雍凉有

---

① 《读史方舆纪要》："麹城在岷州卫东百里。"《大清一统志》："今甘肃巩昌府岷州东南一百里。"据《三国志·郭淮传》"降蜀牙门将句安等于翅上"，可知麹城与翅上（为翅）应为同一地点，或相距较近。

失，特意派次子司马昭以安西将军持节，西屯关中，为诸军节度。陈泰虽然新至陇右不久，但对军事部署与地形地利有着极其准确的判断，他认为麹山二城看似坚固，但离蜀境险远，需要从蜀地长途运粮来维系。而周边的羌胡苦于劳役，也未诚心归附。只要派兵包围，断其粮道，麹山二城就将不攻自破。郭淮认同陈泰的计策，派他率军围城。

陈泰麾下有两员大将，一位是代替夏侯霸任讨蜀护军的徐质，一位是向司马懿献淮南屯田之策有功、被新授南安太守的邓艾。徐质与邓艾依计而行，将两城团团围住，任汉军挑战也不出阵。麹山二城果然陷入断粮的困境，士兵不得不用雪水充饥，以待援兵。不久姜维亲率兵来援，与陈泰对阵。陈泰不当面迎敌，而是与郭淮商议，分兵去渡白水、越牛头山，截断姜维的归路，以达到"不战而屈人之兵"的效果。果然，当郭淮才进军洮水的时候，姜维察觉了魏军的目的。为避免被魏军围歼，姜维不得不暂时退走。

看见姜维退兵，郭淮便想趁势讨伐与姜维呼应的羌人，但邓艾认定姜维不甘心失败，很可能会再回来，建议郭淮分兵防守。郭淮在雍凉三十余年，心高气傲，哪里看得上这个刚调任过来、有些口吃的将领，听得进去他的建议？于是郭淮只派邓艾带少量士兵屯驻在白水以北[①]。果然只过了三天，蜀将廖化就反扑而来，在白水南岸结营，并且做出制作浮桥、要渡河的样子。邓艾何其聪慧，一眼就看出了其声东击西之策，他说："我们如今兵少于敌，敌人要来攻打，直接渡河便是，搭什么桥呢？这分明是姜维让廖化牵制住我们，他自己率主力必定向东袭取洮城。"洮城距离邓艾营屯六十里，虽是一座小城，但它在白水以北，如果被姜维占据，魏军将被前后包抄。于是邓艾连夜行军，抢先占领了洮城。姜维果然渡河而来，看到洮城已有驻军，大为吃惊。而此时又传来对汉军不利的消息，司马昭从关中率军南趋骆谷，做出进攻的态势。姜维怕汉中有失，只能放弃麹山二城，退保南郑。句安、李歆孤立无援，最终献城降魏。

洮城之役，虽然双方没有真正交战，却是邓艾与姜维的第一场对决。若是郭淮、陈泰也就罢了，如今一个名不见经传的邓艾都能识破他的计策，这让姜维脊背发凉。随

[①] 白水（白龙江）在武都、阴平郡，已深入蜀境。若邓艾与廖化对峙在今白龙江一带，似与魏军防守、汉军进攻的态势不符。笔者疑此处之白水或为今岷江，岷江为白龙江支流，古人常将支流与干流名称混用。此次邓艾与廖化、姜维对峙的区域应在今甘肃省宕昌县北部一带，洮城应距洮水或其支流不远。

着王平、马忠的接连谢世，季汉的人才已经达到了青黄不接的程度，否则也不至于要让他姜维这一员降将来擎起北伐的大旗。可曹魏那边依然人才济济，那些优秀的将领一个又一个地在陇右这片硝烟弥漫的土地上登场，让季汉的北伐之路变得更加坎坷。

如果姜维在洮城下仰望城头，他会与邓艾产生第一次的谋面。也许因为被猜中了心思，姜维对这个新对手产生了莫名的兴趣，他甚至会想象，若自己还留在魏境，他们可能会成为并肩作战的同袍，甚至成为无话不谈的密友。不久，谍报人员传来消息，邓艾在战后被赐爵关内侯，加讨寇将军，并被调离陇右，前往城阳郡（治所在今山东诸城）任职。姜维的心中反倒有一丝说不出来的失落。冥冥之中，他觉得他与邓艾还将再次相遇。

此次北伐，姜维的行动处处都在魏军的计算之中，他的本意是想通过在麹山筑城来牵制魏军的兵力，却没想到魏军反应如此迅速，而且看准了汉军悬兵敌境、补给线长的软肋，两度采取断道之策，只付出极小的代价，就让姜维损兵折将，吃了一个窝囊的败仗。

延熙十三年（250），在付出了不小的代价，将魏军主力吸引到临洮道后，姜维终于开始执行他真正的计划，向

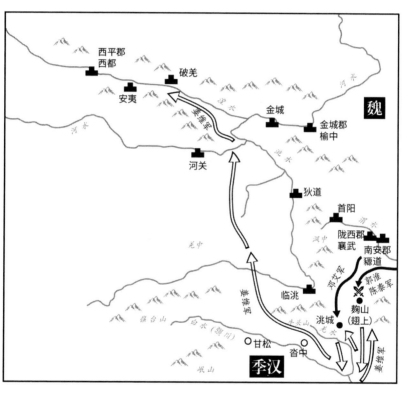

姜维第四、第五次北伐（麹山、西平之战）形势图　　　陈梦实绘图

遥远的西平郡挺进。但《三国志·姜维传》将姜维"复出西平"的时间系于延熙十二年（249），与《后主传》不同。学者宋杰认为，由于此行路途较远，姜维可能是从延熙十二年（249）的秋冬出兵，至次年春夏才到达西平郡界。这是姜维的第五次北伐。

此次北上具体的行军路线，史料未载，推测应当还是沿延熙十一年（248）姜维迎接治无戴残部的路线，从甘松北上至洮水以西的羌族活动区，之后沿洮水西岸北上，在今甘肃永靖县入黄河，这已进入魏金城郡。顺黄河而下不久即可入湟水，再溯湟水西行，就进入了西平郡境内。

姜维此番孤军深入，冒着极大的风险开拓了一条由益州出发、穿越雍州、通往凉州的道路。但这次远征未能收获预期的效果，史书仅以"不克而还"四字概括，可见夏侯霸带来的情报已经过时，西平一带的羌人在经过曹魏几次镇压之后，对响应季汉的北伐并不积极，郡内城池也难以在短时间内攻克，姜维无法在魏地悬军日久，只得撤军而返。而曹魏方面的史料也未见对此次姜维入侵有任何应对、交战的记载，大概是因为郭淮、陈泰的防御重心都放在临洮道，压根儿没有想到姜维会潜入魏境那么深，而姜维在西平也确实没有多大斩获，故而就大事化小，小事化了了。

此役唯一值得一提的是，姜维在抄掠西平郡时俘虏了当地一名叫郭脩（一作郭循）的中郎。本着对人才尽其所用的原则，姜维将他带了回来，并推荐到朝廷以资任用。姜维在魏之时，也曾做过中郎这一低阶武职，郭脩的出现也许会让姜维想起自己当年背魏投汉的那段青春岁月。夏侯霸、郭脩的先后到来，让身为降将的姜维不再孤单。

姜维笃信，他的引荐将改变郭脩的命运，可他根本不会想到，郭脩的到来，将在三年之后改变他、费祎，以及许多人的命运。

汉寿血光

延熙十六年（253）的正月初一，一元复始，万象更新，季汉家家户户都在欢庆新年到来，大将军费祎也在驻地汉寿（今四川广元昭化镇）摆下宴席，举办岁首大会，招待宾客群僚。酒过三巡，费祎十分尽兴，不觉已经有些微醉。他迷迷糊糊地睁开双眼，看到座中有一人举杯近前，要向他敬酒。费祎仔细看去，那人是三年前投汉的魏降人郭脩。降臣在国中寡亲少友，故而对掌政之臣格外殷勤，于理为合。费祎未及多想，便欲伸手去端桌上酒杯。

突然，郭脩敛起了脸上的笑容，扔掉了手中的酒杯，就在酒杯坠地的那一刻，他从马鞭中抽出了一把小刀来。费祎根本来不及做任何反应，那把刀就径直冲着他的腹心刺来。

一片混乱之中，费祎倒在血泊里，数日后不治而亡，谥敬侯[①]。一位辅政大臣，竟在众目睽睽之下死于刺客之手，令天下哗然。

刺客在中国历史上的第一个活跃期是春秋末期至战国，专诸、豫让、聂政、荆轲为报恩主之情，舍生忘死，刺杀帝王权相，名垂竹帛。秦汉一统后，国家相对稳定，法制渐趋完善，刺客的行为受到了极大的抑制。到了东汉末年，随着时局动荡，刺客又浮现于历史的水面之上，这些行刺的行为往往能够猝然之间改变历史的走向。如建安

---

① 费祎墓在今四川省广元市昭化区昭化古城临清门外，为四川省文物保护单位。清雍正十三年（1735），果亲王允礼送七世达赖喇嘛返回西藏时路过昭化，曾拜谒费祎墓，题写"深谋卓识"匾。乾隆二十七年（1762）昭化县令吴邦焜修建敬侯祠碑亭，并将果亲王的题笔刻立成碑。原碑已毁，今碑为近年重建，背面刻诸葛亮《出师表》中评价费祎的"志虑忠纯"四字。碑亭对面为费祎墓，墓前有一碑，书"蜀汉大将军录尚书事成乡敬侯费祎之墓"，是光绪三十三年（1907）昭化县令吴光耀重修费祎墓所刻。

五年（200），前吴郡太守许贡的三名门客于丹徒山行刺讨逆将军孙策，致使孙策伤重而死，其阴袭许都的计划戛然而止，从而让深陷官渡苦战中的曹操免除了后方的威胁。又如刘备为平原相时，郡民刘平耻为其下，遣刺客刺杀，刘备不知其来由，待其甚厚，刺客深受感召，向刘备坦白后径直离开。倘若这刺客刺下这刀，怕是就没有后来的季汉以及这本书里的故事了。

季汉臣民印象最深的一次行刺是章武元年（221）六月，车骑将军张飞为帐下将张达、范强刺杀，令刘备痛失一臂。此后三十余年，在季汉内部便再无针对文武要员的刺杀行为，这也可视为国家内部安定祥和的一种表征。而与此同时，曹魏则将行刺提升为"国家行为"。当时鲜卑首领轲比能屡犯曹魏北境，连诸葛亮都不远千里派人与之联合。为一举解决北部边患，幽州刺史王雄遣刺客韩龙将轲比能刺死，鲜卑遂衰。其事在魏青龙三年（235），即诸葛亮去世的次年。

那么，此次当众刺杀费祎的郭脩，是不是曹魏故技重施，再度派来的职业刺客呢？

在费祎遇刺的八个月后，曹魏皇帝曹芳降下诏书，其文曰：

故中郎西平郭脩，砥节厉行，秉心不回。乃者蜀将姜维寇钞脩郡，为所执略。往岁伪大将军费祎驱率群众，阴图窥窬，道经汉寿，请会众宾，脩于广坐之中手刃击祎，勇过聂政，功逾介子，可谓杀身成仁，释生取义者矣。夫追加褒宠，所以表扬忠义；祚及后胤，所以奖劝将来。其追封脩为长乐乡侯，食邑千户，谥曰威侯；子袭爵，加拜奉车都尉；赐银千鉼、绢千匹，以光宠存亡，永垂来世焉。

诏书中对郭脩刺杀费祎的行为不吝溢美之辞，夸赞郭脩在众目睽睽之下手刃费祎，勇略超过了聂政和傅介子，是"杀身成仁，释生取义"。同时，对郭脩进行了丰厚的嘉奖，追封其为乡侯，对其子也有官爵和财物的赏赐。据此可知，郭脩与许多刺客前辈一样，在行刺完成后已被杀，曹魏这边完全是将他作为一个烈士来加以纪念。代表曹魏视角的《魏氏春秋》又补充了一些郭脩的史料，其中提到郭脩字孝先，早年在西平就已经很有名气。他被姜维俘虏至蜀后，受封左将军。左将军位比九卿，且是刘备曾经长期担任过的职位，蜀汉对其待遇不可谓不厚。但郭脩并未真心降汉，他本欲刺杀刘禅，但因为刘禅周围守卫森严，他没有寻到机会，于是就刺杀了费祎。

为《三国志》作注的裴松之对曹魏这道诏书感到困惑，他认为郭脩的行为被严重夸大，不能与聂政、傅介子相提并论。他说，魏蜀两国虽是敌战之国，其仇恨还没有到非得动用刺客的程度，刘禅和费祎都是平庸的君臣，他们的性命无关国家兴亡，不值得去刺杀。而郭脩作为一个魏人，被俘后既没有守节不屈，也没有受到曹魏的指使，就贸然去刺杀蜀国重臣，这无论从哪个角度都称不上"义"，最多不过是个狂夫罢了（"义无所加，功无所立，可谓'折柳樊圃'，其狂也且，此之谓也"）。

裴松之看来是有点较真了。这不过是曹魏方面的舆论宣传而已——敌国发生了这么大的事情，行刺者又曾是魏人，曹魏即便是站在幸灾乐祸的角度上，也要把此事大肆宣扬一番。不过，裴松之倒是指出了这件疑案背后的一个重要问题，即郭脩行刺根本不是曹魏所指使的行为（"不为时主所使"）。魏廷非得将此揽在自己身上，当作对季汉斗争的大功一件，未免有些吃相难看。

裴松之的判断是准确的。这件事从头到尾都与曹魏没有任何关系。费祎在季汉是出了名的保守派，是北伐的强烈反对者。他一死，以姜维为代表的北伐派就会占据上风。刺杀费祎，对曹魏有百害而无一利。后来的事实也的确进行了验证——费祎之死成为姜维重启大规模北伐的序幕，曹魏的雍凉战线在此后的十年不得安宁。

那么，郭脩的行刺难道真是个人起意，背后没有任何指使者吗？

许多人将怀疑的目光投向了姜维，他身上至少有四处疑点：一、姜维少年时"阴养死士"，有豢养刺客的前科；二、郭脩是姜维从西平俘虏而来的，也很可能是由他举荐的，郭脩出了问题，他怎么逃得了干系？三、姜维与费祎在北伐的问题上存在着激烈的政见之争，姜维有杀人的动机；四、费祎之死，姜维是最大的受益者，他的嫌疑自然也最大。

姜维与费祎起初并没有什么矛盾，相反，他们还有很多相似之处。据郤正所述，姜维身为一国重臣，住房简陋，家无余财，不纳媵妾，不好声色，日常的衣服、饮食、车马等生活用品既不讲求排场，也不刻意追求简朴，工资拿到手，很快就花完了。费祎则更甚，他"雅性谦素，家不积财"，他的儿子都在他的严格要求下穿布衣，吃素食，出门办事连车马都没有，跟普通老百姓一样。姜维与费祎在生活品行上都可以称为楷模，这也是诸葛亮节俭朴素风气在季汉的一种延续。姜维与费祎都是诸葛亮一手提拔起来的人才，诸葛亮在生前给予了他们许多历练的机会，为他们之后的仕途铺平了道路。在诸葛亮去世后，姜维率偏师西进，费祎在成都负责内政事务，两人分工不同，也鲜有冲突。

大约是从蒋琬自汉中还屯涪县开始，姜维与费祎的关系变得微妙起来。费祎是诸葛亮遗命指定的"隔代继承人"，蒋琬称疾退居二线，按理应举荐费祎代之。可是，蒋琬在向刘禅的上疏中，极力推荐姜维探索出来的北伐新路线，推举姜维作为北伐的主持者，并称"衔持河右"的方案是自己与费祎一道商议通过的，让费祎成了姜维的陪衬。

自此之后，姜维与费祎在季汉军权上的争夺呈现出暗流涌动的图景。费祎获得了大将军的职位后，不再甘心做一个坐镇后方的文官。从延熙七年（244）到延熙十四年（251）的八年之间，费祎先后三次前往汉中屯驻，在汉中逗留的时间超过了坐镇成都的时间。汉中是季汉北伐前线，也是军事权力之所在。很明显，这是费祎在不断强化自己对季汉军队的主导权。而即便在外，费祎也不放松对成都政事的控制权，成都的所有"庆赏刑威"都要先报送到汉中让费祎批阅，然后才能施行。

但与此同时，姜维通过对陇右、凉州不间断的袭扰，掌握了数量可观的兵力，甚至比他资历更深的廖化都接受他的调度，成为其麾下的将领。这都表明，姜维已经形成了一股独立的军事力量，脱离了费祎的控制。如此发展下去，姜维在军中的声望将不断上涨，费祎则将被逐渐边缘化。二十多年前诸葛亮通过发动南征、北伐而架空李严军权的事情似乎又要再次在这片土地上发生了。

延熙十二年（249）至十三年（250）姜维的第四、五次北伐，是姜维与费祎矛盾升级的时期。因为此前的北伐，费祎远在成都，他二人尚没有构成直接冲突。而此时费祎屯驻汉中，牢牢掌握着季汉的中军。费祎虽然无法阻止姜维的军事行动，但他能做的是限制姜维北伐的兵力。

一直以来，兵力是制约姜维北伐的一大瓶颈，因为手中兵力极为有限，姜维在此前的数次北伐中都只能采取出其不意、快速穿插、疑兵牵制的策略，一旦曹魏集中主力部队来与他决战时，姜维就不敢恋战，迅速退走。但也正因为人数不多，汉军在这几次北伐中进退比较灵活，对后勤补给的依赖也相对较少，所以才能长途跋涉深入偏远的金城、西平。以上正反因素叠加起来，就导致了姜维早期北伐没有多大斩获，对曹魏未构成多大威胁，而自己也没有多大损失。

姜维当然不满足这种"刮痧"式的袭扰，在季汉众将中，他笃信自己有着无可比拟的优势——既熟悉雍凉地形（"自以练西方风俗"），又拥有出类拔萃的军事能力（"兼负其才武"）。姜维的目标是继续争取羌胡诸部族的接应，蚕食曹魏西境，并最终实现"陇以西可断而有也"。

"断陇"的说法，最早见于诸葛亮的第一次北伐。当时汉军进攻陇西郡，陇西太守游楚在城头上对汉军说："卿能断陇，使东兵不上，一月之中，则陇西吏人不攻自服。卿若不能，虚自疲弊耳。"游楚一眼就看出了诸葛亮此次出祁山的目的，就是要控制住陇山一线的各条道路隘口，阻止曹魏援兵从关中"上陇"，进而逐步蚕食陇右诸郡，作为东进三辅的跳板。游楚也敏锐地看出了曹魏在陇右控制的脆弱——只要诸葛亮能在陇山阻挡住曹魏援兵一个月，陇右就将不攻自破。事实证明，诸葛亮的确在按照游楚所说的方案执行，只是因为马谡失了街亭，让张郃援军迅速"上陇"，此次北伐才前功尽弃，即如游楚所言"虚自疲弊"。

姜维在时隔二十多年后再次提出"断陇"，显示出他对诸葛亮北伐方略的承袭。所不同的是，他向祁山更西的临洮、洮西开拓了道路，并初步实现了诸葛亮未能实现的"诱诸羌、胡以为羽翼"。但想要扩大北伐成果，就必须投入更多的兵力。姜维自认为自己在升任卫将军录尚书事、获得假节之权后，可以调动更多的季汉军队。但费祎对姜维的北伐兵力进行了严格控制，即不超过一万人（"常裁制不从，与其兵不过万人"），这还不到当时季汉总兵力的十分之一。

《汉晋春秋》记录了费祎对姜维说的这样一番话。他说：我们这些人与丞相相比都差得太远了，丞相都不能北定中原，何况我们呢？还不如保境安民，守护社稷，北伐这样的功业还是等候更有能力的人来做吧。不要抱着侥幸心理，想要毕其功于一役。如果没有成功，那么后悔都来不及。

这是费祎对姜维的一次摊牌。如果说蒋琬还心怀北伐之志，只是因个人能力和胆略不足才未能实现，那么费祎对北伐则完全持反对态度。他将反对的原因归咎于"吾等不如丞相亦已远矣"，表面上是说"吾等"，实则指的就是姜维——你跟丞相的能力相差太远了，丞相都不能北伐成功，你难道可以？

费祎抬出诸葛亮来反对姜维的北伐，凸显了他的狡黠。实际上，如果费祎过早地表露出他这番想法，诸葛亮决然不会重用栽培他，也决然不会在临终遗言中用尽最后力气说出"文伟可以继之"这几个字。费祎将自己藏得太深，在这一点上他甚至不如那个大胆说出"狼顾虎视"的李邈活得敞亮。讽刺的是，费祎的这番论调，诸葛亮恰在《后出师表》中就已予以驳斥。他说："然不伐贼，王业亦亡；惟坐待亡，孰与伐之？"诸葛亮明白地看到，季汉的国力弱于曹魏，但如果不北伐，季汉亦会走向衰亡。与其坐而待亡，不如奋起一搏，还有胜算。可在费祎的眼里，北伐注定失败，只会将国家带入深渊。

姜维与费祎在北伐上的立场分歧，主要来自他们迥然不同的身份。姜维是季汉朝堂上屈指可数的雍凉人，他的故土在敌境，打回故乡去成为他在季汉政权唯一的奋斗目标，也是他施展才能、建功立业的唯一途径。姜维出生之时，汉室已名存实亡，他倒未必如诸葛亮所说的那样"心存汉室"；但在北伐这件事上，姜维与诸葛亮殊途同归，故而他的北伐又不自觉地被披上一层道义的外衣，将自己的个人追求与兴复汉室的国家意志结合了起来。

那么费祎呢？学者田余庆在其《孙吴建国的道路——

论孙吴政权的江东化》《暨艳案及相关问题——再论孙吴政权的江东化》两篇文章中提出了"江东化"这个概念,认为孙吴政权在入主江东后,与江东大族由对立转为合作,其人员构成也从主要依靠北来的"淮泗流寓人士"逐渐转为大量采用江东大族,江东化的完成让孙吴政权彻底改变了入侵者的形象,也确定了其"偏霸"的地位。事实上,季汉政权同样存在着相似的"巴蜀化"的趋势,由于季汉只据有巴蜀之地,故而随着时间的流逝,其国家策略将愈来愈受到巴蜀本地立场的影响。从诸葛亮时代开始,已经有大量的巴蜀本地人士身居显位。但季汉的"巴蜀化"还不在于巴蜀人"当家",而是越来越多流寓在巴蜀的异乡人被"巴蜀化",成为精神上的巴蜀人,或者说在政治立场、文化认同上完全站在巴蜀人的一边。

费祎就是其中非常鲜明的代表。他少年从荆州流寓蜀地,长期浸淫于巴山蜀水之中,这让他更像一个巴蜀人而非荆楚人。费祎兼具荆益双重文化背景的特质曾是诸葛亮提携培养他的一个重要原因,但让诸葛亮没有料到的是,经历了彻底的"巴蜀化"之后,费祎已经成为巴蜀本地人士的利益维护者。

北伐与巴蜀人利益存在着天然的冲突。诸葛亮连年北伐，需要征调大量兵力、劳役、粮食和物资，这些负担均由蜀人承担，其引发的民怨可想而知。《三国志·吕乂传》中所言"丞相诸葛亮连年出军，调发诸郡，多不相救"便是巴蜀人对北伐的一场"冷抗争"。诸葛亮在时，尚可依靠他无与伦比的威望和权力将这些怨艾暂时压下去，通过不断地进行政治宣教，让个体的利益服务于国家利益。但在诸葛亮去世之后，"兴复汉室"的理想信念已经大为褪色，季汉士民陷入为何而战的尴尬境地，而作为"地主"的巴蜀人已不再愿意为那些空洞的口号而无偿付出。

在人心思安的大背景下，蒋琬做出了些许的妥协，但他身上毕竟有着浓重的荆楚人的色彩，没有完全放弃北伐的想法，以至于想将北伐改造成"东下"，将收复故土的目标靠近自己的家乡。而费祎已完全成为巴蜀人士的代言人，他不认同以北伐的方式来为季汉政权争取正统性，或者说，在他这一代出生于蜀地的季汉人眼中，对正统性的争夺已经毫无意义。他们的心中更多的只有蜀，而没有汉。当"蜀"（维护益州人利益）和"汉"（复兴汉室基业）产生利益冲突的时候，费祎会本能地站在"蜀"的一边，让季汉由攻势转为守势，心安理得地做一个"偏霸"的割据政权。

　　"汉贼不两立，王业不偏安"，这是诸葛亮为之奉献终身的理念，而偏安与自保，却在他钦定的接班人费祎的手上成为现实。

都邑无宰相位

　　西平之役后，姜维的北伐又陷入了一段停滞期。此后两年间，姜维的行迹失考，季汉所记载的只有两件事，都与费祎有关：一是延熙十四年（251）夏，费祎从汉中返回成都，一名"望气者"对费祎说了一句神秘的话："都邑无宰相位。"费祎于是在当年冬天率领中军北屯至汉寿。二是在次年，费祎终于获得了迟来的开府之权，成为季汉继诸葛亮、蒋琬之后第三位开府的大臣。既然开府，则必要设置僚属，可惜费祎还没有来得及安排这些工作，就在次年的元旦被刺杀身亡了。

　　观察这两年间姜维的"失踪"与费祎的"异动"，我们隐约会觉得其中隐藏着什么秘密，这可能与费祎之死有着紧密的关系。

"都邑无宰相位"是一句耐人寻味的话，季汉固然有崇信谶纬之言的传统，但费祎何以如此听信"望气者"的"妖言"，对成都避之不及？恐怕是因为，有人不愿意让费祎待在成都，而"望气者"只是一个递话者。

从蒋琬、董允相继去世的延熙九年（246）起，刘禅开始亲自参与国政大事，他所做的第一件事就是重新进行人事安排。在外朝，他提拔姜维为卫将军录尚书事，对费祎形成权力制衡。在内朝，他终于摆脱了董允对他形同监视的辅佐，可以安排自己人了。

董允担任侍中长达十六年，又以侍中守尚书令三年。当年，他受诸葛亮之命执掌宫省之事，来作为"朱紫难别"的刘禅的"监护人"。从此之后，董允就如同诸葛亮的影子一样，在刘禅身边时刻规范他的言行，匡正他的举止，以至于达到专断的地步。连同为侍中的郭攸之都因为性情温和，沦为了备员。皇帝做久了，加之朝中无事，便难免有些享乐之欲。但董允管理着皇帝的内外大事，甚至包括后宫采纳这等皇帝私事。当刘禅提出想为后宫添选些秀女时，董允义正词严地拿出前朝旧制，认为"嫔嫱已具，不宜增益"，拒绝了刘禅的要求，这让刘禅十分畏惧。这畏惧的背后，自然也有记恨。

后来刘禅开始宠信宦官黄皓，董允"上则正色匡主，下则数责于皓"，丝毫不给刘禅情面。黄皓也因此害怕董允，不敢为非作歹。董允在时，黄皓位不过黄门丞。在许多人的印象中，宠信宦官是皇帝走向昏庸、朝政渐趋衰败的一个标志。事实上，宦官是皇权的延伸，当皇帝需要从权臣手中夺取权力，而自己又不方便亲自下场时，便往往从身边最亲密、最信任、又不会对自己造成威胁的宦官中寻找帮手。刘禅对黄皓的宠信，并非许多人认为的昏聩之举，而是他向董允所掌握的省内之权发出的进攻试探。董允对黄皓的压制，或许出发点是汲取东汉宦官干政的教训，匡正君主言行，但客观上阻碍了刘禅对朝政的参与，造成了相权对皇权的抑制，让他和刘禅之间的关系更加紧张。

董允忠诚地贯彻着诸葛亮对他的嘱托，用相权将皇权关在牢笼里。他习惯了对刘禅苦口婆心、耳提面命式的对话，以至于忘了刘禅是一个年近四十岁、拥有独立意志的人，忘了刘禅是天生就对权力极度敏感的帝王。董允的身后，还站着费祎，他们二人自太子舍人开始就是一对紧密的政治盟友。蒋琬让权后，董允、费祎分任内外朝事的时期，成为刘禅受到制约最为严苛的时期。刘禅对董允的畏惧和记恨，多少都会转嫁到费祎的身上。

董允死后，尚书令由蜀郡太守吕乂接任。吕乂，字季阳，南阳人，其父为刘焉旧部，他初为司盐校尉王连所举荐，为典曹都尉。后任巴西太守，为诸葛亮供应兵马钱粮，深得器重，从而取代魏延出任汉中太守。吕乂有政事之长，"为政简而不烦，号为清能"，但也有明显的缺陷，即"持法刻深，好用文俗吏"，在地方上名声不是很好。吕乂只是一个过渡者，至少他不再是费祎一党。与此同时，陈祗被提拔为侍中，季汉的政治格局开始悄然发生变化。

陈祗，字奉宗，汝南人。他是季汉开国司徒许靖的兄长的外孙，因为年少丧父，所以在许靖家中长大。

许靖是东汉末年人物品评活动"月旦评"的主持者之一。彼时，乡举里选、士林舆论在人才选拔制度中占有重要地位，"月旦评"对士人的臧否评价，甚至直接决定了该人的声望和未来的仕途。正所谓"所称如龙之升，所贬如堕于渊"，可见许靖当时在士人之中的地位。中原纷乱之后，许靖避难江东、交州，最终来到益州，尽管风光不再，但还是凭借昔日的声望受到刘璋的礼遇，为蜀郡太守。刘备围成都，许靖逾城出降，斯文扫地，被刘备所不齿。法正说许靖是"天下有获虚誉而无其实者",劝刘备加以敬重,借助其虚名"以眩远近"。这奠定了许靖在季汉政权里"大花瓶"的地位,也让其家族利益的传承者陈祗从一开始就处于季汉政治版图的边缘。

然而,正是这一边缘化的位置成为陈祗后来快速升迁的一大政治优势。陈祗容貌堂堂,博学多才,而且善于数算,他在选曹郎任上的时候,被费祎所赏识,从而得到提拔,代董允掌管禁中。费祎提拔陈祗,除了看重他是名门之后,有理政之才,更多是考虑到他既非荆州人,也非益州人,背景相对比较单纯,更能为己所用。但机敏的陈祗并没有上费祎这条船,他凭借在禁中任职的机会,得到了刘禅的信任。刘禅看重陈祗的原因,也正是他的身上没有任何派系的色彩,尤其没有诸葛亮时代的影响。这个孤独的毫无自己班底的皇帝刘禅,与出身边缘家族的陈祗找到了共鸣。大概就在费祎北驻汉中、远离成都期间,刘禅与陈祗结成了深厚的君臣之谊,陈祗也成为刘禅身边第一个完全效忠于他的大臣。

延熙十四年(251,《华阳国志》记为延熙十五年),吕乂病逝,陈祗如愿代替吕乂掌管尚书台,以侍中守尚书令,加镇军将军。镇军将军是许靖在刘备时期担任左将军长史的时候兼领的将军号，这可视为许靖家族在季汉荣耀的一种回归。此时的陈祗完全接替了此前董允的权力和地位，也标志着刘禅初步拿回了成都内朝的权力。正是在这一年，费祎从汉中返回成都，发生了"都邑无宰相位"之事。这句话让费祎不得不面对一个现实——成都的政治格局已经大变，他所提拔的陈祗已经成为刘禅制衡他权力的筹码。费祎的政治空间被极度压缩，除了离开，费祎别无选择。

离开成都和汉中，就意味着权力与地位的衰减。八年前蒋琬由汉中还屯涪县的黯然时刻，费祎是亲历者，他当然不会允许这一幕发生在自己身上。他思来想去，为自己和季汉中军选择了一个新的屯驻地——汉寿。汉寿原名葭萌，是刘备入益州所居住的第一座城池。刘备在此蓄势而发，挥戈南下，才有了后来寄托汉祚绵延的益州之地。故而刘备取"汉祚永寿"之意，更其名汉寿。从政治意义来说，汉寿是季汉的"龙兴之地"。从军事意义来说，汉寿比涪县更偏北，白水和西汉水在这里交汇，这让汉寿水陆通达，可以迅速驰援汉中、武都、阴平等前线防区，而费祎在此，亦可以继续保持自己对全国军事力量的控制。

费祎离开成都并没有缓解他与刘禅之间业已紧张的

关系。他拥兵汉寿的举动，反而会让刘禅不得不对他有更多的警觉。当年李邈那句"五大不在边"又开始在一个个幽暗的夜色里浮现在刘禅的眼前。如今的费祎，其地位和权力都在慢慢向着当年的丞相诸葛亮靠近。可他无论才能和对汉室的忠诚度，都不如诸葛亮远甚。费祎的存在，真的能让刘禅安心吗？尤其是，费祎与刘禅已经是双重姻亲，如若刘禅崩逝，费祎将以外戚身份临朝摄政。面对外戚这个曾经让东汉皇帝胆寒的群体，哪个皇帝又能睡得踏实呢？

如果将费祎遇刺之事放在三国的大背景之下来审视，我们又可以发现一些微妙的联系。就在费祎遇刺前的这两三年间，魏吴两国相继发生了剧变。

魏国这边，高平陵政变引发了都督扬州军事的太尉王凌的恐慌。王凌密谋迎立楚王曹彪为帝，事未行而机谋泄露。魏嘉平三年（251）四月，司马懿亲率中军以舟师征讨王凌，王凌自知势穷，不战而降，不久饮药自绝。王凌之死标志着司马懿已经初步完成了对曹魏中央与地方权力的整合，尤其是对自己控制相对薄弱的淮南地区。尽管这一地带未来仍将爆发针对司马氏的军事变乱，但至少在此时，司马懿在曹魏内部已经没有可以与之匹敌的反抗者。

但平定此次叛乱也耗尽了司马懿最后的心血，司马懿一病不起，于当年八月病逝，享年七十三岁。司马懿长子、抚军大将军司马师毫无阻碍地接替了其父的所有政治遗产，迁大将军，加侍中，持节、都督中外诸军、录尚书事，继续司马氏家族对曹魏政权的控制。

吴大帝孙权也走完了自己七十一年的人生路，于司马懿去世的次年，即吴太元二年（252）四月驾崩。孙权的晚年可以用多疑与暴戾来形容，他一手挑动的二宫构争，纵容太子孙和与鲁王孙霸公开结党争权，让东吴朝堂陷入无尽的内斗中。二宫构争最终以孙和被废、孙霸被赐死而惨淡收场，东吴朝堂也被折腾得千疮百孔——丞相陆逊忧愤而死，太子太傅吾粲下狱致死，太常顾谭与将军顾承、张休坐罪流徙交州，再加上步骘、朱然、全琮等重臣的先后去世，东吴陷入了人才断档的严重危机。孙权一手将东吴政权带向了鼎盛，也一手将其推入深渊。从十九岁继承孙策领江东之事开始，孙权实际执政时间长达五十三年，在整个中国历史的皇帝中能排进前五位。在如此漫长的岁月里，他依然无法处理好政治权力的交替问题，最终仍是以私人情感代替了政治家的理智，立幼子孙亮为太子，托孤于诸葛恪等五名大臣。

孙亮即位，诸葛恪升任太傅，主持朝政。就这样，当年在孙权殿前斗嘴互嘲的费祎、诸葛恪二人，如今都成为汉、吴两国的宰辅重臣。诸葛恪主政后，实施了一系列针对孙权晚年积弊的改革措施，"罢视听，息校官，原逋责，除关税"，这些措施让他收获了民心，赢得了百姓的拥戴。以至于每当诸葛恪从府中出入，百姓都仰着脖子争着要一睹他的风采。如此声望，让诸葛恪不自觉地向他的叔父诸葛亮靠拢。而事实上，诸葛恪也一直将诸葛亮视为自己的精神榜样，且亦步亦趋地向诸葛亮学习，他在给弟弟公安督诸葛融的信中毫不掩饰地说，自己如今的地位，就相当于周公辅成王、诸葛亮辅刘禅（"吾身受顾命，辅相幼主，窃自揆度，才非博陆而受姬公负图之托，惧忝丞相辅汉之效"）。一个有意思的细节是，孙亮即位之后所用的年号是"建兴"，这正是诸葛亮辅刘禅时期所用的年号。当季汉在极力从诸葛亮时代走出来的时候，诸葛恪却毫不避讳地将诸葛亮的政治色彩涂抹在东吴的土地上。

魏、吴两国的政局变动，对于正在逐步收回皇权的刘禅来说不啻为两个惨痛的教训。四十六岁的刘禅，已经被岁月熬成了三国皇帝中的长者，二十一岁的曹芳和十岁的孙亮无论从年龄还是辈分上都成了他的晚辈。刘禅虽不曾与他们照面，但他完全能够想象出当他们面对身边盛气凌人的权臣时，脸上呈现出的恐惧、懦弱与顺从，因为那是他自己曾经的模样。刘禅甚至能够预测到这两个小皇帝的未来——被权臣从皇位上拽下来，过着囚徒一般的日子，在孤独与绝望中死去。这并不难预测，这不就是刘协经历过的人生吗？

令刘禅欣慰的是，如今的他，已经告别了这样的处境，而权力，成了他安全感的最稳定的来源。他通过宦官黄皓收回宫内之权，通过宠臣陈祗收回内朝之权，接下来自当轮到了外朝。姜维因为无根无派，对刘禅不构成威胁，这样看来费祎反而成了一个多余的人。恰在此时，费祎被杀了，人们都会想当然地认为姜维是最大的嫌疑人，可他们难道不想一想，姜维身上的嫌疑，作为国君的刘禅看不出来吗？何以不见他对姜维进行任何的调查和拷问？这恐怕是因为，费祎之死，真正的获益者是刘禅，而他巧妙地将自己择得干干净净，让姜维背负了世俗之讥。

作为三国时期最大的一桩疑案，费祎遇刺案注定无法破解。笔者宁愿相信，此事纯粹就是降将郭脩的个人行为。毕竟不是每个人都能像姜维那样狠下心来与家人切割。郭脩出身西平大族，家眷妻子都在魏境，若想家人免于连坐之苦，他只能做出立功表现。而想要让曹魏方面知道自己在蜀地的立功，只有把事情搞大，那就是行刺皇帝，皇帝刺不成，那就行刺宰辅。最终，曹魏方面给予他儿子的抚慰和赏赐，恰恰让他得偿所愿。郭脩的行刺可能从头至尾都不存在任何他人的指使。只是这一偶然的变故恰好与姜维与费祎的战和之争、刘禅与费祎的权力冲突相叠合，才让这一案件无法被孤立地审视。

皇权与相权的博弈，贯穿了整个三国时代。当魏、吴皇帝主宰朝政之时，季汉首开"政由葛氏，祭则寡人"的国家治理模式。而当魏、吴相继落入皇权旁落、权臣擅政的境地，季汉却以大将军费祎的非正常死亡，走出了这一政治魔咒。

东吴诸葛丞相

费祎遇刺身亡后，卫将军姜维终于可以不受兵力节制重启北伐了。而新一轮季汉北伐的导火索，却是从东吴那里点燃的。

随着司马懿、孙权先后谢幕，魏、吴两国都迎来了一次权力迭代。新的主政者往往需要一场战争，以在政权内部增强自己的威望。于是，魏、吴之间的战事不可避免。率先开战的是司马师。

司马师，字子元，名士出身，早年好清谈，与夏侯玄、何晏齐名。他此后的履历也基本在京师之内，虽然官至中护军，但只是掌宫禁之卫兵。司马师没有参与过征战，在军中的资历和声望甚至还不如其弟司马昭，因此他一夜之间接手司马懿的军政大权，难免缺了些底气。恰好孙权驾崩，孙亮即位，主少国疑，正是可乘之机，负责对吴防线的四大统帅征南将军王昶、征东将军胡遵、镇南将军毌丘俭、镇东将军诸葛诞纷纷向司马师献策，各自提出了自己的征吴方案。学者仇鹿鸣认为，史书在叙述上强调将领献策，刻意回避司马师在其中的作用，是有意为司马师掩饰。实际上，伐吴之役应是司马师早有预谋，在朝中已形成决议，再分别征询前线将领的意见。很明显，司马师是希望借助一场大胜来巩固自己的政治地位，这与当年曹爽伐蜀何其相似①。

由于诸葛诞等人伐吴方案不一，司马师特意征询亲信尚

---

① 见仇鹿鸣《魏晋之际的政治权力与家族网络》，上海古籍出版社 2015 年版。

书傅嘏的意见。傅嘏却给司马师浇了一盆冷水，他认为，魏吴两国南北对峙已经将近六十年了，东吴的江防始终布防严密，即便新丧君主，他们也会加强警戒，固守险要，想要大出舟师在吴境"横行江表"不可能取得胜利。傅嘏反对贸然出动大军南征，他倾向于用缓计，使各镇将军逐步蚕食东吴边境的土地，招抚东吴的军民，积累粮食，派出密探掌握东吴的情报，这样三年过后，魏军积累了强大的实力，做好了充足的准备，才是伐吴的时机。

可是司马师等不了三年，他急欲在短时间内建功。于是在魏嘉平四年（252）十一月，也就是孙权驾崩仅半年之后，他就发动了三路伐吴之战。具体部署是，胡遵、诸葛诞统帅步骑七万自寿春南下攻东关，王昶自襄阳南下攻江陵，毌丘俭则由汉水东下攻武昌。司马师本人因刚接掌权力，不宜轻动，遂以其弟安东将军司马昭进号都督，统诸葛诞、胡遵诸军。由此可见，三路南征大军中，东关是用兵的重点。

东关，一作东兴，在今安徽含山林头镇。其地紧临濡须水（今名裕溪河），而濡须水又是巢湖通往长江的主要航道。此前，无论曹操东征濡须口，还是孙权北上合肥，都要从这里经过，东关可谓控扼南北兵争的要冲。孙权早在黄龙二年（230）就在此修建堤坝，遏制巢湖方向的来水，以使巢湖水位上涨，有利于东吴舟师北进。后来东关堤因战事损坏，东吴也没有再加修缮。孙权驾崩后，曾在淮南屯佃的诸葛恪了解东关的战略价值，不仅派人修复了堤坝，还在夹江的两侧山上各筑一座城塞，令将军全端、留略分别统领千人把守。不想两城刚筑好一个月，曹魏大军就来袭。胡遵令诸军做浮桥渡水，陈兵于大堤之上，分兵攻打两城。但因两城处于高处，一时攻不下来。

诸葛恪听闻，亲率四万大军来援。此时已是冬天，天空飘起大雪，东关堤上的魏军正在饮酒享乐。吴军由冠军将军丁奉统领的三千先锋部队乘着风势，五天就率先抵达，进据徐塘。丁奉见魏军没有进行防备，于是让士兵解下身上的甲胄，不带矛戟，只持刀、盾等短兵器，向大堤发起冲锋。曹魏将士看到吴兵这般样子，而且兵力也不多，都相视而笑，没有严加防备。没承想吴兵攀上大堤后，一气鼓噪砍杀，战斗力惊人，魏兵顿时大乱，四散而逃，争着去渡浮桥。浮桥经不起这么多人的重量，很快坍塌，大量魏兵落水溺死，或者为踩踏而死。吴军斩杀了魏乐安太守桓嘉（魏太常桓阶之子）、前军督韩综（吴将韩当之子，二十六年前叛吴投魏），魏兵死者数万人，吴军缴获大量魏军辎重，堆积如山。王昶、毌丘俭两军听说东关战败，也各自烧营撤走。

东关之战是继石亭之战后曹魏对吴战线上最大的一场败仗。司马师立功不成，反而损兵折将，颜面大损。为了抚慰诸将，司马师不敢对他们施以责罚，只削去了司马昭的爵位，令诸葛诞和毌丘俭对调防区，将胡遵调往青徐，以此草草了事。此次人事调整之后，毌丘俭单独执掌扬州都督区，也为后来的第二次淮南之叛埋下了伏笔。

此战同时也是三国时期唯一一场琅琊诸葛氏家族之间的交锋。这一家族的成员因为东汉末年的不同际遇而分落三国。《世说新语·品藻》曰："诸葛瑾、弟亮及从弟诞，并有盛名，各在一国。于时以为'蜀得其龙，吴得其虎，魏得其狗'。"东关之战中，诸葛诞与诸葛恪叔侄二人成为疆场上的一对仇敌。多年以后，诸葛诞和他的儿子还将与东吴再续前缘。

对东吴而言，东关大捷不仅一雪孙权后期吴军屡战屡败的耻辱，还让诸葛恪的声望达到了顶峰。诸葛恪还朝后，进封阳都侯，加荆、扬二州牧，督中外诸军事。阳都（今山东沂南）是诸葛氏的祖籍，爵封本县，既是一种高级的荣誉，又是对他继续北伐、打回故土的一种勉励。据

《建康实录》载，诸葛恪还在此时升任丞相，成为东吴继孙邵、顾雍、陆逊、步骘、朱据之后的第六任丞相。诸葛恪终于站上了他的叔父曾经的位置，成为东吴版的"诸葛丞相"。胜利的喜悦，权力的膨胀，以及与叔父越来越重合的身份，刺激着诸葛恪的野心，让他迫不及待地将北伐大计提上议程。

诸葛恪北伐的种子早在二十多年前就已栽下。当时，他和弟弟诸葛乔都是东吴年轻一代的佼佼者，时人评论称，诸葛恪有才学，诸葛乔的品性更佳。一日，一道诏令将他们兄弟分开，他们的叔父、蜀汉丞相诸葛亮因为膝下无子，将诸葛乔过继为嗣子。诸葛恪没想到这一别竟然成了永别。数年之后，他收到了弟弟的死讯——诸葛乔在诸葛亮第一次北伐中，于谷中转运物资，不幸遇难。诸葛乔之死，成为诸葛恪永恒的痛，他也由此开始了解叔父的北伐，并且在阅读叔父与父亲的信件中一次次被感动。后来诸葛恪这样回忆："近见家叔父表陈与贼争竞之计，未尝不喟然叹息也。夙夜反侧，所虑如此。"

诸葛恪所虑的，正是在东吴复制诸葛亮的北伐。而北伐，首先得有稳定的兵源。嘉禾三年（234），也即诸葛亮病逝于五丈原的那年，三十二岁的诸葛恪向孙权献策征讨丹阳郡山越，承诺三年可得甲士四万。"强者为兵，羸者补户"，这其实是陆逊在发迹之前就做过的事情，但随着东吴对山越的多次征伐，江南诸郡残存的山民已经藏匿在更险远的深山密林之中，且拥有强大的武装力量，"战则蜂至，败则鸟窜"。因为征讨困难，已经许久没有人动过这个念头了。孙权对诸葛恪的勇气大为欣赏，拜其为抚越将军、丹阳太守，授棨戟武骑三百。诸葛恪到任后，并不着急动武，而是移书郡县长吏，让他们各保本境，为归化的山民广开降路。紧接着，诸葛恪派兵把守要道，但只是加强防守，并不进攻，却纵兵大肆收割田间谷麦。山民无粮，不得不扶老携幼地走出深山，诸葛恪将他们善加抚慰，徙往外县，并从这些山民中挑选强健者补入兵籍，三年之内果然得到了四万精兵。

诸葛恪把这些从丹阳山越招募到的精兵分遣给诸将，而自己留下万人，这成为诸葛恪仕途的"第一桶金"，也成为他日后高调宣扬北伐的底气。孙权升诸葛恪为威北将军、都乡侯，这样，诸葛恪不必承袭父亲的爵位（宛陵侯），早早自立门户了。实际上，诸葛恪应当是挺看不起那个屡战屡败、仅凭揣摩主君心思而博取宠信的父亲的。尽管他曾出于场面的需要，在孙权面前恭维自己的父亲优于叔父——他解释原因是"臣父知所事，叔父不知，以是为优"——但在诸葛恪的精神世界里，叔父诸葛亮是照亮他前行的灯塔。当季汉在蒋琬、费祎执政时期军事上趋向保守时，诸葛恪更有一种油然而生的责任感，希望担负起新的北伐重任。

于是在拥有兵权后，诸葛恪主动请求屯驻在江北毗邻曹魏防区的庐江、皖口一带，并以轻兵袭舒县，虏获了不少民众。诸葛恪的野心更大了，他甚至派出了斥候探马，向曹魏的淮河流域收集情报，意欲北上袭取寿春。寿春是曹魏扬州都督的驻地，一旦袭击必然会激怒曹魏。孙权怕诸葛恪冒失轻进，连忙叫停了他的计划。不久曹魏闻讯，果然派司马懿亲自率军赴淮南。孙权将诸葛恪徙往后方的柴桑屯驻，抑制了诸葛恪北伐的欲望。

诸葛恪大约是比较憋屈的，但他也很清楚，此时自己的权力和地位尚不足以支撑起北伐这样庞大的计划，更不可能像叔父那样调动整个国家的资源为己所用。诸葛恪所能做的，唯有熟练掌握官场之道，卖力向上爬，并且进一步获得孙权的信任。直到此时，他才开始理解那个为政庸碌、为官精明的父亲，懂得他媚事孙权的良苦用心。诸葛恪也逐渐在政治斗争中变得狠辣起来。二宫构争中，诸葛恪的儿子诸葛绰暗中与鲁王孙霸打交道，被孙权严厉斥责后交予诸葛恪教育。孙权本意只是让诸葛恪教训儿子一顿，而诸葛恪却学着孙权处死鲁王一样，狠心将亲生儿子鸩杀。

从当初建言北伐的热血青年，到如今权倾朝野的东吴丞相，这条路诸葛恪走了将近二十年。孔子云："五十而知天命。"刚过五十岁的诸葛恪此时非常清楚，他的天命就是北伐。而如今，他终于可以将昔日的理想付诸行动，告慰弟弟的在天之灵，接续叔父的未竟之志。

汉吴联合北伐

建业，东吴朝堂，诸葛恪的北伐引起了朝臣们几乎一致的反对声音，但诸葛恪一意孤行，对此一概不听。中散大夫蒋延激烈地与诸葛恪争论，被诸葛恪叫人叉了出去。

为了反驳众人、陈述自己的北伐观点，诸葛恪写了一篇长文公之于众，清人严可均编纂《全三国文》为其命名

为《出军论》①。这篇洋洋洒洒的文章，归纳其主旨，就

---

① 诸葛恪《出军论》，见《三国志·诸葛恪传》："夫天无二日，土无
二王，王者不务兼并天下而欲垂祚后世，古今未之有也。昔战国之
时，诸侯自恃兵强地广，互有救援，谓此足以传世，人莫能危。恣
情从怀，惮于劳苦，使秦渐得自大，遂以并之，此既然矣。近者刘
景升在荆州，有众十万，财谷如山，不及曹操尚微，与之力竞，坐
观其强大，吞灭诸衰。北方都定之后，操率三十万众来向荆州，当
时虽有智者，不能复为画计，于是景升儿子，交臂请降，遂为囚
虏。凡敌国欲相吞，即仇雠欲相除也。有雠而长之，祸不在己，则
在后人，不可不为远虑也。昔伍子胥曰：'越十年生聚，十年教训，
二十年之外，吴其为沼乎！' 夫差自恃强大，闻此邈然，是以诛子胥
而无备越之心，至于临败悔之，岂有及乎？越小于吴，尚为吴祸，况
其强大者邪？昔秦但得关西耳，尚以并吞六国，今贼皆得秦、赵、
韩、魏、燕、齐九州之地，地悉戎马之乡，士林之薮。今以魏比古之
秦，土地数倍；以吴与蜀比古六国，不能半之。然今所以能敌之，但
以操时兵众，于今适尽，而后生者未悉长大，正是贼衰少未盛之时。
加司马懿先诛王凌，续自陨毙，其子幼弱，而专彼大任，虽有智计之
士，未得施用。当今伐之，是其厄会。圣人急于趋时，诚谓今日。若
顺众人之情，怀偷安之计，以为长江之险可以传世，不论魏之终始，
而以今日遂轻其后，此吾所以长叹息者也。自古以来，务在产育，今
者贼民岁月繁滋，但以尚小，未可得用耳。若复十数年后，其众必倍
于今，而国家劲兵之地，皆已空尽，唯有此见众可以定事。若不早用
之，端坐使老，复十数年，略当损半，而见子弟数不足言。若贼众一
倍，而我兵损半，虽复使伊、管图之，未可如何。今不达远虑者，必
以此言为迂。夫祸难未至而豫忧虑，此固众人之所迁也。及于难至，
然后顿颡，虽有智者，又不能图。此乃古今所病，非独一时。昔吴始
以伍员为迂，故难至而不可救。刘景升不能虑十年之后，故无以诒其
子孙。今恪无具臣之才，而受大吴萧、霍之任，智与众同，（转下页）

是东吴绝不可依靠着长江天险与曹魏长期对峙下去，北伐是东吴的唯一出路。因为曹魏已经占据了北方九州之地，而蜀吴两国加起来也十分弱小，如果继续僵持下去，曹魏的人口会成倍增长，而吴国的人口会锐减，两国的差距就会越来越大，东吴就再也没有机会了。诸葛恪说，"天无二日，土无二王"，身为王者，就应当怀有兼并天下的志向，而不能偏安一隅，"怀偷安之计"。

那么，诸葛恪为什么会觉得此时是出兵伐魏的好时机呢？他说，一来，曹操时期的兵众到现在已经死得差不多了，而年轻一辈还没有长大，正是"贼衰少未盛之时"。二来，司马懿死了，他的儿子"幼弱"却被委以大任，即便有智计之士也不能善加使用。因此，"圣人急于趋时，诚谓今日"。看来，诸葛恪虽然对魏吴国力的对比有着理智的判

（接上页）思不经远，若不及今日为国斥境，俯仰年老，而雠敌更强，欲刎颈谢责，宁有补邪？今闻众人或以百姓尚贫，欲务间息，此不知虑其大危，而爱其小勤者也。昔汉祖幸已自有三秦之地，何不闭关守险，以自娱乐，空出攻楚，身被创痍，介胄生虮虱，将士厌困苦，岂甘锋刃而忘安宁哉？虑于长久不得两存者耳！每览荆邯说公孙述以进取之图，近见家叔父表陈与贼争竞之计，未尝不喟然叹息也。夙夜反侧，所虑如此，故聊疏愚言，以达二三君子之末。若一朝陨殁，志画不立，贵令来世知我所忧，可思于后。"

断，但他严重低估了曹魏的军事能力：一则，曹魏早在曹操时期就已经实行了严格的士家制度，士兵及其家属另立为军籍，一旦入籍，终生为兵，父死子继，兄终弟及，士家只能内部通婚，士兵逃亡要受重惩。此制度保障了曹魏拥有稳定而持续的兵源，这与东吴依靠征兵制、不断从山越脱籍人口中补充兵力的状况有很大不同。诸葛恪不懂曹魏兵制，故而才会做出曹魏兵力青黄不接的奇谈怪论。二则，司马师当时已经四十五岁了，诸葛恪称其"幼弱"，未免有点过于轻敌。三则，当时曹魏无论是朝中还是地方，都可谓人才济济，人尽其才，诸葛恪所谓"虽有智计之士，未得施用"，完全是自我妄想罢了。

诸葛恪北伐的另一个精神支柱是季汉。汉、吴"东西并力"原本就是两国重誓盟好的重要内容，但仅在二十年前执行过一次，并随着孙权在合肥的败退而惨淡收场。蒋琬执政后也曾提出东西并举的方案，但东吴反应甚是冷淡，以至于令蒋琬怨念"吴期二三，连不克果"。历史的巧合就在于，当东吴的北伐派掌握权力的同时，季汉的北伐派也重新占据了上风。东吴从东关撤回建业的时间是吴建兴二年（253）二月，此时距离费祎遇刺身亡已经过去了一个多月。季汉的巨变，想必已经传入诸葛恪的耳中。长期关注季汉政治的诸葛恪应对姜维不会陌生，很可能，早在二十多年前，诸葛恪就已经从叔父给父亲的书信中读到了姜维的名字和叔父对他的赞誉之声。诸葛恪羡慕姜维能够在诸葛亮左右，近距离获得其智慧真传。诸葛恪也从姜维这些年的举动，判断出他是自己的同路人。

于是，诸葛恪派司马李衡出使季汉。李衡是东吴朝堂上为数不多的襄阳人，其妻习氏有不少族人在蜀中为官，诸葛恪派他为使可谓大有深意。李衡入蜀不先觐见刘禅，却径直去面见姜维。李衡引《战国策》中"圣人不能为时，时至而弗失"语，认为目前是北伐曹魏千载难逢的良机：司马氏篡权之后，魏国"政在私门"，内外朝臣疑心重重，而魏军又遭遇东关大败，引发国内民怨沸腾。这是自打曹操以来魏国从未显现出的衰亡之兆。李衡提出，如果吴、汉两国东西并举，同时出击，曹魏必然首尾不得兼顾，救援一边，另一边必然虚弱。我们两国用训练好的精兵去攻击虚弱的敌兵，必然会取得胜利。

李衡一番话正说中姜维的心思。此前，姜维一直孤独地走在北伐的荆棘路上，不仅没有盟友的支持，在国内也缺乏志同道合之人。如今，东吴的主动提议让已经消沉许久的姜维顿时振作起来。他甚至在心中猜想，发生在一个月内的东关之战和费祎之死，莫不是命运之手的精心安排？这一切，难道都是冥冥之中为了促成这一年汉、吴两国真正意义上的协同北伐，为曹魏敲响最后的丧钟？

姜维向朝廷递上去的北伐表章获得通过，其顺利程度令人难以置信。当东吴朝臣还在为北伐争吵不休时，业已亲政的季汉皇帝刘禅乾纲独断，成为北伐最坚强的后盾。刘禅为何支持姜维北伐？这一点我们放在姜维北伐落幕之际再行分析。

延熙十六年（253）三月，吴丞相诸葛恪大发二十万众北出，于四月包围了合肥新城。同月，汉卫将军姜维也统帅数万人出石营，经董亭，围南安治所獂道（今甘肃陇西东南）。回想十九年前的汉、吴"东西并力"，两国出兵还有三个月的时间差（诸葛亮二月出兵斜谷，孙权五月征合肥），而此次两国几乎是同时出兵、同时对曹魏边关重镇展开围攻。为此，吴军自东关凯旋后只休息了一个月就再度出师，而刨掉李衡自吴入蜀的路程时间，季汉的动员准备工作连一个月都不到。如此仓促的北伐，不禁让人捏了一把汗。

汉、吴同时来侵的消息传到洛阳，司马师问计于中书令虞松。虞松认为，诸葛恪统领大军北上，却失策于将全部兵力压在了合肥新城，只要守住城池，吴军士卒疲惫必然会撤走。至于汉军，他认为姜维悬军远征，妄图就地食粮，不可能支持太久。姜维之所以敢于孤军冒进，必定是以为我军主力都在东路，西面空虚罢了。只要让关中诸军倍道急行军，出其不意进入陇右，姜维必然会知难而退。司马师对虞松之言很是认可，令郭淮、陈泰率关中之兵援救陇右[1]。

此时，郭淮已升任车骑将军、仪同三司，进封阳曲侯（爵封本县）。作为一名方镇大督，郭淮已至人臣之极，但魏嘉平三年（251）的王凌之叛将郭淮卷了进去。曹魏诸臣之间皆有千丝万缕的联系，郭淮与王凌均出自太原望族，郭淮之妻为王凌之妹，故也在连坐之列。御史前来抓捕郭淮妻的时候，郭淮手下督将及羌、胡渠帅数千人等叩头请愿上表留妻，道边人人扼腕流涕，郭淮五个儿子为母请命，甚至将头磕出了血来。郭淮终于拗不过众人，派左右将妻子从半道上劫了回去。郭淮公然抗旨不遵，按律法已形同叛逆。但司马懿看到郭淮寄来的书信，言语诚恳谦卑，便顺水推舟，宽宥了郭淮之妻。司马懿念郭淮功勋卓

---

[1] 虞松为司马师献策事，见《三国志·三少帝纪》裴注引《汉晋春秋》，但文中称姜维"亦出围狄道"，与《三国志·后主传》《三国志·姜维传》所载姜维围南安相悖。笔者以为应是习凿齿将延熙十七年、十八年姜维两次围狄道之事混入所致，应以南安为是。

著，不想将王凌之案扩大化，但同时他也看到了郭淮在雍凉树大根深，威望极高，这让他不得不对郭淮有所警惕。于是，《三国志·郭淮传》中从是年开始便再无郭淮的事迹记载，《晋书·景帝纪》在叙述司马师袭位后"都督四方"之人时，书陈泰而不提郭淮，可见此时郭淮在雍凉已经被边缘化，军权实际已归入陈泰之手。

这是姜维的第六次北伐。此次姜维选择攻打南安郡，一方面是因为准备仓促，故而选择较近的攻击目标，一方面可能是考虑到太守已非邓艾，防守或有破绽可寻。此次北伐的兵力，估算应在三到五万人之间，虽与诸葛恪所动员的二十万众无法媲美，但也是姜维此前所统领的数倍之多。多出来的这些兵力，应是在费祎死后从其所控制的中军中补益而得。汉军从汉中出发后，先经武都郡至建威（今甘肃西和北）。建威的东北方向即是通往姜维的家乡天水郡的祁山道。汉军由建威向西北方向，即进入南安郡界，过石营、董亭两地，沿今大南河谷地北上，即可进入渭河平原，溯河谷西上即是獂道县。此道很可能就是当年魏延、吴懿率偏师西入，大败郭淮于阳豀所走过的路。

然而姜维围獂道不久，陈泰援军就溯渭水而来，兵锋迅速推进到了洛门。二十五年前，姜维正是随郭淮在这

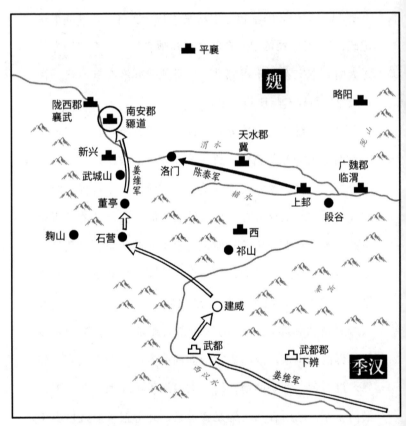

姜维第六次北伐（南安之战）形势图　　　　　陈梦实绘图

里巡视，听到了诸葛亮出祁山的消息，命运的齿轮开始转动。而如今，洛门传来的军情宣告了姜维此次北伐的落幕。他的军粮已尽，无力再与陈泰交战，只得烧营撤回。

姜维率先撤退，将压力给到了诸葛恪那边。而诸葛恪的日子更不好过，他原本的计划是纵兵淮南，掳掠曹魏的人口，但临时又改变主意，亲率大军围攻合肥新城。合肥新城①是由曹魏原征东将军满宠在旧城以西三十里所建的防御要塞，其地既建在高地，又远离巢湖和施水，可谓易守难攻。当时城内仅有魏牙门将张特、乐方率领的三千人守卫，诸葛恪的大军将城池团团围住，昼夜攻打，竟然三个月都没有攻克。此时江淮一带进入了盛夏时节，士兵连日

---

① 合肥新城遗址位于安徽省合肥市庐阳区三十岗乡，是第八批全国重点文物保护单位。20世纪80年代开始，考古工作者多次对城址进行了勘探与发掘，基本测定了城址的范围。合肥新城遗址呈不规则的长方形，南北长360米，东西长240米，城墙为夯土版筑，墙外有护城壕。调查发现，城址四面墙体内均有比较明显的分层夯筑，每层厚约25厘米，可见城垣均有增筑加厚的痕迹。当时的工人采用黄土和较纯净的白土相间夯筑，分为若干层次，极有规律。可见，这些都是三国时期合肥新城多次抵御吴军、加固城防留下的痕迹。由于合肥新城在建设之初就是一座军事要塞，其城门设置也与同时期其他城池的规划不同。经过考古勘探，合肥新城只设三个城门，即东墙中段、东墙北段和西墙中段各一门。遗址区内出土了大量三国时期的攻、守城兵器，如礌石、撞车头等，现陈列于园区内展馆。

攻城本就疲劳，高温酷暑又导致军中疫病蔓延，不久吴营中一大半士兵都病倒，士气低落到了极点。诸葛恪焦虑万分，但他为了维护自己的颜面，仍督促士兵继续攻城。将军朱异建议撤兵，反而惹怒了诸葛恪，被夺去兵权。

吴军都尉蔡林多次向诸葛恪献策，但不被用，他看到吴军败局已定，于是径直投魏，将营中情况报予魏人。事实上，司马师早已派叔父、太尉司马孚督二十万大军进驻寿春，与毌丘俭、文钦共拒吴师。当时诸将都欲尽快出击，但司马孚遵照司马师与虞松的庙算，按兵不动，坐等吴军成为疲惫之师。直到七月，司马孚得到蔡林的信报，才发兵南下。诸葛恪此时已经无力抵挡，弃军南逃，他所带来的二十万士卒因为伤病行走缓慢，都被他遗弃在路上，或者死于坑壑之中，或者被魏军俘获，哭天抢地之声不绝于耳。

从东关大捷到合肥新城之败，不过短短八个月的时间，诸葛恪经历了人生的过山车，从巅峰跌落至谷底。他的精神受到了极大的刺激，为了维护自己可怜的尊严，他的行为也更加失常。回到建业后，诸葛恪不仅不承担战败的责任，还将气撒在别人头上，动辄问罪，这让每次进见他的人都心惊胆战。他毫无理由地斥责中书令孙嘿，迫使

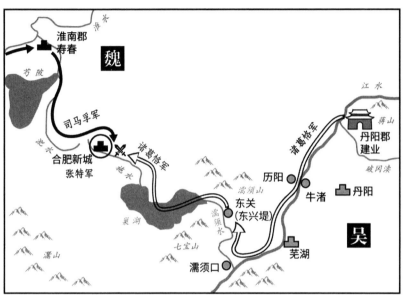

诸葛恪伐合肥新城形势图　　　　　　　　陈梦实绘图

其辞官，又将自己出师之后朝廷所任用的官吏全部罢免，
把宫禁宿卫都改换为自己的亲信。他甚至不汲取失败的教
训，还筹划着继续北伐，向青徐方向进军。一时间，东吴
朝野对他怨声载道。

　　诸葛恪一直在亦步亦趋地效仿诸葛亮，但诸葛亮在兵
败之后主动承揽责任，上表自贬，谦恭至极，他是半点也
没有学到。诸葛恪的北伐建立在东关大捷后短时间内聚集
的权力和声望之上，这远远无法与诸葛亮北伐之前的威望

相比。经过孙权晚年的一番折腾，东吴内部派系林立，矛盾重重，朝堂之上各怀私心，方镇部曲各自为政，也根本无法像季汉那样拧成一股绳，将北伐作为整个国家的共同意志和不容争辩的国策。随着东吴政权逐步"江东化"，即便北来的士人也沉溺于安逸的江南水乡，没有了收复故土的意愿，更何况此时已经掌握东吴经济命脉的江东世家大族，更不会将手中的资源投向与他们利益毫不相干的北伐。毫无政治经济基础，仅凭个人意志所发动的北伐，注定将走向失败。而失败的代价，则是将诸葛恪的一切都彻底吞噬。

十月的一天，江南气候已入冬，天气微寒，诸葛恪应皇帝孙亮之邀进宫赴宴。从前一天晚上开始，他就心烦意乱，一夜都没有睡安稳。早上起来，他去洗脸，闻到盆中的水发出腥臭难闻的味道，他令侍人为自己更衣，衣服上竟然也有臭味。诸葛恪勃然大怒，将下人们劈头盖脸骂了一顿，让他们倒掉水换新的，又换来新衣服，可他鼻子一翕，竟然还是能够闻到臭味。咄咄怪事，诸葛恪十分纳闷，但入宫时间已到，由不得他多想，匆忙出门。但还没走到门口，他养的家犬突然冲了上来，咬住他的衣袍。诸葛恪更觉诧异了："难道这狗不让我出门吗？"诸葛恪于是坐了下来，打算今日不去赴宴了。但他想了片刻，又觉得既然是皇帝召见，自己不去终归不妥，又起身要走。那狗又追上来咬他的衣袍，这下子诸葛恪有些恼了：我堂堂一国丞相，怎么还能被一只狗管住了？他令人把狗赶走，坐上车进宫而去。

刚到宫门，武卫将军孙峻就腆着笑脸迎了上来。孙峻是东吴宗室，孙坚之弟孙静的曾孙，时年三十五岁，从辈分上却比小皇帝孙亮要矮一辈。孙峻在孙权晚年就已掌管宫中宿卫，孙权临终之前，孙峻还在榻边一再保举诸葛恪为辅政大臣。这让诸葛恪十分感激，没有把他当外人。孙峻看到诸葛恪神态疲惫，关切地问他："丞相若是身体不适，可以自作安排，我孙峻会向主上解释。"诸葛恪摇摇头说："无恙，我可以进去。"路才走了一半，突然有一侍者给诸葛恪送来了一封密函。诸葛恪认出那人是他在宫中的亲信散骑常侍张约、朱恩两人所派，连忙拆开来看。上面赫然写着一行字："今日张设非常，疑有他故。"诸葛恪眉头紧锁，从昨晚到今日的种种异常一下子都浮现在他的脑海中。他看到孙峻的神态也有一些异样，于是扭头就向宫外走去。

没走几步，诸葛恪迎面遇见了太常滕胤。滕胤是诸葛恪的儿女亲家，亦是他的政治盟友。诸葛恪连忙把密函拿给滕胤看，滕胤也觉得今天宫中不太正常，孙峻此人不可不防，不如先回家中从长计议。可滕胤一席话，却让诸葛恪那桀骜不驯的脾性又上来了："孙峻这小子，有什么能耐？我还怕他了！"

最终，在反复踌躇多次之后，诸葛恪还是走进了宴会大殿。君臣落座，问候寒暄，自不必说。侍者端上酒杯，孙亮举杯邀请群臣共饮，可诸葛恪看了看孙亮，又看了看孙峻，迟疑不敢喝。孙峻见场面尴尬，便替他打圆场说："丞相最近偶染小恙，病体未康，如果随身带有常用的药酒，就可以自便而行。"诸葛恪取出药酒，与众人共饮了一杯。这杯酒下肚，诸葛恪倒是安心了不少。他甚至在想，自己是不是疑心太重了，如今当着皇帝的面，他贵为当国宰辅，连一杯酒都要疑神疑鬼，是不是太让人瞧不起了？

想到这里，诸葛恪紧张的神情宽松了不少，丝竹管弦之声奏响，今日种种令他烦恼的事情也开始烟消云散。以至于孙亮在侍者的陪伴下离席，他也浑然不觉。突然，诸葛恪目光一扫，发现孙峻的座上也空空如也，他这才慌乱了起来，正欲离席，只听得门外一阵杂乱的脚步声，孙峻换上了短衣，手执环首刀冲了进来，厉声大喊："有诏收诸葛恪!"早已埋伏于帷帐之后的武士闻声而动,包围了大殿。诸葛恪还没来得及拔剑,就被孙峻手起刀落,诛杀于座中。

诸葛恪死后,孙峻又派人将其弟及二子诛杀,三族夷灭。孙峻迁丞相大将军,督中外诸军事,他将次年的年号从建兴改为五凤,抹去诸葛恪在这个国家的最后一丝痕迹。于是乎,诸葛恪的建兴时代,只持续了二十个月,就湮没于历史的尘埃之中。

这是三国史上血腥的一年,从年初的费祎遇刺,到年尾的诸葛恪被诛,众目睽睽之下,汉、吴两国的宰相先后殒命于血泊之中。历史的洪流将他们无情地抛弃,而姜维还将继续承受属于生者的煎熬。费祎和诸葛恪的死,与他原本并没有什么关系,但他不知道为什么,总有一种愧疚感在内心深处隐隐作痛。汉吴"东西并力"已经随着诸葛恪的死而付诸东流,自此以后,北伐将成为姜维一个人的战场。

第四章

一个人的北伐

预言家张嶷

死亡的幽灵在游荡过季汉和东吴之后，终于来到曹魏。曹魏的实际掌控者、大将军司马师在忐忑不安中迎来了新的一年，即魏嘉平六年（254）。

司马师的父亲司马懿做了一辈子大魏忠臣，直到人生的最后三年才露出了獠牙。这意味着当司马师接手这个家族的危险使命时，"营立家门"的计划才刚刚开始。想要推动魏晋禅代这一历史进程，司马师需要将更多曹魏精英笼络入司马氏的私门，在曹魏既有的体制内培植一股完全忠于司马氏的政治力量，从而将曹氏架空乃至取代。费祎和诸葛恪的死给他敲响了警钟，让他意识到这条路并不平坦，将伴随着许多腥风血雨，他必须时刻对内部的反对者提高警惕。

才到二月，反对者就冒头了，他们是中书令李丰和光禄大夫张缉。

李丰和张缉都是曹魏开国功臣的后代。李丰之父李义出身单家，在魏公国建立之初就被曹操征为军祭酒，于曹丕一朝官至卫尉。在魏人鱼豢所作史书《魏略》中，李义与诸葛亮的故旧徐福（徐庶）被列在一传。张缉之父是为曹魏镇抚雍凉十余年、"政惠著闻"的凉州刺史张既。曹丕在诏书中赞扬张既是"国之良臣"，唐人独孤及因"张既之政能"，将其列入"魏晋八君子"。作为标准的"魏二代"，李丰和张缉原本都是春风得意的，他们不仅官职平步青云，还与皇室结成了姻亲。李丰的儿子娶齐长公主（曹叡之女），张缉之女则被立为曹芳皇后。但正因为他们二人与曹氏的关系紧密，因而在曹爽被诛、司马氏当政之后，就遭到了一定程度的冷落和失意。

李丰与张缉同为冯翊高陵（今陕西高陵）人，有通家之好。于是他们俩开始私下密谋除掉司马师。由于两人威望尚浅，他们的计划是推举夏侯玄为大将军，以张缉为骠骑将军。夏侯玄自从雍凉征调回京师后，先任大鸿胪，又任太常，都是位高无权的散职，司马氏父子虽对他时刻提防，但因忌惮其声望，不敢对他下手。而夏侯玄不谙权谋之术，虽郁郁不得志，但也只是"不交人事，不蓄华妍"，低调做人罢了。故而此次行事，夏侯玄并没有参与谋划，完全是被拉下水的。待李丰等人密谋好，将计划告诉夏侯玄时，夏侯玄只淡淡地说了一句"宜详之耳"。

李丰、张缉谋除司马师，可能是受了孙峻诛诸葛恪的成功案例的启发。早在东关之战后，张缉在一次跟司马师的对话中就判断诸葛恪不久必会被诛杀。司马师问其缘故，张缉说，诸葛恪"威震其主，功盖一国"，怎么可能不死呢？后来诸葛恪被杀，司马师还一个劲儿夸赞张缉的智谋远胜诸葛恪。事实上，张缉表面在说诸葛恪，弦外之音则是在表达对司马师窃国擅政的不满。

但论起宫廷政变的能力和手腕，李丰、张缉比孙峻差远了。孙峻毕竟有宗室背景，且掌握宫中宿卫，可以织下一张捕猎的大网。李丰、张缉只是文官，没有兵权，与中护军出身、豢养过三千死士的司马师相比显然不是一个量级。他们先是想调李丰之弟兖州刺史李翼入朝，谋划里应外合，但朝廷没有批准李翼的申请。到了二月，李丰、张缉为避免夜长梦多，决定直接复制孙峻的模式，借助皇帝册封贵人、群臣朝拜的机会，在宫中埋伏甲兵诛杀司马师。李丰在宫内没有人手，只能去找黄门监苏铄、永宁署令乐敦、冗从仆射刘贤这样的宦者来当帮手。

密谋一旦多一个人知道，其泄露的风险就会增加数倍。李丰等人的异动很快就传到了司马师耳中。司马师先召李丰来询问，李丰得知事已败露，大骂司马师。司马师大怒，当即用刀把上的铁环将李丰捶杀，又下令收捕张缉、夏侯玄等人，尽夷其三族。月余，司马师又废张皇后，另立奉车都尉王夔之女为后，其状与昔日曹操杀董承而废董妃之状无二。

夏侯玄是曹魏宗室"诸夏侯曹"中最后一位在朝的重臣。其家族与司马氏有着复杂的纠葛。起初，夏侯玄之父夏侯尚的早逝为司马懿意外打开了执掌军权的大门；其后，夏侯玄之妹夏侯徽嫁给司马师，为其生了五个女儿，却在二十四岁那年意外去世（《晋书》云是为司马师鸩杀）；如今，夏侯玄被妹夫司马师诛杀并灭族，这标志着曹魏的宗室力量已经被司马氏彻底剪灭。

其实在高平陵政变后，夏侯霸曾想拉着夏侯玄一起奔蜀，但夏侯玄不愿意为了苟活而"自窜于寇虏"，还是应诏入洛。夏侯玄精通玄学，名望出众，是名士圈里有名的美男子，被誉为"朗朗如日月之入怀"，可名士的尊严最终拖累了他。洛阳东市受刑的那天，夏侯玄神色不变，举动自若，时年四十六岁。九年之后，也是在同一地点，人们还将见证另一位名士因不屈从司马氏的淫威而被处斩的悲情时刻。

这一年春天，姜维已经回到了成都，向刘禅汇报了第六次北伐的情况。尽管劳师无功，但也未有折损，刘禅似乎对姜维颇为满意，授予其督中外军事之权。这意味着，刘禅将此前费祎掌握的季汉中军全部交给了他，这是对他的极大支持。姜维感激不已，正在想着如何报答浩荡皇恩时，边关快马送来急报。姜维打开一看，又惊又喜——魏狄道长李简愿为内应，献城降汉。

李简纳降，史书未载原因，李简的身份履历亦不得而知。但此事发生在夏侯玄、张缉、李丰被诛之后，应不是巧合。因为此三人都与雍凉有着密切的关系。夏侯玄曾都督雍凉军事多年，在雍凉有着深厚的根基。此外，他曾在中护军任上选拔武官，其中许多人后来都"牧州典郡"，其中应有相当一部分在雍凉任职，对夏侯玄有故主之情。李丰和张缉更是雍州人士，张缉之父张既虽已去世三十余年，但恩威在雍凉犹存，雍凉将吏应有不少都是张既的故吏，或曾受其恩惠。笔者推测，李简很可能与上述三人或其家族有较为密切的关系，因畏惧司马师接下来的清算，索性背魏投汉，这与当年夏侯霸来降如出一辙。

但季汉对曹魏的内部斗争尚不知晓，突然有降书送到，众人自然是疑虑重重——这会不会是曹魏以诈降作为诱饵，诱使汉军来取城，然后围而歼之呢？毕竟在这一方面，曹魏是有"前科"的。五年前，魏将文钦就写信给吴将朱异，伪降以诱之，但朱异没有上当。再早之前，曹魏还派过隐蕃这样的高级间谍潜伏在孙权身边，一度甚至取得了孙权的信任。再加上费祎被郭循刺杀的余波仍在，季汉大臣们对曹魏的降者存有戒心，也是常理。

但就在这个时候，一个拄着拐杖、颤颤巍巍的大臣从人群中站了出来，他笃定地说，李简的投降是真的。他就是荡寇将军张嶷。

张嶷，字伯岐①，巴西南充国（今四川南充）人。张嶷虽然出身孤微，但从小有"通壮之节"。弱冠后，张嶷担任县里的功曹。时值刘备攻益州，蜀中政权交替，山贼趁乱劫掠，攻打县城。县长弃家逃命而去，而张嶷却勇猛异常，在乱兵之间，孤身把县长夫人背在肩上逃出城。这一行为直追当年在当阳长坂以身护甘夫人、刘禅的赵云。

---

① 张嶷之名字，可能来自《诗经·大雅·生民》中"诞实匍匐，克岐克嶷，以就口食"之句。这首诗是对周人始祖后稷的歌咏诗，这句的意思是，后稷刚生下来还是个爬行的幼儿时，就十分聪明，能够自己寻找食物。《毛诗诂训传》云："岐，知意也。嶷，识也。"郑玄《毛诗传笺》云："能匍匐，则岐岐然，意有所知也。其貌嶷嶷然，有所识别也。"故而"岐嶷"一词常用来形容人年幼聪慧。如王沈《魏书》夸赞明帝曹叡"帝生数岁而有岐嶷之姿"。嶷在此义下读音为 nì。

因此，这事传扬出去，立即让张嶷名声大噪。刘备初入巴蜀，正值用人之际，于是越级提拔张嶷，让他一步从县属吏跃升为州从事。

《三国演义》为了丰富季汉的戏份，让他在诸葛亮时期就成为南征北伐的一员上将，与王平、马忠等同列。事实上，张嶷在诸葛亮时期职级较低，且并未参与过北伐，他的战绩集中于平定益州内部此起彼伏的叛乱。

诸葛亮治蜀时，明于法纪，恩威并施，使得季汉内部总体比较平稳，但巴蜀之地毕竟山深地险，汉夷杂居，各种社会矛盾交织，长期以来就存在着诸多不安定的因素。随着诸葛亮北伐大量征调蜀中的兵员、劳役与钱粮资源，这些矛盾势必趋于激烈。就在季汉建兴五年（227）诸葛亮北驻汉中、开始为北伐征调军资时，毗邻成都的广汉、绵竹出现了一批山贼，干起了劫掠军资的事情。张嶷设计诱杀其首领张慕及随从五十余人，旬日之内就剿灭了贼寇。季汉建兴九年（231），诸葛亮刚结束第四次北伐不久，蜀中腹地的汶山郡又爆发羌乱，诸葛亮遣废黜李平有功的马忠讨伐之，张嶷率兵三百担任先锋。当时羌人在山势险要处修建工事，易守难攻，张嶷就派人宣喻羌人，言语威慑，劝其投降。这一招倒是很好用，许多首领畏惧汉军，纷纷出降，其余叛兵窜入山谷，也很快被张嶷各个击破。

两年后，正是诸葛亮筹备第五次北伐的紧要之时，季汉的后院南中又起火了——南中夷帅刘胄起兵造反。

自季汉建兴三年（225）诸葛亮平定雍闿之乱后，季汉对南中采取了一系列有效的管理措施，如改革郡制、笼络大姓，使南中"纲纪粗定，夷汉粗安"，但此后南中大小叛乱接连不断，仅在诸葛亮回师不久，越巂太守龚禄、云南太守吕凯就接连被蛮夷所害。如《襄阳记》所言"终亮之世，南方不敢复反"、《汉晋春秋》引孟获语"南人不复反"，皆为不实之词。诸葛亮"南抚夷越"的目标依然任重而道远。

学者黎虎比较诸葛亮南征前后南中地区的叛乱主体，指出诸葛亮的南中治理政策实质是一面扶植南中大姓，一面强化对南中少数民族的统治和剥削[①]。后来谯周即批评道："南方远夷之地，平常无所供为，犹数反叛，自丞相亮南征，兵势逼之，穷乃幸从。是后供出官赋，取以给兵，以为愁怨，此患国之人也。"可知南中夷人原本无赋役，自诸葛亮南征后，他们开始背负了沉重的赋税、兵役负担，

---

① 见黎虎《蜀汉"南中"政策二三事》，《历史研究》1984 年第 4 期。

其对朝廷的积怨也与日俱增。因此在诸葛亮南征之后，南中叛乱的主体不再是雍闿、孟获等汉人大姓，而是夷帅、豪帅、耆帅等少数民族首领。

此次叛乱的刘胄也是夷帅，叛乱原因正是因为当时的庲降都督张翼"性持法严，不得殊俗之欢心"。诸葛亮令马忠代张翼督南中，统兵征讨，张嶷则继续作为马忠的部将，身先士卒，斩杀刘胄，又平定牂牁、兴古等地叛乱，南中才暂时安定下来。

终诸葛亮之世，张嶷也不过是个牙门将，与他的同郡乡党王平、马忠、句扶不可比肩。季汉由于国小地狭，官员的上升通道亦十分有限，在元勋后裔、荆楚旧人、刘璋旧属占据文武要职之后，留给益州本土人士的空间已经十分狭小。王、马、句是张嶷奋斗的目标，然而王平身携投效之资，马忠、句扶出身本县大姓，他们在诸葛亮南征北伐中扮演的重要角色，又是家世低微的张嶷可望而不可即的。

张嶷的真正发迹是在蒋琬执政时期。延熙三年（240），正是蒋琬北驻汉中的第三年，由于季汉中军被征调北上，国内诸郡驻防兵力薄弱，南部夷人豪帅又掀起一轮叛乱高潮。汉嘉郡夷人反，当地郡兵不能应对，朝廷不得不派中领军向宠前去平叛。向宠是向朗之侄，曾参与刘备东征，因为在败退时保全兵士，得到刘备的夸奖，诸葛亮也十分赏识他，在《出师表》里评价他"性行淑均，晓畅军事"，让他主掌成都城内诸营禁军，并教导刘禅要经常向他请教"营中之事"。但向宠毕竟缺少临阵经验，竟在此役中为蛮夷所杀。与此同时，与汉嘉郡相邻的越嶲郡也骚动不安。越嶲郡范围大致是今四川省凉山彝族自治州一带，是蜀地通向南中的必经之路。这是诸葛亮南征最先平定的地区，却也是夷人反叛最为活跃的地区。越嶲郡治原在邛都（今四川西昌），但在太守龚禄、郡将焦璜被夷人杀害后，后来的太守不敢前往上任，只得住在八百多里外的安上县（今四川屏山），大面积的土地和居民脱离季汉政府的管理。

是年春天，季汉以张嶷为越嶲太守。张嶷到任之后，率众逐步收复土地，安抚百姓，讨平不服从的夷人豪帅，经历了三年的艰辛，才将治所重新迁回邛都，并通过恩威并施的方式，与当地的旄牛羌等部族建立了良好的关系，取得了他们的信赖。在稳定秩序的基础上，张嶷恢复了对越嶲郡盐、铁、漆等特产的管辖权，又重新打通了从越嶲郡经汉嘉郡旄牛县至成都的"旄牛道"，让越嶲郡对朝廷的朝贡之路得以顺畅。朝廷嘉奖张嶷的功绩，先是赐爵关内侯，又加为抚戎将军，领郡如故。

在季汉人才凋零的蒋琬、费祎时期，张嶷无疑是一颗耀眼的新星，无论是统兵作战、治郡理政、和抚夷民，张嶷都显现出卓越的才干。但张嶷有雄心壮志，不甘自己被困陷于越巂一郡，在这蛮夷之地了此残生。随着王平、马忠的相继去世，姜维成了张嶷新的人生标杆。从一员降将到独立支撑北伐大业的统帅，姜维在巴蜀的土地上书写了一段传奇人生，成为所有怀着功名之心、希望通过战功实现阶层跨越的人的榜样。因此，张嶷虽然人在南中，但目光却在国家大事，他对时局的关注度远远超越了他的身份，而事实也一再证实他过人的洞察力和判断力。

早在还是一名牙门将的时候，张嶷就凭借着自己处理夷人事务的经验，关注季汉与北境羌氐的关系问题，并在武都氐王苻健降汉一事上为蒋琬做出了准确的预测，这可能是蒋琬对张嶷青睐并提拔的重要原因。费祎主持政事，对待同僚比较和善，尤其对新归附的人十分亲近。这是个人性格使然，本不关张嶷什么事，但张嶷经过几次接触后发现了这个问题，便专门写信给费祎，引东汉岑彭、来歙为公孙述刺客所杀之事，提醒他"宜鉴前事，少以为警"。费祎没有在意，后来果然为郭脩所杀。不久东吴丞相诸葛恪筹划北伐，这是别国之事，按理也无需张嶷操心，但张嶷忧心忡忡，又特意修书一封给诸葛亮之子、当时已任季汉侍中的诸葛瞻，让他劝劝这位堂兄不要贸然出征，远离少主，以免招致祸患。张嶷之信，再次一语成谶。

因连续命中两位宰辅的结局，人们对这位深居南中的"预言家"刮目相看，佩服他的远见卓识。而张嶷如此积极地表达见解、参与政事讨论的态度也终于得到了朝廷的反馈。延熙十七年（254），在多次向朝廷申请之后，张嶷终于被征召回朝。张嶷在越巂郡长达十五年，恩泽深重，他临走时，当地汉夷百姓自发送行，流泪不舍。从旄牛道经过时，当地首领率领百余人的朝贡团一路将张嶷送到成都。

张嶷还朝后的新职位是荡寇将军，这是关羽、张辽、张郃、程普等名将曾担任过的职位。张嶷知道这意味着多大的使命和责任，尽管此时的他已经患有严重的风湿病，乃至于拄着拐杖才能直立起来，但他依然摩拳擦掌、枕戈待旦，为即将到来的北伐而兴奋。

因此，李简降书的到来，与其说是姜维的一次机会，不如说是张嶷的一次机会。他极力证明李简来降的真实性，未必是他掌握多少独家情报，也未必是他对曹魏局势有多么深刻的洞察，而是因为李简的降书可能是他走向北伐战场最后的良机。诸葛亮的北伐，给太多出身下层的武人心中织下了一个英雄梦，那些在北伐中斩敌建功的将士成了他们心中的偶像。诸葛亮去世后，所谓兴复汉室的美好愿景早已褪色，但长久的弭兵自保反而让战争的热情在这些蜀人心中燃烧起来。他们已经忘了为谁而战，或者说，他们更多的是在为自己而战——为了重回诸葛亮时代的激昂热血，重新赢得益州人的"主人"地位。

张嶷并不孤单，他可能代表了相当一部分蜀人的心声。这也可以视为姜维重启大规模北伐的民意基础。姜维北伐，此前都是序幕和前奏，从这时才算进入了主歌部分。

附：费祎殁后季汉主要官员名录

姜维：卫将军，录尚书事，假节，督中外军事，凉州刺史，平襄侯

夏侯霸：车骑将军

胡济：镇西大将军，汉中督，成阳亭侯

张翼：征西大将军，建威督，都亭侯

廖化：广武督（将军位缺，应为四征将军）

陈祗：尚书令，侍中，镇军将军

阎宇：右将军

宗预：后将军，永安督

张表：庲降都督，安南将军

董厥：尚书仆射

樊建：侍中

诸葛瞻：侍中，武乡侯

张绍：侍中，西乡侯

梁绪：大鸿胪

尹赏：执金吾

梁虔：大长秋

张嶷：荡寇将军，关内侯

李譔：中散大夫，右中郎将

谯周：中散大夫

来敏：执慎将军

蒋斌：绥武将军，安阳亭侯

赵统：虎贲中郎，督行领军，永昌亭侯

关统：虎贲中郎将，汉寿亭侯

杨戏：射声校尉

向充：射声校尉

罗宪：宣信校尉

卫继：奉车都尉

庞宏：涪陵太守，关内侯

法邈：汉阳太守，关内侯

王嗣：汶山太守

王山：江阳太守

张翼：太守，监军

杨羲：庲降都督参军

费承：黄门侍郎，成乡侯

霍弋：太子中庶子

张郁：太子中庶子

郤正：秘书郎

黄皓：黄门令

激战襄武

延熙十七年（254），姜维的第七次北伐伴随着一纸降书而开启了。

张嶷此时已经年过六旬，他不顾自己的疾病，恳切地请求让自己上阵，以求"肆力中原，致身敌庭"，终获朝廷批准，这让这场北伐在一开始就涂抹上了悲情的色彩。大军临行前，张嶷向刘禅辞别，动情地说："臣幸遇明君，受恩过重，一直期待报效的那天。然而现在疾病在身，唯恐哪一天死去了，辜负了陛下的知遇之恩。如今幸得有这样的机会让我从军北伐，如果凉州平定，臣愿意留在那里为国家守卫疆土。如果没有获胜，臣就将杀身以报国。"

听完张嶷的这番豪言壮志，刘禅不觉泪如雨下。在此之前，刘禅从未展现过自己的真性情，他的存在如同一个国家符号，只有模糊的轮廓，而不见眉目与肌理。这是史料记载刘禅第一次哭泣，或许在这时，他才能深刻理解到北伐对于俘获人心、凝聚人心的巨大力量。他也通过这样一场君臣相知的场面让世人知道，在诸葛亮去世二十年后，重启大规模北伐、唤醒国人斗志的人是刘禅——他既是刘备血脉的继承者，又是诸葛亮精神的继承者。

狄道县（今甘肃临洮）属陇西郡，在两汉时长期为陇西郡治所，在洮水与陇水（东峪河）的交汇处，位置偏北。如果姜维想沿洮水河谷进军，则必须先攻克临洮县。但自从第四次北伐失了麴山二城后，曹魏在临洮以南的防御得到了强化，若再从临洮道北上势必耽误行军时间。于是姜维故技重施，仍旧沿着此前多次走过的道路进入洮水以西的区域迂回行军，在当地羌人的物资支援下，向狄道挺进。

司马师听到姜维复出陇西的消息，十分震惊。当时洛阳城内的空气正异常紧张，司马师杀夏侯玄、废皇后的举动已经引发了一些亲曹氏大臣的不满，甚至连皇宫内的小皇帝曹芳都蠢蠢欲动，在此关键时期，决不能因为外敌入寇而乱了阵脚。司马师最信赖的人唯有他的弟弟司马昭，当时司马昭正屯驻许昌，司马师遂以昭行征西将军，往长安督战。

姜维的老对手陈泰知道狄道对于曹魏的战略意义，这虽然只是一个偏远的县城，但一旦控制了这里，就控制了洮水河谷，切断了陇西郡与凉州诸郡的联系，陇西诸县将会陷入极大的恐慌，再加上羌胡从中策应，曹魏将陷入极大的被动。因此陈泰向司马昭建议赶在姜维之前抢先占领狄道。可司马昭却有些盲目自信，他判断姜维此次出陇西只是为了联结羌人，为今后的军事计划筹措粮谷，并不会冒险北上狄道。他说：如果姜维的目标是狄道，怎么会宣露于外让我们知道呢？

《晋书·文帝纪》在叙述此一事件时刻意剪裁史料，

省略了司马昭料敌与姜维退兵之间的史料，给人造成司马昭成功预测姜维不战自退的假象。这可能来自晋人对司马昭的粉饰之词。综合其他史料可知，司马昭此次对姜维的行军出现了严重的误判，陈泰正确的意见反而被否决。最终，曹魏所派的援军只有讨蜀护军徐质所部。

汉军于六月到了狄道城下。果如张嶷所料，李简率城中吏民开门迎汉军入城。这是姜维北伐以来，汉军首次从曹魏手中夺过完整的一个县城。汉军占领了狄道后，开始分兵攻取陇西其他诸县，其中张嶷所率的军队围攻陇西郡治所襄武（今甘肃陇西）。想当年诸葛亮第一次北伐时，汉军就从东边溯渭水而来围攻了襄武，魏陇西太守游楚闭城坚守，十余日汉军方退。如今，张嶷从西边再次围攻襄武，似是对诸葛亮北伐的一次致敬。此时的徐质姗姗来迟，抵达襄武城外。两军激战一日，张嶷抱着必死之心，身先士卒冲杀在前，不幸殒命于沙场，但汉军也斩杀了徐质，杀伤的魏军超过了汉军伤亡的一倍。

张嶷死后，越嶲民夷无不悲痛落泪，他们在当地为张嶷立庙，把张嶷当作护佑众生的神灵，每逢水灾、旱灾时都去祭祀祈福。季汉朝廷为嘉奖张嶷之功，封其长子张瑛为西乡侯，次子张护雄袭爵。成书于晋初、主要叙述益州人物事迹的《益部耆旧传》对张嶷不吝赞美之词，称他"策略足以入算，果烈足以立威，为臣有忠诚之节，处类有亮直之风……虽古之英士，何以远逾哉"①。

　　襄武一战，魏军大败而走，姜维乘胜攻下了河关、临洮等多座城池，曹魏的陇西郡摇摇欲坠。然而就在形势十分有利于汉军的时候，姜维却选择了撤军。史书并未载其原因，笔者分析可能有二：一是时节将近冬季，陇右寒冷，而羌胡也无法供粮，汉军远离国境，有断粮之险；二是陇西郡治襄武迟迟没有攻克，这也让姜维想要一口气吃下整个陇西郡的想法未能实现。而徐质虽败，但毕竟不是魏军主力，一旦陈泰率大军亲来，汉军将陷入被动。不过此役并非无功，姜维退军时，拔狄道、河关、临洮三县居民徙入蜀地，将他们安置在成都郊外的绵竹、繁县。

　　人口，一直是三国纷争中最重要的资源。曹操在与

──────────

① 据《汉中府志》《褒城县志》记载，张嶷墓在南郑县柏乡街，即今陕西省汉中市汉台区龙江街道柏花村一带，1980年当地发现有民国十年（1921）南郑县知事柴守愚所立墓碑一通，上书"汉荡寇将军张嶷之墓"。墓冢今已无存，墓碑已移存至汉中市博物馆。另，近年互联网多有文章称张嶷继承王平统帅无当飞军，但于史无据，应为讹传之言。

孙、刘相争时，宁愿放弃大片郡县城池，也要将人口迁走。地盘丢了还可以再夺，而人口既是财富的来源，也是军事力量的重要支撑。在长期对峙之中，人口优势将愈发凸显出来。诸葛亮在第一次北伐失败时，就拔西县千余家而还。此次姜维所迁三县人口，大大超过了诸葛亮西县所得。尽管此次北伐折损了张嶷（季汉历次北伐阵亡的最高级别将领），但收获了大量人口，可以算一次大胜。最重要的是，此次北伐造成了曹魏陇西的空虚，为下一次北伐做好了铺垫。姜维蚕食陇右的计划，第一次看到了希望的曙光。而这个秋天，正是诸葛丞相去世整整二十年。

曹魏方面，此役损兵折将，又被掠去了大量人口和军资，司马昭当负有重要责任。然而司马昭反将姜维的退兵当作自己的功劳，被恢复了新城乡侯的爵位，其文过饰非、颠倒黑白的功力可见一斑。

司马昭班师回洛阳，皇帝曹芳亲临城西的平乐观（今河南洛阳孟津区平乐镇）慰劳将士。此时曹芳与司马师的矛盾已经一触即发，曹芳身边的近臣知道他有除司马师之意，建议他趁着观兵之时，将司马昭斩杀，然后控制其军队以逼迫司马师让权。几人谋划一番，已经将罢黜司马师的诏书写好了。到了平乐观，司马昭进前参拜。此时曹芳身边的倡优云午等人唱道："青头鸡，青头鸡。"这是一句暗语，"青头鸡"指的是鸭子，"鸭"通"押"，即在公文上签字画押。这是倡优们在催促曹芳尽快做决定下诏诛杀司马昭。可是这时候曹芳犹豫了。眼见司马昭率军入城，他失去了夺回皇权的最后的机会。

曹芳的谋划很快被司马师得知。这一年曹芳已经二十三岁，不再是个稚子蒙童，他的存在对司马师来说将成为越来越大的麻烦。九月，司马昭纠合了四十六名朝中重臣联名上奏郭太后，给曹芳强行安上了昏聩、淫乱、宠佞、不孝等诸多罪名，请依汉霍光故事，废曹芳帝位。郭太后本不情愿，无奈司马师咄咄逼人，只能妥协。但郭太后不同意司马师提出由彭城王曹据即位的方案。因为曹据是曹操之子，是魏明帝曹叡的叔父，是郭太后的长辈。郭太后说：如果曹据即位，我怎么办？而且明皇帝岂不是要绝嗣了？（曹叡无子，故从宗中过继曹芳为嗣子）她提议迎东海王曹霖之子高贵乡公曹髦为帝。曹霖是曹丕之子，曹髦与曹芳同辈，正好可以作为明帝之嗣。司马师同意。十月己丑（初四），曹髦于洛阳太极殿即皇帝位，改年号为正元。曹芳则被降为齐王，送往河内重门（今河南辉县高庄镇）软禁。司马师被授予假黄钺，并获得入朝不趋、奏事不名、剑履上殿的专属特权。

　　这是三国称帝建元以来的第一次废帝，东汉幼主不断被权臣欺凌废黜的场景又复现于曹魏，复现于见惯了古今兴废的洛阳城内。司马师的废帝行为立即引发了两位淮南边将的激烈反对，即镇东将军、都督扬州诸军事毌丘俭与扬州刺史文钦。毌丘俭是魏明帝潜邸之臣，立场上倾向曹氏，尽管他曾与司马懿并肩作战、征伐辽东，但他与司马氏的政敌夏侯玄、李丰等关系更为亲近，而文钦是曹氏乡里人，又曾受曹爽"厚养待之"。在反对司马师这件事上，两人一拍即合。魏正元二年（255）正月乙丑（十二日），毌丘俭与文钦于淮南起兵，矫郭太后诏书，讨伐司马师。为了分化瓦解司马氏阵营，他们还注重斗争策略，在讨伐檄文中只将矛头对准司马师的无道之行，宣布其大罪十一条，却称赞司马懿的辅政之功，保举司马昭代为宰辅，司马孚任中领军。与此同时，他们还传檄于各州郡长官、方镇节将，号召他们共同讨伐司马师。然而，他们的举兵没有得到多少响应，镇东将军诸葛诞、兖州刺史邓艾纷纷斩杀了毌丘俭的使者，向司马师效忠。文钦给郭淮写了一封深情款款的策反信，但信还没有送到，郭淮就已经病逝了。

就这样，毌丘俭、文钦在一开始就成了一支孤军。毌丘俭意图率六万淮南精锐疾行，直驱洛阳，但行至项城（今河南沈丘）就被阻遏去路，停滞不前。为了迅速扑灭毌丘俭、文钦，司马师不顾眼疾之痛，亲率中军前来征讨，同时征调镇南将军诸葛诞、征南大将军王昶、征东将军胡遵、荆州刺史王基、兖州刺史邓艾等诸军从三面向淮南军合围而来，毌丘俭、文钦已成困兽之态。仅仅一个月的时间，此次举兵即告失败。文钦投奔东吴，毌丘俭则在闰正月甲辰（二十一日）在逃跑途中被射杀。然而司马师却付出了巨大的代价。他眼中本有瘤疾，术后未愈就率军出征，又在征战中遭受文钦之子文鸯袭营，惊惧之中眼珠出眶，终因剧痛，于闰正月辛亥（二十八日）病逝于许昌。他执掌魏国朝政的时间还未满四年。

司马师的意外去世，差点儿让司马氏魏晋禅代的进程戛然而止。刚即位不久的曹髦也趁机颁下诏令，令司马昭留守许昌，尚书傅嘏统帅六军还京师，试图从司马氏手中夺回军权。但司马昭采纳钟会的计策，公然违抗诏令，统帅大军返回，此举即表明他是司马师权力的继承者。曹髦无奈，进位司马昭大将军加侍中，都督中外诸军，录尚书事，辅政。魏国正式进入了司马昭时代。

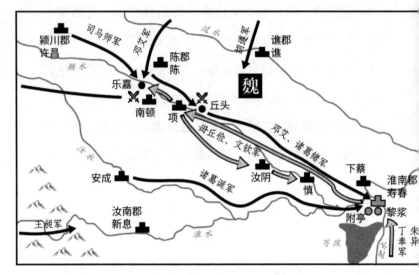

司马师、毌丘俭之战形势图

陈梦实绘

洮西大捷

曹芳被废、毌丘俭举兵、司马师暴毙……曹魏内部一连串的政治动荡让姜维又嗅到了可乘之机。此时雍凉都督区也出现了人事变更，郭淮去世后，陈泰接替他出任征西将军，假节都督雍凉诸军事，雍州刺史之位则由军事经验稀少的清河人王经担任。姜维立即向朝廷奏请北伐。

不过此时，朝中出现了反对的声音，反对者是征西大将军张翼。

张翼，字伯恭，犍为武阳人，他出身官宦世家，其高祖父曾任司空，曾祖父曾任广陵太守，是益州大族的代表。刘备平益州，张翼出任州书佐、江阳长。汉中之战，张翼以沔阳长身份随赵云在汉水破曹军。诸葛亮时期，张翼先为庲降都督镇南中，后随诸葛亮北伐，为前军都督，领扶风太守。如今，张翼已经在季汉仕宦超过四十年，是季汉朝堂上地位最高的益州本土人士。

张翼当众反对姜维北伐，理由是"国小民劳，不宜黩武"，这说出了益州大族的心声——北伐耗费了大量益州的人力、物力、财力，侵犯了益州大族的利益，让他们早有怨言。若说在诸葛亮主政时期，他们还慑于诸葛亮的威严而不敢公开反对，那么如今面对姜维，张翼就有了与之"廷争"的底气。

然而，北伐的真正决策人是皇帝刘禅，姜维只是为他承担舆论攻击的箭垛。在刘禅还对北伐津津乐道的时候，张翼的反对声音起不了多大的效果。但慑于张翼背后益州大族的力量，刘禅又必须照顾他的情面，于是进位张翼为镇南大将军（季汉"四镇"高于"四征"），命他随军北伐。同时出征的，还有已接替邓芝出任车骑将军的夏侯霸。

　　延熙十八年（255）夏，距离上次北伐才过了不到一年，姜维再次统兵数万出发，揭开了第八次北伐的序幕。为了迷惑魏军，姜维提前放出消息来，声称汉军将兵分三路，进攻祁山、石营、金城。姜维出兵屡次用奇，魏人捉摸不透，只能分兵布防，但令他们没有想到的是，姜维此次的用奇，恰是没有"用奇"，他的兵锋所向仍是去年汉军的目的地——狄道。

　　这是陈泰在雍州的第七个年头，大西北的风霜雨雪已经让这个出身颍川世家的贵公子的脸上现出了沧桑之色，七年前的高平陵政变也依然历历在目。彼时，身为尚书的陈泰与侍中许允受到司马懿的派遣，前去曹爽大营劝降。当时两人带着司马懿的承诺而来，表示只要曹爽放弃抵抗、交出皇帝和兵马，司马懿将仅免去其官职，其他一概不予追究。当时的陈泰和许允天真地以为自己秉持不偏不倚的态度，让这场差点儿走向失控的政治内斗得以和平解决。然而不幸的是，他们与曹爽都被司马懿欺骗了——曹爽为自己的轻信付出了全家性命的代价，而陈泰和许允则在不自觉中成了司马懿大开杀戒的帮凶。

　　尽管陈泰和许允心有不平，但他们已无力阻挡司马氏权力车轮的滚滚向前。陈泰出镇雍州，远离朝中纷争，某种意义上是对自己的一种保护。他掌兵在外，勤于王事，司马氏父子对他还有相当程度的忌惮。而许允的命运就截然不同，李丰、张缉之谋，令许允也被牵连进去，司马师将他视为眼中钉，先是假意调许允为镇北将军，剥夺了他中领军之职，接着指使有司指控他贪污贿赂，将其收付廷尉，流徙边塞，并害死在途中。

如今，已经成为雍凉最高军事统帅的陈泰陷入了迷惘，他不知自己究竟为谁而战，是为曹氏，还是为司马氏？他的父亲是曹魏的开国功臣，与司马懿同受托孤之任，而如今的陈泰却不得不以魏臣之名，而行司马家爪牙之实，为司马师、司马昭兄弟巩固他们的权力与地位而守卫西境。他虽忠于魏室，但他的家族身份使他无法像毌丘俭、文钦那样倒戈相向，与司马氏彻底撕破脸皮。

陈泰与司马氏之间这些微妙的关系，对姜维来说是陌生的。姜维的注意力几乎全部都在军事上。如果说他与田单、曹操这些以弱胜强的前辈差在哪里，可能就是他从未关注过政治层面的"北伐"。陈泰并不是司马氏的同路人，而司马氏也从来没有把陈泰视为自己的心腹嫡系，如果季汉熟悉曹魏政权内部的这些错综复杂的关系，对其笼络、离间、分化、瓦解，或是将军事行动由针对曹魏政权改为针对司马氏的"政在私门",那么或许能够从曹魏内部撕开一个口子,为北伐提供更加有利的政治环境。然而,不幸的事实是,尽管在姜维北伐期间,曹魏内部皇权与相权、司马氏与反司马力量的斗争此起彼伏,但防御季汉的雍凉都督区却如同铁板一块。反而是由于姜维的不断北伐,雍凉都督区的将领们即便各有算计,关系不睦,也都能凝聚共识,一致对外,始终没有出现"淮南三叛"那样的动荡局面。诸葛亮在"隆中对"中所言"天下有变"的天时迟迟无法降临在雍凉大地之上。

当雍州刺史王经禀报此次姜维三道来伐,陈泰就敏锐地感觉到这一次姜维动向的异常。季汉有多少兵力,陈泰心里有数,他断定这都是姜维的疑兵障眼之法,其目的就是分散魏军兵力。于是他否定了王经分兵拒敌的建议,让凉州军按兵不动,令王经准确打探汉军真正的目标,再东西合力而击。

不久,姜维数万之众出现在了枹罕(今甘肃临夏枹罕镇),并向东而去。很明显,姜维的目标又是狄道。去年自姜维迁走三县之民后,陇西郡如同被掏空了一般,既没有什么居民,也缺少兵力部署,所以姜维此次轻松就能沿着洮西旧道深入魏境。如果此次再次拿下狄道,那么姜维将有充足的时间吞掉整个陇西郡，并切断雍凉二州之间的通路，曹魏的西境将面临严重的动荡。陈泰焦急万分，于是一面统关中大军从长安西进陈仓，一面敕令王经统雍州军火速奔赴狄道固守，以待大军来援。

这次王经倒是抢在姜维之前进入了狄道城。但王经立功心切，不想坐守城池，又轻视汉军，以为在魏境用兵，优势在我，遂不听陈泰号令，出城去寻找汉军主力。此时汉军抵达了狄道以北、洮水以西的故关（今甘肃广河东）。王经派前部诸军前去搦战，结果败下阵来，王经恼羞成怒，遂统领雍州军主力数万出城渡洮水，与汉军决战。

王经出击，正中了姜维的下怀。狄道城虽然已经被迁走了居民，但它西临洮水，东、北临陇水，三面环水，易守难攻，是一个理想的固守之地。王经不懂军事，放弃了城防和地形优势，出城与汉军野战，而且是背水作战，犯了兵家大忌。陈泰得知王经的部署，连连叫苦，催促五营在前，自己率领诸军在后，紧急向狄道驰援。但陈泰担心的事情还是发生了。八月辛亥日（初二），姜维指挥汉军向洮水西岸的魏军发动突然袭击，魏军没有防备，很快溃败，因为背后是洮水，没有退路，大量魏兵落入水中溺亡。王经见势不妙，仓促组织船只渡河，带残部逃回狄道城。

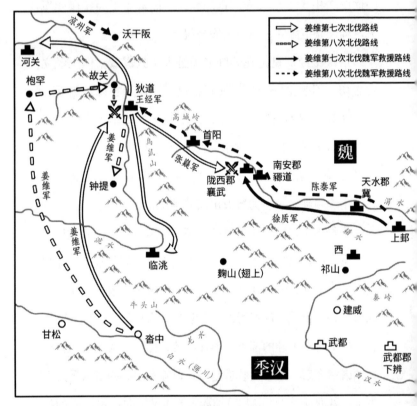

姜维第七、第八次北伐（襄武之战、洮西之战）形势图　　陈梦实绘

洮西之战的战绩，《三国志·姜维传》记载为"经众死者数万人"，《三国志·张翼传》记载为"经众死于洮水者以万计"，《三国志·陈泰传》记载为"死者万计"，看来诸书数目较为一致。这是姜维北伐、乃至季汉对曹魏的历次作战中歼灭有生力量最多的一场战役。此战大大振奋了汉军的斗志，对曹魏陇右的军事力量是一次重创。后来邓艾这样描述："洮西之败，非小失也，破军杀将，仓廪空虚，百姓流离，几于危亡。"

姜维连续两次北伐狄道，一次大量迁徙人口，一次大量杀伤魏兵，这是诸葛亮七年北伐都不曾获得的战绩，这也是姜维十余年日积月累，反复尝试，克服重重困境之后斩获的功勋。对于综合国力远远弱于敌人的季汉政权来说，这样的胜利殊为难得。这一年姜维五十四岁，这正是诸葛亮壮志未酬、溘然长逝的年纪。而姜维却在同样的年龄迎来了人生的高光时刻，也将季汉北伐推向了巅峰。

洮西大捷之后，姜维打算乘胜扩大战果，继续围攻狄道，进而执行下一步计划，即魏人所说的"断凉州之道，兼四郡民夷，据关、陇之险"。但张翼再次表达了反对。他说，既然已经取得了胜利，就应该见好就收，不应再继续进攻，否则会丢掉来之不易的战果，这正是画蛇添足的道理。姜维原本就因张翼反对北伐而与他不睦，只是碍于刘禅的命令才把他带上，此时他又来拖后腿，姜维自然是一个字也听不进去。姜维统兵渡河，将狄道围了个水泄不通。

王经败报传到陈泰这里时，陈泰已经从陈仓溯渭水抵达上邽。此时司马昭也意识到陇右局势的危急，出于对陈泰的不放心，他于八月戊辰（十九日）派德高望重的太尉司马孚至关中督战。三天后（辛未，二十二日），司马昭又征调邓艾、胡奋（征东将军胡遵之子）、王祕三将各率本部驰援陇右。此前，邓艾在乐嘉（今河南商水东）击败文钦，立有战功，进封方城乡侯，紧接着又行安西将军，没怎么歇息就马不停蹄地奔赴西线战场。时隔六年，邓艾重返陇右。

面对狄道的危局，邓艾显得比较消极，他认为洮西一战，魏兵已经斗志涣散，而姜维士气正盛，这时候应该避其锋芒，割险自保，等待蜀军显现出疲态了再行救援。邓艾之计，实际上是沿用两年前司马孚驰援合肥新城的战法，当时司马孚就是在寿春按兵不动，等到诸葛恪士兵疲惫、疫病横行时才出击，获得大胜。因此笔者猜测，邓艾的建言很可能也来自刚抵达关中的司马孚的授意。事实上，当时魏国朝议也持这一观点，众人认为王经大败后，狄道城已经"不足自固"，应该等到大军从四方汇集，再行征讨。

但陈泰对陇右的地情和姜维的心态更为熟悉。他认为，姜维固然在洮西得手，但他下一步却走错了棋。如果姜维利用战胜之威，率军东进，攻陷存储有大量粮食的首阳（今甘肃渭源）[①]，然后连接羌胡诸部，传檄陇西、南安、天水、广魏四郡，那么陇右局势将十分危险。但姜维却将宝贵的时间消耗在了攻坚围城之上，蜀军长途远征，必然是以轻兵为主，没有带攻城器具，这就是以短击长，变优势为劣势了。再加上蜀军出征已久，军粮很快就会短缺，这正是魏军果断出击的机会。陈泰的方案是，以迅雷不及掩耳之势急速进军，占领蜀军周围的高地以呈威逼之势，不用交战，蜀军就会自然退兵。

史载，陈泰将自己的方案写成表章，派人送往司马昭

[①]《三国志·陈群传附陈泰传》此处本作"栎阳"："若维以战克之威，进兵东向，据栎阳积谷之实……"栎阳在今陕西西安阎良区武屯镇，为秦国旧都。其地在长安以东，距离陇右遥远，姜维不可能如此舍近求远。且栎阳在东汉就已废入万年县。卢弼在《三国志集解》中认为栎阳为略阳之音讹。略阳在今甘肃秦安陇城镇。笔者以为略阳仍与姜维所在狄道较远，中间隔着南安、天水二郡，且与陈泰屯兵的上邽较近，不可能成为姜维眼下的行动目标。考陈泰语境，他应是担心姜维攻占距狄道较近的一处屯粮要邑。查《中国历史地图集·三国魏·雍州》可见，狄道以东最近的是首阳县，"栎阳"应为"首阳"之误。

处定夺，司马昭支持了陈泰的主张，说"征西速救，得上策矣"。笔者以为，当时狄道军情紧急，而上邽与洛阳相距两千里，如果要等待司马昭指示，一来一往，军机早就延误了。陈泰作为持节的方镇大督，在战时完全有专断自决之权，他应是将方案报送洛阳后，不待回复就率师救援狄道而去。

陈泰行军的路线，应是循渭水河谷一路西进，过冀县、獂道、襄武，一直抵达首阳以西的高城岭。高城岭及其东南的鸟鼠山是渭水、洮水两大水域的分水岭。《水经注》云："陇水注之，即《山海经》所谓滥水也。水出鸟鼠山西北高城岭，西迳陇坻。"陇水流向西北，在狄道注入洮水。越过高城岭，陈泰预料到姜维可能会设下埋伏以击来援，就故意大张旗鼓地从南道进军。姜维得到消息，果然派兵在要道口埋伏，但等了三天都不见魏军，谁知陈泰悄悄将大军转向另一条路，并且隐蔽行军，在夜色的遮掩下出其不意地登上狄道东南的高山。陈泰让士兵点燃了许多火把，又擂鼓吹角，火光和声音瞬间传遍了狄道城内外。城内的魏军看到援兵到来，都欢声鼓舞。

姜维没有料到陈泰军如此快速地抵达，他尝试缘山攻击陈泰，但魏军居高临下，占据优势，汉军只得退了下来。陈泰与城内的王经取得了联系，约定共同出兵切断姜维归路，而凉州的魏军从金城南下抵达了沃干阪（今甘肃兰州南）。此时，汉军已面临三面包围的处境。九月甲辰日（二十五日），姜维只得率军解围，退往钟提（又作钟题，具体位置不详，应在狄道以南，洮水以西的某处）。

姜维围困狄道将近两月之久。狄道解围后，王经感叹，城中余粮已经不到十天，如果不是陈泰迅速驰援，城池就会陷落，整个凉州都有丧失的危险。陈泰对守城将士慰劳一番，更换守军，修筑城垒，然后引军还屯上邽。

洮西之战给曹魏带来的创伤之重，从战后魏廷所降诏书就可见一斑。为了表示对雍凉的抚慰，司马昭以魏主的名义在一个月内连发三道诏书：十月，诏文罪己，哀叹洮西一战将士死亡以千数，又有不少被俘虏而去，表示"吾深痛愍，为之悼心"，下令陇西各级官吏对阵亡者善加抚恤，免除赋税徭役一年，料理好死者的后事。十一月甲午（十六日），诏令陇右四郡（天水、南安、广魏、陇西）及金城郡亡叛投敌者，家属免除连坐之罪。不久又诏令陈泰、邓艾派人去洮西战场收殓阵亡将士尸首，于洮水中打捞溺水将士遗骸，加以埋葬，以告慰家属。

洮西之败是司马昭执政以来处理的第一件棘手的事

情。在司马懿"作家门"的计划中，司马昭原本与诸兄弟一样，只是一个辅助性质的角色。高平陵政变之前，司马懿独与司马师谋划大计，根本就没有告诉司马昭。直到政变的前一天，司马昭才接到任务，吓得他一晚上都没睡着觉。若非司马师的意外暴毙，这偷天换日的家族大业原本轮不上司马昭来背负。因而，司马昭所面临的内外局面原应比司马师刚执政的时候更为凶险。但司马昭在政治斗争中有着更大的潜能，这种潜能往往在极为艰难的局势下会被激发出来。洮西之败并没有动摇司马昭在魏国的执政根基，反而成了他的试炼场，他对雍凉采取的一系列抚慰措施达到了及时止损的作用，让边关不因此役而陷入动荡，将这场败仗引发的不利影响降到了最低。

司马昭真正的后手，是对雍凉防区进行重新部署。王经负有败军之责，司马昭念及他是冀州名士，未加惩处，调回洛阳任司隶校尉，后为尚书。陈泰救援狄道有功，但他统兵在外，始终是司马昭的一块心病。借此机会，司马昭将陈泰也征调回朝，为尚书右仆射，典选举，加侍中、光禄大夫。在洛阳等待陈泰与王经的，将是一场曹氏与司马氏、皇权与相权最激烈的搏杀，届时他们都将明白，他们此生最可怕的敌人，不是敌国的姜维，而是国都里的司马昭。

司马昭多次前往雍州参与对蜀战事，没有人比他更了解雍凉的稳固对司马氏代魏的重要性。司马昭选择了堂兄司马望作为替代陈泰的人选，为征西将军、都督雍凉诸军事，唯有让司马氏宗亲执掌雍凉，才能将对蜀防线打造成司马氏牢固的基本盘。而在救援狄道时与陈泰意见相左的邓艾，反倒得到了司马昭的赏识，一跃成为雍凉都督区的二号人物。司马昭为其去"行"，实领安西将军，并授予假节之权。安西将军是司马昭当年屯关中抵御姜维北伐时的职位，如今这一职位落在邓艾的头上，带有浓重的激赏与勉励的意味。值得注意的是，邓艾还兼领了护东羌校尉一职，这是两汉护羌校尉的延续。由此可见，司马昭已经充分意识到姜维北伐与陇右羌人之间密切的关系。留驻陇右的邓艾，除了防范蜀汉的入侵以外，还将担负着怀柔东羌诸部，截断姜维与羌人联系的重任。

种种迹象显示出，洮西大捷对于季汉的利好只是一时，而长久来看，此战让魏国增强了对雍凉的防备力度，并针对姜维北伐的特征采取了一系列更有针对性的对策。尤其是邓艾在雍凉地位的提升，让姜维迎来了军事生涯中最强劲的对手。

口吃儿邓艾

邓艾比姜维大五岁，他们的共同点是"少孤"，从小失去了父爱，这也是汉末三国许多豪杰人物的共同经历。他们的不同点是，在姜维仍能凭借着大姓豪族的身份在家乡读郑氏书、豢养死士、过着相对优越的生活时，邓艾则被迫离开故乡，在社会底层中饱尝生活的艰辛，锤炼着能力与心性。

邓艾，字士载，义阳棘阳（今河南新野东北前高庙乡）人。南阳盆地是汉光武帝刘秀故里和起兵之地，其草创基业多倚仗南阳豪杰，"云台二十八将"中南阳人占了十一席，其中舞阴侯岑彭、全椒侯马成是棘阳人，"云台二十八将"之首的高密侯邓禹是新野人，距棘阳很近。邓禹后裔在汉末三国支脉众多，魏有尚书邓飏，蜀有车骑将军邓芝，邓艾很可能也是邓禹家族的一个分支，只是因为其支庶败落，才落得生而家贫的境地。但邓艾少时一直与宗族生活在一起，这从他十二岁的一个故事可以印证。当时他与母亲至颍川，看到汉末名士陈寔（后来与邓艾共事的陈泰正是陈寔曾孙）碑文上有"文为世范，行为士则"之字，甚为崇敬，遂从中摘字，自名范、字士则。但后来因宗族中有同名者，他才改为名艾、字士载。落魄支庶、倚靠强宗，邓艾的成长经历略与刘备相似。

棘阳县处于宛、新野两处重要战略城邑之间。邓艾的童年正是刘备投奔刘表，寄寓新野之时。刘备在新野、樊城屯驻七年有余，广招英豪，厚植人心，壮大力量。童年的邓艾很可能见过刘备的军队从家门口路过，至少也听闻过刘备在南阳南部一带的名声。他如果当时年纪大一些，或许会对刘备有更多的认同感，甚至托身追随。但随着曹操南下占据荆州后，南阳、襄阳一带成为南北相峙的前沿，曹操遂将此地居民内迁，邓艾也跟随宗族徙至汝南、颍川，为农民养牛为业，长大后又为襄城（今河南襄城）典农部民，是为曹魏庞大的屯田制体系下一个普通的屯田民。

农业既是经济的基础，更是军事的重要保障，邓艾脚踩泥土，面对山川，亲身参与曹魏屯田制的实践，积累了丰富的阅历与经验。少年时代的经历往往会影响人的一生，孔子少年时经常把俎豆（一种礼器）陈列出来，对着它模仿练习祭祀的礼仪，这成为他后来推崇"复礼"的滥觞。邓艾则在做蕞尔小吏时，每见一处高山大川，都自带军事指挥官的滤镜，想象着自己在这里如何屯兵、如何行军、如何调度军粮。这自然引起了时人的许多笑话，正如高卧隆中的诸葛亮自比管仲、乐毅一样令人"莫之许也"。

天才少年往往会遭受长期的世俗嘲讽，他们不符合自己身份与地位的行径在凡夫俗子看来不是愚蠢就是狂妄。对邓艾来说，他原生家庭的贫寒已经让他受尽了冷眼，而他与生俱来的生理缺陷——口吃，则让他更是处处低人一等。汉代士人之间尤重辩才，邓艾说话结结巴巴，让他无法跻身士人阶层，甚至成为他在基层做吏员的阻碍。他原本有机会做颍川典农都尉的僚属，但由于口吃，他只能去做更为边缘的稻田守丛草吏。直到后来成为魏国的高级将领，他的口吃还时常被引为笑料。《世说新语》载，邓艾说自己名字时，常称"艾艾"，司马昭便嘲弄他："卿云艾艾，定是几艾？"邓艾的回复颇为巧妙，他援引《论语》中楚狂人对孔子所唱之词"凤兮凤兮，何德之衰"答道："凤兮凤兮，故是一凤。"

在曹魏阶层固化的九品官人法统御之下，像邓艾这样出身贫寒又有先天缺陷的底层之人，基本不会有出头之日，更遑论封侯拜将。邓艾人生的关键一步是出任颍川郡的上计吏，上计吏负责每年赴国都向朝廷汇报该郡的户口、赋税、治安等情况，是郡国与中央联络的重要渠道。在执行上计的任务时，邓艾的才能为太尉司马懿所发现，在司马懿的提拔下，邓艾搭上了顺风车，先是被辟为太尉掾属，后升任尚书郎，进入曹魏的权力核心机构。司马懿担任太尉，是在诸葛亮去世之后的曹叡后期，当时邓艾已近四十岁，可谓大器晚成。彼时，比他年少的姜维已跻身季汉高级将领、爵封县侯，而邓艾的政治生涯才刚刚起步。

"三公"在东汉至曹魏本已无行政实权，仅成为皇帝的高级顾问，但其拥有的辟举之权却可以成为其网罗人才资源、培育"门生故吏"的重要抓手。司马懿在与以曹爽为代表的曹氏宗亲争权的过程中，正是利用"三公"的辟举权拔擢了大量曹魏杰出人才，他们之中许多成为后来推动魏晋禅代的关键人物，如王昶、王基、傅嘏、虞松、荀颛、卢钦等。不过这些人大多出身世家望族，如王昶出身太原王氏，卢钦出身范阳卢氏，甚至还有如荀颛（荀彧之子）这样的曹魏开国元勋之后。

邓艾跨越阶层的仕途提升完全来自司马懿提携的私人恩情，他个人才能施展的空间也几乎全部来自司马氏父子的赏赐，这让邓艾虽为魏臣，但对曹氏并没有什么深厚的情感，他自始至终都效忠着司马氏父子，并且在这种效忠之下不放过任何成就自己功名的机会。他今后的胆魄、勇气乃至傲气都以此为渊薮。

邓艾为司马懿立下的第一个功劳是两淮屯田。建安元年（196），曹操采纳枣祗、韩浩的建议，在许昌招募流民，分给土地，实行屯田，当年即得谷百万斛，大大解决了粮食短缺的危机和土地撂荒的问题，屯田制作为曹操在经济史上的巨大贡献，被写入教科书。但曹操时期的屯田主要是民屯，即以屯田民作为主体，邓艾本人即是屯田民出身，因此他深知屯田制的利弊。到了曹叡、曹芳时期，北方社会已经稳定，正常的农业生产秩序业已恢复，民屯渐趋废弛，军屯开始勃兴。早在担任军司马时，司马懿就向曹操建议让边防士兵"且耕且守"，并得到曹操的采纳。在此前后，也有部分将领在所辖地域实施军屯，但规模比较有限。

魏正始元年（240）①，邓艾受司马懿派遣到陈、项、

①学者马植杰认为，《晋书·宣帝纪》载司马懿于正始元年奏请"节用务农"，此与《三国志·邓艾传》所言"时欲广田畜谷，为灭贼资"的记载相符，故可推测邓艾前往两淮巡察、提出军屯建议在是年。见马植杰《三国史》，人民出版社1993年版。

寿春进行了实地调研，写了一篇《济河论》来陈述自己的策略。他认为淮南、淮北一带拥有沃土良田，但缺少水源，建议朝廷在这一带开凿河渠，这样既能够引水灌溉，又能够让南北漕运通畅起来。淮南是对吴作战的前线，邓艾总结此前数次伐吴的教训，认为最大的弊端在于每次出征都要从后方运输大量军粮，耗资巨大。不如在这里部署五万屯田兵轮休耕作，这样一年就可以收获五百万斛粮食，六七年间可积三千万斛粮食于淮上，这样足以供给十万大军吃五年之久。

江淮之间原本是重要的产粮之地，之所以形成邓艾所形容的荒芜残破的状况，主要是由于建安十八年（213）曹操为应对孙权的入侵而在淮南郡县推行的内徙政策，迫使庐江、九江、广陵等郡十余万户投奔江东，"江西遂虚"。曹操在江淮之间制造无人区，让孙权北伐无法因粮于敌，增加了其补给难度，这放在当时曹魏需要多面应战、捉襟见肘的大背景之下是有利的。但如今曹魏国力已盛，东吴则日衰，不再需要制造无人区这种自毁的方法来阻遏吴兵犯境。因此，邓艾淮南屯田的提议，既是对曹操许下屯田制度的接续承袭，也是对曹操淮南徙民政策的顺势调整。曹操若知道自己身后有如此知音，应当含笑九泉。

司马懿采纳了邓艾的建议，并着手推行。魏正始二年（241）至四年（243），魏国陆续开凿广漕渠、淮阳渠、百尺渠以及众多池陂，在淮南、淮北"大兴屯守"，储备了大量粮食。此后的对吴战争中，魏国大军自水路东下江、淮，都能就近获取资食而免于水害，这都是邓艾的功劳。不过邓艾可能没想到的是，淮南屯田也埋下了一个隐患，即客观上为后来毌丘俭、诸葛诞倚仗淮南兵强粮足与司马氏抗衡创造了条件。

正如诸葛亮在一众荆楚、巴蜀僚属之间为季汉的未来栽培了降将姜维一样，司马懿也在簪缨世家子弟云集的曹魏政坛的夹缝中，为他的儿子留下了邓艾这个异类。

魏嘉平元年（249），邓艾曾短暂担任南安太守，与姜维有了第一次狭路相逢。其后，又历任城阳太守、汝南太守，所治之处"荒野开辟，军民并丰"。李丰被司马师诛杀后，其弟兖州刺史李翼也遭连坐，邓艾代之，加振威将军，在司马师掌政时期得到了进一步的信任与重用。在正元二年（255）的毌丘俭、文钦之叛中，邓艾第一时间斩杀了毌丘俭派来游说的使者，向司马师表忠心，并且准确判断了淮南军的进军路线，快速进兵占领乐嘉，造浮桥，控制了颍水航道，将毌丘俭、文钦大军阻遏在项县，为随后司马师诸军对叛军的迅速合围和歼灭创造了良好的条件。此后，邓艾积极进攻，逐文钦于丘头（今河南沈丘东南），又与泰山太守诸葛绪渡肥水至寿春之南的附亭、黎浆，逼退东吴孙峻的数万援军，因功进封方城乡侯。

司马昭秉政，对邓艾更为倚重。姜维屡屡出兵，陇右局势动荡，邓艾被重新派往雍凉御敌。此时曹魏刚经历了洮西之败，损失惨重，邓艾屯驻上邽，"修治备守，积谷强兵"。当时又赶上旱灾，庄稼歉收，身为农耕专家的邓艾采取"区种法"①，亲自穿上乌衣，手执耒耜，带着将士们在田间劳作。众人"上下相感，莫不尽力"。

许多将领认为姜维此次北伐消耗很大，短时间之内不会出兵，邓艾却不这么认为。他从五个方面分析对比了当时陇右地区魏、汉两军的军事力量，认为魏军实际处于劣

---

① 区种法，又称区田法，首见于西汉农书《氾胜之书》，其法大致是将农田划分为等距分布的小区，然后在区内进行大量的劳作，包括整地、除草、灌溉等，并集中使用肥料和水源，以确保作物获得充足的营养和水分。区种法通过深耕细作、增肥灌溉等措施，能有效抵御干旱对农作物的影响。《氾胜之书》中提到，采用区种法可以获得非常高的产量，两个人采用区种法耕种十亩农田，所得粮食可供他们食用二十六年。

势，绝不可对姜维轻敌：

一、士气层面：魏军刚经历了洮西之败，伤亡巨大，士气衰落，而蜀军有乘胜之势。

二、熟练度层面：魏军上到将领，下到士兵，都是新到任的，还没有磨合熟悉，军备器械也还没有补充到位。而蜀军屡次北伐，饱经历练，将兵相知，兵器战具也非常精良。

三、行军层面：魏军行军主要走陆路，而蜀军北伐都是沿着河流用舟船运兵，敌逸而我劳。

四、攻守形势层面：魏军不知道蜀军从哪一路来，需要分兵把守狄道、陇西、南安、祁山四个方向，兵力势必分散，而蜀军则可以集中兵力攻击一处，形成局部的兵力优势。

五、军粮补给层面：蜀军如果出南安、陇西，可以从羌人那里取得粮食，如果出祁山，则可以像当年诸葛亮一样割熟麦来进行补给。蜀军在历次北伐中已经熟练地掌握了因粮于敌的手段。

兵法云："知彼知己，百战不殆。"邓艾正视己军的短板，摸清敌军从行军到运粮方面面的情报信息，展现出极高的军事洞察力与研判力。他的分析也无形之中对姜维此前数次北伐的成功经验进行了总结，补充了珍贵的历史细节。比如姜维依托舟船运兵、借助羌胡取粮，这都是诸葛亮北伐没有使用的方法，这也是姜维能够在魏境长途奔袭、纵横驰骋、流动作战的重要原因。此前郭淮、陈泰虽然精通兵法，但应对姜维的北伐仍显得有些捉襟见肘、疲于奔命，邓艾虽然也是防御，但他的思路是料敌于先，化被动为主动。他的目的不再限于一次次逐走蜀军，而是要一举击溃蜀军，让姜维品尝与洮西之败一样的痛楚。

段谷之败

延熙十九年（256）春，刘禅为嘉奖姜维洮西大捷的功劳，进位姜维为大将军，督戎马。入蜀二十八年，姜维以一降人身份，终于做到了季汉的人臣之极。这宣示着刘禅对姜维北伐无与伦比的信任与支持，也意味着姜维可以将更多的季汉士兵投入北伐战场，并且有权征调其他将领及其所部配合作战。

据载，前一年姜维从洮西回撤后，并未返回成都禀报，而是在魏、汉边界的钟提停留了很长一段时间。笔者以为，他担心汉军回国休整会消磨斗志，想要借助洮西大胜之势再发动一次北伐。但连续两次出兵狄道后，魏军在陇西郡一线的防御已经加强，此次北伐必须另择道路。但放弃陇西郡，就意味着失去了羌人粮谷的支援，想要继续因粮于敌，不因粮尽而半途而废，最佳的方案就是走祁山道，去抢割上邽一带的熟麦以作军资。

这不禁让人回想起季汉建兴九年（231）诸葛亮第四次北伐，正是从祁山道进军上邽，"大芟刈其麦"，并力挫司马懿大军。姜维故技重施，但为了稳妥起见，他与镇西将军胡济相约协同进军，这也是姜维北伐唯一一次采取两路出兵的策略。

胡济，字伟度，义阳人。诸葛亮北伐时期，他担任丞相主簿，是诸葛亮十分亲近的荆楚人士中的一员。胡济经常参与诸葛亮的军政谋划，"数有谏止"。诸葛亮曾将胡济与崔州平、徐福（徐庶）、董和相提并论，称此四人是直言能谏的诤友典范。诸葛亮北伐后期，胡济已任中参军、昭武中郎将。诸葛亮去世后，胡济历任中典军、中监军、前将军，封成阳亭侯。王平去世后，胡济代为汉中督，至今已有九年。

荆楚人士原本在季汉占据重要位置，诸葛亮丞相府僚属甚至被何焯形容为"一府皆楚人"。但在蒋琬、费祎时代，当年随刘备由荆入益的荆楚旧人大多故去，荆楚人士的政治能量开始大幅萎缩。尤其是姜维北伐以来，其个人风头无两，荆楚人士的存在感更弱了。胡济之所以能够出任汉中督，可能在很大程度上源于刘禅对荆楚人士的抚慰。在此期间，姜维不断在陇右发动攻势，并且没有返回汉中的记载，可知姜维北伐的前沿阵地已经从汉中徙往阴平。这使得胡济主政的汉中与诸葛亮北伐之前魏延主政的汉中类似，成为一个较为独立的都督区。胡济所统汉中军应与王平时期相差不多，即不足三万人。除去驻防之需，胡济可以调动参与北伐的兵力应有一万，姜维所统中军应有五万左右。这样算来，此次动用的兵力虽然不能达到诸葛亮北伐时的规模，但已是姜维历次北伐用兵之最了。

这是姜维的第九次北伐。其路线应是先从钟提退回阴平郡，然后顺白水而下至武都郡，转入西汉水后溯水北上，经建威抵达祁山。

祁山位于今甘肃礼县境内，东起盐官镇，西至大堡子山，横卧西汉水北侧，绵延 25 公里。祁山是天水郡两大重镇上邽、冀县的"南大门"，故而曹魏在祁山修筑的防御工事十分坚固。《水经注》载："汉水北，连山秀举，罗峰竞峙。祁山在嶓冢之西七十许里，山上有城，极为严固，昔诸葛亮攻祁山，即斯城也，汉水迳其南。"此前诸葛亮两次北伐，都未能攻克祁山魏军营垒，这迫使他只能绕道而走，并留下部分兵力围山，以避免祁山魏军截断粮道。魏主曹叡曾将祁山与襄阳、合肥一道誉为抵御吴蜀的三大要塞："贼来辄破于三城之下者，地有所必争也。"

对于这些情况，姜维不会不知，他实际上在赌，赌魏国经历洮西之败后，将防御的力量放到了狄道、洮水一带，祁山的守备或许会薄弱。但当姜维来到祁山，看到旌旗严整的魏军军容时，他意识到自己还是大意了。邓艾早已掌握了汉军的动向，在祁山道部署了重兵。

箭在弦上，不得不发，姜维知道强攻祁山将是一场恶仗，但此时退兵又心有不甘。他决定退回建威，再折向西北，重新走上第六次北伐走过的路，经董亭，攻打南安。既然邓艾主力在祁山道，南安应当相对薄弱，可以成为一个突破口。然而姜维又算错一步，邓艾已经亲自率兵在武城山迎接姜维。《水经注》载："渭水又东迳武城县西，武城川水入焉。"胡三省认为此地"盖以山名县也"。其中武城县即今甘肃武山县，魏时名新兴县，武城山即在县之西南。此山地势较高，易守难攻，且扼守着从董亭到新兴县的必经之路。姜维攻打了几次都没有成功，继续进军已不可能。事实上，到了此时，面对防守严密的祁山道、南安道，姜维此次北伐的希望已经极其渺茫了。

如果这时候姜维能够及时引军撤退，固然劳而无功，但也不至于付出太大代价，可保存实力以待来日。然而自洮西大捷、升任大将军后，姜维对此次北伐寄予了过高的期待，何况他已经与胡济约定在上邽会师，他无论如何不能再像第六次北伐那样空手而归。姜维横下一条心来，决定晃过邓艾，放弃南安，趁着夜色引大军渡过渭水，转头又折向东，奔上邽而去。上邽就在渭水的下游，顺水行舟很快就能到达，但汉军在魏境不可能迅速征得足够的船只，故而只能沿着河谷艰难步行。这样，汉军原有的行军优势也不再了。

此时的姜维军与蜀地的补给线已经被切断，成了悬在魏境的一支孤军，如果不尽快攻克城邑、取得粮食，这支军队将面临断粮的绝境。姜维一路向东，在这条路上，他经过了洛门，经过了冀县，这也是他弃魏之后距离故乡最近的一次。他的老母可能早已不在人世，而他已经成为家乡人眼中十恶不赦的叛徒与恶贼。隔着滔滔的渭水，汉军匆匆而过，姜维来不及过多停留，只能对着那熟悉的城头致以短暂而深情的遥望。他用了近三十年的时间，凭着自己一仗接一仗打出来的功绩，在蜀地爬到了权力之巅，享受了巨大的威望与荣耀。而这一切，放在他的乡里故旧面前，不会增加他的骄傲，只会增添人们对他的仇恨。

邓艾根本不给姜维喘息的机会，他率军紧紧咬着汉军，一路追到了上邽。此时已是七月入秋，姜维最后的希望也破灭了，胡济的援军并没有如约来到上邽，大约也是被魏军堵在了要道处无法前行。此时汉军所带粮食即将耗尽，姜维无奈，只得引军南撤，在魏军紧追不舍之下，汉军一头扎进了段谷之中。

段谷在上邽东南。据《水经注》，耤水流经上邽注入渭水，在入渭之前，有六条支流先后汇入耤水，其中段溪水所经的河谷即是段谷。据考证，段溪水即今甘肃天水东南的罗家沟河。这里山路狭窄难行，汉军逐渐陷入绝境，而邓艾终于等到了他期待已久的战机。七月癸未日（初九），他指挥魏军在段谷向这支饥饿、疲惫的部队发动总攻。据《晋书·陈骞传》，参与此次围剿汉军的可能还有魏司徒陈矫之子陈骞，当时陈骞以尚书持节行征蜀将军，应是司马昭从洛阳派出的援军，恰在上邽、段谷一带与邓艾会合。

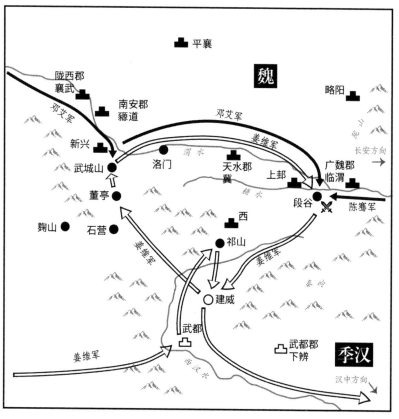

平襄

魏

陇西郡
襄武

略阳

南安郡
豲道

邓艾军

邓艾军

姜维军

新兴

武城山

洛门

渭水

天水郡
冀

上邽

广魏郡
临渭

长安方向

董亭

段谷

陈骞军

鞠山

石营

西

祁山

姜维军

姜维军

建威

武都

武都郡
下辨

季汉

姜维军

西汉水

汉中方向

姜维第九次北伐（段谷之战）形势图

陈梦实绘图

在魏军夹击之下，汉军大败，死伤者众多。姜维且战且退，奋力率残部退回蜀地。

段谷之战是姜维历次北伐遭受的最惨重的一次失败。汉军的伤亡情况，《三国志·姜维传》并未记载数目，但仅从"星散流离，死者甚众"寥寥数语中就能感受到伤亡甚巨。据《三国志·三少帝纪》所载魏主对邓艾的嘉奖诏书云"斩首获生，动以万计"，又据《三国志·邓艾传》所载魏主嘉奖诏书云"斩将十数，馘首千计"，粗略可知段谷之战魏军斩杀汉军数千人，加上俘虏数目应近万人，并斩将领十余人。这一数目放在原本就底子薄、人口少、国力弱的季汉，不啻为一次毁灭性的打击。刚由洮西大捷所升腾起来的希望之火，仅仅不到一年的光景就被邓艾扑灭了。

令季汉更为绝望的是，段谷之战其实是一场以少胜多的战役，当时曹魏陇右防区为了在各条通道防御季汉北伐，兵力分散，邓艾追击姜维的兵力实际上是少于姜维军的[①]，而司马望所统领的关中军队还未投入战争。

---

① 据《三国志·邓艾传》《晋书·段灼传》，晋泰始三年（267），议郎段灼向晋武帝司马炎上疏为邓艾平反，其中有"故落（洛）门、段谷之战，以少击多，摧破强贼"之句。段灼曾任邓艾镇西将军司马，从艾破蜀有功，可能是段谷之战的亲历者，故其所言可信度较高。

段谷之战对魏、汉两国带来的影响是：邓艾在魏国名声大噪，被晋升为镇西将军、都督陇右诸军事，进封邓侯。自此，雍凉都督区被分为陇右和关中两个相对独立的都督区，邓艾成为陇右诸郡的最高军政统帅。而季汉这边，朝野上下指责姜维的声音不绝于耳，姜维主动承担了败军之责，甚至没有归罪于失期的胡济。他效仿诸葛亮故事，上表自贬。

不久，朝廷降诏，降姜维为后将军，行大将军事。板子高高举起，轻轻落下。刘禅没有因为一场败仗而抛弃姜维，并尽力保住了姜维的地位和权力。诸葛恪的故事没有在蜀地重演，这是这一年季汉唯一庆幸的事情了。

大魏诸葛公

段谷之战的大胜让初掌朝政的司马昭重新扬眉吐气了一回。在战报传到洛阳不久，魏甘露元年（256）八月庚午（二十六日），司马昭就急不可待地利用皇帝诏命，为自己加号大都督，奏事不名，假黄钺，并升叔父司马孚为太傅，进一步巩固司马氏在朝中的执政地位。此时，朝中反对司马氏的力量基本已被肃清，中枢要害职位大多被司马氏的同党所占据，对蜀的雍凉都督区、对吴的荆州都督区也都由司马氏的亲贵心腹司马望、邓艾、王昶、王基等坐镇，唯有淮南都督区的诸葛诞让司马昭不大放心。

而淮南又是魏、吴交战最为频仍的地区，恰在段谷之战后不久，东吴丞相孙峻就在降将文钦的撺掇下，打算发动北伐，为自己立威。孙峻的计划是使骠骑将军吕据、车骑将军刘纂、镇南将军朱异、前将军唐咨等统兵自江都入淮、泗，目标为曹魏的青徐地区。然而在为吕据等人饯行之时，孙峻看到吕据军容整齐，突感不适而离去，夜晚又做了诸葛恪找他来复仇的噩梦，于是竟然恐惧发病而死，年仅三十八岁。

孙峻临终前，将宰辅之权交予其族弟武卫将军孙綝。此举引发吕据不满。吕据遂从前线撤兵回吴，并联络大司马滕胤共除孙綝。但孙綝手中有皇帝孙亮，他通过下诏命令诸将讨伐吕据，最终吕据、滕胤事败，皆被孙綝夷族，东吴遭遇了又一轮血腥的政治火并，此番北伐戛然而止。

不过东吴这次没有成行的北伐，却意外在曹魏的淮南掀起了波澜。

是年冬天，征东大将军、都督淮南诸军事的诸葛诞上

表请求朝廷增兵十万防守寿春，又要求在淮水一线修筑城
邑，防备东吴的入侵。诸葛诞的提议本身没有什么太大的
问题，自从魏国采纳邓艾的屯田之策后，淮南、淮北大开
良田，已成为魏国粮食的重要供应地。魏国城池坚固，并
不害怕吴军攻打，而是担心吴人纵兵劫掠邸阁与屯田民。
诸葛诞作为淮南军政长官，提出增兵护田是其职责所在。
但对于多疑的司马昭来说，诸葛诞的上表可谓包藏祸心，
是其打算割据淮南，与司马氏分庭抗礼的信号。尽管诸葛
诞在此前两次平定淮南叛乱的过程中不断向司马氏效忠，
但此时他已经得不到司马昭的信任。第三次淮南之叛的序
幕徐徐拉开。

诸葛诞，字公休，琅琊阳都人。他与诸葛亮是同族。
举家南渡的诸葛瑾、诸葛亮兄弟只是琅琊诸葛氏家族的异
类，以诸葛诞为代表的多数宗族子弟仍留在故里，顺应汉
魏禅代的历史大势，成为曹魏的子民。诸葛诞与瑾、亮的
关系，《三国志》无载，《世说新语·品藻》称诸葛诞是瑾、
亮的从弟，又说三人"并有盛名，各在一国。于时以为
'蜀得其龙，吴得其虎，魏得其狗'"。说诸葛诞是"狗"，
倒不是贬损他，而是说他虽然地位不及瑾、亮，但也声望
不俗，且曾与曹魏的一流名士比肩而论。

魏明帝太和年间发生的"浮华案",诸葛诞就是其中的重要成员。

魏太和年间（227—233），一批青年新贵开始崭露头角，他们大多是簪缨世家出身，许多是建国元勋的"二代"，拥有显赫的家族、较高的文化修养和广泛的人际网络。他们不甘于研读沉闷枯燥的儒学经典，而是经常在京师洛阳举办交游集会活动，他们互相标榜，臧否人物，议论朝政，在洛阳城内名望极高，被时人称为"浮华"之风。实际上，"浮华"风是东汉后期士人、太学生清议的一种沿续。比如他们都喜欢将品评出来的杰出士人纳入"组合"之中。汉末士人中有"三君""八俊""八厨"等，太和年间的"浮华之友"们就创造了"四聪""八达""三豫"等。时任尚书的诸葛诞与散骑常侍夏侯玄、尚书邓飏是比较活跃的成员，其余还有何晏、丁谧、毕轨、李胜等，以及司马懿的长子司马师。

汉末的清议有其政治背景与政治目的，即对宦官祸乱朝政的抗争。而太和年间的青年贵戚们并没有什么政治上的诉求，不过是年轻气盛、不拘礼法的一种宣泄，但这群年轻人在洛阳闹得太过高调，引起了元老大臣的反感。魏太和六年（232），正是诸葛亮第四次与第五次北伐的间歇之际，司徒董昭向魏帝上疏痛陈浮华之弊，批评京师这些年轻人"不复以学问为本，专更以交游为业；国士不以孝悌清修为首，乃以趋势游利为先"，将之比拟为汉末魏初之际因谋逆被诛的魏讽、曹伟，定性相当之重。魏明帝曹叡尊儒贵学，对浮华之风本身就比较反感，也想藉此敲打一下世家大族，让他们约束好自己的子弟，于是下诏对浮华行为进行严厉打击，夏侯玄、诸葛诞、邓飏等十五人皆被免官废职，他们终明帝之世都被禁锢，不得为官[①]。

曹芳即位后，曹爽与司马懿辅政。为了给自己增强政治力量，扩大政治盟友，曹爽积极拉拢"太和浮华案"中被罢黜的邓飏、何晏、丁谧等为党羽，而这些人后来都随着曹爽的覆亡为司马懿所诛杀。诸葛诞作为"浮华之友"的核心成员，却没有卷入这场司马懿与曹爽的争权大战，可能是因为他外任扬州刺史，远离漩涡中心洛阳。还有一种可能是，他在"浮华之友"之中与司马师关系密切，故而很早就站到了司马氏的一边。也正因此，诸葛诞在两次

---

① 近世学者对"太和浮华案"有多个角度的解读，学者王晓毅认为"太和浮华案"的本质是建安旧臣对曹魏新贵的打击。学者孔毅认为，"太和浮华案"错误地打击了事实上忠于曹魏的青年官员，从而削弱了自身的力量。学者刘蓉认为，"太和浮华案"背后隐藏着曹叡与叔父曹植的宗室内部斗争。

淮南叛变中表现十分积极。毌丘俭之叛，诸葛诞督豫州诸军率先占据寿春，并击破前来援救的吴军，阵斩吴将留赞。战后，诸葛诞因功拜征东大将军，进封高平侯。

总体来看，在司马懿和司马师执政时代，诸葛诞都被普遍视为司马氏的亲信。毕竟他还有另一层身份，就是司马氏的儿女亲家（诸葛诞之女嫁司马懿之子司马伷）。但在司马昭执政后，诸葛诞的处境却变得尴尬起来。司马昭并非名士出身，亦没有参加太和年间的"浮华"活动，他不像兄长那样与诸葛诞有故旧之情。相反，"浮华之友"的身份反而会增添司马昭对诸葛诞的怀疑——当初与诸葛诞亲近的夏侯玄、邓飏等人都被司马氏所夷灭，诸葛诞的另一个儿女亲家王凌也死于司马氏之手。诸葛诞为了自保与这些人都能划清界限，那谁又能保证他不会在某个要紧的时刻对司马昭背后捅一刀呢？在司马昭看来，诸葛诞从来都不是自己人，而是一个投机者罢了。

诸葛诞实际上是被司马昭逼反的。史书中虽记载诸葛诞在淮南"惧不自安"，并厚植人心，阴养死士，但他并没有为反司马昭做周全的准备。当时司马昭派心腹长史贾充作为自己的特使去慰劳四方都督，名为慰劳，实则也是摸底试探。到了寿春，贾充故意对诸葛诞说洛阳有人提议禅代之事，观察诸葛诞的反应。诸葛诞勃然翻脸，对贾充说："卿非贾豫州子？（贾充之父贾逵曾任豫州刺史，为魏之忠臣）"又声称自己世受国恩，绝不会让魏室亡于他人之手。此语出自《魏末传》，后人颇多质疑。笔者以为此语即便是真，也不过是诸葛诞不服司马昭专政而自我标榜之语。他若真是魏之忠臣，何以在曹芳被废、夏侯玄被诛时默不作声？贾充还洛后，便劝司马昭早点解决诸葛诞，以免养痈成患。

魏甘露二年（257）四月甲子（二十四日），司马昭以皇帝名义，诏封诸葛诞为司空，征其入京师。这是一个明升暗降夺兵权的传统套路，诸葛诞自然不会束手就擒。五月乙亥（初五），诸葛诞召集亲信将领，攻杀了同在寿春城内的扬州刺史乐綝（乐进之子），取得了淮南军队的控制权。然而，与此前毌丘俭、文钦的主动出击不同，诸葛诞选择了最保守的策略，即将淮南、淮北郡县十余万屯田兵和扬州新附者四五万人全部迁入寿春城，闭城自守，并派长史吴纲带着小儿子诸葛靓去东吴做人质，以换取援军。诸葛诞坐守孤城，既说明他的反叛极为仓促，缺乏底气，也注定了败亡的结局。

诸葛诞反相已显，司马昭决定亲征。但淮南对于司马氏家族来说有一个可怕的诅咒。此前，司马懿大军征王凌、司马师出师征毌丘俭，虽然最终平定叛乱，但都付出了生命的代价——司马懿因高龄亲征而患疾，在王凌自杀后三个月就病死；司马师因出征导致眼瘤病发而死，与毌丘俭被杀仅隔十六日，相当于同归于尽。为了不重蹈覆辙，司马昭决定挟持郭太后与魏主曹髦一道出征，并从各路征调兵力向淮北进发。参与此次平叛的军队来自青、徐、荆、豫四州，甚至还抽调了一部分关中游军，总兵力达到了二十六万之众，统兵将领也均为当时名将，包括镇南将军王基、安东将军陈骞、奋武将军石苞、兖州刺史州泰、徐州刺史胡质等。东吴方面先后派出两支援军北赴寿春，即文钦、唐咨、全端等所率三万人及朱异、丁奉所率五万人。再加上寿春城中诸葛诞的十五万左右兵力，此役三方投入兵力总和超过了五十万人，从规模上来说是三国历史上的第一大战了。

淮南战火的消息传入蜀中，让段谷之败后陷入低落的姜维重新燃起了希望。自诸葛亮去世后，曹魏政局可谓一波三折，乱象丛生。内有高平陵政变、李丰张缉之变、司马师废帝，外有辽东公孙渊之叛、王凌之叛、东关之败、毌丘俭之叛，远没有诸葛亮北伐时那样稳定。但即便这样，季汉也毫无机会可乘。此前的两次淮南之叛，一次还没举兵就被扑灭，一次仅一个月就被镇压，季汉方面根本来不及采取措施。而诸葛诞之叛一开始就确立了坐守坚城的战略，预示着这将是一场持久战，战事拖得越久，对季汉当然越有利。诸葛诞，这个与姜维恩公同族的曹魏将军，会不会成为季汉北伐的"神助攻"呢？

季汉延熙二十年（257），姜维踏上了自己第十次北伐的征程。从费祎遇刺身亡的延熙十六年（253）至今，姜维五年五伐，已经达到了无岁不征的地步。季汉的国家资源遭受巨大的消耗，百姓的负担十分沉重，朝野上下对北伐的反对声浪也逐渐增强。然而此次姜维仍能顺利统领数万士兵北伐，这意味着尽管阻力越来越大，刘禅仍然是姜维北伐最有力的支持者。这种支持，对姜维也是一种沉重的责任与期许。脆弱的国力，已经不允许季汉再失败一次了。

此次北伐，姜维一反常态没有向陇右进军，转而从汉中出发，循傥骆道北上向关中而来。傥骆道是季汉历次北伐都没有走过的路线，曹魏也仅有十三年前曹爽伐蜀走过一次。也正因为那一次的惨败，魏人早已忘记这条崎岖难行的山路，根本不会想到年年兵向陇右的汉军会突然从这里杀将而来。汉军一路几乎没有受到阻碍，顺利地抵达了沈岭。据《太平寰宇记》，沈岭在今陕西周至南五十里，后名姜维岭。今周至县骆峪镇神灵山村南有一高耸的土岭遗迹，当地称为"姜维台"，据近世学者推测可能为沈岭姜维屯兵故址，"神灵山"为"沈岭山"之音讹。由此可知，姜维此次北伐已经穿出了傥骆道的北口，抵达了关中平原的南缘。这里距长安城只有七十多公里，这是季汉历次北伐距离大汉故都长安最近的一次。

粮食补给仍然是汉军北伐的最大难关。姜维在陇右作战时常从羌胡得粮，但关中没有羌胡，就地取粮的唯一方法就是夺取魏军的屯粮之地。姜维探得傥骆道北口有一座名为"长城"的要塞，里面储存了大量粮谷，但驻兵较少，于是率军东至芒水（今黑河），逼近长城。长城在今周至县南，芒水与骆谷水之间，这座城邑可能是此前曹爽伐蜀时转运粮食辎重所筑，姜维第四次北伐时，在长安督战的司马昭为策应郭淮，曾进据长城、南趋骆谷以为疑兵，迫使姜维退兵。此后这座小城久未备战，听说姜维大军突然至此，城内守兵都惊慌不已。

直到此时，姜维都没有遇到魏军的抵御，这说明姜维此次北伐的确起到了"出奇"的效果，曹魏方面的反应有些滞后。然而正当姜维准备攻打长城时，魏军的旌旗出现了。统军的是魏征西将军、都督雍凉二州诸军事的司马

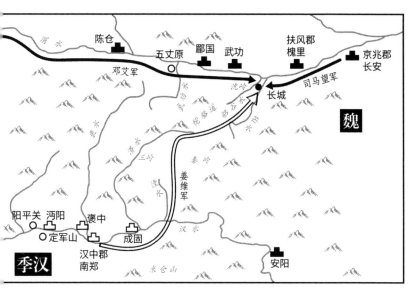

姜维第十次北伐（长城之战）形势图　　　　陈梦实绘图

望，在他的身边还有令蜀人生惧的邓艾。

　　司马望，字子初，是司马懿之弟司马孚的次子，早年被过继给司马懿的长兄、因瘟疫去世的兖州刺史司马朗为后。司马望性情宽厚，历任平阳太守、洛阳典农中郎将，随司马懿征讨过王凌之叛。曹髦即位后，司马望在朝中任护军将军、散骑常侍。曹髦好才爱士，喜欢跟名士交往，与司马望、裴秀、王沈、钟会尤其亲近。因为司马望是外朝官员，曹髦特意赐给他一辆追锋车，希望每次召见他时，他都能尽快入宫。这些人无一例外是司马氏的宗亲或亲信，很明显，这是曹髦在利用皇帝残存的权威对司马氏阵营进行笼络和分化。司马望嗅到了这一层味道，内心十分不安，他不愿卷入朝中愈加激烈的政治斗争，恰逢洮西之败，司马昭欲调整雍凉人事，司马望便自荐出镇西境。

司马望比司马昭大六岁，比司马师大三岁，再加上司马孚长子早夭，因而司马望无论从年岁上还是宗法上都是族中这一辈的"老大哥"。他也是司马氏家族军政能力上的佼佼者。司马望来到关中后，理民治军甚有威名。当得到姜维已出骆谷的消息，他就迅速判断姜维的目的地是长城，于是亲自率军增援，并从陇右调邓艾来援。从这一点可看出，司马望身为贵戚，毫不妒忌寒微出身的邓艾，两人的关系比较融洽。这与后来同样镇守关中、却因私人嫌隙而导致建威将军周处之死的司马肜相比可谓霄壤之别。

司马望、邓艾合军进驻长城，姜维则在芒水之畔倚山为营。两军就这样对峙了下来。魏军的营垒十分坚固，姜维无法强攻，只能不断在城下挑战，试图将魏军引出野战。但司马望和邓艾却效仿昔日与诸葛亮对垒的司马懿，任汉军如何叫骂，他们只是据守不战。

汉军刚经历大败，按理此时战力应不如**魏军**，**魏军**何以坚守避战？原因可能是关中的兵力被司马昭抽调了一部分去淮南，剩余兵卒还要分散防御各处隘口，故而**魏军**对汉军并没有占有太大的兵力优势，加上寿春方面战事胶着，故而采取了求稳的防御策略。

这是三国后期罕见的大战之年，南北对峙的三大战场都有战事爆发：雍凉战场，姜维与司马望、邓艾在长城僵持不下；荆州战场，魏征南大将军王昶据夹石以逼江陵，以牵制吴骠骑将军施绩不得向东支援；淮南战场，司马昭屯驻丘头总督诸军，已对寿春形成合围之势。而在寿春城内，诸葛诞正在焦急地等待着一场大雨。他之所以敢于采取闭城自守的战略，一方面因为此前邓艾的屯田之策为淮南储存了大量粮谷，足以支持一年；另一方面则因为诸葛诞熟悉淮南地区气候，知道每年这一带都会下大雨，淮河就会随之涨水，淹没寿春城外的低地。因此诸葛诞看见司马昭在城下扎营设围，自信洪水将助自己破敌，笑道："是固不攻而自败也。"

然而，这场围城战从**魏甘露二年**（257）五月一直僵持到次年元月，淮南的天气始终干旱，竟是一滴雨也没有下。而寿春城内屯驻着诸葛诞军、吴军以及由魏叛吴的文钦、唐咨等部，"三叛相聚于孤城之中"，军粮渐少，士气颓靡，诸军之间的矛盾也愈加激烈。不久，文钦为诸葛诞所杀，文钦二子文鸯、文虎投奔司马昭，司马昭赦其前罪，封关内侯，以示宽宏之心。再加上此前吴将全怿、全端，诸葛诞将蒋班、焦彝陆续出城投降，寿春城内将士的斗志已经瓦解殆尽。

魏甘露三年（258）二月乙酉（二十日），寿春城终于被攻破，诸葛诞在突围中为胡奋所部斩杀。就在城破的当日，天降大雨，将城外魏军所筑的营垒全部冲毁，看来这是天不助诸葛诞。诸葛诞死后，其众多降，但诸葛诞久居淮南，厚植人心，其麾下仍有数百人宁愿一死，也不愿投降，他们异口同声地说："为诸葛公死，不恨。"据干宝《晋纪》载，这数百人被排成一列，行刑者每杀一人，就劝降下一人，但直到杀到最后一人，也没有变节者。时人将他们比作汉初的"田横五百士"，这也体现了诸葛诞得人心之处。

诸葛诞三族被夷灭，仅诸葛诞之女因嫁司马伷为妻而免于处刑。有人建议司马昭将参与叛乱的淮南兵和东吴战俘全部就地坑杀，但司马昭认为"古之用兵，全国为上"，只诛戮叛首就足够了。他释放了吴兵俘虏，并将淮南兵安

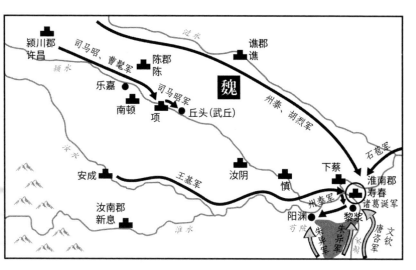

司马昭、诸葛诞寿春之战形势图　　　　陈梦实绘图

置在近畿三河一带居住。司马昭以准确的军事判断和高超的政治手腕，既实现了对淮南的军事征服，又树立了宽仁厚德的人设，收获了人心。五月，司马昭指使亲信上奏朝廷，封自己为相国、晋公，加九锡，食邑八郡。司马昭自己又九次辞让，做足了戏码。这一套操作，事实上都是对当年汉魏禅代的模仿。如今，魏晋禅代的制度化进程已经按部就班地进行，诸葛诞的举兵，不仅没能动摇司马氏的统治地位，反而成为司马氏"作家门"路上的垫脚石。

随着诸葛诞的覆亡，姜维也不得不放弃长城，从傥骆道退还蜀境。姜维的这次北伐与诸葛亮的第五次北伐有诸多相似之处，同样是向关中出兵，同样将兵锋推到了秦岭北麓，同样面对坚守不战的魏军而束手无策，同样在东线战事失利后撤军而还。这次北伐虽然并未折损将士，但对姜维的打击十分沉重，以至于让他的性情都变得偏狭起来。当时射声校尉杨戏随军至芒水，杨戏是蜀地儒士，平素里比较狂傲。当年他轻慢蒋琬，蒋琬宽宏，并不计较，而如今杨戏又不服姜维，在营中酒后狂言，对姜维多有傲慢嘲弄之词。姜维竟恶而记仇，在回军后即参奏杨戏，将他免为庶人。清人何焯评论称："伯约于此不及公琰远矣。"

由于此次北伐是由汉中出兵，又从汉中返回，这让姜维有机会对他长期忽视的汉中防务进行了一番调整，而正是这一次调整，埋下了后来季汉灭亡的伏笔，这件事我们放在后面再详述。

姜维回到成都后，被刘禅恢复了大将军之位。此战无功，姜维应是受之有愧的。而魏国那边，邓艾也升任征西将军，并被增加了封邑。一场平局，两面封赏，这实在是一场奇怪的战争。

面对颓靡不振的朝野氛围，刘禅觉得有必要改个年号来为季汉转一转运势。恰好当时史官来报，说天空中出现了景星。景星并不特指天穹中的某颗星辰，而是泛指那种大而明亮的星辰。《史记·天官书》载："景星者，德星也，其状无常，常出于有道之国。"将景星视为祥瑞之兆，并与国家运势相联系。我们都很清楚，在夜空中找一颗明亮的星是再容易不过的事情，此次的"景星见"很明显是史官在刘禅的授意之下制造的祥瑞。

无论子民们信不信，朝廷反正是信了。是年，诏令大赦，改元。挥别了沿用长达二十年的延熙年号，季汉的皇帝与臣子们跌跌撞撞地走进了景耀新纪元。

仇国论

如果说延熙时代的季汉还显得生机勃勃的话，那么景耀时代的季汉可谓是暮气沉沉。

延熙的二十年间，季汉在对魏战场上至少有十三次战事，包括马岱、廖化各一次北伐，兴势反击战和姜维的十次北伐，作为三国之中综合国力最弱的国家，季汉一直保持着攻势地位，军事始终是季汉的头等大事。

而随着历史进入景耀元年，姜维的北伐戛然而止。从景耀元年（258）到景耀四年（261），季汉度过了四年没有战争的时光。究其原因，是皇帝刘禅停止了对姜维的支持。姜维连年征伐，对益州民力、财力、物力的消耗远远超过了诸葛亮北伐，但十次北伐下来，除了虏获一些魏境的人口以外，在开疆拓土方面没有尺寸之功，"衔持河右""断凉州之道"的目标遥遥无期，朝野上下反对北伐的舆论已经呈汹汹之势，刘禅也不得自专，因为他知道，这些批评的声音，一半是对姜维，一半也是对着他自己而来。

反对北伐最激烈的当数益州士人。当初，由于费祎的遇刺身亡，益州人失去了在朝中的代理人，再加上皇帝刘禅用授予兵权的方式公开支持姜维北伐，故而益州人不敢发声。现如今，北伐已经成了一件劳民伤财、入不敷出的军事行动，益州人又开始在朝堂上活跃了起来。此前张翼的劝谏并没有影响到姜维的计划，于是他们推举出了新的代言人——谯周。

谯周，字允南，巴西西充国（今四川南部县）人。谯姓为巴西郡大姓。谯周家学渊源，祖、父皆治《尚书》，通图谶、纬书。谯周少孤家贫，亦属于大宗族中衰微的一支。他长而好学，研精六经，颇晓天文，虽然在口才上比较语讷，但学养很深，思路敏锐。由于他在经学上的造诣，诸葛亮秉政后就提拔他担任益州劝学从事，于是就有了前述他奔赴汉中为诸葛亮吊丧之事。蒋琬接任益州刺史，又以谯周为典学从事，负责管理益州的学校及各郡的文学掾，总领一州之学政。包括东汉负责主监试经的孝经师、负责时节祭祀的月令师，其职责都由典学从事来承担。

　　刘禅立太子后，谯周被聘请担任太子仆、太子家令，负责教导太子。由于常在宫中，与刘禅接触较多，谯周便时常对刘禅的行为进行规劝。此时刘禅刚走出诸葛亮时代的种种限制，有了一定的自由度，开始频繁外出游玩，并沉迷声色之中。谯周于是上疏，援引光武中兴汉室的历史，强调德政的重要性，劝刘禅省减乐官、后宫，为子孙树立节俭的榜样。刘禅当然听不进这些谏言，就将他转去外朝担任中散大夫，眼不见为净。中散大夫虽是散冗之官，却可以参与朝廷政事的讨论，带着对刘禅的不满和对姜维劳师动众的担忧，谯周成了朝中出名的反对派。一次，他在与尚书令陈祗讨论北伐的利害得失后，意犹未尽，返回家中写了一篇文章系统阐述自己的主张，这就是有名的《仇国论》①。

谯周在《仇国论》中用两个国家做例子，一个叫"因馀之国"，是小国，一个叫"肇建之国"，是大国。两国是争雄于世的敌国。很明显，这就是在指代季汉和曹魏（季汉是延续东汉而来，是"因馀"；曹魏是新建之国，是"肇建"）。他说，因馀之国有一个叫高贤卿的人请教伏愚子，

---

① 谯周《仇国论》，见《三国志·谯周传》："因馀之国小，而肇建之国大，并争于世而为仇敌。因馀之国有高贤卿者，问于伏愚子曰：'今国事未定，上下劳心，往古之事，能以弱胜强者，其术何如？'伏愚子曰：'吾闻之，处大无患者恒多慢，处小有忧者恒思善；多慢则生乱，思善则生治，理之常也。故周文养民，以少取多，勾践恤众，以弱毙强，此其术也。'贤卿曰：'曩者项强汉弱，相与战争，无日宁息，然项羽与汉约分鸿沟为界，各欲归息民；张良以为民志既定，则难动也，寻帅追羽，终毙项氏，岂必由文王之事乎？肇建之国方有疾疢，我因其隙，陷其边陲，觊增其疾而毙之也。'伏愚子曰：'当殷、周之际，王侯世尊，君臣久固，民习所专；深根者难拔，据固者难迁。当此之时，虽汉祖安能杖剑鞭马而取天下乎？当秦罢侯置守之后，民疲秦役，天下土崩，或岁改主，或月易公，鸟惊兽骇，莫知所从，于是豪强并争，虎裂狼分，疾博者获多，迟后者见吞。今我与肇建皆传国易世矣，既非秦末鼎沸之时，实有六国并据之势，故可为文王，难为汉祖。夫民疲劳则骚扰之兆生，上慢下暴则瓦解之形起。谚曰："射幸数跌，不如审发。"是故智者不为小利移目，不为意似改步，时可而后动，数合而后举，故汤、武之师不再战而克，诚重民劳而度时审也。如遂极武黩征，土崩势生，不幸遇难，虽有智者将不能谋之矣。若乃奇变纵横，出入无间，冲波截辙，超谷越山，不由舟楫而济盟津者，我愚子也，实所不及。'"

小国如何才能以弱胜强。这又是一个不加掩饰的比喻，"伏愚子"显然就是谯周自己的代称。在《仇国论》的开篇，谯周借伏愚子的身份说："大国处在没有忧虑的环境里，往往为政疏懒；小国处在忧患的环境下，却能心向善政。因此，疏懒的大国往往容易发生变乱，而善政的小国却能够逐渐强大起来，这是自然之理。"

看起来，这是在为季汉这样的小国壮声威，但谯周话锋一转，抛出了自己的真正观点：小国只有像周文王、越王勾践那样休养生息，体恤民众，才能够逐渐强大，战胜大国。这是谯周立论的基础，即认为季汉应该走周文王、勾践的路线，先休兵止战，蓄养国力，养肥了自己再向曹魏发起挑战。这与当年费祎与姜维的论辩之词可谓一脉相承。

为了增强自己的说服力，谯周还借"高贤卿"之口向自己发难，举汉高祖刘邦纳张良之计速击项羽的胜利，来质疑周文王的道路。汉高祖的道路，一直以来是季汉仿效的对象。刘邦以弱胜强、灭楚兴汉的成功长期以来是鼓舞季汉北伐的精神支柱。而谯周正是要从理论上摧毁这一榜样。谯周（伏愚子）驳斥称，殷周之交和秦汉之交的历史背景完全不一样，殷商的君王世代相传，君臣关系比较稳固，民众也已经习惯了这样的统治，这就是"深根者难拔，据固者难迁"，就算刘邦投胎到那个时代也难成大事。但秦末就不一样了，秦朝刚推行郡县制，就因为劳民动众而迅速崩溃，天下大乱，群雄逐鹿，老百姓茫然不知所措，这时候当然是先下手为强。而回顾当下，我国与曹魏（肇建之国）都已经立国很久了，不再是秦末鼎沸的情况，更像是六国并据的局面，在这种敌国基本盘已经稳固的情况下，汉高祖的道路已经行不通了，所以"可为文王，难为汉祖"。

谯周在《仇国论》的最后直截了当地抨击了姜维的北伐。他说，如果加重民众的负担，那么国家很可能就会陷入民变和内乱，正如民谚所言："射幸数跌，不如审发（多次射箭不中，不如审时度势之后再射）。"谯周认为，明智的人不应贪图一时的小利，而应当谋定后动，就像商汤和周武王一样，积蓄国力，一战而定乾坤。如果他们一味穷兵黩武，遭遇败仗，那么就算再有智谋的人也无力回天。那些想要倚靠奇谋诡策来取胜的人，就像不用舟船就想渡河，我这种愚昧的人是比不上的。最后这一句，算是对姜维北伐的嘲弄，称他想要凭借现在的力量去与曹魏角力，纯属痴心妄想之举。

《仇国论》是益州人士对北伐投出的一篇政治宣言，他们虽然官职不高，无法像费祎那样用权力制约姜维的北伐，但他们却有相当大的舆论影响力，以此来给姜维、刘禅施加压力。谯周在文中有意使用化名，没有点名批评姜维，并非在给姜维留面子，而是因为他攻击的对象不只是姜维，而是包括此前的诸葛亮在内的季汉所有的北伐战争支持者。在他看来，贫弱的季汉向富强的曹魏发动军事进攻，从根子上就是个错误，至于"兴复汉室、还帝旧都"云云，根本不是益州人的理想，他们也没有必要为别人的理想埋单。

从谯周与陈祗"论其利害"来看，谯周提出《仇国论》的时间应在延熙后期，《资治通鉴》将其系于延熙二十年（257），即姜维刚遭遇段谷之败不久。可见，北伐的挫败给了反对派以口实，这可能也导致了姜维北伐在景耀元年（258）被按下了"暂停键"。在这些事情中，另一个人扮演的角色不容忽视，那就是尚书令陈祗。

从延熙十四年（251）接替吕乂开始，陈祗担任尚书令、主政台阁长达八年。这八年恰好也是姜维频繁北出的时期。姜维虽然班位在陈祗之上，但他常年率军在外，不预国政。陈祗"深见信爱，权重于维"，俨然成为成都朝政的

"当家人"。刘禅对陈祗的倚重以及刘禅对姜维的支持，很容易让人联想到陈祗与姜维是否达成了某种默契。他们一个曾是政治边缘人物，一个曾是降将，都是游离于季汉内部派系之外的人物，也正因为如此，他们为刘禅所厚待，形成了某种类似政治同盟的关系。如此来看，陈祗与谯周的"论其利害"，很有可能是一场激烈的辩论。谯周《仇国论》中持"高祖道路"的"高贤卿"，原型应当就是陈祗。

《三国志》对陈祗的记载非常简略，我们看不出陈祗真正的政治主张。但作为刘禅一生最信任的臣子，他必定是刘禅的意志与权力的坚定维护者。他对姜维的支持，并非他与姜维有共同的政治理想，而是因为这是他效忠刘禅的职责所在。在谯周的弟子陈寿笔下，陈祗对刘禅的忠诚达到了"媚兹一人"的地步，并且提到，刘禅自宠信陈祗后，对曾经严厉呵斥自己的"侍卫之臣"董允愈加追怨。可见陈祗为刘禅带来了多大的安全感。

景耀元年（258），姜维的北伐戛然而止，而恰在此年，陈祗病逝（《华阳国志》将陈祗去世时间记为景耀二年（259）八月丙子）。这两件事之间很难说没有关联，没有陈祗在尚书台维持大局和在朝堂上与谯周之辈论辩，刘禅失魂落魄，支持北伐的意志也泄去了大半。他一反常态地动情大悲，以至于涕泪交加，并亲自下诏，赞美陈祗的功德，并为他定了美谥——忠侯。

但在后世的史书中，由于陈祗受到刘禅的格外宠幸，并与宦官黄皓互相表里，他被视为佞臣的代表。司马光在《资治通鉴》中称陈祗"以巧佞有宠于汉主"，乾隆帝在《诸葛武侯集》卷首也说"黄皓、陈祗用事，殄民误国，而汉祚告终"，将季汉灭亡的一半责任也算在陈祗身上。

没有陈祗的制约后，谯周的表现更为激进。谯周曾向蜀地大儒杜琼学习谶纬之学，而杜琼所谓的学问，就是通过对一些字名的牵强附会的解释，对未来做出预言。这些预言，事实上包含着浓重的政治倾向。杜琼虽在季汉官至太常，但他却每每借助图谶来为曹魏张目，宣扬曹魏当得天下。杜琼死后，谯周继承和发展了杜琼的学说，将攻击的矛头对准了季汉的统治合法性。比如，他引用《左传》中晋穆公为太子取名为仇、终至内乱的例子，指出名字起得好坏，会直接影响人的命运。接着他举近世之例，说汉灵帝将两个儿子刘辩、刘协称为"史侯""董侯"（因分别养于道人史子眇、董太后家，故名），二子后来都当了皇帝，然后被废为诸侯。说完灵帝，谯周话锋一转，竟然直接拿先帝刘备和当朝皇帝刘禅的名字举例，他说"备"就是"具"的意思，"禅"就是"授"的意思，连在一起，就是刘氏的江山已经具备好了，应该授予他人了。

这种訾毁主君、散布投降论调的言论，如若放在刘备时期，恐怕早就如彭羕、张裕一样论罪当诛了。可谯周不仅未受责罚，反而在景耀年间坐到了光禄大夫的位置，位亚九卿，并且有大批蜀中子弟追随学习，可见他以及他所代表的益州士人树大根深，并具有相当强大的政治影响力和煽动性。景耀五年（262），宫中一棵大树突然自行折断，这本是常见的自然现象，谯周又操弄起了隐喻的把戏，在宫中柱子上写了十二个大字："众而大，期之会，具而授，若何复？"这仍然是在宣扬季汉将向曹魏授土请降的论调，将大树的折断视为季汉灭亡的天象。

在整个季汉历史中，季汉的核心决策层一直由外州人掌握，益州人在政治权力上未能有多大斩获，但益州人始终都在通过"主场"的优势，利用舆论来影响季汉的政治。从《仇国论》到柱上字，以谯周为代表的益州士人对季汉政权已经丧失了信心，并且缺乏最起码的忠诚，季汉这座千疮百孔的大厦，正在从内部被一点点掏空。谯周宣扬的亡国论调，正在一步步将季汉推向深渊。

荆楚新贵

陈祗的去世非常仓促，以至于刘禅身边难以找到合适的替代者，唯一体己的人还是个宦官。这样，尚书台的权力只好再次让渡给荆楚籍的大臣。

接任尚书令之位的是尚书仆射董厥。到了景耀四年（261），董厥升任辅国大将军，仍主持尚书台事务，樊建代为尚书令。董厥、樊建都是荆州义阳人，是季汉荆楚人士中年轻一代的代表。董厥曾在诸葛亮丞相府任令史、主簿，诸葛亮曾称赞他是"良士"，并说自己每次与他交谈，他的思虑都很审慎适度。樊建则在延熙十四年（251）费祎主政时期作为使者出使过东吴。董厥、樊建的上位标志着荆楚人士在经历了一段时间的冷落后，重新返回季汉政治舞台的核心。然而他们两人并不是荆楚人士的领袖，他们的背后还站着另一个人，那就是诸葛瞻。

诸葛瞻，字思远，诸葛亮独生子。诸葛亮未出茅庐时，即已娶沔南处士黄承彦之女，但迟迟未有子嗣，遂过继诸葛瑾次子诸葛乔为嫡子。诸葛乔至蜀，官至驸马都尉，但不幸早逝。而在诸葛乔去世前一年，即季汉建兴五年（227），诸葛瞻出生了。中年得子，诸葛亮对这个孩子倍加珍爱，在给诸葛瑾的信中，诸葛亮说："瞻今已八岁，聪慧可爱，嫌其早成，恐不为重器耳。"舐犊之情溢于言表。诸葛亮生前还特意为诸葛瞻写下传世名篇《诫子书》，垂训他"非澹泊无以明志，非宁静无以致远"。

生于建兴，长于延熙，因为头顶着武侯之子的光环，诸葛瞻几乎是在季汉上下的呵护与宠溺中长大的。十七岁时，诸葛瞻娶刘禅之女，实现了诸葛家族与刘氏家族的联姻，拜骑都尉，次年又升羽林中郎将。汉制中，骑都尉、羽林中郎将秩比二千石，属光禄勋，统领宫禁羽林骑，多由贵戚子弟担任，也是之后晋升的重要阶梯。果然，诸葛瞻在季汉的官场顺风顺水，至晚在延熙十五年（252），二十六岁的他已任侍中。景耀元年（258），董厥升任尚书令，诸葛瞻顶替其尚书仆射之职，并加军师将军，成为尚书台的"二把手"。军师将军是建安十七年（212）刘备平定益州后为诸葛亮量身定制的将军号，诸葛亮为丞相后，此职遂省废，三十余年后诸葛瞻再度出任军师将军，披上了父亲昔日的荣耀外衣。诸葛瞻的显达，是诸葛亮在季汉持续产生影响的鲜活证明。

陈寿在《三国志》为诸葛瞻作传时，特意写了一件事，说当时蜀地人追思诸葛亮，将这种感情投射在诸葛瞻身上，每当朝廷推行一件得民心的善政，百姓们不辨真假，纷纷传诵道："这都是葛侯（诸葛瞻嗣父武乡侯之爵，故名葛侯）做的事啊！"而叙述这件事，陈寿是为了引出一句对诸葛瞻的评语："是以美声溢誉，有过其实。"据孙盛《异同记》载，陈寿早年在季汉朝中做官时，曾被诸葛瞻轻慢，故而他在撰写《三国志》时挟有私怨，对诸葛瞻评价很低，包括刻意提及诸葛瞻"工书画"，都是对他不务正业、缺乏政治能力的一种曲笔。

陈寿史德的是非曲直，我们暂且不做讨论。但不可否认的是，在陈祇去世后的景耀年间，诸葛瞻的政治地位和影响力都有了大幅增长。到了景耀四年（261），诸葛瞻已经跃升为行都护（《华阳国志》作中都护）、卫将军，与董厥共平尚书事。就这样，诸葛瞻、董厥、樊建在成都形成了一个新的荆楚人圈子。陈寿作《三国志》，一反常规地将董厥、樊建的生平系于诸葛亮传之后的诸葛瞻之下，以示他们与诸葛瞻密切的政治同盟关系。诸葛瞻、董厥、樊建控制了尚书台，并且在很大程度上左右了朝政的走向。

与此同时，另一股令人不安的力量也在季汉内部渐趋膨胀，那就是宦官，其代表人物是黄皓。黄皓的权力进阶，大概经历了三个阶段：

　　一是董允主掌尚书台时期，黄皓虽然深受刘禅宠幸，也试图参与一些政事，但总被董允责备、限制。"皓畏允，不敢为非。终允之世，皓位不过黄门丞。"

　　二是陈祗担任尚书令后，由于陈祗与刘禅之间关系密切，黄皓成为内廷与外朝联络消息的关键人物，陈祗与黄皓事实上形成了一种内外合作的模式，即史书所说的"与黄皓互相表里"。此时黄皓已开始干预政事。如刘禅异母弟甘陵王刘永受到黄皓的谮构，被刘禅疏远，"至不得朝见者十余年"。

　　三是陈祗去世后，刘禅在士人中没有了心腹之人，所能信赖之人唯有身边朝夕相处的宦者。黄皓的权力随之扩大，史书称"宦人黄皓始专政""宦人黄皓窃弄机柄"。其突出特征是黄皓出任了中常侍、奉车都尉两职。

　　中常侍在西汉时已出现，最初是给士人的一种加官，使他们得以出入禁中，方便皇帝顾问对策。东汉以来，宦官悉用阉人，中常侍定员为四人，明帝以后更是逐渐增至十人。东汉一朝，宦官权力日盛，他们祸乱朝纲，残害忠良，其子弟布列州郡，鱼肉百姓。宦官权力的膨胀与汉室的衰败有着密切的因果联系。曹节、王甫、张让、赵忠等中常侍作恶多端，天怒人怨，让这一官职臭名昭著。故而曹丕称帝后，将中常侍与散骑合为一官，曰散骑常侍，由士人担任，"典章表、诏命、手笔之事"，又诏令宦人为官者不得过诸署令，这样就有效截断了宦官参与朝政的通道。东吴仿效曹魏，亦置散骑中常侍，由士人担任。故而魏、吴两国虽然政治斗争此起彼伏，但始终不见宦官作为一支政治力量参与其中。至于季汉，宫禁事务早在诸葛亮治蜀时期就交付董允、郭攸之等"侍卫之臣"署理，形成"宫中府中，俱为一体"的运转模式，宦官自然难有触碰政事的机会。如今，中常侍一职的死灰复燃，让人们隐隐嗅到了前朝那股腐烂之气。

奉车都尉，秩比二千石，掌御乘舆车，隶属光禄勋。因其值宿于皇帝近侧，常作为恩赏赐予功臣子弟，如霍去病之子霍嬗曾任此职。东汉曾有孙程、曹节两名中常侍兼任此职，此二人不仅权倾朝野，还曾主导迎立新皇帝即位（汉顺帝和汉灵帝）。曹魏时，奉车都尉已由士人、贵戚担任，亦有恩赏之功能。如刺死费祎的魏人郭脩，其子即被魏廷封为奉车都尉。黄皓兼任奉车都尉，说明季汉政治呈现出向东汉晚期靠拢的趋势。朝臣大多趋炎附势于黄皓，而不奉承他的人就会受到打压，如谯周的弟子罗宪为黄皓怨恨，从朝中外调为巴东太守。秘书令郤正"既不为皓所爱,亦不为皓所憎",因此官不过六百石。

不过,黄皓毕竟不能与东汉那些宦者前辈相比。黄皓的权力是刘禅赐予的,黄皓专横跋扈也是刘禅授意的,他是刘禅制衡荆楚新贵、维持自己权力的工具。诸葛瞻、董厥等对此都心知肚明,故而他们对黄皓预政只能采取默许甚至配合的态度,"咸共将护,无能匡矫",只有樊建能做到"特不与皓和好往来"。

与费祎相似,诸葛瞻、董厥均是被"巴蜀化"的异乡人,他们的身上不再有老一辈荆楚人对失去故乡的痛恨、对恢复故国的渴盼。关羽覆亡、夷陵之败等惨烈悲壮的"家史"距他们已经太过遥远,曹操、曹丕欺凌刘氏、篡汉自立的"不共戴天之仇"在他们的心中也激不起一朵水花。从未指挥军队踏上沙场的诸葛瞻,根本无法理解父亲当年"鞠躬尽瘁,死而后已"的心志,也更无法与连年北伐导致国内疲敝的姜维共情。因此,诸葛瞻、董厥等荆楚新贵主政后,非但不会支持姜维的北伐,反而与谯周站在了一边,成为北伐的反对者。

就这样,在诸葛瞻、董厥主持尚书台日常事务之后,姜维"录尚书事"的职权已经形同虚设。非但如此,诸葛瞻等人还试图废黜姜维,夺其兵权。据孙盛《异同记》

载，诸葛瞻、董厥因姜维北伐无功，表奏刘禅，提出将姜维召回为益州刺史，并以南郡人、右大将军阎宇代之，此事在东晋年间还在蜀地的老人间口口相传，可见早已是朝野皆知的事情。另据《三国志·姜维传》载，欲废姜维立阎宇的是黄皓。此事可能因为刘禅的反对，并未成行，但由此可见，在反对姜维这件事上，诸葛瞻（荆楚人）、谯周（益州人）、黄皓（宦官）这三股季汉内部利益不同的势力达成了空前的共识。姜维成了季汉朝堂上的众矢之的、孤家寡人，他北伐的势头在景耀年间被遏制也就不足为奇了。

虽然没有被废黜，但姜维的军权遭到了一定程度的削弱。朝廷陆续提升宗预、廖化、张翼三位宿将的地位，以对姜维形成分权之势。宗预因疾病由永安征调回朝（永安督由阎宇接替），任镇军大将军、兖州刺史；张翼升任左车骑将军[1]、冀州刺史；廖化升任右车骑将军、并州刺史。以上三州刺史连同姜维担任的凉州刺史均为遥领，此四州也

---

[1] 车骑将军原由夏侯霸出任。景耀二年（259）张翼、廖化迁左右车骑将军，可知夏侯霸最晚在此年去世。将车骑将军分置左右是季汉官制的独创，可能借鉴自东吴的左右大司马制度。另，胡济曾任右骠骑将军，可知在刘禅晚期，骠骑将军也曾分置左右，但任左职者何人不详。

恰是季汉建兴七年（229）邓芝出使东吴参分天下时划给季汉的魏国领土。武力收复已经如空中楼阁，通过设置遥领刺史在精神上为季汉正名壮威，恐怕是诸葛瞻、董厥等人唯一能做的事情了。

廖化、宗预、张翼三人中，两位是荆楚人，一位是巴蜀人，他们的提升也显示出季汉军事权力的新的平衡。三人还有另一层不易察觉的身份，就是他们分别曾是关羽、张飞、赵云三位季汉开国名将的下属：廖化仕途起家是担任关羽的襄阳太守主簿；宗预随张飞自荆州入蜀；张翼任泗阳长时，曾在汉水与赵云并肩作战，击退曹军。这应当不是一个巧合。在季汉北伐受挫、国力凋敝之际，遥想昔日季汉全盛时期的荣光，成为季汉臣民最好的慰藉。

正是在这种民意基础之下，景耀三年（260）秋九月，季汉朝廷进行了一次对开国元勋的追谥活动。谥号是对故去的大臣进行的一种带有荣誉性质的评价。三国之中，曹魏为臣子赐谥较多，汉、吴两国则较少。刘备在世时，仅有法正以其功高见谥（翼侯）。刘禅时期，诸葛亮（忠武侯）、蒋琬（恭侯）、费祎（敬侯）三位宰辅重臣在死后均得加谥。陈祗（忠侯）凭借着刘禅的特殊宠遇，夏侯霸（谥号不明）因为"远来归国"的身份，也都在死后得到谥号。而更多开国元勋则因为季汉立国之初一系列内外动荡而无暇顾及，始终没有得到谥号，以至于拖到了景耀年间。

此次朝廷一口气追谥了五人：关羽为壮缪侯[1]，张飞为桓侯，马超为威侯，庞统为靖侯，黄忠为刚侯。五人之中，庞统有定蜀之功，关、张、马、黄是刘备初为汉中王所封的四大将军。此时行追谥之礼，可能是因为荆楚新贵在掌政后迫切需要借助先贤们身上的光辉，来提振季汉颓靡的人心。而这五人之中，四人身上都有浓重的荆楚色彩，对他们的追谥也能够为荆楚籍官员壮大声威。此外，

---

[1] 对于关羽壮缪侯谥号的含义，历来争议较大。明人程敏政以为，壮缪侯之"缪"通"穆"，如秦穆公、鲁穆公在《史记》《孟子》等典籍中就被写作"秦缪公""鲁缪公"，而穆是美谥。《逸周书·谥法解》："布德执义曰穆。中情见貌曰穆。"南宋名将岳飞的谥号为武穆，与其意指相似。如果是恶谥，《三国志》不会称"时论以为荣"。《三国志集解》作者卢弼也持此观点。但考东晋徐广为《史记》作注，有"古书穆字多作缪"，可知"缪""穆"互通是古书所用，而魏晋时期已不再通用。《三国志》中多见以"穆"为谥号者，如穆侯陈泰、穆侯赵俨、先主穆皇后等，未见互用"缪"者。据《晋书》，博士秦秀议何曾谥号为"缪丑"，并言"谨按《谥法》，名与实爽曰缪"，可证魏晋时人已经以"缪"为恶谥。据《逸周书·谥法解》，"胜敌致强曰壮。死于原野曰壮。屡征杀伐曰壮。武而不遂曰壮"，亦与关羽事功相合。关羽于季汉破敌定乱有功，丧军失地亦有过，"壮缪"二字，不夺其美，不掩其恶，应视为一则比较公允平直的谥号。

五人的后嗣多在朝中任职，如尚书仆射张苞（张飞次子）、涪陵太守庞宏（庞统之子）。同为勋贵之后，诸葛瞻与他们的关系可能比较密切，推行追谥可能也有对他们的抚慰、笼络之意。

不过，此次追谥名单中遗漏了一个重要人物——赵云。赵云在刘备时期的地位不如前述五人，且临终之前还遭遇了贬谪，他不在诸葛瞻等人考虑之内也合情理。然而，赵云是两次救刘禅于危难之中的恩人，刘禅对赵云无疑有着特殊的情感。追谥开国元勋却独缺赵云，必然会招致刘禅的不快。洞悉刘禅心思的还得是姜维。次年春三月，沉寂四年、已经被驱逐出决策层的大将军姜维突然上表，请求追谥赵云。姜维在上疏中特意强调了赵云在当阳拯救刘禅于乱军之中的伟大功绩（"当阳之役，义贯金石，忠以卫上，君念其赏"），这一下戳中了刘禅的痛处。若非赵云两次救主，岂有今日成都大殿之上的刘禅？季汉对赵云亏欠良多，而追谥赵云，也能够凸显刘禅知恩图报、不忘初心的仁君本色，从而达到"生者感恩，足以殒身"的效果。刘禅顺水推舟，下诏追封赵云为顺平侯。裴松之注引《云别传》专门解释了"顺平"的含义："柔贤慈惠曰顺，执事有班曰平，克定祸乱曰平。"

正如季汉始终走不出两汉辉煌荣光的阴影一样，刘禅时代的君臣也始终无法让这个国家回到建安二十四年（219）七月刘备称汉中王时的那个鼎盛时刻。关羽、张飞、赵云等早已作古的将军在景耀年间被再度"唤醒"，为这个疲惫不堪的国家又注入了一剂强心针。那些因为一次次的挫败而黯淡的眼睛仿佛又明亮了起来。当先贤的丰功伟绩在巴蜀大地上被再一次传颂时，人们开始小心地发问："我们还能赢一次吗？"

体会到姜维的一番良苦用心后，刘禅决定再给予他一次支持。但他和姜维都很清楚，这很可能是季汉最后的机会了。

附1：景耀年间季汉主要官员

姜维：大将军，录尚书事，假节，督中外军事，凉州刺史，平襄侯

董厥：尚书令，迁辅国大将军，平尚书事，南乡侯

诸葛瞻：行都护，卫将军，平尚书事，武乡侯

胡济：右骠骑将军，假节，兖州刺史，城阳亭侯

廖化：右车骑将军，假节，并州刺史，中乡侯

张翼：左车骑将军，假节，冀州刺史，都亭侯

宗预：镇军大将军，兖州刺史，关内侯

阎宇：右大将军，巴东都督

樊建：尚书令

张绍：尚书仆射，侍中，西乡侯

向条：御史中丞，显明亭侯

谯周：光禄大夫

郤正：秘书令

卫继：大尚书

向充：尚书

许游：尚书

张遵：尚书

文立：尚书

程琼：尚书

黄皓：中常侍，奉车都尉

来敏：执慎将军

蒋斌：护军，安阳亭侯

王含：监军

张通：殿中督

李譔：右中郎将

赵统：虎贲中郎，督行领军，永昌亭侯

李球：羽林右部督

邓良：驸马都尉

霍弋：安南将军，建宁太守

罗宪：巴东太守，领军，副贰巴东都督

傅佥：关中督

蒋舒：武兴督

柳隐：黄金督

孟兴：议督军

裴越：督军

邓良：尚书左选郎，阳武亭侯

黄崇：尚书郎

李密：尚书郎

陈寿：秘书郎

司马胜之：秘书郎

陈裕：黄门侍郎

蒋显：太子仆

龚衡：领军

来忠：大将军参军

杨宗：巴东都督参军

赵广：牙门将

刘林：牙门将

麋照：虎骑监

吕辰：成都令

吕雅：谒者

附2：季汉历任尚书令

法正	建安二十四年（219）至建安二十五年（220）	由蜀郡太守、扬武将军迁	兼护军将军
刘巴	建安二十五年（220）至章武二年（222）	由尚书迁	
李严	章武二年（222）至建兴三年（225）	由犍为太守、辅汉将军迁	兼中都护、光禄勋
陈震	建兴三年（225）至建兴七年（229）	由尚书迁	
蒋琬	建兴十二年（234）至建兴十三年（235）	由丞相长史、抚军将军迁	加行都护，假节，领益州刺史
费祎	建兴十三年（235）至延熙六年（243）	由后军师迁	
董允	延熙七年（244）至延熙九年（246）	由侍中、辅国将军迁	兼侍中

续表

吕乂	延熙九年（246）至延熙十四年（251）	由尚书迁	
陈祗	延熙十四年（251）至景耀元年（258）	由侍中迁	兼侍中，加镇军将军
董厥	景耀元年（258）至景耀四年（261）	由尚书仆射迁	
樊建	景耀四年（261）至炎兴元年（263）	由侍中迁	

傀儡的觉醒

季汉景耀五年（262）冬，六十一岁的姜维开启了他的第十一次北伐。距离骆谷之战已经过去了近五年，而就在这五年之间，魏、吴两国的皇帝都发生了更易，伴随的则是激烈与血腥的皇权与相权之争。

先说东吴。司马昭平定淮南之后，出师援救诸葛诞的吴大将军孙綝也败军折将，颜面无光。是年为吴太平三年（258），吴帝孙亮已十六岁，在位已七年，并开始参与政事。孙綝深恐自己这次的败绩会招致孙亮的责难，最终让自己落得诸葛恪一般的结局，于是在回到建业后，索性称病不朝，并派诸弟控制宫内宿卫及城内诸营兵力，巩固自己的地位。孙綝的专横引发了孙亮的强烈不满，他不甘于继续做傀儡皇帝，便与姐姐孙鲁班、太常全尚、将军刘丞（一作刘承）等密议诛杀孙綝。但事机不密，为孙綝所知。九月戊午（二十六日），孙綝率兵趁夜抓捕全尚，诛杀刘丞，并召集众臣，以孙亮"荒病昏乱"为由，将其废为会稽王，改立孙权第六子琅琊王孙休。十月己卯（十八日），孙休登基，改元永安，时年二十四岁。孙綝晋升为丞相、荆州牧，增食五县，"一门五侯，皆典禁兵，权倾人主，自吴国朝臣未尝有也"。

孙綝废帝很显然是从四年前司马师废帝中得到的启发，他当然也梦想着将司马氏父子的"成功"复制在东吴土地上。但孙綝不过是孙氏宗室中的一个偏支小宗，既没有司马师背靠强大的家族资源，又不如司马师那般具有政治智慧与手腕，他自己在东吴也毫无功业和威望，所凭借的不过是族兄孙峻的那点余威罢了，这就注定了他对司马师的模仿只是东施效颦，难成气候。然而东吴经历孙权晚年的政治残害后，已经陷入君臣相疑，人人自危的地步。孙亮是孙权临终前亲口指定的皇位继承人，如今他一朝被废黜，东吴朝堂却一片沉默，大家慑于孙綝的兵权，竟无一人敢于正色直言。唯一不肯在宣布孙亮罪行的诏书上署名的大臣，还是与曹魏有渊源的尚书桓彝（魏太常桓阶之弟），他也因此被孙綝所杀。

由于东吴推行的世袭领兵制、世袭领郡制，地方督将的政治独立性较高。在孙綝行废立之举时，他们也大多中立自保，对孙綝的专权跋扈采取了默许的态度，完全没有起到拱卫皇权的作用。唯有骠骑将军施绩有所行动。施绩是孙权同窗、左大司马朱然之子，父子接续镇守江陵防区已近四十年。他长期驻防魏吴边境，担心吴国的内乱会招致魏国来攻，于是派人送信予蜀，请求协助防御。季汉遣右将军阎宇统兵五千增加白帝城的守卫，以待施绩之令。想当年诸葛亮亡故时，季汉增兵白帝城，是为了应对汉吴的紧张关系。如今再度增兵白帝，却是为了援助东吴，这一局势变化恐怕会给刘禅带来极大的成就感——至少在表面上，季汉皇权稳固，政局稳定，胜过了国力远高于自己的"塑料盟友"东吴。他应该会自豪地认为，这是自己亲政以来推行的一系列政治措施所换来的成绩。

东吴新皇帝孙休，字子烈，是孙权第六子，其母是孙权不受宠爱的妃子，孙休从小即知自己与帝位无缘，故而长期保持低调，也给了孙綝以懦弱可欺的错觉。即位后，孙休一面对孙綝兄弟厚加封赏，甚至将举报孙綝的人抓住交予孙綝处理，以稳定其心，一面则与将军张布、丁奉密谋除孙綝。永安元年（258）十二月戊辰（初八），孙休在宫中举办腊会（腊祭时举办的集会），趁孙綝赴宴之际，令张布、丁奉将他当场拿下，随即诛其党羽，灭其三族。就这样，即位不足两个月，孙休就实现了皇帝对权臣的反杀，让东吴终于结束了孙权去世后长达七年皇纲失统、权臣摄政的局面。

孙休除权臣的决心，可能很大程度来源于对西蜀皇帝刘禅临朝亲政的羡慕，而孙休的成功，也在不经意之间激励和刺激了北方的少主曹髦。

曹髦，字彦士，曹操曾孙、曹丕之孙、东海定王曹霖之子。他天资不凡，雅好文学，擅长诗文，精通绘画。他曾亲赴太学为学生讲授儒家经典，还经常邀请一些大臣进宫，或宴请、或纵论、或私谈，比如他常与司马望、王沈、裴秀、钟会等人在太极东堂讲经宴筵并作文论，还饶有兴致地为这些臣子册封各种雅号，其目的显然是在为曹氏笼络争取可信赖的人。

在论道的过程中，曹髦偶尔也会表露一些政治理念，比如一次曹髦与朝臣们讨论夏王少康与汉高祖刘邦的优劣，许多大臣以为刘邦优于少康，理由是刘邦是创业开国之君，而少康不过是承袭前辈基业的中兴之主，刘邦面临的困难要高于少康。但曹髦却不这么认为，他说，少康生于国家灭亡之后，以奴隶的身份艰难存活，最终重振了夏朝的基业。正是由于他拥有无上的美德，才能成就如此伟业。而刘邦不过是趁着秦末乱象，凭借一些诡诈之术侥幸得了天下，他德行不端，为子不孝，为君不仁，为父又不能卫子，跟少康相比差太远了。

曹髦对少康的追崇，透露着他复兴曹魏基业的渴望。曹髦对刘邦的蔑视，则隐喻着对欲以权势攫取天下的司马氏父子深深的记恨与敌视。可是曹髦的稚嫩就在于，他不懂得韬光养晦的道理，过早地将自己的意图宣露于外。而他的一言一行，早就通过那些司马氏兄弟的心腹和安插在宫中的耳目，传到了他们的耳中。

据《魏氏春秋》载，一日罢朝，司马师问钟会："上何如主也？"钟会答道："才同陈思，武类太祖。"意思是说，曹髦的文采可以与曹植比肩，武略则不逊于曹操。钟会是司马氏的宠臣，他用如此夸张的比喻来"捧杀"曹髦，其意正是在提醒司马师对曹髦加强警惕与防备。所以尽管司马师表面说："若如卿言，社稷之福也。"实则内心有着强烈的不安，他察觉到自己无意中选择了一个比曹芳更不易控制的君主，这对司马氏"作家门"之路将是一个极大的障碍。清人姚范即言："高贵乡公死于此语矣。"

　　司马师与曹髦的交集毕竟才不到一年，曹髦此后六年的傀儡生涯所面对的是比司马师更为狠毒也更善于伪装的司马昭。曹髦想要复制"少康中兴"的道路变得更加艰难。少康复国毕竟还有帮手，"内有虞、仍之援，外有靡、艾之助"，而魏国宫内朝外已经尽数是司马氏的盟友和党羽。随着司马昭平定诸葛诞之叛，曹髦所能借助的外部力量已经被司马昭剪除殆尽，他的心绪也变得焦躁不宁。魏甘露四年（259）春正月，地方上奏称出现了黄龙，这本是祥瑞之兆，但曹髦并不喜悦，反而哀怨地说："龙者，君德也。上不在天，下不在田，而数屈于井，非嘉兆也。"随后，他还作了一首名为《潜龙》的诗。诗文虽已佚，但从题目来看，应是借诗词来表达自己身为帝王却被幽禁于宫中、沦为傀儡的苦闷之情。此诗流入司马昭手中，司马昭"见而恶之"。两人的矛盾至此已经趋于白热化。

　　魏甘露五年（260），也即季汉追谥关羽等五人的同年，这是三国少见的无战之年。季汉已经三年没有北伐；东吴新君甫立，更无用武之志，这给了司马昭一个较为宽松的外部环境，促使他加速魏晋禅代的步伐。夏四月，在司马昭的策划下，朝廷再次降诏，进位司马昭为相国，封晋公，加九锡。与两年之前不同，史书这一次没有记载司马昭的辞让。也就是说，司马昭心安理得地接受了。一旦司马昭成为晋公，则意味着他从制度上开始实现自己由臣至君的转变。这一年，距离曹操称魏公只过了四十七年，距离曹丕代汉称帝只过了四十年，很多汉魏禅代的亲历者都还活着，这套流程对他们来说并不陌生。此时，几乎所有人都接受了这个事实——历史即将重演，新一轮的王朝更替已经不可阻挡。

但是还有一个人不接受这样的命运，他决定赌上自己的性命为大魏搏最后的国运，他就是二十岁的曹髦。就在一个月后的五月己丑（初七），中国历史上第一次当众弑杀皇帝的事件，在洛阳城内发生了。

《三国志》因作于司马氏统治森严的西晋，不得不对司马氏的恶行有所回护，故而对此事仅以"五月己丑，高贵乡公卒，年二十"一句便搪塞过去。成书于政治空气相对宽松的东晋的习凿齿《汉晋春秋》、干宝《晋纪》、孙盛《魏氏春秋》等对司马昭弑君之事留下了较为细致的记叙。

当时，曹髦眼见曹氏威权日去，心中愤恨，于是召来三名大臣相商，他们是侍中王沈、散骑常侍王业、尚书王经。王沈出身世家太原王氏，曾是曹爽故吏，因高平陵之变一度被免职。王业是曹魏朝堂上罕见的荆州武陵人，从籍贯来看是曹魏的"边缘人"。王经出身"田家子"，因洮西之败而被司马昭夺取兵权。在曹髦看来，他们三人或者与司马氏有旧怨，或者不在司马氏的核心圈，是可以笼络的人。于是曹髦对他们说出了心中积蓄已久、后来为妇孺皆知的那句名言："司马昭之心，路人所知也。"曹髦不甘心沦落到刘协、曹芳被"废辱"的境地，决心亲自发兵讨伐司马昭。王经见曹髦行动冒失，苦口婆心地劝阻。但曹髦心意已决，根本不听他的，将怀中的"版令"投在地上说："行之决矣。正使死，何所惧？况不必死邪！"曹髦入宫去禀报太后，而王沈、王业径直奔赴司马昭处告密。

于是，这一天洛阳皇宫中的许多人都看到了这一幕惊世骇俗的场景：年少的皇帝拔剑登辇，率领殿中宿卫、苍头、官僮等数百人鼓噪而出，向司马昭的府邸冲杀而去。与那些试图除掉权臣的前辈傀儡皇帝相比，曹髦已经完全放弃摆宴设局、密谋夺权的这些繁琐流程，选择了最直接也是最暴力的方式。他当然清楚他手中的几百名拼凑来的人手是不可能在军事上与司马昭庞大的兵力匹敌的，曹髦手中真正的武器是舆论，只要他把声响搞大，弄得满城风雨，那么在君臣礼仪尚存系的大环境之下，舆论的力量自然会对司马昭产生极大的压制，甚至可能会迫使他交出权力。

曹髦毕竟还保留着皇帝的权威，这也使他在讨伐司马昭的路上一度占据优势，比如在东止车门遇见司马昭之弟、屯骑校尉司马伷带兵来阻时，曹髦一番呵斥，其部众便四散而逃。到了南阙时，中护军贾充所统帅的数千士兵也在曹髦的威逼下不敢上前，甚至要退却。贾充深知，如果让曹髦冲出了皇宫，到了大街上为百姓所见，其局势将覆水难收。尤其若要让曹髦进了大将军府邸，与司马昭当面对峙，那司马昭将陷入极大的被动。千钧一发之际，贾充横下一条心来，唆使麾下太子舍人（一说帐下督）成济用长戈将曹髦当场刺死。

曹髦当街被弑，是皇权与相权矛盾在三国史中最激烈的一次冲突。此前汉魏禅代之际，曹操虽然将汉献帝身边的皇后、贵妃、汉臣们翦除一空，也对汉献帝多次密谋策划反曹之事心知肚明，但仍要维持表面的君臣礼仪，对汉献帝本人不敢动一根毫毛。曹丕代汉后，更是要极力维护刘协尊严得体的生活，以此来彰显自己权力来源的合法性和仁主人设。这样看来，曹髦以"自杀式"的方式向司马昭发动反击，其目的就是用自己的性命撕破司马昭的伪装，将他拖入道德的泥潭之内，即便不能阻碍魏晋禅代的进程，至少可以将司马昭钉在历史的耻辱柱上。被成济刺穿胸膛时的曹髦应当是面含微笑的，因为那一刻，他已经赢了。

曹髦被弑这一突发的事件对司马昭魏晋禅代的计划无疑是一个巨大的冲击。司马昭忙不迭地处理善后事宜，试图将这起事件的负面影响降到最低。他做了五件事：

一是继续作秀，伪装忠臣，在听到曹髦被弑的消息后自投于地，大呼："天下其谓我何！"接着又在表章中形容自己"哀恸痛恨，五内摧裂，不知何地可以陨坠"。连他的叔父、八十岁高龄的太傅司马孚都要配合他表演（"枕帝股而哭，哀甚，曰：'杀陛下者，臣之罪也。'"），维护家族的颜面。

二是将成济、成倅兄弟当作替罪羊，诛灭其族，将自己的责任甩得干干净净。据《魏氏春秋》载，成济兄弟得知他们被卸磨杀驴，反应十分激烈，不仅没有伏罪，反而光着膀子逃上了屋顶，破口大骂。司马昭令人从屋下乱箭齐发，才将两人射死。

三是胁迫郭太后下诏，为曹髦罗织种种罪行逆行，乃至于颠倒黑白，将曹髦讨伐司马昭污蔑为要诛杀太后，用给曹髦泼脏水的方式来消解弑君之恶。

四是严惩在这一事件中心向曹氏的大臣，以强化司马氏的威严。其突出表现在对王经和陈泰的处置。

王经虽然未参与曹髦的行动，但他没有像王沈、王业那样及时向司马昭告密，被司马昭视为与自己不同心，于是给他安上了"凶逆无状"的罪名，交付廷尉诛杀。尚书仆射陈泰闻听曹髦被弑，伏尸号哭，并拒绝出席司马昭主持的朝会。司马昭使人强逼陈泰前来，陈泰却提出"诛贾充以谢天下"的建议，让司马昭十分难堪。同年，陈泰就去世了。《魏氏春秋》说他是"呕血薨"，《世说新语》注引《汉晋春秋》则直接说他"归而自杀"。看来，陈泰之死，也与司马昭脱不开干系。

颍川陈氏与河内司马氏曾经是同气连枝的两大家族。昔日，陈群和司马懿尽心辅佐曹丕夺得太子之位，又并受曹丕托孤之命，被时人视为一对利益共同体。《世说新语》中也留下了几则陈泰与司马氏兄弟宴饮、同舆、玩笑的小故事。也或许因为这种渊源，陈泰一度对司马氏的摄政报以沉默，但在曹髦被弑后，陈泰与司马昭彻底走向决裂。

当陈泰刚开始显现出对司马昭权威的挑战时，他的性命就被扼杀在了这一年。陈泰在雍凉战场上面对姜维所显现出的天才将略，却在洛阳化作困兽之斗，为其一生写下了一个无可奈何的注脚。

五是再度辞让了原本已经接受的"相国、晋公、九锡之宠"，以示谦逊。可见，曹髦被弑的确打乱了司马昭魏晋禅代的节奏，让他不得不将改朝换代的步子放缓了下来。

通过上述措施，司马昭暂时平息了这场风波。司马昭本欲依汉昌邑王刘贺罪废故事，以民礼将曹髦安葬，后在几位重臣的建议下，以王礼葬曹髦于洛阳西北三十里瀍涧之滨①。下葬之日，围观百姓中许多人掩面痛哭。

至于新皇帝的人选，司马昭从曹魏宗室中选择了燕王曹宇之子常道乡公曹璜为帝。曹宇是曹操之子，与神童曹冲同母。在曹叡临终之前，曹宇差点儿就获得了摄政当国之权，只因中书令孙资、中书监刘放从中作梗才被削去官位，遣回封国。曹璜虽然年仅十五岁，但论辈分是曹叡的同辈、曹髦的叔辈，由他来嗣明帝之后，从礼法上完全乱了套，竟也无人敢出言质疑。上一次废旧立新，郭太后尚

---

① 今河南洛阳李楼街道白碛社区存有一墓冢，封土高约十米，当地俗称"毛毛冢"，有学者认为此即曹髦之冢。

可与司马师一争，而此次面对给自己小叔子当太后的尴尬身份，郭太后只能默默接受，足见其话语权之丧失。

司马昭派儿子行中护军、中垒将军司马炎持节北上东武阳，迎曹璜入主大位。这个小皇帝不仅没有任何权力，甚至连自己的名字都保不住。在即位前一天，司马昭使公卿奏请为曹璜改名。原因是新君即位后，天下臣民在使用文字时都要避皇帝的名讳，但"璜"字（包括同音的"黄"）是常用字，太难避讳了，考虑到广大人民使用语言文字的方便，就将皇帝名字改为曹奂。"奂"通"换"，按照谯周那帮谶纬学家的解读，曹家的江山就要在他手上换人了。

六月甲寅日（初二），曹奂在洛阳太极殿即皇帝位，大赦，改年景元。魏、汉两国将共同在"景"字开头的年号中走向尾声。

最后的北伐

姜维的第十一次北伐是在曹髦被弑两年后打响的。按理说，司马昭弑君当年应是出兵的好时机。但与前次司马师废帝不同的是，曹髦被弑并没有在魏国内部引发反对司马氏的汹涌浪潮，除了陈泰、王经等个别臣子表现出了对司马氏的反抗外，魏国朝野几乎是平静而坦然地接受了这次血腥的弑君和皇帝的更替。这意味着司马昭已经完全掌握了魏国的政局，雍凉的防务也不会因此受到任何影响。两年过去了，魏国仍没有露出任何破绽，此次北伐姜维事实上没有多少胜算。

也正因为如此，连姜维的老搭档右车骑将军廖化都站出来反对此次北伐。廖化引用《左传》语形容姜维"兵不戢，必自焚"（用兵不加以节制，必定会引火烧身），悲观地说，姜维明知智谋和兵力都不如敌人，还要无限度地驱使士兵北伐，怎么可能获胜呢？他又引用《诗经·大雅·瞻卬》中的一句诗"不自我先，不自我后"来慨叹季汉的时局。这是一首讽刺周幽王乱政亡国的诗，此句意指灾难不早不晚，刚刚降落在自己的头上。由此看来，廖化已经将姜维的北伐与亡国相联系了。

廖化颇能引经据典，是因为他早年是文吏出身。廖化，字元俭，襄阳中庐人。早在关羽北伐时，廖化就已担任其主簿。关羽覆亡，廖化暂归吴，后又携母昼夜西行归汉，可谓智勇兼备。他参与过刘备东征、诸葛亮北伐，在姜维北伐之前就独立指挥过一次针对曹魏陇右的北伐，并取得杀敌一太守的功绩。至晚从姜维第三次北伐开始，廖化就跟随姜维作战，并且屡次单独统领别军与姜维形成战略配合，两人并肩作战已达十四年之久，廖化已几乎成为季汉北伐军中的二号人物。后世民间盛传的一句话"蜀中无大将，廖化作先锋"，既是对季汉人才短缺的喟叹，也是对廖化在季汉后期北伐战争中功绩的肯定。连这位姜维北伐最坚定的伙伴，都在此时对姜维产生了质疑，甚至生发了亡国之叹，这就不得不感慨谯周等人的舆论影响之大。

此时的廖化、张翼都已升为比公的车骑将军，不受姜维节制。从廖化此次的反应来看，他大概率不会参与这次北伐。也就是说，这次北伐从一开始就是一次动员程度低、配合度低、士气低落的军事行动，虽然已经经过了五年的休整，但段谷之败对季汉军事力量带来的创伤尚没有愈合，再加上国内反战情绪弥漫，姜维所能统帅的兵力应当大不如前。更严重的是，没有陈祗在尚书台居中调度，姜维军的后勤补给都成了问题。

这次北伐，史料记载十分简略。景耀五年（262）十月，姜维攻打洮阳，魏征西将军邓艾率众迎击，在侯和将姜维击败，姜维退还沓中。《水经注》云："洮水又东北流迳洮阳曾城北，《沙州记》曰：'强城东北三百里有曾城，城临洮水者也……洮水又东迳洪和山南，城在四山中。'"杨守敬认为此处的"洪和"即"侯和"，在洮水北岸。可见，洮阳与侯和二地都位于临洮西北方向的洮水北岸，即今甘肃临潭一带。由此可知，迫于兵力和粮食的困乏，此次姜维北伐仍选择此条多次探索的洮西旧路，避开曹魏防守严密的祁山、石营、临洮等地，从阴平出发穿越迭山，北渡洮河，进入洮水以西，取粮谷于羌人。他的目的很可能仍是狄道。然而这一次，姜维并没有像之前那样来去自如，邓艾已经发现了曹魏在洮西一带的防御缺口，并且早已在此部署了守备兵力。故而此次姜维在刚渡过洮水，才推进至侯和时，就遭到邓艾军的迎头痛击。他背靠洮河，处于不利的作战位置，只能退回沓中。

至此，属于姜维的北伐时代已全部落幕。我们不妨将姜维的十一次北伐略作检讨如下：

从时间上来看，姜维北伐前后跨度长达二十三年（延熙三年至景耀五年，即240—262），远远超过了诸葛亮北伐的七年。其中有三次间隔，分别是蒋琬时期间隔六年，费祎时期间隔两年以及景耀年间间隔四年，费祎遇刺后的五年间是姜维北伐频率最高的时期，达到了年年出兵，而这也恰是陈祗担任尚书令的时期，可见若没有皇帝刘禅和他所授意的尚书台的鼎力支持，姜维断不能实现如此高频度的军事行动。

从身份上来看，第一次北伐时姜维的身份是蒋琬大司马府的司马，所领兵力极其有限；从第二次开始，姜维以卫将军身份出征，但所统也不过万人；从第四次开始，姜维获得假节，其军事权力有所扩大；从第九次开始，姜维以大将军身份出征，成为季汉最高军事将领，执掌季汉中军。但姜维始终没有获得开府之权，这意味着他远没有蒋琬、费祎那样的政治权力，无法形成独立于成都之外的军政中枢，其独立性大大丧失，始终只是一名高级将领而非宰辅之臣。

从出兵道路和目标来看，十一次北伐中，姜维向陇西郡攻击的次数最多，达八次，其中临洮道三次，洮西道五次。此外，姜维走南安道一次，走祁山道而中途折往南安道一次，以上十次姜维均是向陇右地区进攻。唯有出傥骆道一次是向关中进军。梳理可见，姜维北伐的道路既不断变更，又较为集中在曹魏的陇右地区尤其是最西边的陇西郡，目的自然是避实击虚，并借助羌胡之力。姜维北伐最西深入曹魏凉州的西平郡，最东则抵达扶风郡东端的骆谷口，均超过了诸葛亮北伐所达的东西之极。许多人误以为

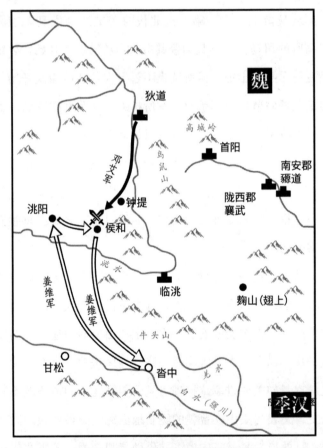

姜维第十一次北伐（侯和之战）形势图

姜维的北伐是沿着诸葛亮已经开拓的路线行进，事实上，姜维北伐选择的路线大多是诸葛亮未曾走过的，仅有第九次北伐走了半程祁山道，算是"踏着诸葛亮的足迹"。

从姜维北伐面对的敌人来看，有曹魏五任征西将军、雍凉（陇右）都督夏侯玄、郭淮、陈泰、司马望、邓艾，两任讨蜀护军夏侯霸、徐质，以及征蜀将军陈骞、雍州刺史王经、将军胡奋、王祕等。其间司马昭（两次）、司马孚（一次）前往长安担任临时督军。由此可见，姜维北伐对曹魏构成了极大的威胁，迫使曹魏将众多精英投入雍凉防御前线。姜维对阵的魏军主将在官职上虽没有诸葛亮的对手那么高（大司马曹真、大将军司马懿、车骑将军张郃），但也都是曹魏阵营中的龙凤之才，如陈泰、陈骞、胡奋都是曹魏名臣的二代。季汉人才的薄弱在姜维北伐时期愈加凸显。在斩将方面，有记载的只有徐质，但为此却付出了牺牲张嶷的代价，与诸葛亮北伐射落王双、张郃的战绩不能比肩。这可能因为诸葛亮斩将都是在退兵反击时所为，这让魏军在之后的战争中更为谨慎，面对汉军的退却也不再穷追，故使姜维难以找到敌军的破绽。

从战果来看，姜维十一次北伐，大胜一次（洮西之战），小胜两次（襄武之战、迎胡王），大败一次（段谷之

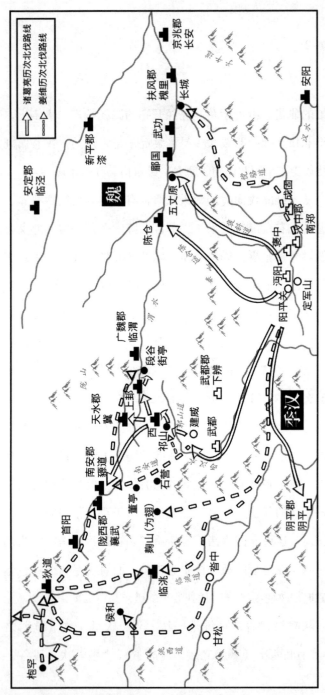

诸葛亮北伐与姜维北伐路线对比图

战），小败两次（麹山之战、侯和之战），相拒不克五次。比起没有大胜、却遭遇过大败的诸葛亮北伐来说，姜维的战果更为突出。但在拓土夺地方面，姜维仅短暂占领过狄道，不及诸葛亮得武都、阴平两郡之地，而此二郡也恰是姜维北伐多次途经之地。学者宋杰认为，姜维北伐时期，阴平已经取代汉中成为汉军屯集、出征的前线基地和中转站。诸葛亮为此奠定了重要的基础。

姜维北伐是季汉后期乃至三国后期最为引人瞩目的战争大戏，尤其考虑到它是由一员降将独挑大梁发动的针对母国的一系列军事行动，便更增加了其传奇色彩。姜维北伐既让季汉以弱国的身份呈现出惊人的生命力和战斗力，同时又让季汉付出巨大的国力消耗，背负沉重的经济负担，并导致了随后面对魏国南征大军的一击即溃。

从刘禅的角度来看，姜维二十余年的北伐历程也见证着这一对君臣关系由亲密走向疏离。对刘禅来说，姜维是一个天选的臣子——他没有根基，没有朋友，也没有权力野心，他手握重兵而无异心，身居高位而不涉内政，他的眼里只有为国而战，这种单纯对刘禅来说就是久违的安全感。通过对姜维北伐的持续支持，刘禅完成了从傀儡向实权皇帝的转变。姜维北伐事实上成为一位孤独的君王与一位孤独的将领之间达成的政治默契。但随着北伐对季汉负面效应的逐渐增大，朝野舆论的强大压力迫使刘禅让渡出了部分权力，他对姜维的不满也在逐渐累积。

陈祗在时，他尚能成为联结刘禅与姜维之间的一条纽带，那也是君臣关系最融洽、姜维北伐最没有后顾之忧的时期。陈祗死后，刘禅所能依赖的身边人只有宦官黄皓。但黄皓毕竟只是利欲熏心的佞臣，缺乏陈祗的政治智慧，他对姜维素无好感，很快就站到了诸葛瞻的这一边，并参与了废姜维而以阎宇代之的谋划。刘禅虽然对姜维不满，但念及他多年劳苦，也不至于要废黜他。倒是这一计划为姜维得知后，引发了他的怒火。姜维明知此议的主谋是诸葛瞻，只是碍于他是武侯之子，投鼠忌器，便将气都撒在黄皓身上。

《华阳国志》载，姜维"恶黄皓恣擅"，曾向刘禅奏请杀之。刘禅却回护黄皓，说他不过是一个"趋走小臣"，同时用严厉的口吻训斥姜维不要像当年的董允一样干涉皇帝内务之事。董允是刘禅最为记恨的人，姜维见刘禅如此包庇黄皓，估计心里很受伤，只能"逊辞而出"。这是刘禅与姜维这对君臣之间最激烈的一次冲突。事后，可能刘禅也意识到自己话说得有些过，派黄皓去姜维处认个错，试图化解两人的矛盾。但姜维与黄皓的梁子就此结下，这让本就遭到朝中孤立的姜维平添一份危机感。此事应发生在第十一次北伐之前。兵败之后，姜维已经不知道如何面对刘禅和朝中大臣，再加上恐惧黄皓对他的报复，他索性不返回成都，带领兵士留在沓中。

沓中在阴平郡北部，位于西倾山之南，白水谷地之中，大致在今甘肃舟曲大峪乡、武平乡一带。此地远离蜀中，而近魏陇西郡。胡三省曰："沓中在诸羌中，即沙漩之地。"可知这里也是汉羌杂居之地。沓中的地势是一个群山环抱的小盆地，又有白水穿过，虽处西北，但气候相对湿润，适合耕种粮谷。此前姜维的数次北伐都从沓中出发或者途经，可知这里早已是姜维经营多年之地。姜维屯驻在此，一来可以远离朝堂的是非，二来也可使士兵就地耕种，维持日常所需的粮谷。由此可见，姜维已经对成都方面提供粮食补给不抱希望。岁月的痕迹已经爬满了姜维面庞，沓中刺骨的朔风伴随着他度过了又一个孤寂的寒冬。

姜维的失败和再度被边缘化，是诸葛瞻、董厥等荆楚新贵所乐见的。但与姜维相比，他们最大的软肋仍是事功不足，德不配位。《左传》云："国之大事，在祀与戎。"既然无法通过军事征伐来建功立业，就只能从礼仪祭祀方面做文章，借助死人来为活人提升政治声量。此前追谥关羽五人已经让荆楚人士在季汉朝堂大出了一回风头，接下来他们则要搬出诸葛亮这一尊"神"。

次年（景耀六年，263）刚一开春，步兵校尉习隆、中书郎向充领衔向朝廷上表，请求为诸葛亮立庙祭祀。习隆出身襄阳习氏，是广汉太守习祯之孙。向充出身襄阳向氏，是中领军向宠之弟、左将军向朗之侄。由二人身份不难推测，此次的上表是诸葛瞻、董厥等荆楚新贵一手策划的。

早在诸葛亮去世之初，就有各地向朝廷请求为诸葛亮立庙的声音。当时朝廷因为礼制不合并未许可，于是百姓纷纷私下祭奠。即如习、向表文所说"百姓巷祭，戎夷野祀"。还有人曾建议在成都为诸葛亮立庙，刘禅也并未答应。许多论者都将此事视为刘禅对诸葛亮的不满乃至报复，笔者认为，刘禅对诸葛亮总体应还是尊崇敬爱的，即便其内心可能因为诸葛亮如严父一般的训诫有些许芥蒂，但不至于利用立庙之事来宣泄自己的私愤，这不是一个帝王所为之事。

事实上，为诸葛亮立庙的确不合礼秩。汉朝有严格的宗庙祭祀制度，朝廷立庙祭祀的对象不是皇帝宗祖，就是天地山泽，从未有为大臣立庙祭祀的先例。《礼记·祭法》所列应当祭祀的"有功烈于民者"，皆是黄帝、尧、舜、文王、武王之类的帝王，"非此族也，不在祀典"。诸葛亮虽然功勋卓著，但毕竟是臣子，属于"不在祀典"之列，民间对他的祭祀严格来说都属于"淫祀"，汉末曹操、王朗等担任地方官时，都对不合礼法的淫祀进行过打击。季汉朝廷对民间"私祭"不予追究，已经是一种恩泽了。

其实，纪念诸葛亮最合适的方式是将他配飨先帝宗庙。魏国从明帝青龙元年（233）开始建立功臣配飨太祖庙庭的制度，至景元三年（262），已经通过诏书的方式将夏侯惇、曹仁、程昱等二十六名文武元勋配飨太祖庙庭。但季汉的宗庙制度在一开始就不健全，刘备称帝时没有追尊父祖，仅"祫祭高皇帝以下"，让裴松之质疑"不知以何帝为元祖以立亲庙"，感叹季汉宗庙制度"载记阙略"。而刘备作为开国之君，其驾崩后，季汉朝廷竟也未为其议定庙号，自是以诸葛亮配飨宗庙也难以成行。各地建议为诸葛亮单独立庙，相当于另立门户，拟比帝王，显然有违礼秩。至于在国都成都立庙，那更是要夺刘备的风头，刘禅怎么可能答应。

然而诸葛亮去世近三十年来，蜀地民间对诸葛亮的怀念之情绵延不绝，为其立庙祭祀已成汹汹民意，而这一民意恰好可以为以诸葛瞻为代表的荆楚新贵所利用。故而在姜维新败不久的景耀六年（263）春，由两名襄阳籍官员上表重提为诸葛亮立庙之事，背后折射着复杂的权力博弈。习隆、向充也知道为诸葛亮立庙在礼秩上有所不当，因此他们在奏章中特意为刘禅考虑，说如果在成都立庙，会离皇家宗庙太近，"此圣怀所以惟疑也"。他们建议在沔阳诸葛亮墓旁立庙，使其亲属四时祭祀，故吏旧属如果想要追思，也可直接去那里，这样就可以"断其私祀，以崇正礼"。

立庙沔阳，禁断私祀，这算是一个折中的方案。既不伤皇家的颜面，又顺从了民意，还表达了季汉朝廷对诸葛亮这位"勋盖季世"的名臣的尊崇态度。话说到这份儿上，刘禅不好再拒绝，于是下诏于沔阳为诸葛亮立庙。这是建立最早且唯一由皇帝下诏修建的纪念诸葛亮的祠庙[1]，它成为后世各地兴建武侯祠的滥觞。

---

① 祠原在武侯墓旁，明武宗正德八年（1513）迁建于汉水之北，即今陕西勉县武侯镇108国道南侧武侯祠。今祠存有明清风格建筑。祠内碑碣林立，其中以唐贞元十一年（795）所立《蜀丞相诸葛忠武侯新庙碑铭并序》最早。勉县武侯祠为第七批全国重点文物保护单位。

　　只是刘禅不曾想到的是，他所担心的诸葛亮庙"建之京师，又逼宗庙"的事情，在他身后却实实在在地发生了。至晚在成汉时期，成都就已建有诸葛亮庙，明初，蜀王朱椿将诸葛亮像移入祭祀刘备的昭烈庙内，使"君臣宜一体"，共享后人的拜谒。此后，武侯祠"反客为主"，其名声逐渐盖过了昭烈庙。"观者不察，遂谓以武侯庙庙先主耳。"（明张时彻《诸葛武侯祠堂碑记》）延至今日，依然如斯①。

　　为诸葛亮立庙的行为并没有改变季汉江河日下的国运，仅仅半年之后，季汉就将迎来真正的生死时刻。而沔阳诸葛亮庙接待的第一批祭奠者，竟是魏将钟会统领的伐蜀大军。

---

① 成都武侯祠在今四川成都武侯区武侯祠大街231号，包括武侯祠、昭烈帝庙及惠陵（刘备墓），现存主体建筑为清朝所建，民国时期修缮。祠内牌匾碑碣甚多，其中最古老的是唐宪宗元和四年（809）剑南西川节度使武元衡所立《蜀丞相诸葛武侯祠堂碑》，楹联中最著名的是清光绪二十八年（1902）四川盐茶使赵藩所撰"攻心联"。成都武侯祠为第一批全国重点文物保护单位，国家一级博物馆。

附：姜维十一次北伐统计表

次数	时间	背景	姜维身份	路线与目标	魏军将领	结果	影响
1	延熙三年（240）	大司马蒋琬北驻汉中，使姜维"数率偏军西入"	大司马司马	临洮道、陇西郡	雍州刺史郭淮	不克而还	蒋琬上疏，推举姜维为凉州刺史，执行"衔持河右"方略
2	延熙十年（247）	蒋琬去世，姜维与费祎共录尚书事，魏雍凉发生大规模羌胡叛乱	卫将军、录尚书事	临洮道，为翅	雍州刺史郭淮、讨蜀护军夏侯霸	不克而还	郭淮顺势讨平陇西，南安叛羌
3	延熙十一年（248）	魏郭淮攻灭羌乱，大破胡王治无戴	卫将军、录尚书事	洮西道、陇西郡、金城郡	雍州刺史郭淮、讨蜀护军夏侯霸	迎回胡王白虎文、治无戴等	大将军费祎北驻汉中

续表

次数	时间	背景	姜维身份	路线与目标	魏军将领	结果	影响
4	延熙十二年（249）	魏高平陵政变，夏侯玄征调回朝，夏侯霸投蜀	卫将军，录尚书事，假节	临洮道，麹山、牛头山，洮城	征西将军郭淮，雍州刺史陈泰，讨蜀护军徐质，南安太守邓艾，安西将军司马昭屯关中督战	不克而还，失麹山二城，句安、李歆降魏	无
5	延熙十三年（250）	无	卫将军，录尚书事，假节	洮西道，西平郡	不详	不克而还，虏魏中郎郭循	三年后，郭循刺死费祎
6	延熙十六年（253）四月	魏司马师政，费祎遇刺身亡，吴诸葛恪兴师北伐，邀姜维共出	卫将军，录尚书事，假节	南安道，石营，董亭，南安郡	雍州刺史陈泰	不克而还	诸葛恪丧师败绩，旋于合肥新城为孙峻所杀

续表

次数	时间	背景	姜维身份	路线与目标	魏军将领	结果	影响
7	延熙十七年(254)六月至冬	魏司马师诛李丰、张缉、夏侯玄，狄道长李简降蜀	卫将军、录尚书事、假节	洮西道，狄道、襄武	讨蜀护军徐质，行征西将军司马昭至长安督战	破徐质所部，荡寇将军张嶷阵亡，拔狄道、河关、临洮三县民还	司马昭还朝，魏帝曹芳欲杀之于平乐观而未成，司马师废曹芳，另立曹髦
8	延熙十八年(255)夏至九月	魏毌丘俭、文钦叛，司马师死，司马昭秉政，郭淮去世	卫将军、录尚书事、假节	洮西道，枹罕，狄道	雍州刺史王经、征西将军陈泰、行安西将军邓艾、胡奋、王秘，大尉司马孚至中督战	大破王经于洮西，斩敌数万。陈泰援军来后，姜维退往钟提	姜维进位大将军，魏陇右军力遭受巨大损失。魏征陈泰入朝，以司马望为征西将军，都督雍凉诸军事，以邓艾为安西将军、假节，领护东羌校尉

续表

次数	时间	背景	姜维身份	路线与目标	魏军将领	结果	影响
9	延熙十九年(256)	无	大将军、录尚书事、假节	祁山道,南安道,董亭,武城山,上邽,段谷	安西将军,护东羌校尉邓艾	胡济失期不至,姜维大败于段谷,死者甚重	蜀汉上下皆怨姜维,姜维自贬为后将军,行大将军事。魏封邓艾为镇西将军,都督陇右诸军事
10	延熙二十年(257)至景耀元年(258)初	魏诸葛诞反叛,司马昭挟帝亲征,调关中游军赴淮南平叛	后将军行大将军事、录尚书事、假节	骆谷道,沈岭,芒水,长城	征西将军司马望,镇西将军邓艾	相峙于长城,闻诸葛诞败,退还	姜维复领大将军,邓艾迁征西将军,魏进司马昭为相国,晋公,九锡乃止
11	景耀五年(262)	姜维奏请追谥赵云	大将军、录尚书事、假节	洮西道,侯和,洮阳	征西将军邓艾	败归	姜维俱黄皓追害,不复回省中,屯沓中

455

第五章

孤臣难当

俊士钟会

魏景元四年（263）秋，名士钟会来到汉中，派人专程赴沔阳诸葛亮庙祭祀，并令军士保护好诸葛亮的墓冢，不得在周边放牧、砍柴。同时，钟会还致信给季汉护军蒋斌，询问他的父亲蒋琬墓冢何在，表示自己打算前去扫墓祭奠，语气中充满谦恭和敬意。对蒋斌、诸葛瞻等蜀中士人，钟会也不吝奉承之词，说自己与他们是意气相投的知音："巴、蜀贤智文武之士多矣。至于足下、诸葛思远，譬诸草木，吾气类也。"若单纯抽出这两条史料，颇似一位儒生的怀古交游之旅，氛围友善和谐，令人感动。

而实际上，钟会的身后站着十余万魏国兵将，他们戈矛成林，甲光耀日，专为征服巴蜀而来。三十九岁的钟会此时也不再是洛阳城中那个清谈玄学、口占辞赋的名士公子，而是魏镇西将军、假节、都督关中诸军事。这是他第一次独立统兵走上这片从未踏足过的战场，他肩负的使命是一场灭国之战。

时间拨回魏黄初六年（225），那一年，四十五岁的汉丞相诸葛亮取得了南征的胜利，二十四岁的魏天水郡郎中姜维正在为自己渺茫的前途犯愁，二十九岁的屯田民邓艾还在汝南、颍川一带过着卑贱穷困的生活。魏太尉府传出了喜讯，钟繇"老树开花"[①]，生下一名幼子，取名为会[②]。

钟繇出身颍川长社（今河南长葛）望族，是"颍川四长"钟皓之孙。钟繇于董卓、李傕掌政时即在朝中任廷尉正、黄门侍郎，后助献帝东归，又劝献帝与曹操联络，成为曹操迎献帝的一大功臣，又得同郡尚书令荀彧举荐，在曹魏集团扶摇而上。官渡之战时，钟繇被曹操表领司隶校尉，持节督关中诸军。他怀柔关西马腾、韩遂等将，使之送质归附，为曹操西线的稳定起到了压舱石的作用。钟繇为曹魏政权镇抚关中十余年，招降纳叛，安抚百姓，拔擢人才。此后关中能够成为曹魏西部稳固的屏障，乃至于成

---

① 钟繇的年龄《三国志》无载。唐人张怀瓘《书断》称钟繇"太和四年薨，追八十矣"，即生于汉桓帝元嘉元年（151）。此说不知何据，且《书断》非史书，史家多持怀疑态度。据《三国志·方技传》朱建平语"荀君虽少，然当以后事付钟君"，可知钟繇的年龄长于荀攸。荀攸生于桓帝永寿三年（157），则钟繇去世时至少七十四岁，其生钟会时至少六十九岁。古代高龄得子之例也并不稀见，汉武帝刘彻生刘弗陵、吴大帝孙权生孙亮皆在六十岁以上。

② 从钟会表字"士季"来看，他应是钟繇的四子。其兄钟毓，字稚叔，应为钟繇三子。钟繇前两子失载，可能夭折或殁于乱世。

为抵御诸葛亮、姜维北伐的军政中枢，都应归功于钟繇打下的基础。

曹丕称帝后，钟繇为廷尉，后又代贾诩为太尉。时华歆为司徒，王朗为司空，曹丕叹曰："此三公者，乃一代之伟人也，后世殆难继矣。"曹魏的三公与东汉一样，多为对朝中资望重臣的嘉奖，其功能类似皇帝的高级顾问，从容议政而已。钟繇在曹魏威望很高，文、明二帝都对他尊敬有加，曹丕当太子时，专门赐钟繇一件五熟釜，并刻上铭文赞颂其功绩。曹叡考虑到钟繇年高有疾，拜起不便，特赐乘车辇入朝，由虎贲卫士抬着上殿就座。钟繇生钟会的第二年，进封定陵侯，迁太傅，位居上公，这也是有魏一朝的第一任太傅。

四年后，钟繇病逝，谥成侯，六岁的钟会成为孤儿。但他并不像同时代的那些少孤者一样飘零，除了背靠着这个显赫的家族之外，他还拥有一位优秀的家庭教师——母亲张氏。据后来钟会为母亲所作传记所载，张氏，字昌蒲，太原兹氏（今山西汾阳东南）人，出身世代二千石的官宦家庭，故而有较高的文化修养。从钟会四岁开始，张氏就为他制定了一套一步一台阶的读书学习计划："年四岁授《孝经》，七岁诵《论语》，八岁诵《诗》，十岁诵《尚

书》，十一诵《易》，十二诵《春秋左氏传》《国语》，十三诵
《周礼》《礼记》，十四诵成侯《易记》，十五使入太学问四
方奇文异训。"在母亲的耳提面命、躬亲指导之下，钟会博
学多识，声名鹊起，年仅二十三岁就入朝担任尚书郎。高
平陵政变时，钟会随天子车驾在曹爽营中，当时司马懿突
然举兵，形势紧张，中书令刘放、侍郎卫瓘、夏侯和等都
来问候张氏，关心钟会的安全。张氏却泰然自若，料定曹
爽必败，钟会无虞，后来果如其言，人们纷纷赞扬张氏的
见识。

　　据《世语》《汉晋春秋》载，夏侯霸奔蜀，姜维向他
打听洛阳有什么"俊士"。夏侯霸不假思索地说出了"钟
士季"的名字。他说，别看钟会年轻，如果将来让他参与
曹魏政事，那么必定是吴、蜀两国的大患。但夏侯霸也
说，钟会此人"非非常之人亦不能用也"。这一年钟会年仅
二十五岁，但他的名声就已经传到了敌国。四十八岁的姜
维第一次听到这个名字，内心不知道是何种滋味。作为曾
经曹魏的少年才子，他对这样的传闻总是分外敏感。但由
于钟会显赫的家世，姜维心中可能会掠过一丝嫉妒乃至怀
疑——他会想到自己，若非生于边地，若有一个三公级别
的父亲，他姜维亦能在二十出头扬名京洛，何至于背弃母

邦投身敌国来赌自己的命运。他也会自然地认为钟会如今所谓的名望,包括夏侯霸对他的赞誉,都不过是来自其家世的庇荫,毕竟那些"盛名之下,其实难副"的少年太多了,钟会又能比他们强过多少呢?

钟会的名字在姜维的脑海中一闪而过。姜维的所有注意力都在北伐之上,没有精力去关注一名魏国贵公子的奇闻逸事,当然他也不会想到,十四年后他们两人的人生将会伴随着季汉的灭亡而纠葛在一起,并共同坠入无尽的深渊。

钟会凭借着钟氏与司马氏长年以来的通家之好,迅速得到了司马师兄弟的信任。毌丘俭之叛,钟会跟随司马师出征,典知密事。诸葛诞之叛,钟会放弃为母亲丁忧,来到司马昭身边,在平定寿春的过程中多次贡献计策,深得司马昭信赖,时人称他为"子房"(张良)。

上一位被誉为"子房"的是钟会的同郡长辈荀彧,对于曹操集团的崛起,他可谓居功至伟,后来却因为进位魏公之事与曹操反目,最终以自杀结束了生命。如今钟会成为司马昭的"子房",这在魏晋禅代的时代背景下形成了一个微妙的隐喻。钟会有足够的才华与智谋来复制荀彧的功业,为司马昭称王图霸。可他深藏于内心的野心和欲望,又让他终究不甘于做荀彧那样的"王佐之才",并最终引领着他以另一种方式实现对故主的"背叛"和对自己的毁灭。

知子莫若母，钟会的这些隐秘的心性，自小抚养他长大的张氏看得最透。她多次教育钟会为人处世之道，如钟会刚步入仕途时，张氏就教育他："汝弱冠见叙，人情不能不自足，则损在其中矣，勉思其戒！"这是让钟会知足自损，不要因为仕途顺遂就滋长骄纵之气。后来钟会为司马氏兄弟谋划机要，张氏又说："汝居心正，吾知免矣。但当修所志以辅益时化，不忝先人耳。"这是提醒他在志存高远的同时，还要做出有益社会的实绩，才不辱没先人。正始年间，玄学盛行，当时的名流士人都以追求"自然"为最高境界，如嵇康所言"越名教而任自然"。钟会亦是玄学的推崇者，也仰慕嵇康那样任性自得的生活态度。但熟读《老子》的张氏说："常言人谁能皆体自然，但力行不倦，抑亦其次。虽接鄙贱，必以言信。"她希望钟会不要被所谓的"自然"误导了，即便崇尚个性的解放，也应勤勉做事，反省自察，以信义服人。

张氏可能已经看到了钟会身上显露出的傲气，想给他泼泼冷水，让他戒骄戒躁。但随着张氏的去世，钟会失去了世上唯一的亲人，也失去了唯一可以驾驭、规训他的人，张氏的那些苦口婆心的箴言也如一阵风般散得无影无踪。

司马师秉政之初，主要依靠的谋士是尚书傅嘏和中书令虞松，但到司马昭袭位后，傅嘏、虞松相继早逝，钟会逐渐成为司马昭身边的心腹要员。他先以中郎在大将军府管记室事，后累迁至司隶校尉，参与军政大事。"虽在外司，时政损益，当世与夺，无不综典。"钟会的权力欲很强，嫉妒心也很重。对内，他与尚书仆射裴秀争权，恃宠而骄，连司马师的妻弟、秘书监羊祜都对他忌惮三分。对外，他对"竹林隐士"嵇康由爱生恨，最终残忍地将他迫害致死。

嵇康是魏末名士中第一等风流人物。起初，钟会对嵇康十分崇敬。《世说新语》载，他曾怀揣着自己写好的《四本论》去请教嵇康，但又怕嵇康当面诘难他，于是将书丢进嵇康的院子里，拔腿就走。《魏氏春秋》载，钟会仰慕嵇康大名，专程前往他隐居的山阳县拜访，他因为是名公子，排场很大，"乘肥衣轻，宾从如云"，但嵇康是出了名的清高，对官场极端厌恶，视钟会这等玩弄权术之人为"俗人"，于是对钟会颇为冷淡，他又开双腿坐在地上打铁，摆出了最为失礼的姿势"箕踞"，见钟会到来也不起身施礼，问道："何所闻而来？何所见而去？"钟会回复："闻所闻而来，见所见而去。"自此之后，钟会对嵇康记恨在心，并且在司马昭面前不断诋毁嵇康："嵇康，卧龙也，不可起。公无忧天下，顾以康为虑耳。"把嵇康塑造成司马氏的大敌。而嵇康隐匿于山林、不与司马氏合作的态度，又的确让司马昭心生不快。景元三年（262）[①]，钟会利用手中权势构陷嵇康，诬其曾助毌丘俭，并有悖逆之词，将嵇康打入死牢。于是，在洛阳东市，人们又一次看到了名士受刑的悲凉一幕，三千太学生前往刑场向司马昭请愿，都无法挽救嵇康的性命。嵇康顾视日影，索琴奏《广陵散》，从容就刑。

在弑君之后，司马昭背负了巨大的道德压力，这让他难以忍受任何挑战司马氏权威的声音。嵇康的生命恰恰成为司马昭震慑天下士人的祭品。踏着嵇康的鲜血，钟会获得了极大的成就感，其野心也在不断膨胀。就在嵇康受刑的同年冬天，钟会升任镇西将军、假节，代替征调回洛阳的司马望

[①] 嵇康遇难年份主要有三说。干宝、孙盛、习凿齿都认为在毌丘俭举兵的正元二年（255），此说不实，已为裴松之所驳。山涛以景元二年（261）除吏部郎，而后有嵇康与山涛书绝交书之事，而钟会入蜀在景元四年（263），是以嵇康遇难之年在景元二年至四年之间。《资治通鉴》将此事系于景元三年（262）。近人陆侃如、庄万寿等持景元四年说，李剑国、魏鸿雁持景元五年（264）说。本书从《通鉴》。

都督关中诸军事，来到了他的父亲曾经倾注心血的关中。

三十八岁的钟会从一名运筹帷幄的谋臣一跃而成为魏国的方镇统帅，令朝野惊愕不已。人们都以为这不过是司马昭对钟会恩宠的一种表现，殊不知，钟会肩负了一项特殊的使命。

此时，魏晋禅代已呈箭在弦上之势，军政旨令皆出自司马昭，魏国早已名存实亡。但相比于其父司马懿，司马昭毕竟功业有缺，除了平定诸葛诞之叛，他尚未为魏国取得尺寸之地。与凭借武力扫平群雄，推动汉魏禅代的曹操相比，司马昭更是弗如远甚。硬是在曹操打下的疆土之内改姓易代，司马昭毕竟底气不足。加之弑君的阴影迟迟无法消退，这让魏晋禅代进入了一个尴尬的瓶颈期。司马昭自讨平诸葛诞叛乱后，被魏廷多次进位相国、封晋公、加九锡，司马昭则多次上演辞让不受的戏码①，目的是渲染自

---

① 司马昭辞让相国、晋公、九锡，据《三国志·三少帝纪》计有：1. 魏甘露三年（258）夏五月进封，九让乃止；2. 魏甘露五年（260）夏四月进封，五月癸卯（二十一日，曹髦被弑十四天后）固辞；3. 景元元年（260）夏六月丙辰（初四，曹奂登基两天后）进封，固让乃止；4. 景元二年（261）九月甲寅（初十）进封，固辞乃止；5. 景元四年（263）春二月进封，固辞乃止；6. 景元四年冬十月甲寅（二十二日）进封，至此乃受，此时蜀尚未亡。

己的忠臣人设，为自己装点一些道德的鲜花。当然，司马昭恨不得立即就受封，毕竟这是由曹操当年制定的"由臣入君"的标准流程，他迫切需要一场军事上的胜利来让自己心安理得地接受册封，用功业遮盖掉谋国篡位的丑陋。

就在这一年冬天，姜维发动了第十一次北伐，在侯和为邓艾击破。姜维此役损失不算大，但要害在于暴露了季汉的弱点，让司马昭看到在姜维屡次袭扰边境的掩盖之下，季汉实则"国小民疲，资力单竭"。伐蜀，成为司马昭推动魏晋禅代走出关键一步的必由之路。但朝臣们哪里能够了解到司马昭的这份心思，因而当司马昭将伐蜀之事提上议程后，朝堂上是一片反对之声。毕竟，曹魏在对蜀战线上采取的防守策略已经延续了近二十年，几乎已经成为一种习以为常的国策，此前曹真、曹爽两次伐蜀的败绩可谓覆车之戒，秦岭天险的阻隔亦让不少人知难而退。众声喧哗之下，唯有钟会看透了司马昭的心思，明确表示支持。

钟会并不仅仅是对司马昭谄媚，他将伐蜀视为自己晋升的关键阶梯。谙熟诸葛亮与司马懿人生轨迹的人，应当知道名士掌兵将意味着什么。以钟会的野心，绝不甘心一辈子在庙堂之上做一个高谈阔论的谋士，扬鞭沙场、荡平宇内是无数男儿的终极梦想，这实在令钟会心动。尽管他从未有领兵作战的经验，但他已经认定，那遥远而陌生的巴山蜀水将成为自己的福地，而如今司马昭为了篡位而生的求战之心，正可以为自己所利用。

怀着各自的私心，司马昭与钟会在伐蜀之议上一拍即合。司马昭将伐蜀大任交给钟会。钟会进驻关中之后，就为伐蜀展开了紧锣密鼓的筹备工作。半年之后，即景元四年（263）夏五月，司马昭召集众臣，正式宣布自己的伐蜀大计。司马昭说，自平定诸葛诞之乱后，他原本的打算是伐吴，但考虑到伐吴要打水战，仅打造战船和疏通水道这两项工作就要付出巨大的成本，再加上江南气候湿润，容易爆发疫疾，不如先灭蜀，再借助巴蜀的上游之势，水陆并进灭吴，"此灭虞定虢，吞韩并魏之势也"。对于蜀军战力，司马昭也做了一番估算，即蜀军总共九万人，在成都及后方守备的约四万人，对魏战线不过五万人。而且此时姜维的主力屯驻沓中，兵力分散，汉中空虚，如果大兵压境，攻城略地，蜀军根本不能抵挡，那些要塞也可以被轻松攻克，"剑阁不暇守险，关头不能自存"。以刘禅的暗弱，只要边关被击破，蜀人必定震动，亡国也就不远了。

司马昭的这番沙盘推演，无疑建立在对蜀汉政治军事情报全面的了解掌握之上，尤其是他对蜀汉兵力部署的计算，与后来蜀亡之后上交的官方数据误差很小。这些应该都源于钟会在关中半年时间内探察搜集到的珍贵情报。除了对剑阁防御体系过于轻视以外，司马昭的战略规划也基本与后来魏灭蜀的军事进展、甚至十六年后的晋灭吴之战相契合，想必这也多半来自钟会的筹谋庙算。然而，就当司马昭认为伐蜀已成竹在胸之时，他却收到了一封措辞强硬反对伐蜀的来信，写信者正是蜀军的克星——邓艾。

五道伐蜀

征西将军邓艾历来被视为司马氏的心腹嫡系，但在伐蜀这件事上，他却站出来反对，而且是多次上书陈述，其原因只是因为"未有衅"，即没有可乘之机。

从洮西之战算起，邓艾已经在陇右镇守了八年，他秉持着对蜀防御的总方针，训练兵卒，耕种土地，增筑工事，安抚羌胡，广设哨探。他三度击退姜维，将姜维北出的道路全部阻断。更可贵的是，邓艾治陇期间，史籍中没有出现一次羌胡叛乱，这与郭淮主政雍凉时期形成了鲜明的反差，姜维赖以为援的羌胡部族也指望不上了。

　　从这一点来看，邓艾已经出色地完成了任务。作为一名从底层被拔擢起来的高级将领，他的行事风格是比较扎实和沉稳的。他当然也想建立更大的功业，但长期与季汉作战，他深知这是一支历经战火淬炼的精锐之师，绝不能因为季汉国弱地狭而等闲视之。从军事的角度来看，伐蜀的时机尚未成熟，这是邓艾非常朴素单纯的想法。可见，邓艾根本没有领会司马昭决心伐蜀的政治目的。这也能看出，邓艾纵然是一个军事天才，但他在政治上缺乏领悟能力，这一弱点也为他后来的败亡埋下了伏笔。

　　司马昭原本应当是寄希望于邓艾来主持灭蜀之事的，毕竟邓艾与季汉交战那么多年，且邓艾的征西将军在官阶上是高于钟会的镇西将军的。邓艾的反对让司马昭十分气愤，他派自己的亲信主簿师纂前往陇右，将邓艾训斥了一番，并顺势把他安插在邓艾手下做司马，以监督邓艾的一举一动。见司马昭对伐蜀如此决绝，邓艾这才勉强接下命令。

　　于是，伐蜀的总指挥权落在了钟会手上。景元四年（263）夏五月，司马昭控制魏廷正式发布伐蜀诏书：

　　　　蜀，蕞尔小国，土狭民寡，而姜维虐用其众，曾无废志；往岁破败之后，犹复耕种沓中，刻剥众羌，

> 劳役无已，民不堪命。夫兼弱攻昧，武之善经，致人
> 而不致于人，兵家之上略。蜀所恃赖，唯维而已，因
> 其远离巢窟，用力为易。今使征西将军邓艾督帅诸
> 军，趣甘松、沓中以罗取维，雍州刺史诸葛绪督诸军
> 趣武都、高楼，首尾蹴讨。若擒维，便当东西并进，
> 扫灭巴蜀也。

诏书中对蜀汉进行了一番舆论攻击，指责蜀汉在姜维的统帅下剥削压迫羌胡和民众，但也承认蜀汉目前所能倚仗的唯有姜维而已。而姜维屯兵沓中，远离巴蜀核心之地，正是征伐的好机会。值得注意的是，诏书中只提了邓艾、诸葛绪两路军队征讨沓中的姜维，并没有提钟会的动向。这应当是司马昭的有意安排——邓艾、诸葛绪是明牌，钟会则是一张暗牌，汉军的防御重心全在武都、阴平二郡，完全想不到此次魏军的主力目标是汉中。

八月，司马昭在洛阳为钟会的中军举行了庞大的誓师仪式，目送他们一路西去。一名叫邓敦的将军还在谏言劝阻，司马昭径直将他斩杀祭旗。九月，陇右诸军也开始集结出动。此次伐蜀的总兵力达到了十八万，大致可分为三路。因东路主力又分为三路，故在钟会檄蜀文中称为"五

道并进"：

西路，征西将军邓艾统军约三万人，从陇西郡南下进攻姜维屯驻的阴平郡沓中、甘松一带。具体而言，一部由天水太守王颀统帅，直取姜维主营所在的沓中；一部由陇西太守牵弘统帅，攻打姜维的前部；一部由金城太守杨欣（一作杨顾）从甘松进入白水谷地，攻打姜维的西翼。邓艾所率将领有记载的还有其子惠唐亭侯邓忠、司马师纂、将军段灼（曾任邓艾镇西将军司马）、珍虏护军爰邵、帐下将樊震等。上述将领中，王颀曾任玄菟太守，随毌丘俭伐高句丽王位宫，"过沃沮千有余里，至肃慎氏南界"；牵弘即刘备"刎颈之交"、魏雁门太守牵招次子；段灼出身敦煌郡大族。

中路，雍州刺史诸葛绪统军约三万人，从天水郡出兵，走祁山道，过建威而至武街。据学者宋杰考证，武都郡有东西两处武街（一作武阶）。东武街即武都郡治所下辨的别称，今甘肃成县。《水经注》曰："浊水又东迳武街城南，故下辨县治也。"西武街则应当在今甘肃陇南东南福津河一带，据严耕望《唐代交通图考》考证，西汉水有一条叫作平洛水的支流，从西武街的东北发源。《水经注》曰："（西汉水）又东南会平乐水，水出武街东北四十五里。"

这条水恰好沟通了白水与西汉水两大水域。因此诸葛绪应是从建威进入西汉水后，取道平洛水抵达西武街，从这里进入白水谷地，而此处恰在沓中的下游。诸葛绪大军的目的就是堵截姜维向东救援汉中的道路，试图与邓艾形成东西钳形攻势，将姜维所部困死在沓中。

诸葛绪是琅琊阳都人①，与诸葛亮为同一大族中人，但他应与诸葛诞一族比较疏远，因此没有遭受连坐，官运亨达。诸葛绪曾是邓艾的下属，毌丘俭叛乱之时邓艾以兖州刺史身份讨伐，遣时为泰山太守的诸葛绪进兵寿春以南的黎浆，逐走东吴孙峻的援军。因此诸葛绪出任雍州刺史，有可能是邓艾的推举。由一诸葛家族出身的将领去征伐诸葛亮的故国，不知道是不是司马昭的特别安排。

东路由镇西将军钟会统领，总数应有十一二万，从洛阳出发至长安，再向西行，分为两路：一路从昔日姜维与司马望对峙的长城、芒水经过，入骆谷，走傥骆道；一路从昔日诸葛亮与司马懿对峙的五丈原、武功水经过，入斜

---

① 据裴松之注引《百官名》载，诸葛绪入晋后担任太常、崇礼卫尉（《晋书·后妃传》作崇化，为司马炎之母王太后之宫），其子诸葛冲担任廷尉。又由《晋书·后妃传》"诸葛夫人，名婉，琅邪阳都人也。父冲，字茂长，廷尉卿"，可知诸葛绪为诸葛婉祖父，是琅邪阳都人。

谷，走褒斜道，大军纵穿秦岭，目标是汉中盆地。此外，还有一路魏兴太守刘钦，亦由钟会节制，走子午谷。魏兴郡就在汉中郡的东侧，刘钦统领的应是郡兵，数量不多，自汉水溯水西上攻打汉中东侧，此即魏太和四年（230）曹真伐蜀之役司马懿所走之路线。刘钦实际上并没有走整段子午道，只是走了南段。

钟会所带将吏见于记载的有：监军行镇西军司卫瓘，长史杜预，司马夏侯咸，中领军司马、参军贾辅，郎中、参军羊琇，参军爰彭，参军皇甫闿，主簿邓殷，征蜀护军胡烈及子胡渊，护军荀恺，护军田续，前将军李辅，将军田章，将军王买，将军句安，将军庞会，牙门将许仪，散将王起，帐下督丘建等。这是一个堪称豪华的阵容，名单中许多人出身世家大族、功臣名将之后，甚至与司马氏家族沾亲带故。如卫瓘出身望族河东卫氏，是尚书卫觊之子；杜预出身望族京兆杜氏，是尚书仆射杜畿之孙，同时也是司马昭的妹夫；羊琇出身望族泰山羊氏，是太常羊耽之子、卫尉辛毗外孙，同时也是司马师之妻羊徽瑜的从弟；夏侯咸应出自谯郡夏侯氏家族；皇甫闿应出自安定皇甫氏家族；胡烈是卫将军胡遵之子，其兄胡奋之女胡芳后为晋武帝司马炎贵嫔；荀恺出身望族颖川荀氏，是中领军荀霬之子，同时也是司马懿的外孙，曹操的曾外孙，荀彧的曾孙，司马懿曾为他起小字"虎子"；田续是议郎田畴从孙，嗣续之后，封关内侯；庞会是樊城之战中为关羽所杀、后为曹魏配飨太祖庙庭的立义将军庞德之子；许仪是有"虎侯"之威名的武卫将军许褚之子。此外，这里也有季汉的旧将，如李辅疑似昔日孟达部将，在司马懿围上庸之役开门出降。句安曾是姜维部将，在麴山之战中被郭淮围城而出降。魏军采用季汉旧将伐蜀，既可作为行军向导，亦可对汉军表示招徕之意。

钟会虽然统帅大军，但他毕竟是初掌兵马，面临着"兵不知将，将不知兵"的生疏感。在古代，统御一支人员庞大的部队是一件极其复杂的事情，统帅的个人魅力、个人威望，以及统帅与士卒之间的关系都与这支部队的士气、战力、凝聚力密切相关。钟会伐蜀面临的第一个挑战是要在军中迅速树立自己的威望。穿行秦岭谷道时，由于道路艰险，钟会派牙门将许仪率部走在前面，为大军铺路。但一日钟会骑马过桥时，马足不慎陷入桥中，钟会大怒，认为这是许仪失职，立即将许仪推出斩首。许仪是许褚之子，许褚则是曹操时代"谯沛武人"的代表人物。"谯沛武人"与"颍川士族"在曹魏集团内存在天然的权力冲突，高平陵政变即是这一矛盾的激化。因此，钟会杀许仪可以视为这一矛盾的延续。只是在魏晋禅代的大背景下，"谯沛武人"早已失势，从许褚未能进入配飨太祖庙庭名单之事更能看出，许褚后人已无甚影响力。钟会选择杀许仪来为自己立威，也有"柿子挑软的捏"的小心思。不过，此举也确实有效。"诸军闻之，莫不震竦。"

面对魏军数路来袭，季汉这边的反应异常迟缓和被动。早在钟会进驻汉中、操练士兵时，姜维就已经探得魏军欲伐蜀的异动。他连忙写好表文呈送成都，建议朝廷遣张翼、廖化督诸军分路驻防阳安关口、阴平桥头两处要塞，以防未然。密报送到宫中，首先拿到的是中常侍黄皓。《三国志》称，黄皓迷信鬼巫，不信魏军会来攻打，便汇报给了刘禅，将这事压下去了，满朝公卿大臣都不知情。蜀中向来有迷信谶纬占卜的传统，黄皓估计也是算了一卦，得到了敌人不会来攻的结果，于是蛊惑刘禅将姜维的奏报束之高阁。不过在笔者看来，将刘禅、黄皓的消极反应归因于鬼巫很可能是陈寿的曲笔。从此前姜维不敢返回成都而自作主张屯驻沓中来看，他与成都朝廷之间的裂痕已经越来越大，刘禅对他也不复之前那般信任，再加上黄皓与姜维之间的积怨，这些因素使得姜维送来的信报不仅不会得到重视，反而容易让刘禅、黄皓怀疑他是在争权要兵，另有所图。毕竟，当年诸葛诞在淮南起兵，所做的第一步也是借口东吴意图进犯，向朝廷请求增调兵马。

比起江山社稷的安危，刘禅更在意的是自己权力的稳固。可是，皮之不存，毛将焉附？刘禅最大的问题就在于他始终被保护在一个安全的环境下，生活在没有外敌威胁的大后方，他从未像他的父亲那样颠沛流离、尝尽苦楚，也没有像他的丞相那样重任在肩、宵衣旰食，因此，他从懂事开始就缺乏忧患意识、危机意识，除了学会帝王的基本功——玩弄权术以外，他对汉魏两国的攻守形势、政治变化、军事对比缺乏基本的认知，这也就导致了当姜维以数十年的戎马经验清晰地告诉刘禅魏国将要来攻的紧要军情时，刘禅居然置若罔闻。自兴势之战以来近二十年的时间里，从来只有季汉北伐，没有魏国南征，这让刘禅根本意识不到被大军入侵的严重性，也理解不了提前进行防御性战略部署的重要性。

实际上，季汉在四十余年的国家历程中，始终没有摆脱诸葛亮在《出师表》中所说的"危急存亡之秋"。而深居成都宫中的皇帝之所以感觉良好，很大程度上可能要归因于诸葛亮、姜维不断发动北伐制造的一种兵甲精良、国力强盛的假象。生存在这样一个始终处于攻势地位的国度里，很容易养成一种惰性，对敌人发动的反击缺乏警惕，对自己存在的问题熟视无睹，盲目乐观。

对于当时季汉显露出的种种弊端，外人反倒看得更清楚。据《汉晋春秋》载，吴主孙休遣五官中郎将薛珝[①]来蜀中买马，回国后，孙休向他询问蜀汉的政治得失。薛珝是东吴名儒薛综之子，对蜀地的观察和思考极为深刻与透彻。他说，蜀汉如今的状况是：君主昏庸而不知道自己的过错，臣子（指姜维）为了免罪而避祸在外，在朝堂上听不到正直的声音，在郊野里看到的尽是面黄肌瘦的百姓（"主暗而不知其过，臣下容身以求免罪，入其朝不闻正言，经其野民皆菜色"）。薛珝用了一个形象的比喻，说季汉的君臣就像一个巢里的燕雀一样，一家子其乐融融，无忧无虑，根本不知道鸟巢已经着火了，大祸已经临头了。

《建康实录》将薛珝访蜀之事系于吴永安三年（260），即汉景耀三年，距离魏军伐蜀已经不到三年。《孟子》云：

---

① 薛珝墓近年来已在江苏南京被发现。2017 年至 2018 年，考古工作者对南京市江宁区薛家边村两座砖室墓进行考古发掘，其中 M2 出土一件青瓷魂瓶，上有铭文"吴故使持节威南将军都乡侯沛郡薛珝凤凰三年九月十日"，可知此为东吴晚期名臣、威远将军薛珝墓，另一墓应为其家族成员墓。

"入则无法家拂士，出则无敌国外患者，国恒亡。然后知生于忧患而死于安乐也。"这句话放在此时的季汉可谓再合适不过了。

总之，面对强敌压境的危险局势，长年浸泡在安全环境下的季汉决策层显现出令人惊愕的迟缓与愚钝，仅凭姜维一个清醒者，根本无法在暴风雨来临之时力挽狂澜。直到钟会军将向骆谷、邓艾军逼近沓中时，成都朝廷才警觉起来，派右车骑将军廖化率兵赴沓中增援姜维，左车骑将军张翼、辅国大将军董厥赴阳安关口增援汉中诸围。如果此时汉中的守军能够像当年王平、刘敏一样利用优势地利固守，拖住魏军，等到援军抵达的话，局势或许还有转圜的余地。

然而钟会的大军行进得异常顺利，没有遭遇任何阻挡就通过了崎岖狭窄、艰险难行的褒斜道与傥骆道，进入了汉中盆地。汉中的兵力、诸围的防御工事，都哪里去了？

听敌入平

景耀元年（258）春，姜维从骆谷退回汉中，他发现自己对这里已经有些陌生了。这也难怪，汉中是诸葛亮北伐的战略桥头堡，诸葛亮在沔阳复制了整套的丞相府建制，屯驻了最精锐的季汉中军，每次北伐必由这里出师，而又退还此处。但自姜维北伐以来，季汉军队的主攻方向在西线的陇西、洮水一带，阴平成为新的军事据点，汉中则着实有些被冷落了。

借着退军汉中的机会，姜维视察了汉中的防御体系。这套体系由魏延创立，经王平继承和发展，其基本原则是"实兵诸围以御外敌"，前文已述。可是姜维视察之后，却向刘禅上了一份改造汉中防御体系的建议。他认为，"实兵诸围"虽然能够实现御敌的作用，但难以在防御战中获得较大战果。他建议将诸围撤除，将分散各处的士兵和粮谷都聚拢在汉、乐两座城邑中。如果敌军来攻，就干脆放他们进入汉中盆地（"听敌入平"）①，固守城关，并且派游兵寻隙对敌军进行袭扰。这时候敌人关隘攻打不下来，在郊野又无法获得粮食，只能依赖漫长的秦岭谷道进行补给，自然会疲惫不堪，士气低落。待到他们退兵之时，汉

---

① 《三国志·姜维传》此处写作"使敌不得入平"，语意相悖，"不"恐为衍字。《华阳国志》作"听敌入平"，《资治通鉴》从之。胡三省注："谓纵敌使入平地也。"

军再从城中突然杀出，与游军并力追杀敌军，就可以获得大胜。这套方案，被称为"敛兵聚谷"。

"敛兵聚谷"并非姜维的肇建，至晚在兴势之战前，已经有人提出以这种类似于坚壁清野的方式对付来袭的曹爽大军，并且在当时得到多数将领的支持，而王平坚持以积极防御的方式将兵力前置在兴势山一带，这才换来后来的大捷，也让"实兵诸围"继续成为汉中战区防御的总方针。那么，姜维为何在此时提出更易汉中防御策略呢？

如姜维所言，"敛兵聚谷"确有诱敌深入、围而聚歼的目的。姜维第十次北伐兵出骆谷，却铩羽而归，没有将功补过，却被刘禅复大将军之职，难免有些心虚。此时的姜维应当是有强烈而急迫的求胜欲。然而，面对魏国从关中到陇右严密的防御战线，想要利用进攻来获得如洮西之战那样的大规模歼敌胜利已经不可能了，姜维只好打起了防守反击的主意。《孙子兵法》云："故善战者，致人而不致于人。能使敌人自至者，利之也。"诱使魏国主动出击并歼敌，的确也是一个办法，但从此后五年魏军都没有南侵来看，这一招并未产生什么效果。

姜维废除"实兵诸围"方案的另一个原因，没有摆在台面上说，但当时的人都很清楚——经过频繁的北伐消耗，季汉的兵力和粮谷物资都已经捉襟见肘，如果还要像魏延时期那样将众多的士兵散布在汉中盆地外围的营垒中布防，又要持续给他们提供物资粮草的补给，以季汉的国力已经负担不起了。"敛兵聚谷"之后，就能免于运输之劳，大大节省养兵成本。

汉、乐二城是季汉建兴七年（229）诸葛亮第三次北伐后在汉中修筑的两座城邑，分别位于今陕西汉中的勉县和城固[①]。两城处在汉中盆地的西端和东端，相距约二百里，且毗邻汉水，交通便利。诸葛亮修筑二城主要是为北伐考虑，因原汉中治所南郑位于汉中盆地腹地，与秦岭各谷道相距较远，而汉城西侧就是阳平关，可出祁山道、陈仓道，乐城则可方便通达褒斜道、傥骆道、子午道口。在姜维看来，诸葛亮建筑的这两座城设施完备、城墙坚固，既可以用来作为进攻的基地，也可以用来作为防御的堡垒。

姜维的建议得到了季汉朝廷的批准，"敛兵聚谷"的防

---

① 据学者陈显远考证，汉城故址在今勉县南皂川河岸山上，乐城故址在今城固县北三十五里庆山西南三里处。见《诸葛亮在汉中的活动遗迹略考》，《汉中师院学报（哲学社会科学版）》1984 年第 2 期。

御方案开始在汉中推行。于是，督汉中胡济向南退往汉寿驻防，监军王含守乐城，护军蒋斌（蒋琬次子）守汉城。汉寿并不在汉中郡，由此可见，胡济实际上失去了"督汉中"的权力，成为此次汉中防御调整的输家。这或许是对他两年之前"失誓不至"导致姜维段谷之败的一种惩戒。从同年宗预代胡济领兖州刺史来看，胡济可能在调防汉寿不久就去世了。这样，汉中防区事实上没有了军政统帅。当汉中受到攻击的时候，无论是阴平的姜维，还是成都的董厥、张翼等都不可能迅速抵达，汉中在主将空缺的情况下，自然难以实现掎角防御、游兵袭扰、适时反攻等一系列复杂的军事行为，姜维"敛兵聚谷"的设想在实施层面上实际成了放弃险要、门户洞开、消极避战、闭关自保。

这是姜维在军事部署上的一次重大失误，许多史家都提出了批评，更有甚者将其与季汉的亡国联系在了一起。《通鉴辑览》云："外户不守，而却屯以引敌，且欲俟其退而出搏之，真开门揖盗之见。"胡三省曰："姜维自弃险要，以开狄焉启疆之心，书此为亡蜀张本。"笔者认为，姜维提出"敛兵聚谷"另有一层目的，即从汉中抽调兵力向西，补充姜维所统帅的中军在段谷之败后遭受的损失。证据是姜维在撤去汉中诸围戍的同时，又新建了西安、建威、武卫、石门、武城、建昌、临远七处防御工事，"皆立围守"。据任乃强考证，建威在祁山东南；武城即武城山，在天水、陇西二郡间；武卫疑似武街，在武都郡；石门在武都、天水之间；西安、建昌、临远"虽无考，顾名思义，亦当在武都、阴平、西羌地界，不在汉中"。由此可知，姜维新建的围戍几乎全部在远离汉中的阴平、武都两郡，其目的是守卫他与季汉中军的驻防地沓中，并为他日后继续从陇右北伐积蓄力量。这七处围戍的驻防兵力应当都是从汉中调来的，如此拆东墙补西墙，汉中防御力量怎么可能不被削弱呢？

姜维对季汉防御体系的变更难逃魏国谍报细作的留意。从邓艾屡次上疏劝阻伐蜀来看，邓艾应当是看透了姜维的诱敌之策，不希望魏军落入其圈套。但无论是西边的阴平，还是东边的汉中，季汉防御体系之脆弱超乎了邓艾的想象。邓艾的陇右军顺利突破了阴平所设的诸围，对姜维沓中主力形成合围之势。诸葛绪的雍州军通过建威，深入武都，也几乎没有受到任何阻挡。钟会所统领的十余万大军在进入汉中盆地后，立即就包围了汉、乐二城。当时两城守军只有各五千人，但城池坚固，不易攻破。汉中战

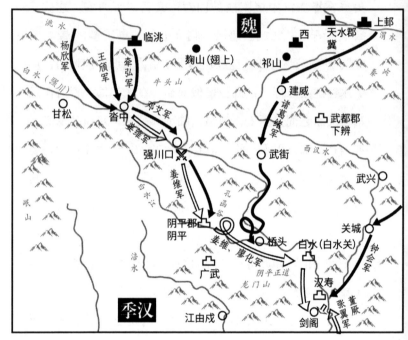

魏灭蜀之战·阴平、武都形势图 　　　　　陈梦实绘图

场陷入了僵持。

　　汉中危急的军情传到沓中，姜维纵然手握季汉最精锐的中军，此时也无心与邓艾缠斗，便舍弃沓中，率军向东。杨欣等魏将紧随其后，在强川口追上汉军，与之大战。汉军战败，赵云次子、牙门将赵广在突围中力战而亡。季汉的将门后裔因地位尊贵，大多在后方过着庸碌的日子，少见投身前

线者。赵广作为季汉标准的"将二代"出现在姜维军中，很
可能是代表赵家报答姜维奏请追谥赵云的恩德。而景耀年间
的两次追谥活动确乎像一剂催化剂，激发了这些季汉"将二
代"的热血斗志，赵广的殉国只是一个开始，这个名单将在
这场国家生死存亡的战争中被拉得很长。

白水下游已经走不通，姜维只能率残部向南边的阴
平县（今甘肃文县）撤去。从沓中往阴平县之间有重山阻
隔，姜维率领的汉军可能是通过一条较为隐秘的山间谷道
南撤，因此得以暂时甩掉了邓艾军的追击。此时，廖化已
经先期抵达了阴平县，观望了一个多月了。廖化曾长期担
任阴平太守，对这一片风土人情都比较熟悉。姜维与廖化
会师后，稍微喘了口气，但随即传来的消息让姜维又紧张
了起来。钟会只留护军荀恺、前将军李辅分统万人围汉、
乐二城，自己亲统大军径直来取汉中盆地的西大门——阳
安关。

阳安关，即阳平关，位于汉中盆地的最西缘，它南倚
汉水，北依群山，是由汉中向西南通往蜀中（金牛道）、
向西通往武都（沮道）、向北通往陈仓（陈仓道）的唯一起
点。因为绝佳的军事地理优势，阳平关的得失往往与汉中
的存亡密切相连。阳平关原在浕水（今称白马河）以西的

走马岭上。建安二十年（215）曹操自陈仓道讨伐张鲁，张鲁之弟张卫"横山筑阳平城以拒，王师不得进"。曹操攻关受挫，甚至已经下令撤兵。没料到，一场偶然的意外改变了战局，数千只野生麋鹿横冲直闯，撞坏了张卫的防御工事，曹军撤兵的一支部队又在夜色中迷路误入敌营。张卫以为防线已被突破，只好献关投降。不久，汉中全境就落入曹操手中。三年后，刘备尽起蜀中之兵北攻汉中，动员能力达到了"男子当战，女子当运"的程度，却被夏侯渊阻遏于阳平关下。刘备采用法正反客为主之计，先占定军山，诱使夏侯渊来攻，才将其斩杀。后来曹操放弃阳平关北撤，刘备遂得汉中。

季汉建兴五年（227），诸葛亮北驻汉中，"营沔北阳平石马"，将阳平关迁至走马岭下汉水与浕水交汇处的要道口，即今陕西勉县莲水村。阳平关何时更名为阳安关，不得而知。平、安都蕴含着朴素而美好的寓意。如今，阳安关再次成为汉中的命脉之地。

姜维与廖化商议后，决定放弃阴平去救阳安关，绝不能让魏军深入益州腹地。但此时他们又接到一个坏消息：魏军中路诸葛绪所部已经抢先占领了战略要地——桥头。桥头在今甘肃文县东约30公里（文县玉垒乡一带），即白水（白龙江）与白水江的汇合处。据《通志》"白水急流中有石二道，就石立柱成桥，长二十余丈"可知，其名称来源于当地一座由石柱支撑的桥梁。过桥头顺白水东下就能抵达重镇白水关（今四川青川沙州镇五里垭），这条从阴平县至白水关的道路被称为"阴平正道"。从姜维此前向朝廷提议令廖化守阴平桥头来看，姜维早就意识到桥头对于连接阴平、汉中两大战区的重要战略价值。而如今，诸葛绪堵住了桥头，意味着姜维无论是赴汉中还是入蜀都已经没了去路。

姜维不愧一代名将，即便面临如此被动的局势，仍能够与对手玩心理战。姜维统帅汉军突然调转方向，从孔函谷（大致在今甘肃文县西北）进入一条向北的谷道，做出反攻魏境的态势。这大大出乎诸葛绪的意料，也许是对姜维此前多次入侵还存有心理阴影，诸葛绪生怕后方有失，于是向北退却三十里，观察姜维军的动态。姜维恰恰刚入北道三十多里，听到诸葛绪北撤，迅速扭转行军方向，直扑桥头。等到诸葛绪意识到姜维的调虎离山之计时，回军再堵桥头，已经迟了，姜维刚刚过去了一日。仅这一日之差，让姜维从魏军精心布下的包围网中脱身而出。汉军像一条泥鳅一样，在山岭谷道之间如此灵活自如地往复穿行、晃过对手，不得不佩服姜维对地形的谙熟和对兵士如臂使指般的指挥艺术。

姜维、廖化好不容易抵达白水关，方才得知，阳安关已经失陷了。

把守阳安关的是傅佥、蒋舒二将。傅佥是荆州义阳人，其父为刘备时期将领傅肜。刘备夷陵大败，傅肜断后死战，吴军将他团团围住，劝其投降，傅肜怒骂："吴狗！何有汉将军降者！"遂战死疆场，留下一段忠义悲歌。傅佥承父之志，忠勇兼备，用他来镇守阳安关可谓适当。但对蒋舒的任用完全是姜维用人失察之过。蒋舒原为武兴（今陕西略阳）督，在任内业绩考核不达标，被他人替代，转赴汉中守备。仅因为这一点仕途不顺，蒋舒就心生怨恨。魏军兵临阳平关下，蒋舒对傅佥诈称要主动出击，不愿闭城自守。傅佥以为蒋舒有胆略，还好心劝他不要违命出战，否则"丧师负国，死无益矣"。蒋舒执意出城，径直投降魏将胡烈，并且引导胡烈反攻傅佥。傅佥无愧将门之后，力战而死。

傅氏父子相隔四十一年的壮烈殉国，昭示着忠义之魂在这个国家的生生不息。"论者嘉其父子奕世忠义"，甚至敌人也向傅佥投去满含敬意的目光，"魏人义之"。后来晋武帝司马炎特意下诏，嘉赏傅肜父子之忠，将傅佥的两个儿子

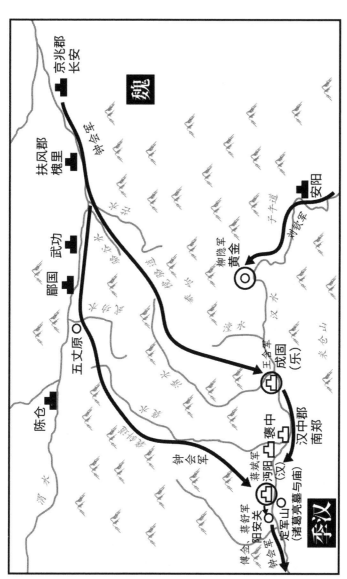

魏灭蜀之战·汉中形势图

陈梦实绘图

由奚官（宫中奴仆）释放出来为平民。

阳安关的失陷，标志着汉中的防御体系已经全线崩溃，虽有汉、乐、黄金诸城还在坚守，但魏军已经可以沿金牛道长驱而下。

与此同时，董厥、张翼的援军也到了汉寿。从汉中向西南入蜀，要逐次经历四座要塞，即阳安关、关城（今陕西宁强阳平关镇）、白水关、汉寿。其中白水关与汉寿均处于梓潼郡北部，距离相近，可互成掎角之势。回溯历史，此二城也恰是季汉在巴蜀基业的肇始之地。五十二年前，刘备受刘璋之邀入益州，驻兵葭萌（汉寿），后袭杀刘璋将杨怀、高沛，夺白水关，自此南下攻刘璋，可谓势如破竹。法正在给刘璋的劝降信中，将白水关（又称关头）与鱼复（永安）并称为"益州福祸之门"，威胁刘璋道，此二门悉开，成都已不可守，不如早降。如今，"福祸之门"再度打开，季汉的历史仿佛走了一个圈子，又回到了这里。

钟会在夺取阳安关后，根本没有歇息，一口气又拿下了关城，关城储备有大量粮食，让钟会军获得了珍贵的补给。更为重要的是，钟会凭借关城即可控制西汉水航道。只要从此征集船只，就可借顺流之势南下。如此一来，汉寿与白水关均已无险可守。最终，姜维、廖化、董厥、张翼四支军队再向南撤退，进入远离水道的剑阁防守。在这一年的深秋来临之时，季汉的生死存亡就全部押在了这座雄关之上。

就在前线激战正酣之时，皇帝刘禅在成都宣布了他即位以来的第十三次大赦，以此取悦民众，鼓舞斗志。同时，他也意识到了当年所谓"景星见"的祥瑞并未给季汉带来好运，景耀这个年号让他越看越气，于是他索性又改了一次年号。新年号有一个更为正能量的名字——炎兴。汉以火德，故汉朝常被称为炎汉。炎兴，寄寓着让汉室再度兴盛之意。可刘禅和他身边的史官们忘了，司马昭的长子中抚军司马炎名讳正是"炎"。若这"炎兴"二字真能够带来好运，那会应验在谁的身上呢？

穿越阴平道

"剑阁峥嵘而崔嵬，一夫当关，万夫莫开，所守或匪亲，化为狼与豺。"唐代诗人李白所作的这首流传千古的《蜀道难》，让剑阁之雄峻险要名声大噪。

实际上，李白的这句诗是对先贤诗作的化用和致敬。

西晋太康初年，安平人张载赴益州探望担任蜀郡太守的父亲，路过剑阁，有感于蜀人"恃险好乱"，写下了一篇《剑阁铭》。晋武帝见其有训诫之意，令人将之刊刻于剑阁旁的山崖上。其文如下：

> 岩岩梁山，积石峨峨。远属荆衡，近缀岷嶓。南通邛僰，北达褒斜。狭过彭碣，高逾嵩华。
>
> 惟蜀之门，作固作镇。是曰剑阁，壁立千仞。穷地之险，极路之峻。世浊则逆，道清斯顺。闭由往汉，开自有晋。
>
> 秦得百二，并吞诸侯。齐得十二，田生献筹。矧兹狭隘，土之外区。一人荷戟，万夫趑趄。形胜之地，匪亲勿居。
>
> 昔在武侯，中流而喜。河山之固，见屈吴起。兴实在德，险亦难恃。洞庭孟门，二国不祀。自古迄今，天命匪易。凭阻作昏，鲜不败绩。公孙既没，刘氏衔璧。覆车之轨，无或重迹。勒铭山阿，敢告梁益。

文中，张载将剑阁喻为蜀中的门户，绘声绘色地描述此处山石如何高耸，山路如何险峻。尔后，他以剑阁来譬喻世道的兴乱，说世道动荡，这里就发生逆乱，世道清明，这里就恢复安定。因此，剑阁自汉代以来就是关闭的，直至晋朝才重新打开。

此句虽有对当朝者阿谀献媚之嫌，却也是事实。两汉本无剑阁。据《晋书·地理志》，刘备据蜀，分广汉之葭萌（汉寿）、涪、梓潼、白水四县，又立汉德县，置梓潼郡。汉德县在今四川剑阁汉阳镇，故城名黄芦城。又据《华阳国志》《水经注》《太平寰宇记》载，诸葛亮治蜀，见汉德县东北大剑山至小剑山之间的三十里处山势奇险，不易通行，于是在这里"凿石架空，为飞梁阁道，以通行旅"。同时，诸葛亮又考虑到蜀地的防御，于山石豁口处砌石为门，置阁尉，设戍守，才有了剑阁这座雄关[1]。剑阁所处的隘口，北坡十分陡峭，南坡则相对平缓，因此守城方据于关上可居高临下阻击敌人，而从北面而来的攻城者却需要攀登峭壁再攻城，且没有展开兵力的空间，难度可想而

---

[1] 剑阁在唐以后被称为剑门关，在历史上屡遭拆除，又被屡次修复。明清时的剑门关一度雄伟壮观。1936 年，国民政府修建川陕公路，将剑门关彻底拆除。1992 年，四川省剑阁县出资易地复建了剑门关关城，即今四川省剑阁县东南 108 国道东侧剑门关景区中剑门关城楼。2008 年汶川地震，剑门关城楼遭重创，灾后得到重建。剑门关现为第六批全国重点文物保护单位剑门蜀道遗址子项之一。

知。张载诗中"一人荷戟，万夫趑趄。形胜之地，匪亲勿
居"，正是对剑阁易守难攻形势的生动描写，后来成为李白
创作《蜀道难》的母本。

剑阁处于益州腹地，故而自其建成以后并未作为防御
工事使用，而是季汉南北转运兵士、物资、粮谷的途经点
之一。蒋琬、费祎、姜维等季汉重臣频繁往来于成都和汉
中之间时，大约不会想到，这里有朝一日会成为季汉御敌
的前线。季汉臣民们应当感谢诸葛亮料敌于先，在这群峦
之间为季汉上了一道保险。如果说历史上的诸葛亮真如文
学作品中那样可以"算定身后事"，那么剑阁雄关就是丞
相留下的最好的锦囊妙计。剑阁作为军事要塞的第一次启
用，就是钟会与姜维对垒的这场攻防战。

姜维退守剑阁，闭关固守。钟会先礼后兵，给姜维寄
去了一封劝降信，信中对姜维一通吹捧夸赞，称他"功济
巴、汉，声畅华夏，远近莫不归名"，并表示自己十分想
与他交朋友，形容他们俩就像吴公子季札与郑公子子产一
样，第一次见面就一见如故 ①。接着，钟会以自己的名义

————————

① 钟会与姜维书，见《三国志·姜维传》："公侯以文武之德，怀迈世
之略，功济巴、汉，声畅华夏，远近莫不归名。每惟畴昔，尝同大
化，吴札、郑乔，能喻斯好。"

向蜀地的将吏士民发表了一封洋洋洒洒的檄文。文中先是歌颂曹魏三祖的圣德、宰辅（司马昭）的功绩，怜惜蜀汉民众久被奴役，进而吹嘘自己统领着王者之师，以仁义为本，不愿"穷武极战"，而要向蜀人陈述"安危之要"。钟会回顾了曹操当年拯救刘备的恩德，叙述了诸葛亮、姜维屡次北伐皆被魏军击败的窘迫，哀叹蜀地的现状是"比年以来，曾无宁岁，征夫勤瘁，难以当子来之民"。最后，钟会列举吴将孙壹、叛将唐咨与文钦二子北归后都受到厚待的例子，劝巴蜀的有识之士放弃抵抗、弃暗投明，他将保证让蜀地百姓安居乐业，免去兵戈之灾。如若不降，则"大兵一发，玉石皆碎，虽欲悔之，亦无及已"。这篇檄文旁征博引，条理清晰，文采斐然，应是钟会本人所作 ①。《三国

---

① 钟会《移蜀将吏士民檄》，见《三国志·钟会传》："往者汉祚衰微，率土分崩，生民之命，几于泯灭。太祖武皇帝神武圣哲，拨乱反正，拯其将坠，造我区夏。高祖文皇帝应天顺民，受命践阼。烈祖明皇帝奕世重光，恢拓洪业。然江山之外，异政殊俗，率土齐民未蒙王化，此三祖所以顾怀遗恨也。今主上圣德钦明，绍隆前绪，宰辅忠肃明允，劬劳王室，布政垂惠而万邦协和，施德百蛮而肃慎致贡。悼彼巴蜀，独为匪民，愍此百姓，劳役未已。是以命授六师，龚行天罚，征西、雍州、镇西诸军，五道并进。古之行军，以仁为本，以义治之；王者之师，有征无战。故虞舜舞干戚而服有苗，周武有散财、发廪、表闾之义。今镇西奉辞衔命，摄统戎重，庶弘文告之训，以济元元之命，非欲穷武极战，以快一朝之政，（转下页）

演义》中虚构的"武乡侯骂死王朗"一段，王朗所持的游说之词对钟会这篇檄蜀文有许多明显的借鉴。

　　但正如《三国演义》中王司徒难以用言辞动摇诸葛亮一样，钟会的檄文也根本不可能在剑阁城内的汉军中激荡起一点水花。就这样，钟会高歌猛进的攻势突然在剑阁城下被遏制住了，任魏军如何攻打，剑阁都岿然不动。钟会

（接上页）故略陈安危之要，其敬听话言。益州先主以命世英才，兴兵朔野，困踬冀、徐之郊，制命绍、布之手，太祖拯而济之，与隆大好。中更背违，弃同即异，诸葛孔明仍规秦川，姜伯约屡出陇右，劳动我边境，侵扰我氐、羌，方国家多故，未遑修九伐之征也。今边境义清，方内无事，畜力待时，并兵一向，而巴蜀一州之众，分张守备，难以御天下之师。段谷、侯和沮伤之气，难以敌堂堂之陈。比年以来，曾无宁岁，征夫勤瘁，难以当子来之民。此皆诸贤所亲见也。蜀相壮见禽于秦，公孙述授首于汉，九州之险，是非一姓。此皆诸贤所备闻也。明者见危于无形，智者规祸于未萌，是以微子去商，长为周宾，陈平背项，立功于汉。岂晏安鸩毒，怀禄而不变哉？今国朝隆天覆之恩，宰辅弘宽恕之德，先惠后诛，好生恶杀。往者吴将孙壹举众内附，位为上司，宠秩殊异。文钦、唐咨为国大害，叛主仇贼，还为戎首。咨困逼禽获，钦二子还降，皆将军、封侯；咨与闻国事。壹等穷踧归命，犹加盛宠，况巴蜀贤知见机而作者哉！诚能深鉴成败，邈然高蹈，投迹微子之踪，错身陈平之轨，则福同古人，庆流来裔，百姓士民，安堵旧业，农不易亩，市不回肆，去累卵之危，就永安之福，岂不美与！若偷安旦夕，迷而不反，大兵一发，玉石皆碎，虽欲悔之，亦无及已。其详择利害，自求多福，各具宣布，咸使闻知。"

一筹莫展，心绪烦躁，就拿诸葛绪来撒气。

此前，诸葛绪已与邓艾会师，但邓艾提出了一个方案，想从德阳亭经左儋道[①]至江油，取绵竹，进逼成都，邀请诸葛绪与自己合兵同往。诸葛绪觉得这个方案简直是送死，便说自己的目标是姜维，不便违诏西行，进军白水关与钟会会师。这正中钟会的下怀，他早就想"专军势"，对司马昭分兵给诸葛绪心怀不满，于是他写了封举报信寄给朝廷，诬陷诸葛绪畏敌不进，将诸葛绪打入槛车押回了洛阳，他三万多人的军队顺势归入了钟会麾下。

这里说句题外话。这位诸葛绪在伐蜀之战中，既被姜维骗得团团转，又错失了与邓艾同建奇功的机会，最终被钟会夺了兵权、诬为罪人，可谓愚蠢而不幸。然而，世事难料，正因为他早早被遣返回了洛阳，得以逃脱了后来成都城内的血腥屠杀，他不仅成为伐蜀三名统帅中唯一善终者，后来还与司马氏结为姻亲，子孙显达，真可谓"塞翁失马，焉知非福"。

---

① 左儋道，即左担道，是阴平偏道的别称。因此道道路狭窄，挑担者在行进时右侧紧挨崖壁，故而只能用左肩挑担，不能换肩，故名。李充《蜀记》载："蜀山自绵谷、葭萌道径险窄，北来担负者不容易肩，谓之左担道。"《蜀中广记》注引《益州记》云："阴平县有左担道，其路至险，担在左肩不得度右肩也。邓艾由此伐蜀。"

钟会兼并了诸葛绪的兵士，却未能在攻打剑阁的战事中形成优势。相反，多了三万多张吃饭的嘴，让钟会大军陷入了与姜维北伐同样的困境——军粮告急。关城缴获的粮谷已经耗尽，屯集汉中粮谷的汉、乐二城久攻不克，关中运粮又鞭长莫及。此时的钟会大军，似乎正在陷入"敛兵聚谷"之策所规设的处境——"攻关不克，野无散谷，千里县粮，自然疲乏"。魏军的士气已经明显衰落，将士们都有了撤还的打算。毕竟，此役魏国已经拿下了汉中、武都、阴平三郡和梓潼郡北部，这场本不被朝野看好的军事行动能够取得如此大的收获，已经大大出乎许多人的意料。此时撤军，颜面不亏，总比士卒饥饿困顿、遭姜维反攻要强。钟会思虑再三，开始与众将讨论撤军事宜。

历史若是顺着这条路走下去，应是另一番景象。季汉虽然不能免于亡国的结局，但至少能够凭借剑阁的坚固续命几年。然而历史的趣味正在于——意外永远在路上。就在钟会打起退堂鼓的时候，当初激烈反对伐蜀的征西将军邓艾，如今却不甘心半途而废。

与钟会一样，邓艾也是第一次来到巴山蜀水之间，对这里的山川形势、河谷道路一样陌生。但少年时就对军事地理产生浓厚兴趣的他凭直觉感到，剑阁并非扼守蜀中北大门的唯一关口，金牛道也并非益州南来北往的唯一通途，剑阁以西的群山之中必有小径可以通行。他自入阴平后，就派人对阴平至广汉一带的地理情报进行了广泛的收集和整理，并将成果写信上奏司马昭。邓艾说，如今蜀军已经被击垮了，正应该乘势进军。从阴平由邪径（斜径，即阴平偏道）经德阳亭①，可直趋涪县。这条路在剑阁以西百里，而涪县距离成都仅有三百余里。如果出奇兵攻击蜀军的"腹心"，剑阁的守军必会回救涪县，那么钟会主力就可以轻易攻克剑阁进军。如果剑阁的守军不救，那么涪县兵力薄弱，也坚持不了多久。邓艾引用《孙子兵法》"攻其无备，出其不意"，认为此计避实就虚，必能对蜀军一击毙命。

战场的形势瞬息万变，司马昭远在洛阳，邓艾当然不会坐等司马昭的批复再行事。因此，邓艾的上表只是尽到

---

① 德阳亭在今四川江油东北雁门镇，地处嘉陵江支流青江河上游河谷地带。此处在东汉为广汉郡德阳县治所。东汉晚期，德阳县治所南迁至广汉县南界（今四川遂宁南），旧县遂废为亭。据《三国志·邓艾传》《三国志·钟会传》，邓艾在奇袭阴平道之前都声称要从德阳亭入江由，但从考证出的邓艾所走路线来看，邓艾是从今青川县清溪镇向南径至江由戍，不可能绕到江由戍东边的德阳亭。可见邓艾在具体行军中并未按照既定的计划，而是根据实地勘探的情况有所调整。参李龙《阴平道考论》，西华师范大学硕士论文，2018 年。

了告知的义务。冬十月，邓艾整顿所部兵马，踏上了穿越阴平道之路。

阴平道，即从阴平郡南入蜀地的道路。顾祖禹《读史方舆纪要》曰："若其制两川之命，为入蜀径路者，则为阴平道。"学者严耕望在《唐代交通图考》中认为："阴平道并非单一孤线，乃是由正道、偏道、捷径组成的交通网络。"其中，阴平正道即姜维由阴平县撤往白水关的道路，这条道路基本呈东西走向，沿着今白水江、白龙江河谷行进，通行条件较好。阴平偏道则是从阴平郡穿越山岭、南插至江由戍（一作江油戍）的一条山险之路，具体而言，是从景谷（今四川省青川县沙州镇以西的青川河河谷）进入山岭，可通达江由戍（今四川省平武县江油关镇，非今四川省江油市），再从江由戍顺涪水而下涪县，这样就绕过了剑阁，插入了益州的腹地。严耕望认为，阴平偏道就是邓艾所走的阴平道，此说被多数学者所接受。阴平捷径则更为艰险，此道是从阴平县直接南下，翻越摩天岭到达今平武县一带，再向东南至青川，折向西南抵达江由戍。严耕望认为，此道应是唐宋以来才开通的，非邓艾所行的道路。

严耕望的考证为阴平道勾勒出了比较清晰的面貌，但阴平道具体的走向和途经点仍争议颇多，如学者鲜肖威认为，从今甘肃文县南下直接到今四川平武县要翻越三座海拔在 3500 米以上的高山，从古至今都没有通路，严文所言"阴平捷径"根本不存在。对于邓艾所行的阴平偏道，学者们更是众说纷纭。如鲜肖威认为，邓艾行军线路应是从今甘肃文县碧口镇一带出发，南下翻越摩天岭到达今四川青川县乔庄附近的青溪，此即"从景谷道旁入"，再沿黄沙江（今下寺河）南下到青川县关庄乡一带，翻越山岭到达今江油县东雁门坝地区（蜀汉德阳亭），再沿一小河谷向西翻山岭，即可攻取蜀汉江油关①。学者蓝勇认为邓艾是从阴平桥头出发，再南下摩天岭垭口后经九道拐、南天门、北雄关过秦陇栈阁（写字岩）至青川所（青溪区治），再经箐青山（靖军山）出涪江东岸，沿涪水边的左担道、马阁山至江油关②。

　　2020 年 11 月，四川省青川县文物管理所对青川县境内的阴平道遗址进行了考古调查，新发现了写字岩、落衣沟、金桥、碑湾里栈桥立柱孔等遗迹，为研究阴平道的开通历史提供了重要的依据。根据田野调查报告，这条因邓

① 见鲜肖威《阴平道初探》，《中国历史地理论丛》1988 年第 2 期。
② 见蓝勇《历史上的阴平正道和阴平斜道》，《文博》1994 年第 2 期。

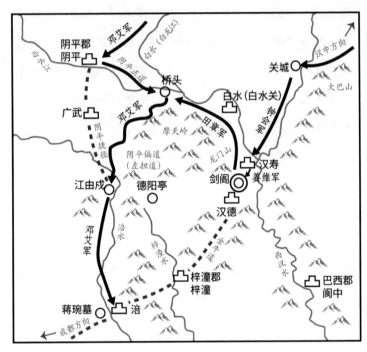

魏灭蜀之战·阴平道形势图　　　　　　陈梦实绘图

艾而出名的阴平偏道的主要路线，当从今甘肃文县起，沿
白水江过阴平桥头后转向西南，进入丹堡河的刘家坪，又
沿让水河而下，从柏元河坝沿石磨河经对树沟、窄匣子，
翻摩天岭，下九道拐，经南天门、白雄关，沿唐家河南
行，过写字岩、落衣沟、阴平山、马转关，走鱼洞砭、青
溪、高岩头、魏坝、放马坪、打箭坪、阻魏沟、靖军山、

青道口至江油关镇^①。

　　邓艾的军事行动起初是得到了钟会的配合的。尽管钟会以贵公子的身份，从骨子里轻视邓艾这样出身寒微的武人，但也不得不认可邓艾在军事上确有不凡之处。邓艾奇袭阴平道的想法令人为之捏一把汗，却也让钟会充满期待。于是，钟会派遣部下将军田章分出一支兵马，从剑阁向西增援邓艾。田章还没走百里，就击败了埋伏在附近的蜀兵三校。"校"是汉代军事的一级组织，统兵者为校尉，其编制人数不固定，约在八百到两千人之间，即便以最少的八百人算，此处蜀兵的伏兵也有两千余人，规模不小。可见，季汉对魏军从他道迂回剑阁的策略也有所预案，提前部署了兵力戍守，可惜战力较弱，被魏军轻易击溃。

　　田章带着战功与邓艾会合，邓艾遂派田章担任前部，大军长驱向前。邓艾所行的阴平偏道山高谷深，极端难行，七百余里都是荒无人烟的山林。邓艾一面派人开凿通道，架设桥梁，一面指挥士兵小心前行。遇到山崖，邓艾

---

① 见李蓉、黄家祥、唐志工等《四川青川县阴平道考古调查简报》，《四川文物》2021 年第 5 期；又见徐语杨、刘可欣、徐瑛蔓《攀木缘崖，穿越古蜀道，最险在阴平｜寻路蜀道》，《封面新闻》，2023 年 11 月 19 日。

就自作表率，用毡子裹着身子，从山坡上滚下去，将士们则纷纷攀缘着树木顺着崖壁滑下来，其艰苦可知。走这样的山路，魏兵势必轻装简行，不仅不能带重型武器，军粮亦无法携带太多。故而此行邓艾将士还要冒着断粮的巨大风险，"频于危殆"。此时的邓艾已六十七岁，放在当时已是高龄，能够以如此强大的毅力走完这段艰险的山道，确非常人所为。据亲历此次行军的段灼回忆，邓艾所率的士兵不满两万人。他这样形容魏军穿越阴平道的场面："束马悬车，自投死地，勇气陵云。"

经历噩梦一般的行军后，邓艾军的先登部队终于抵达了江由戍。顾名思义，江由戍是一座军事防御要塞。《华阳国志》载："自景谷有步道径江油左担出涪，邓艾伐蜀道也。刘主时，置义守，号关尉。"认为是刘备时期所设。学者曾穷石进一步考证认为，江由戍设置背景应是建安二十四年（219）刘备与曹操争汉中地区。刘备虽得汉中郡，但丢掉了武都郡及广汉属国北部（后为阴平郡）这两处战略要地，摩天岭成为魏蜀边界，位于摩天岭南麓、涪水之滨的江由戍就成为季汉在西端防卫曹魏的军事要塞[1]。

---

[1] 见曾穷石《对江油戍有关史实的考辨》，《成都大学学报（社会科学版）》2009 年第 6 期。

不过，随着诸葛亮第三次北伐夺取武都、阴平二郡，江由戍成为季汉后方，其军事防御价值不再，故而城防废弛，驻兵不多，且早已怠惰不堪用。

邓艾突然兵临江由戍，不啻为神兵天降，当地守兵顿时陷入一片慌乱。其实，以邓艾穿行阴平道的艰难环境来看，魏军不可能携带笨拙沉重的攻城器具，其士众虽多，但完全不具备攻坚能力，再加上长途行军的疲惫与饥饿，战斗力亦大不如前。此时江由戍的守军无论采取出城突击还是固守待援的方式，都能够有效挫败邓艾军，至少可以延缓邓艾的进军速度，给成都和剑阁方面争取反应时间。然而，邓艾"奇兵冲其腹心"的目的，正是要通过这种出人意料兵临城下的方式，击垮汉军的战斗意志，不战而屈人之兵。果然，守将马邈不战而降，邓艾拿下了江由戍，成都平原已近在咫尺。

某种程度上来说，邓艾奇袭江由戍的成功，反向印证了魏延"子午谷奇谋"的可行性。这两位出身寒微、从未谋面的义阳同乡一反常规的用兵之道，设计出了两套极其相似的山地奇袭策略。《孙子兵法》云："凡战者，以正合，以奇胜。"魏延与邓艾活用奇正之术，巧变出奇，堪称三国时代最杰出的军事地理天才、山地作战大师。但此二计，一成一废，其背后的缘由已不是两人的能力差异，而是魏汉两国的国情所限。季汉国小民寡，无法承受如此巨大的军事风险，而曹魏国力雄厚，方才能够默许邓艾放手一搏。在季汉的土地上，邓艾以他的盖世奇功向魏延表达了敬意。

江油戍既破，邓艾军获得了补给和休整，顺涪水而下拿下涪县已是早晚的事。涪县距成都不过二百里，军情传入成都朝堂，君臣一片恐慌。刘禅连忙派出三支快马（快船），一支赴剑阁调姜维回救，一支赴永安召阎宇西还，一支东下向东吴求援。但远水不救近火，成都城内尚有数万兵力，完全可以组织一支兵力将邓艾阻击在通往成都的路上。

可问题是，季汉有经验的将领大多处于前线，谁来担任这支部队的统帅呢？

刘禅与众大臣的目光都投向了卫将军诸葛瞻。

武侯的子孙

季汉炎兴元年（263）十月，初冬的寒意亲吻着巴山蜀水，一支匆忙组建而成的军队从成都出发，奔赴涪县前线。如果说"蜀中无大将，廖化作先锋"是后人对季汉人才匮乏的嘲讽，那么这一支部队的将帅们更适合为这一悲哀的现实做注脚——他们是清一色的季汉功臣后裔：诸葛亮之子、卫将军诸葛瞻，诸葛瞻之子诸葛尚，张飞之孙、尚书张遵，黄权之子、尚书郎黄崇，李恢之侄、羽林右部督李球。这是他们第一次踏上战场。

季汉原本是有功臣子弟上前线的传统的。诸葛亮第一次北伐前，曾给东吴的兄长诸葛瑾写信云："乔本当还成都，今诸将子弟皆得传运，思惟宜同荣辱。今使乔督五六百兵，与诸子弟传于谷中。"信中他解释了没有将诸葛乔留在成都的原因——季汉的所有将领子弟都要到前线负责物资运输，诸葛乔虽是诸葛亮的过继子也不能例外。不幸的是，诸葛乔不久就在北伐战事中死去。可能正因为这件事，让季汉朝廷对于功臣子弟的安全格外照顾，故而此后三十余年间，季汉军队虽征伐不断，但军中已经鲜少看见功臣子弟。

从以下名单中我们大体能够看到，季汉功臣子弟几乎都在位于成都的尚书台、御史台、侍中寺等机构任职，即便是军职，也多是掌管禁中羽林、虎贲等宿卫兵：

关羽之子关兴：侍中、中监军

关羽之孙关统：虎贲中郎将

张飞之子张绍：侍中、尚书仆射

张飞之孙张遵：尚书

赵云之子赵统：虎贲中郎，督行领军

法正之子法邈：奉车都尉

麋竺之子麋威：虎贲中郎将

向朗之子向条：御史中丞

蒋琬之子蒋显：太子仆

费祎之子费承：黄门侍郎

邓芝之子邓良：尚书左选郎

　　诚然，吴、魏两国的贵戚子弟也有出任上述职位者，但相比而言，季汉的功勋子弟们在军事上的参与度明显更低。东吴受世袭领兵制的影响，从孙权晚期开始，其长江防线上的各戍镇督将就已陆续由"二代"接班，如柴桑督陆抗（陆逊之子）、西陵督步协（步骘之子）、乐乡督施绩（朱然之子）等。曹魏方面，勋贵后裔典兵为将者可谓不胜枚举，且不说曹丕、曹叡时期掌军的曹真、曹休、夏侯尚之辈，即便是司马氏秉政之后，仍有诸多开国功臣子弟活跃于对蜀、吴的前线战场上。如陈群之子陈泰、陈矫之子陈骞、胡遵之子胡奋等，更有如桓阶之子桓嘉、乐进之子乐綝殁于国事。而姜维北伐期间，有记载身在汉中、阴平等战争前线的季汉功臣子弟唯有护军蒋斌、牙门将赵广、参军来忠（来敏之子）三人。

季汉的北伐如火如荼，但擎大旗的却是"羁旅托国"的姜维，那些衔着金汤匙长大的功臣子弟袭着父辈的爵位，领着丰厚的俸禄，躲在安逸的成都城内，仿佛这一切都与自己没有关系。这是一个令人心寒的现实。季汉将他们保护得太好了，他们既缺乏战争的淬炼，更丧失了父辈的胆识与勇略，这使得他们之中难以出现如陈泰、陆抗那样卓越的军事人才。整个国家不得不对姜维更加倚重乃至产生过度的依赖。如今，在姜维分身乏术时，顶着武侯光环的诸葛瞻终于肩负起了武侯的责任，他那卫将军的职位，也终于在他统兵卫国的那一刻变得名副其实。

诸葛亮去世的时候，诸葛瞻只有八岁，他给父亲留下了"聪慧可爱"的印象，而父亲留给他的是一个抽象的身影。他只能在未来成长历程中通过他人的描述在想象中构建父亲那伟岸的形象。诸葛瞻没能在自己最好的年岁里接受父亲的亲自教导，这让他与经历系统家教的司马师、司马昭、陆抗相比，存在着先天不足。他甚至不如钟会那样有一个好母亲。教育的缺失、国家的溺爱、民众的过誉让诸葛瞻逐渐滑向了诸葛亮生前担心的"不为重器"的境地。于是，当毫无统兵经验的诸葛瞻，带着一批同样不知战争为何物的功臣子弟迎击在战火中浸淫半生的邓艾时，其结果早已注定了。

从江由戍南下汇入金牛道，魏军想要抵达成都，仍需攻破三重门户——涪县、绵竹、雒城，这也正是当年刘备从刘璋手中夺取益州的老路。诸葛瞻抢在邓艾之前督诸军抵达涪县，然而他停驻在此，盘桓不敢进攻，充分暴露出一个初学者的生疏与手足无措。军中唯一懂点用兵之道的是黄崇——大概是因为他的父亲黄权降魏，使得他在子弟中低人一等，故而格外勤学苦读——黄崇见涪县处于一片开阔的平原地带，无险可守，就建议诸葛瞻趁邓艾还没有走出山地之时，抢先派兵占据险要之地进行阻击，让敌军无法进入平原地区。这是经王平在兴势之战中验证过的行之有效的策略，可诸葛瞻缺乏胆识，不敢主动进军，对黄崇的献策不予采纳，急得黄崇连眼泪都流了下来。结果，错失先机的汉军，眼睁睁地看着魏人顺涪水而入平原，汉军前锋甫一交锋，即被攻破。诸葛瞻不得不放弃涪县，退守绵竹。

绵竹属广汉郡①，当年李严、费观就是在这里向刘备倒戈而降。邓艾兵进绵竹，给诸葛瞻送去一封劝降信，许诺他如果归降，就会表奏他为琅琊王。诸葛氏本出琅琊，许封琅琊王有爵封本籍、光耀门楣之意。当时司马昭尚未称王，邓艾开出如此离谱的条件，诸葛瞻自然是不可能信的。他怒斩邓艾使者，勒兵列阵要与邓艾一决胜负。这一下，诸葛瞻就中了邓艾的圈套。邓艾送劝降信的目的根本不是要诸葛瞻投降，而是为了激怒诸葛瞻放弃坚守城池，与魏军野战。故而何焯对诸葛瞻的用兵大为不解，说："艾军入死地，理无反顾。而瞻不知凭城持重，何哉？"其实，也无需如此惊讶，诸葛瞻缺乏基本的用兵经验，突然担负起这样的重任，最易感情用事，与邓艾这种沙场老将对垒，他在心理战中就先输了。

邓艾将士兵分为左右两路，分别由师纂和邓忠统帅冲

---

① 绵竹故城遗址在今四川德阳黄许镇江林村、新龙村一带，东、北方紧邻绵远河，地处绵远河西岸二级台地上，经考古发掘，故城遗址形状大致呈不规则三角形，东西长约 1200 米，南北长约 1000 米，分布面积约 60 万平方米。目前发现了北城墙和南城墙等遗迹，出土多块刻有"绵竹城"的铭文砖以及汉晋时期陶罐、陶钵、瓦当、钱币等文物。绵竹故城遗址为第八批全国重点文物保护单位。

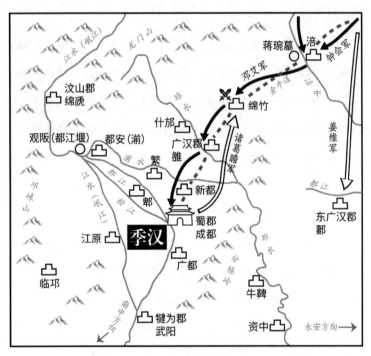

魏灭蜀之战·成都附近形势图　　　　　陈梦实绘图

击汉军。野战本是魏军强项，但邓艾军士一路跋山涉水，
疲于赶路，战力已经大为削弱，而汉军又有主场作战的优
势。一战下来，邓忠、师纂败退回营，灰心丧气地说："敌
人还不可攻击（"贼未可击"）。"邓艾拍案大怒，说："现在
是生死存亡的时刻，胜败就在此一举了，有什么不可以的！
（"存亡之分，在此一举，何不可之有！"）"甚至要将两人推出斩首。邓艾倒是想杀了司马昭安插在自己身边的这个碍眼的师纂,但他当然不会杀自己的儿子,这不过是激将法。此举果然有效,邓忠、师纂连忙请命再战,一场血战过后,汉军大败,诸葛瞻、诸葛尚、张遵、黄崇、李球皆在此役中殉国。

据唐人《元和郡县图志》载,诸葛瞻见兵败如山倒,叹息道:"吾内不除黄皓,外不制姜维,进不守江油。吾有三罪,何面目而反?"于是"进屯绵竹,埋人脚而战",最终父子战死。"埋人脚而战",应是类似死不旋踵、誓不后退的作战方式,足见当时汉军作战之壮烈。

诸葛瞻所言"三罪",既仇恨黄皓,也憎恶姜维,这显示出季汉末期朝中局势的复杂性。作为诸葛亮的儿子、荆楚新贵的核心人物,诸葛瞻不可能不想继承父亲的遗志,让季汉重振雄风。但他面对的是一个内外交困、朝政废弛的国家,即便他和他的盟友董厥、樊建取得了尚书台的掌控权,也依然无法施展拳脚有一番作为。阻碍诸葛瞻施政的,正是代表宫中权力的黄皓和代表军中权力的姜维,因此,尽管黄皓和姜维水火不容,他们在诸葛瞻眼中却是同样将国家拖入泥淖的人,是他的敌人,是季汉的"罪人"。

可见,诸葛瞻到死都没有走出父亲的阴影,他始终固执地认为自己才是诸葛亮事业、权力、地位的唯一继承者，在众人的赞美声中，他从不觉得自己德不配位，直到绵竹的惨败才让他猛然惊醒，但为时已晚。他选择在绵竹战死疆场，固然有忠肝义胆的情怀，但更多的可能是——他无法背负起败军的责任，更无法容忍季汉士民对他的批评和失望，只有一死才能掩盖住他在国家危难之际的平庸无能。但恰恰是这一死，凸显了他性格上的脆弱和怯懦。在季汉面临生死存亡的时候，赴死而为自己博得一个忠烈的虚名是容易的，而为了国家的存活苟全性命，以至于因此而遭受谤毁反而是最难的。诸葛瞻选择了前者，而姜维选择了后者，他们的人格与胆识之高下可谓立见。

其实，诸葛瞻根本不必在这里去死。在他身后不远，就是成都最后一道门户雒城。当年刘璋之子刘循率众守雒城，在极其艰难的情况下抵御刘备长达一年，其间还射杀了刘备的军师中郎将庞统，让刘备陷入极大的困境。以雒城的坚固，加以布防，足以抵挡住邓艾的攻势。而此时邓艾深入蜀地，已成为一支孤军，若能将他拖在雒城之下，等姜维、阎宇任一路援兵到来内外合击之，未尝不能扭转局势、绝处逢生。诸葛瞻决定在绵竹赴死，意味着他放弃了自己的责任，罔顾国家的安危，这与街亭战场上弃军而逃的马谡又有什么区别呢？

被诸葛瞻拖累的不仅是季汉的将士，还有他年轻的儿子诸葛尚。诸葛瞻阵亡时年仅三十七岁，诸葛尚顶大不过十六七岁。《华阳国志》载，诸葛尚见大势已去，也留下一句话："父子荷恩，不早斩黄皓，以致败国殄民，用生何为！"然后驱马赴魏军而死。诸葛尚只憎恶黄皓，没有忌恨姜维，说明他比他的父亲更清醒一些，知道季汉的根本问题还是出在朝堂之上、宫墙之内。他感叹"父子荷恩"而致倾败，实际上是在委婉地批评他的父亲没有匡正刘禅的得失，没有成为一名合格的宰辅。但如今说这些已没有意义，诸葛尚付出了年轻的生命，让季汉的希望更加黯淡[①]。

邓艾在绵竹击败诸葛瞻后，乘势南下雒城，成都已经咫尺可望。诸葛瞻父子的阵亡无疑加重了蜀中的恐慌气氛。"百姓扰扰，皆迸山野，不可禁制。"朝堂之上更是乱成一锅粥，刘禅召集群臣商议了半晌，众人七嘴八舌，也没有什么好的应对之策。强敌来袭，无非战、守、走、降四策。但自诸葛瞻丧师败绩后，成都守军已所剩无多，且几

[①] 今四川绵竹西茶盘街有诸葛双忠祠，为后世纪念诸葛瞻、诸葛尚父子之祠，园内有诸葛瞻、诸葛尚父子之墓，墓周长30米，封土高3米。

无斗志可言，应对邓艾的虎狼之师无异于以卵击石。至于守城，成都已经近半个世纪没有经历战争了，这座自古以来就以富足、安逸、闲适著称的城市根本没有做好打仗的准备，且不说城墙是否坚固、士卒是否精壮、防御物资是否齐备，单是将城外的居民、粮谷、物资迁入城内这一件事，都不是短时间内可以完成的。

这样下来，朝臣们的意见集中在了"走"字上。一部分人提出，汉吴两国为同盟关系，可以投奔吴国暂避锋芒。一部分人认为南中七郡地势险要，易守难攻，可以前往避难。

正此时，光禄大夫谯周从人群中走了出来，反驳了这两种观点。他说：自古以来就没有寄身他国的天子，如果投奔东吴，那就形同于做了东吴的臣子。而吴国弱于魏国，将来魏国灭掉吴国，我们就要受到第二次亡国之辱，那还不如一次受辱。至于南中，如果要去就得早做打算，现在敌人兵临城下，士卒人心惶惶，不能信任，恐怕还没等出发，就发生了不测（大概指兵变、溃散之类），根本到不了南中。至此，谯周终于当众亮明了自己的主张——开城投降。

谯周的投降论调虽然在季汉内部已经铺垫多年，但突然当着皇帝和大臣的面说出口，还是令许多人一时难以接受。有人站出来质疑谯周说：邓艾大军将至，如果他不接受投降该怎么办？谯周回答：因为东吴还在，所以我们投降，魏国一定会接受，而且接受了就一定会礼遇。如果陛下降魏，魏国不给陛下裂土封爵，我谯周就只身前往洛阳去为陛下争辩。

谯周的一席话让众人哑口无言。很显然，谯周的投降论已经在季汉朝堂上占了上风，事实上多数臣子是偏向投降的，他们对这个政权早已丧失了希望，而主动投降，转投门庭，反而可以延续他们的俸禄和地位，这何乐而不为呢？只是因为文人固有的一丝尊严和脸面，他们心里虽然这样想，却不肯当众说出来。即便谯周替他们说出了心里话，但这些心机颇深的臣子依旧在观察刘禅的反应，避免自己在此时成为众矢之的。故而，他们的集体沉默，事实上形成了对谯周的附和。

刘禅自然是有些不甘心的。不久之前他刚度过即位四十年的纪念日，他从一个不谙世事、朱紫难辨、只能聆听丞相训导的傀儡之君走来，在漫长的深宫生涯之中，他好不容易摆脱了缠绕在身上的枷锁，找到了属于皇帝的自由与乐趣。一直以来他认为自己已经练就了一流的驭下之术，巧妙维系着季汉内部纷繁复杂的权力平衡，使那些文武官员既不会威胁到自己的地位，又能够各司其职，尽其所长。就在一年前，他还支持了姜维的北伐，怎么在如此短的时间内，这个以地远山险、易守难攻著称的国家竟会落到如此田地？

散朝后，刘禅又动起了南奔南中的念头，可能因为统领南中的安南将军霍弋与他有旧。但谯周又上疏劝阻。他说，南中原本就是叛乱频发之地，只是因为诸葛亮兵势所迫才被迫屈服，政府常年向南中征收赋税，当地民夷早有怨言。如今前往投奔，势必引发南人复反。何况，御驾去了南中，日常花费供给巨大，这些都会施加到南中诸夷身上，加速他们的反叛。而且北兵强盛，既然他们能攻破成都，也迟早会继续南下，南中不可能坚守太久。为了劝说刘禅出降，谯周甚至搬出了先贤圣人的例子，来给投降做理论支撑，消除刘禅的负罪感。他说"圣人知命而不苟必也"，先贤圣人都是顺应天命，不去做无谓的坚持的。所以尧、舜把江山交给别人，子孙也免于祸患；微子顺应大势去殷归周，也并非他的意愿，而是不得已为之。谯周一再劝刘禅"早为之图，可获爵土"。

谯周投降之论，历来为后世史家所责。东晋人孙绰

（魏臣孙资玄孙）痛斥谯周："自为天子而乞降请命，何耻之深乎！"明末学者王夫之以亡国遗臣的心态代入，更对谯周咬牙切齿："人知冯道之恶，而不知谯周之为尤恶也。"

东晋史家孙盛认为，按照"《春秋》之义"，国破家亡之际，国君应该为社稷而死，卿大夫也应当死在自己的位置上，岂有劝自家天子接受敌人屈辱的道理？他斥责谯周蛊惑刘禅抛弃万乘之君的位置苟且偷生，换取微末的爵位，实在是令人不齿。他认为，刘禅虽然是个庸主，但并不如桀纣那般暴虐，季汉北伐虽然多次失败，但国家也没有土崩瓦解的迹象。他提出了一个新的方案，就是刘禅可以向东退保江州，这样可以就近获得永安罗宪的水军支援，同时再向东吴请求救兵，从南中征发军队，姜维等将也会随之来会。届时集合各路兵马对魏军疲惫之师反击，未必不能如越王勾践、田单一样反败为胜，实现复国之愿。为此孙盛感叹："禅既暗主，周实奸臣。"

孙盛的方案被后人视为书生愚见。林国赞说，从后来的历史来看，东吴不仅不救，反而发兵趁火打劫，想要依靠吴人的援军岂不是开门揖盗？何焯说，历来想要扭转时局、由败转胜，最重要的还是"务尽人事"，而刘禅并不是一个能够力挽狂澜的君主，朝中大臣也一个个都是惊弓之鸟，恨不得抢着投降，即便刘禅退到东境，也不会有人随他而去。

总体来看，无论是距三国时代较近的东晋人，还是较远的明清人，对于谯周投降论的看法都是一致的，即痛斥、痛心、痛恨。中国政治传统特重君臣之道，忠贞节烈之士往往会得到后世热烈的赞颂，屈膝谄媚之臣则无不遭到道德大棒的挞伐。"投降派"谯周被钉上历史的耻辱柱，这是历史的必然，也是连他自己都能够预料到的结果。

但谯周的投降论，不是无本之木，而是季汉政治生态长期积累的产物。诸葛亮去世后，季汉"兴复汉室"的立国支柱已经垮塌，人们都很清楚，汉朝往日的兴隆已经不可复见，季汉"偏霸"于巴蜀已成事实。失去精神支撑的季汉君臣陷入了抱残守缺的颓靡之中。虽然"汉"字的旗帜高高悬挂，但他们以蜀人的身份继续生活并逐渐心安理得。由"汉"至"蜀"的心理转变，让现实取代了理想，让保守取代了进取，让个人利益取代了国家利益。季汉的臣僚们失去了对"汉"的忠诚与信仰，进而也就失去了对"季汉"的认同感和归属感。因此，谯周提出的投降论，实质上是代表益州人对季汉政权的彻底"割席"，他们所忠于的永远是益州人的利益，放在邓艾大军兵临城下的背景下，就是停止流血，结束战争，为此献祭刘禅和立国四十二年的季汉政权，也并不可惜。

刘禅失败了，他已经无路可走，他的帝王权力似乎在一夜之间就被收了回去。面对谯周，他又回到了年少时面对诸葛亮时举动不能自专、唯有聆训的场面。他费尽心力从臣子手中取回了权力，最终却失去了自己的国家。山河沦丧之日，他左顾右盼，眼前尽是人人自保的臣僚，没有一个人为他着想，没有一个人值得信赖。活了大半生的刘禅，仍是天下第一孤寡之人。

后主出降

炎兴元年（263）十一月，寒冬再一次如期覆盖了巴蜀大地，成都城门在吱呀作响的声音中被打开，侍中张绍、驸马都尉邓良奉命带着皇帝玺绶，向雒县魏军大营而去。他们向邓艾递上由秘书令郤正所写的降书，其文如下：

限分江、汉，遇值深远，阶缘蜀土，斗绝一隅，干运犯冒，渐苒历载，遂与京畿攸隔万里。每惟黄初中，文皇帝命虎牙将军鲜于辅，宣温密之诏，申三好之恩，开示门户，大义炳然，而否德暗弱，窃贪遗绪，俯仰累纪，未率大教。天威既震，人鬼归能之数，怖骇王师，神武所次，敢不革面，顺以从命！辄敕群帅投戈释甲，官府帑藏一无所毁。百姓布野，余粮栖亩，以俟后来之惠，全元元之命。伏惟大魏布德施化，宰辅伊、周，含覆藏疾。谨遣私署侍中张绍、光禄大夫谯周、驸马都尉邓良奉赍印缓，请命告诚，敬输忠款，存亡敕赐，惟所裁之。舆榇在近，不复缕陈。

降书中充满了谦卑之辞，不再赘言。倒是其文补充了一件诸书未见之史料，即在曹魏篡汉不久的黄初年间，曹丕曾派虎牙将军鲜于辅为使者来到成都劝降。鲜于辅是幽州渔阳（今北京密云）人，他曾为大司马刘虞从事，为刘虞报仇逐走公孙瓒，于袁曹之争时率先归附曹操，为曹操器重。在群臣劝曹丕称帝的《公卿将军上尊号奏》中，鲜于辅排在第六位，高于曹氏宗亲曹洪、曹真、曹休等。鲜于辅既是魏廷重臣，又是刘备的同乡幽州人，曹丕派他去劝降可谓寓意深远。考察当时背景，鲜于辅出使应当是在刘禅刚刚即位的建兴初年，可见这是曹魏趁着季汉主少国疑之际采取的一次心理攻势。虽然那次的劝降没有起到任何效果，但没想到它的余音延绵到了四十年后，成了刘禅降表中向魏人表达款诚的开篇之语。

此次代表刘禅献降书的两人，身份也不一般。张绍是车骑将军张飞的次子，由于长兄张苞早逝，他袭了西乡侯之爵。邓良是车骑将军邓芝之子，袭父爵阳武亭侯。连送降表都用勋贵子弟，看来此时朝中堪用之臣多为此类。此二人在朝中无事功可述，此次送降表竟成为史书中他们留下的唯一事迹。想到被誉为"万人敌"的父亲，想到绵竹殉国的侄子，如今卑躬屈膝的张绍可有愧疚之意？

邓艾见降书大喜过望，一面许以重诺，遣张绍、邓良先还成都，以安抚城中人心，一面催促诸军抓紧向成都进发。同时，邓艾还不忘向洛阳上表汇报此事，表文云：

> 王纲失道，群英并起，龙战虎争，终归真主，此盖天命去就之道也。自古圣帝，爰逮汉、魏，受命而王者，莫不在乎中土。河出图，洛出书，圣人则之，以兴洪业，其不由此，未有不颠覆者也。隗嚣凭陇而亡，公孙述据蜀而灭，此皆前世覆车之鉴也。圣

上明哲，宰相忠贤，将比隆黄轩，侔功往代。衔命来征，思闻嘉响，果烦来使，告以德音，此非人事，岂天启哉！昔微子归周，实为上宾，君子豹变，义存大《易》，来辞谦冲，以礼舆榇，皆前哲归命之典也。全国为上，破国次之，自非通明智达，何以见王者之义乎！

当这封信送到洛阳时，司马昭已经有了新的身份。在经过多次的辞让表演后，司马昭终于在这一年十月甲寅（二十二日）进封相国、晋公，加九锡，迈出了魏晋禅代实质性的一步，当然，这里无处不有对曹操汉魏禅代的模仿。从时间上来看，伐蜀之战的节节胜利加速了禅代的步伐，司马昭明显已经迫不及待了。蜀亡之日，也就是魏国丧钟敲响之时，这一对不共戴天的敌对政权，命运彼此纠葛，直到最后一刻。

在邓艾从雒城赶往成都的路上，刘禅又连续派来了两拨使者。一拨是太常张峻、益州别驾汝超，他们奉命前来为邓艾当向导。一拨是尚书郎李虎，他送来了季汉的士民簿。这是季汉的国家户口簿，统计了季汉全国的人口、官吏、将士人数，这也被视为国家政权的根本。把户口簿交出去，意味着将国家最核心的信息拱手与人，也意味着放弃国家的主权。这份户口簿上的内容是：

> 领户二十八万，男女口九十四万，带甲将士十万二千，吏四万人，米四十余万斛，金银各二千斤，锦绮彩绢各二十万匹。

季汉的最后一天终于到了。邓艾率军毫无阻碍地来到了成都城北，刘禅带着太子、诸王及群臣六十余人出城前往邓艾军门请降。成都市民们在这一天会看见他们的天子、五十八岁的刘禅是这样一副模样：他的手被捆在身后（面缚），口里衔着玉璧，低眉俯首，缓步而行，身后还有一辆车，车上拉了一副棺材（舆榇）。面缚是罪人之状，衔璧和舆榇是死亡之兆，刘禅以这种自污的方式表达投降的诚意。这些都是上古之礼，在大国吞并小国的春秋战国时代常见，作为蜀中大儒的谯周对此十分熟稔。这一系列所谓"礼仪"应当都是谯周一手导演的，作为自己向司马氏效忠的见面礼。

邓艾见状，亲手解开刘禅的束缚，收下玉璧，焚烧了棺材，以示恩泽。这一刻，季汉作为一个政权正式寿终正寝。从刘备平蜀算起整整五十年，从刘备称帝算起四十三年，从刘禅即位算起四十一年。

随即，邓艾宣布了五件事：

其一，承制拜刘禅行骠骑将军，太子刘璿为奉车都尉，诸王为驸马都尉，其余群臣皆有官职册封。

其二，以师纂领益州刺史，以牵弘等诸将分领蜀中诸郡太守。

以上的册封，邓艾原本是没有权力的。他不过是征西将军，如何能册封比自己更高的骠骑将军？邓艾所依据的典故是东汉初年大司徒邓禹故事。当时，邓禹承制拜割据陇右的军阀隗嚣为西州大将军，使之专制凉州、朔方政事。既然邓禹可以代刘秀便宜从事，那么他邓艾自然也不必等待遥远的司马昭的指使，先行册封再行表奏。客观而言，刘禅投降，蜀地人心惶惶，邓艾主导的一番册封对蜀地局势的稳定起到了一定的作用。然而邓艾与自己的南阳老乡魏延犯了同一个错误，那就是不结合实际政治环境而机械性地仿效前人故事，这就往往使得某种危险的因素被悄悄埋下。正如魏延成不了韩信一样，邓艾也没有拎清自己在司马氏集团里的位置。邓禹和刘秀那是少年从游的知己，而邓艾不过是司马昭豢养的爪牙，岂能相提并论？

邓艾功劳越大，就越会受到司马昭的猜忌，此时的邓艾本应更加谦恭和谨慎，然而巨大的胜利果实让他有些忘乎所以。从他开始滥用司马昭对他的信任起，他的结局就已经注定。

其三，在绵竹收拢蜀军士兵尸体，垒成高高的小丘，名曰"京观"，以彰显自己的战功。魏军战死的士卒也与蜀兵一同埋葬。

其四，明令将士进入成都后不得掳掠百姓，投降的官吏百姓各复旧业。

其五，重责祸国殃民、举国兴怨的中常侍黄皓，将他打入大牢，准备处死。不过黄皓贿赂了邓艾的左右，免于一死。

邓艾的这些举措的确有效，魏兵进城后，严守军纪，秋毫无犯，博得了蜀人的好感。如此兵不血刃地得到了成都，邓艾的骄傲之情溢于言表，他对蜀中士大夫说："诸位幸得有我，才能有今天的好日子。如果遇上吴汉这样的将领，估计已经被灭族了。"

邓艾引用的是东汉初年光武帝刘秀征服割据巴蜀的公孙述的故事。二百二十七年前，大司马吴汉攻破成都，除了尽灭公孙氏一族，还"放兵大掠，焚述宫室"，此事让刘秀十分气愤，严词谴责。但吴汉官职照旧，任用如故，可见破城掠民之事在乱世已是习以为常，刘秀不便深究，口头责骂一顿就敷衍过去了。

邓艾带领的两万多名将士穿越崇山峻岭，九死一生才来到了成都。面对着这座富裕的都城，从人性贪婪的角度来看，哪个不想趁乱为自己捞上一笔？哪个不想将这座城内的财富作为自己的犒劳和奖赏？哪怕是以仁厚著称的刘备当年进入成都，也不得不按照此前的许诺，放纵将士争抢刘璋府库财物。邓艾能够约束士兵行为，军纪严明如此，足见其治军之能。从这一点来看，他倒是与同样出身寒微的吴将吕蒙有相似之处。

然而，就在邓艾入城之日，成都城内还是发生了一场血腥的惨剧。刘禅之子北地王刘谌不堪亡国之辱，自杀身亡。

据史书所见，刘禅共有子七人。除长子刘璿于延熙元年（238）立为太子，余皆封王。他们是：刘瑶，延熙元年为安定王；刘琮，延熙十五年（252）为西河王（已于蜀亡前去世）；刘瓒，延熙十九年（256）为新平王；刘谌、刘恂、刘虔，景耀二年（259）分别为北地王、新兴王、上党王。六王的封国皆为遥领，地在魏境，其中并州三处、雍州两处、凉州一处。这意味着，这些"国王"们在蜀地既没有封国食邑，也没有佐相属官，完全属于闲散、圈养的状态。面对主辱国丧，他们虽为皇室，但也无力回天，只有顺应时局。在他们之中能够出现一名誓死不降、以死殉国的皇子，可谓难能可贵。无怪乎胡三省叹曰："曾谓庸禅有子如此乎！"

据《汉晋春秋》载，在谯周于朝堂上提出投降之策时，刘谌就当面怒目而斥，并劝刘禅据城死战，与社稷共存亡，这样即便死了也能够在九泉之下无愧于先帝。话说到这份儿上了，刘禅仍不为所动，坚持让张绍等送玺书去魏营。亡国之日，刘谌到刘备的昭烈庙痛哭一场，接着先杀妻儿，再自杀，左右无不为之流涕。

在万马齐喑、闻风而靡的季汉君臣之中，刘谌是一个异类。我们无法得知他在少年时代接受过什么与其他皇子不一样的教育，才导致他选择了如此悲壮而惨烈的方式去对抗亡国之辱。但可以想见，他在此前相当长的岁月里，应当深受季汉开国君臣精神的影响和感召，刘备一代君臣筚路蓝缕草创季汉政权的不易，以及诸葛亮、姜维矢志不渝复兴汉室的恒心，都深深烙印在他的心中。他的死，既是对祖父刘备的深情追慕，也是对父亲刘禅的无情嘲讽。

后世史家对刘谌的赞誉已经很多了。如今，在成都昭烈帝庙内，刘谌还被塑成泥像，作为"好儿孙"的典范陪祀于刘备的左侧，而本该由刘禅侍立的右侧只有一个树墩子。笔者无意苛责古人，刘谌在同侪之中已经勇敢地走出了一大步。但令笔者感到悲哀的是，饶是被众人赞颂的刘谌，他对于忠义的理解也不过是自我残害、以死明志，他似乎从未想过自己可以用智慧与勇气为季汉做最后一次抗争，让入侵者感受到蜀地男儿的血性。而自杀，不过是懦弱的选择。更何况，妻儿何辜，竟也成了他表达所谓气节的殉葬品。就这一点而言，刘谌不及魏主曹髦远甚。他与诸葛瞻一样，凸显了季汉贵戚子弟中普遍存在的脆弱与逃避，他们是季汉大厦雪崩中的一片雪花，他们值得叹息，但丝毫不值得歌颂。

入城之后，邓艾想起了自己的老对手姜维。他说："姜维固然是一时的雄杰，但他碰上了我，所以无路可走了（"姜维自一时雄儿也，与某相值，故穷耳"）。"邓艾是这场战事的胜利者，他完全有底气表达对姜维的蔑视。但姜维并没有认输。很快，邓艾就将为自己的骄矜付出代价。

季汉虽然亡了，但杀戮还没有结束，姜维、邓艾、钟会这三位当世最杰出的英雄豪杰，将在巴蜀之地迎来自已最后的结局，而这一仗，成都城终究没能躲过命运的血洗。

八日太尉

当得知诸葛瞻在绵竹被邓艾击败时，姜维知道，大势已去。不久，关于成都的流言一条接一条传到了剑阁，有的说刘禅要固守成都，有的说刘禅要投奔东吴，有的说刘禅要南下建宁，倒是没有刘禅投降的说法。姜维率师南撤，至东广汉郡的郪县（今四川三台郪江镇）一带驻扎下来，观察局势。郪县在成都正东向，看来姜维当时更倾向于相信刘禅打算东撤，准备在此与刘禅会合。可是很快，他就接到了太子仆蒋显（蒋琬之子）送来的敕令，让他放弃抵抗向魏军投降。姜维这才知道，自己还在尽心竭力守卫季汉疆土之时，皇帝已经投降，国家已经亡了。消息传到军营中，愤怒的将士们拔刀砍石，军中一片哀号之声。

也许从段谷之败开始，姜维就想到过会有这么一天。季汉的国力以肉眼可见的速度江河日下，所有的努力都被证明是徒劳。身为羁旅之人，姜维已经为季汉做得太多了，也许现在正是回家的时候。可姜维已经在忠汉伐魏的路上走得太远，无法回头。如果他复归于魏，自然不会失去高官厚禄，一如叛魏入吴、又由吴归魏的唐咨。但如果这样，姜维此前的所有功业将毫无意义——这不是简单的归降，而是对他人生的彻底否定，他自己也将活成一个悖论。

怀着如此复杂的心态，姜维走进了钟会的大营。此时，钟会已经突破了剑阁，南下至涪县。即便如此，他也赶不上邓艾的速度，眼巴巴地看着邓艾取了成都，立了头功。钟会心中正在烦闷，突见姜维来投，不由得大喜过望。他迎上去说："怎么来得这么迟？"姜维面色不变，但眼中含泪道："今天到这里来已经是快的了。"

钟会对姜维十分敬重，礼遇甚厚。他把姜维等人的印绶、节盖全部归还了他们，让他们统领旧部。钟会与姜维出行坐在一辆车内，回府则坐在一张席上，俨然是相见恨晚的知己。钟会还当着长史杜预的面夸赞姜维，说他有中原名士的风范，即便诸葛诞、夏侯玄也比不上他的风度。诸葛诞、夏侯玄均为正始名士、浮华之友，而他们最终都为司马氏所翦灭。钟会一句无心的比喻，为他和姜维最后的结局埋下了伏笔。

自从入蜀以来，钟会就想尽办法收买蜀地人心，他在汉中派人祭扫诸葛亮墓，又写书信与汉城护军蒋斌，询问蒋琬墓之所在，表达欲祭扫的心愿。他盛赞"巴蜀贤智文武之士多矣"，将蒋斌、诸葛瞻作为自己的同类，毫不避讳地笼络结交蜀地旧臣，其目的不言而喻。钟会暴露出的政治野心，以及他被邓艾抢去风头之后的失意被姜维敏锐地捕捉到了。于是，姜维和钟会打着各自的算盘，结成了一个政治同盟，他们共同的敌人是成都的邓艾。

接受了姜维的来降，钟会向朝廷写了一封奏表，陈述自己的功劳，其文如下：

> 贼姜维、张翼、廖化、董厥等逃死遁走，欲趣成都。臣辄遣司马夏侯咸、护军胡烈等，经从剑阁，出新都、大渡截其前，参军爰彭、将军句安等躡其后，参军皇甫闿、将军王买等从涪南出冲其腹，臣据涪县为东西势援。维等所统步骑四五万人，擐甲厉兵，塞川填谷，数百里中首尾相继，凭恃其众，方轨而西。臣敕咸、闿等令分兵据势，广张罗罔，南杜走吴之道，西塞成都之路，北绝越逸之径，四面云集，首尾并进，蹊路断绝，走伏无地。臣又手书申喻，开示生路，群

寇困逼，知命穷数尽，解甲投戈，面缚委质，印绶万数，资器山积。昔舜舞干戚，有苗自服；牧野之师，商旅倒戈：有征无战，帝王之盛业。全国为上，破国次之；全军为上，破军次之：用兵之令典。陛下圣德，侔踪前代，翼辅忠明，齐轨公旦，仁育群生，义征不谯，殊俗向化，无思不服，师不逾时，兵不血刃，万里同风，九州共贯。臣辄奉宣诏命，导扬恩化，复其社稷，安其闾伍，舍其赋调，弛其征役，训之德礼以移其风，示之轨仪以易其俗，百姓欣欣，人怀逸豫，后来其苏，义无以过。

奏表中，钟会对自己突破剑阁、围剿姜维军的战绩进行了生动详细的描绘，他只字不提邓艾的偷渡阴平、迫降成都，把姜维的来降全部归功于自己的天才指挥。在依照公文惯例歌颂皇帝圣明的同时，他也不忘吹捧司马昭"翼辅忠明"，将他与辅佐成王的周公旦相媲美。这篇洋洋洒洒的文章，反倒是透露出钟会在邓艾先入成都之后焦灼不安的心情。

蜀亡的消息传到洛阳，司马昭控制的朝廷陆续发下诏书：十二月壬子（二十一日），诏令分益州汉中、梓潼、广汉、涪陵、巴、巴东、巴西七郡为梁州①。癸丑（二十二日），诏令特赦益州士民，五年之内减除益州租赋的一半。乙卯（二十四日），诏令征西将军邓艾为太尉，镇西将军钟会为司徒，其诏如下：

> 艾曜威奋武，深入虏庭，斩将搴旗，枭其鲸鲵，使僭号之主，稽首系颈，历世逋诛，一朝而平。兵不逾时，战不终日，云彻席卷，荡定巴蜀。虽白起破强楚，韩信克劲赵，吴汉禽子阳，亚夫灭七国，计功论美，不足比勋也。其以艾为太尉，增邑二万户，封子二人亭侯，各食邑千户。
>
> 会所向摧弊，前无强敌，缄制众城，罔罗迸逸。蜀之豪帅，面缚归命，谋无遗策，举无废功。凡所降诛，动以万计，全胜独克，有征无战。拓平西夏，方隅清晏。其以会为司徒，进封县侯，增邑万户。封子二人亭侯，邑各千户。

---

① 据《晋书·地理志》梁州条，梁州分置于晋武帝泰始三年（267），同书益州条，梁州分置于晋武帝泰始二年（266），与《三国志·三少帝纪》记载不同，应以《三国志》为是。

邓艾、钟会并升"三公",这是司马昭对他们灭蜀之功的奖赏。然而从两道诏书来看,无论钟会在奏表中如何巧言令色,司马昭对伐蜀之役前后情况可谓了如指掌,对两人在战事中所立的功劳心知肚明。从赏赐来看,司马昭的天平明显向邓艾倾斜,邓艾的太尉班位在钟会的司徒之上,邓艾的增邑超过钟会一倍。从诏书措辞来看,邓艾也赢得了更多溢美之词,他的功劳被媲美白起、韩信、吴汉、周亚夫等前朝名将,而给钟会的诏书中并没有类似的比喻。

钟会比邓艾足足小了二十八岁,像钟会这样不到四十岁就晋位"三公",在前朝的历史上也是屈指可数的,钟会理应知足。但司马昭故意不把一碗水端平,目的就是引发钟会的嫉妒和不平,加剧钟会与邓艾之间的矛盾。纵观整个灭蜀之战的前前后后,司马昭远隔千里,遥控益州,局势始终没有脱离他的掌控。经过多年的政治锤炼,如今与皇帝位只差一步之遥的司马昭已经拥有了可以与其父亲比肩的权谋之术。邓艾、钟会、姜维纵然是当世英豪,才兼文武,但在搞政治斗争方面,绑在一起也不是司马昭的对手。

于是乎,在这一年的年末,随着季汉政权的落幕,益州形成了两个中心:邓艾占据成都,控制了刘禅和季汉臣僚;钟会屯驻涪城,接纳了姜维等季汉旧将。与此同时,汉中未被魏军攻克的城塞在接到刘禅的敕令后，也纷纷出降。蒋斌专程南下至涪县拜会钟会，钟会待以交友之礼。这样看来，原本就手握雄兵的钟会，又兼并了季汉大部分军事力量，对邓艾已形成压倒性的优势。这种权力失衡的状态极易使冲突走向白热化，许多有识之士已经预见到了即将到来的风暴。

然而，邓艾却沉浸在胜利的喜悦中，对即将到来的危机毫无察觉。他开始犯错。邓艾误以为自己"承制"册封季汉君臣的行为得到司马昭的肯定，于是得寸进尺，致信司马昭，阐述自己构想的灭吴方略。邓艾认为，蜀亡之后，吴必胆寒，但伐蜀之役已经使将士疲惫，短期之内不宜对吴动武，可采取如下措施对吴进行威逼利诱，使其"不征而定"：

一、留陇右兵二万人、蜀兵二万人，在益州开发盐业和农业，筹备军资，打造战船。

二、厚待刘禅以招降吴人，但不要着急将刘禅迁到洛阳，以免让吴人以为把他当成了俘虏。建议让刘禅在成都住到来年秋冬，等吴国平定后再迁走。又建议封刘禅为扶风王，让他居住在郿县董卓的旧坞之中，封其诸子为公侯，在扶风郡内享受食邑。

三、开放广陵、城阳两城，迎接吴人来降。

邓艾在安置蜀汉君臣、筹备灭吴方略上如此指手画脚，乃至于将刘禅封为什么王、安置在什么地方都安排得明明白白，这已经超出了他的权限，大有一种"教司马昭做事"的优越感。即便是刻意保持隐忍，司马昭也不由得勃然大怒，他没回复邓艾的上述提议，而是令监军卫瓘传话邓艾，让他在成都的大小事务都要先行奏报，不许自作主张。这是在表达对邓艾此前"承制"册封季汉君臣的不满，也是在对邓艾进行一番敲打。没想到邓艾冥顽不化，反倒觉得自己受到了极大委屈，再度上书为自己辩解，说自己"承制拜假"的行为是为了安定蜀地，合情合理，如果凡事都要请示洛阳，一来一回就太耽误事情了。邓艾毫不掩饰地向司马昭讨要自己在蜀中的专命之权："春秋之义，大夫出疆，有可以安社稷，利国家，专之可也。"并表示自己并非为了名利，一切都是公心，做人坦坦荡荡。

然而，邓艾的上书透露着浓浓的敦朴与迂阔之味，他极力为自己辩解，却是越描越黑。这位长期在外典兵的六旬老将，只有极短的在朝中任职的经历，他在军事上堪称天才，但在政治上却显得天真可人。他固然没有钟会那样的野心，一切都是为了国家着想，但自从进入成都之后，他完全陷入以自我为中心的世界中，以为自己接受了一个皇帝的投降后，就能够像皇帝一样指点江山、乾纲独断了。这种附着在权力之上的骄纵跋扈，恰恰是司马昭最为忌恨的。

当然，在司马昭与邓艾关系破裂之间，也少不了钟会的挑拨。据《世语》载，钟会擅长模仿别人的笔迹。因此每当邓艾给司马昭写信，信使途经剑阁，钟会都要把信拿过来进行一番改动，让书信中的言语显得更加傲慢无礼，以激怒司马昭。而司马昭给邓艾的回信，钟会也要毁掉重写，以使邓艾生疑。此事真假不好判断，但钟会本人确实具备这样的能力。钟会的父亲钟繇被誉为"楷书之祖"，他自小受家学影响，工书法。唐人张怀瓘在《书断》中将钟会的书法置于妙品之中，仅次于神品，称其书"逸致飘然，有凌云之志"。寿春之役，钟会就是模仿全辉、全仪的笔迹伪作家书，投入城中，成功策反了全怿等吴将。《世说新语》里还有一则钟会伪作书信、从外甥荀勖手中骗来宝剑的轶事。中国书法艺术源远流长，书法如此被用于政治军事斗争之中，钟会可谓开先河者。

看到时机成熟，钟会向朝廷上书，控告邓艾密谋叛乱，同时他还拉上了监军卫瓘、讨蜀护军胡烈，以及邓艾帐下的司马师篆一起联合署名。

寒冬料峭，巴蜀大地迎来了没有季汉的新一年。魏景元五年（264）正月壬戌（初一），魏廷正式下诏收捕邓艾，押解回洛阳审问，司马昭还专程派人给钟会送来手书，敕令他去解除邓艾兵权。钟会顾虑邓艾手中有兵，于是耍了个心眼儿，把收捕邓艾的任务派给了卫瓘。

卫瓘，字伯玉，河东安邑（今山西夏县西北）人，出身河东大族，其父卫觊是曹魏开国功臣，官至尚书。卫觊曾受曹操之命出使益州，拉拢刘璋为援，算是与益州有些渊源。但因为张鲁塞道，卫觊无法前往益州，遂留在关中，又与担任司隶校尉、镇抚关中诸将的钟繇共事过一段时间。再加上卫觊在当时亦以书法闻名，与钟繇并驾齐驱。故而钟、卫两家应当交情匪浅。卫瓘"以明识清允称"，由尚书郎仕宦，甚为傅嘏器重，至曹奂即位后已至侍中、廷尉卿。伐蜀之役，司马昭以卫瓘持节监邓艾、钟会军事，行镇西将军军司，给兵千人。这意味着，卫瓘虽然隶属于钟会，却独立于钟会、邓艾之外，是司马昭为监督二将打出的一张明牌。

钟会性情孤傲，行事专断，身边有一个时刻盯着自己的监军卫瓘，自然是老大不舒服。故而尽管钟、卫两家有旧，钟会对卫瓘仍是心生芥蒂。此次收捕邓艾，钟会故意派只有千人的卫瓘前去，正是一石二鸟之计，这样既可以借邓艾之手杀掉卫瓘，又能为邓艾增加罪名，自己坐收渔利。

卫瓘一眼就看穿了钟会的阴谋，但收捕邓艾毕竟是司马昭的诏令，自己不好违背，于是他率领所部士兵，连夜来到成都。卫瓘拿出司马昭的手令，令人转告邓艾所统诸将，申明只收捕邓艾，其余一概不予问罪，又令各营将领到他面前集合。来了的爵赏如前，不来的诛其三族。鸡鸣时分，除邓艾以外，所有将领都乖乖地来到卫瓘面前报到。太阳初升，城门刚启，卫瓘乘车直入成都殿中，邓艾父子还在睡梦之中，就被士兵拿下，打入槛车。一夜之间，灭蜀功臣就成了阶下囚。邓艾的太尉只当了八天。据《魏氏春秋》载，直到此时，邓艾依然不知道自己错在哪里，他还顾影自怜地将自己比作白起，感叹道："白起之酷，复见于今日矣。"

邓艾被收槛，其部众也为钟会兼并。至此，蜀地的全部权力汇聚于钟会一人之手。将魏国征蜀兵力和季汉原有兵力相加，钟会名义上统领的军队已近三十万。史称钟会"独统大众，威震西土"，如此巨大的声威和权势，再加上巴蜀的山险屏障，怎么可能不让钟会产生幻想？

　　姜维瞅准时机，与钟会展开了一段密谈。姜维深谙心理战，故意以退为进，先夸赞钟会自淮南以来算无遗策，让钟会在骄傲中失去戒心，再用韩信、文种被鸟尽弓藏的事情提醒钟会，说他功高盖主，将有大难，建议他效法陶朱公（范蠡）辞官隐居，泛舟四野，才可以保全自身。钟会听罢大笑，说："您说的事情离我太遥远了，我做不到。况且如今的形势，还不至于落到这个地步吧。"姜维微笑着说："如果不归隐，那么无论做其他什么事，您的智谋和能力都是可以实现的，不用劳烦我这老头儿了。"两人于是关系愈加亲密，开始秘密谋划大计。

　　得到姜维的支持，钟会的信心和野心都膨胀到了极点。而成功挑动了钟会的反心，姜维也开始按部就班地部署自己的复国大计。他秘密写了一封书信，找了自己最亲信的人送进了成都皇宫中，交给心如死灰的刘禅。刘禅展开书信，黯淡的双眼突然明亮了起来，随之涌出了许多热泪。因为信上写着：

　　　　愿陛下忍数日之辱，臣欲使社稷危而复安，日月幽而复明。

一计害三贤

对钟会而言，景元五年（264）的第一件喜讯是邓艾被捕了，第一件坏消息是在邓艾被捕的第三天，即正月甲子日（初三，《晋书》作乙丑日），司马昭挟魏帝统十万大军西镇长安，同时派荡寇将军李苞修复褒斜栈道[①]，中护军贾充统领步骑万人从褒斜道进入汉中，屯兵乐城。尽管司马昭在给钟会的信中解释这些部署是怕邓艾不肯就范，他离得近一些可以给钟会壮壮声威，但钟会一眼就看出，司马昭是奔着自己来的。收拾了邓艾，接下来就该轮到他了。

钟会的异志，早在他出军伐蜀之前就已显露出端倪。史书中存有大量时人关于钟会的评价，载录如下：

据《三国志·钟会传》，大将军西曹属邵悌劝司马昭另择他人统兵伐蜀，理由是钟会"单身无重任"，即钟会无妻无子（仅从钟毓膝下过继二子），一旦授予重兵在外，就

[①] 李苞通阁道之事，见汉中博物馆藏《李苞通阁道题名》摩崖石刻。石原在褒斜道南口石门崖壁之上，其文记载景元四年（263）十二月十日，魏荡寇将军、浮亭侯李苞率士卒、劳夫二千人在此修复栈道。考其时，刘禅已降，钟会、邓艾深在蜀地，李苞应是司马昭所遣先行部队，在褒斜道修补道路，以为贾充步骑万人由此道入汉中做准备。

不好控制。司马昭笑称，自己早就想到这一点，他任用钟会伐蜀，是因为满朝文武只有钟会支持他的伐蜀之役。他并不担心钟会在灭蜀之后作乱，因为将士们的家人都在北方，没有人会跟随他叛乱。"若作恶，只自灭族耳。"

据《三国志·钟会传》及裴注引《汉晋春秋》，钟会之兄、后将军都督荆州军事钟毓曾密奏司马昭，说钟会"挟术难保，不可专任"。司马昭答复钟毓称："如果真像您说的，将来我一定不会罪及钟氏宗族。"

据《三国志·辛毗传》裴注引《世语》，太常羊耽之妻辛宪英（卫尉辛毗之女）听说钟会将要统兵伐蜀的消息，对侄子羊祜说钟会"在事纵恣，非持久处下之道"，担心他"有他志"。不久钟会征调辛宪英之子羊琇为参军入蜀，辛宪英反复嘱托儿子在军旅之间要谨慎从事。

据《三国志·傅嘏传》，尚书傅嘏与钟会关系很密切，但傅嘏看到钟会有骄矜之色，就劝诫他："子志大其量，而勋业难为也，可不慎哉。"

据《晋书·文明王皇后传》，司马昭之妻王元姬（司徒王朗孙女、中领军王肃之女）多次对司马昭说，钟会"见利忘义，好为事端"，不能过分宠信重用，否则将要生乱。

据《晋书·刘寔传》，有客人问吏部郎刘寔：钟会、邓

艾二将能不能平蜀？刘寔答道：他们一定能灭蜀，但都回
不来了。客人追问原因，刘寔笑而不答。

据《晋书·王戎传》，钟会伐蜀前，向王戎辞别，王戎
用《道德经》中"为而不恃"之句提醒钟会："非成功难，
保之难也。"

据《晋书·裴楷传》，裴楷"有知人之鉴"，钟会将他举
荐给司马昭。但裴楷对钟会的评价是"如观武库森森，但
见矛戟在前"，意指钟会这个人就像摆满兵器的武库一样，
锋芒毕露。

据《晋书·荀勖传》，在钟会反叛后，司马昭对此仍然
难以置信。钟会外甥、从事中郎荀勖说："钟会虽受您的大
恩，但他的性格不会知恩图报，应该迅速做准备。"于是司
马昭出镇长安。

身份各异、年龄各异的上述诸人，不约而同地留下了
对钟会担忧的言论，诚然，其中可能不乏钟会败亡之后历
史书写者的"马后炮"之作，但至少能够看出，钟会在当
时给人们留下的普遍印象是负面的。他才华横溢，却恃才
傲物；他广交名士，却嫉贤妒能；他野心勃勃，却不知掩
饰；他工于心计，却拙于谋身。司马氏的崛起给了他施展
才华、平步青云的舞台，但司马氏的权势也限制着他的雄

心壮志。此时我们回头翻检钟会支持司马昭伐蜀的举动，或许能够发现，那不仅仅是他的迎合谄媚，更是他为自己精心设计的一条出路——唯有掌握兵马，远离洛阳，才能摆脱司马氏的控制，让他翩然翱翔。更何况，益州山河险固，自成一体，既是滋养野心家的温床，又是割据者的乐园。钟会与巴蜀的结合，有如干柴遇上烈火，他心中的猛兽瞬间就被释放了出来。也许在这时，他才能感受到公孙述、刘焉、刘备等前辈们那沸腾的血液和狂热的梦想。

早在除掉邓艾之初，钟会与姜维已经开始了谋划。钟会的计划是让姜维统帅蜀兵出斜谷，反攻关中，自己统帅主力部队为后继，先攻取长安，再兵分两路，一路以骑兵从陆路东向，一路以步兵乘舟船顺渭水入黄河东下，五日之内可在孟津登陆，之后与骑兵会师于洛阳。但司马昭如此快速地移驾长安，让钟会猛然醒悟，他才意识到自己的所有计划都没有逃脱司马昭的手掌心。司马昭之所以在此前对那些质疑钟会的声音充耳不闻，并不是因为他信任钟会，而是因为钟会还有利用价值，且反心未露。司马昭就像《郑伯克段于鄢》里的郑庄公一样，端坐帷幄之中，欲擒故纵，以静制动，暗暗布下一张天罗地网，等待钟会原形毕露的那一天。论起权谋心术，钟会与司马昭相比简直是小儿科。

箭在弦上，钟会已经身不由己。他孤注一掷，决定尽快发动兵变。他对身边的亲信说："事成，可得天下，不成，退保蜀汉，不失作刘备也。"钟会将刘备割据巴蜀的成功案例作为自己的兜底方案，其自信源泉正是姜维统帅的季汉旧部对他的忠诚和服膺。钟会满以为，在反对司马昭的目标之上，他与姜维有着广泛的共同利益，可以继续成为并肩作战的战友。殊不知，姜维表面上怂恿钟会举兵，私下里却谋划着另一套计划，即先利用钟会之手尽诛魏将，再杀钟会，从而复兴季汉国祚。

正月十五日，钟会、姜维率军从涪县进入成都。次日，钟会将魏军的护军、郡守、牙门、骑督等将领和蜀中旧臣召集于季汉朝堂之上，拿出了一封提前伪造好的诏书，宣称这是郭太后的遗诏，内容是令他起兵废黜司马昭。郭太后已于钟会受封司徒的同日崩逝，即便她活着，也早已没有任何政治影响力。钟会此举不过是拾毌丘俭举兵之牙慧，强行为自己的起事装点名义罢了。钟会将伪诏遍视座中之人，众将自是不信，也不可能跟随钟会叛乱。当时，相国左司马夏侯和（夏侯渊之子）、骑士曹属朱抚刚受司马昭的派遣来到成都，应当是司马昭派来监视邓艾、钟会言行的，郎中羊琇也在场，三人当场反对，声讨钟会的叛逆行径。钟会又羞又怒，索性将这些将领、郡守全部软禁在益州各曹属的房间内，让自己的亲信代领诸军，紧闭城门和宫门，派兵严加看守。一时间，双方陷入了僵持之中。姜维劝钟会将这些不愿举事的魏将杀掉，钟会不置可否。他请卫瓘前来商议，卫瓘坚持说不可杀，钟会陷入了犹豫。

钟会的犹豫、时间的迁延，让局面开始出现了变数，变数就发生在征蜀护军胡烈身上。

自伐蜀以来，胡烈就一直担任着钟会大军的主力将领，在多次战役中都有活跃的表现。他出身安定临泾（今甘肃镇原）大族，其父胡遵多次随司马懿征伐，其兄胡奋曾在陇右与姜维交战，其侄女胡芳未来还将成为司马炎的妃嫔。以安定胡氏家族与司马家族关系之密切，他显然不可能跟随钟会造司马昭的反。于是，他也与众将一样被关在曹属内，而他的旧部驻扎在城外，完全不知道城内发生了什么事情。恰巧，钟会身边有一位叫丘建的帐下督，是胡烈曾经举荐上去的，钟会对他很信任。丘建看胡烈被关在屋里没吃没喝，就建议钟会允许这些将领各派一名亲兵出去取饮食。

钟会百密一疏，准许了这个提议，这样，这些亲兵就成了胡烈等将领向外传递信息的渠道。胡烈写了一封手书，让亲兵火速奔往城外大营，交给儿子胡渊。信中，胡烈谎称从丘建那里听说钟会已经在宫中挖下一个大坑，备好了数千木棍，准备召蜀兵进来将他们这些不肯随他起事的将领全部棒杀在坑中。胡烈让胡渊带兵来救他。与此同时，中领军司马贾辅派散将王起也传出话来，说钟会悖逆残暴，要把魏军将士全部杀光，又说司马昭已经亲率三十万众西行讨伐钟会，以此鼓舞众将士的士气。一夜之间，钟会要假手蜀兵尽诛魏将的事情就在魏兵大营传开了。

正月十八日，也就是胡烈等人被软禁的第三天，胡烈之子、年仅十八岁的胡渊身先士卒，率领所部擂响战鼓，冲出了大营，向城内杀将而去，其余各营的士兵也纷纷鼓噪而出。魏兵放火烧成都东门，开始强攻城池。钟会听到魏兵来攻城的消息，顿时大惊失色，问计于姜维。姜维说："只有出兵反击了。"钟会横下一条心来，派人去诛杀被关押起来的将领、郡守。那些将领、郡守听到屋外喊杀声大作，知道是自己的士兵来救他们了，也来了精神。他们拿出屋内的所有家具把门死死顶住，让钟会的士兵迟迟无法破门。很快，胡渊率领的城外士兵通过梯子爬进了城内，涌入关押胡烈等人的官署，放箭射杀看守士兵，有的甚至还放火点燃了房屋。胡烈等将领、郡守趁乱从屋内跑了出来，这才与他们的旧部会合。

如果钟会听从姜维的建议，果断杀掉这些将领、郡守，魏兵群龙无首，钟会或许还有一定的胜算。如今，他们兵将会合，兵力是钟会亲兵的数倍之多，钟会的计划已经彻底落空。非但如此，他的性命也岌岌可危。愤怒的魏军将士继续向钟会所在的宫殿区发动强攻。

当时，卫瓘还被钟会扣押在内，钟会逼迫卫瓘与他共谋举事，两人横刀在膝上，对峙了一个夜晚。卫瓘正在思考脱身之策，忽然传来魏兵围攻宫殿的消息，他知道自己的机会来了。果然，钟会想借助卫瓘的威望，让他出门劝慰诸军。卫瓘欲擒故纵，假意表示拒绝，说："你是三军主帅，要劝你自己去。"钟会当然不敢面对愤怒的将士们，就说："你是监军，你先去，我随后就来。"卫瓘见钟会中计，连忙下殿向外跑。但钟会很快就察觉到了不对，派人将卫瓘追回来。卫瓘见状，找了些盐水汤匆忙喝下，催动自己呕吐不止，然后假装倒地不起。因为卫瓘平常身体就比较羸弱，钟会以为他真的突发疾病不省人事了，也就不去管他。

卫瓘成功脱身，来到宫门已经是深夜。卫瓘写好檄文宣告宫外诸军，号召众人一起讨伐钟会。次日一早，众兵破门而入，在卫瓘的指挥下直奔钟会而去。他们先将姜维团团围住。姜维孤身力战，手杀五六人，最终寡不敌众，倒在血泊之中。众人又围攻钟会，钟会的亲兵皆被击败，仅剩帐下数百人跟着钟会绕殿而走，胡渊率军紧追不舍，将钟会及其部众全部诛杀，一时间，尸横遍野，血流成河，季汉皇宫之内犹如人间炼狱。钟会从受册封到败亡，只做了二十四天司徒，他死时，册封的诏书还没有抵达成都。钟会僚佐大多死于此乱，只有长史杜预凭借智谋幸免于难。正所谓"大难不死，必有后福"，杜预后来备受司马炎器重，接替羊祜出任镇南大将军，主导晋灭吴之战，名扬后世。

钟会、姜维之死，不是杀戮的结束，而是杀戮的开始。此前，由于邓艾、钟会都对魏兵下达了严苛的军纪，魏兵们进城后无所掳掠，心头一直压抑着一股怨气。如今，十余万魏兵没了主帅，人性之恶顿时被释放了出来，杀红眼的魏兵，将屠刀对准了蜀中的将士和平民。再加上姜维协助钟会叛乱，又为魏兵平添了一份对蜀人的仇恨。于是，一场席卷整个成都城的屠杀开始了。

乱兵大肆劫掠城中百姓，烧杀淫掠无恶不作。蜀臣之中，左车骑将军张翼、大尚书卫继、护军蒋斌、太子仆蒋显遇难身死。刘禅所居的宫中都不能幸免，刘禅太子刘璿为乱兵所杀，后宫中的妃嫔女眷也被乱兵抢了出来，赐给诸将之无妻者。一名姓李的昭仪不堪受此屈辱，自杀而亡。混乱之中，还有人挟私报仇。将军庞会是立义将军庞德之子。庞德当年在樊城之战为关羽所擒，他誓死不降，怒斥关羽，终为关羽所杀。庞德之义烈被曹魏当作长期宣传的典范，他也于魏正始四年（243）与曹真、曹休、钟繇等一道享受从祀太祖庙庭的待遇。整整四十五年，庞会终于等来复仇的时刻。据王隐《蜀记》载，庞会率军冲进汉寿亭侯府，尽灭关氏一族[1]。

自刘焉、刘璋父子割据巴蜀以来，成都作为益州首邑、天府之土，基本没有受到战乱的波及，成为百年乱世

---

[1] 庞会灭关氏之门一事，有学者认为真实性存疑，理由是王隐《蜀记》可信度较低。据沈家本考证，《蜀记》不见于《隋书·经籍志》，而见于《旧唐书》《新唐书》中的《删补蜀记》七卷，属于杂史。故沈家本认为"其书久佚，无可考"。裴松之为《三国志》注引《蜀记》诸条，多有不经之论。如郭冲"条亮五事"，已为裴松之逐条批驳。又如《蜀记》载钟会平蜀后，迎庞德尸丧还邺，与史实不符，被裴松之驳为"虚说"。何焯亦云："《蜀记》语多浅妄，恐不足信。"

少见的一处避风港。当成都士民以为，此次刘禅不战而降能够像五十年前刘璋献城一样，让这座繁华的城市平安度过政权交替时，无情的腥风血雨呼啸而来，成都终于未能幸免一场浩劫。

除了大量无辜者的伤亡，此次变乱还导致了原本保存在季汉宫室中的史料、典籍的散佚，以至于后来身为蜀人的陈寿著史，所能参考的季汉史料已经十分稀少，但他身为晋臣，又不能将之归罪于魏兵（后来都成为晋兵）的破坏，只好归因于季汉史官制度的缺陷，称"国不置史，注记无官，是以行事多遗，灾异靡书"。

杀戮不仅在成都城内蔓延，还扩散到了城外。成都大乱后，邓艾的旧部想起了他们蒙冤的故主被槛车送往洛阳，还没走多远，于是他们出城北去，追上了槛车，将邓艾父子救了出来，准备迎回成都。然而，这一将士自发的行为反倒害了邓艾。若是邓艾被送至洛阳，当着司马昭的面陈述冤情，加之钟会叛逆已死，邓艾非但不会被加罪，反而可能被司马昭官复原职，以安众心。可如今，邓艾被强行救出，让一个人动了杀心，那就是卫瓘。

卫瓘是抓捕邓艾的执行者，是钟会构陷邓艾的同谋，他惧怕邓艾复出后找他来寻仇，又想独占平定钟会之乱的功劳。于是，他找来了护军田续，对他说："如今可以报江由之仇了。"原来，此前邓艾进军江由的过程中，田续抗命不进，险些被邓艾所杀。田续对邓艾怀有宿怨。此时被卫瓘一挑拨，田续立即领悟，率所部兵士北上，恰与邓艾相遇于绵竹西郊的三造亭。田续一声喝令，邓艾、邓忠父子毙命于刀剑之下。当邓艾以胜利者的姿态傲视诸葛瞻父子及蜀军阵亡将士之时，大概不会想到，绵竹将同样成为自己的葬身之地。

据《世语》，被司马昭派来监视邓艾的师纂也与邓艾同死。他与邓艾不是一党，当时可能负责押解邓艾。师纂平素里"性急少恩"，在营中结仇甚多，故而可能是被来解救邓艾、又与他有宿怨的将士所杀。师纂死时，"体无完皮"，可见其仇人对他多么痛恨。

卫瓘杀邓艾，阴险恶毒，大失名士的风度，在当时就遭到了有识之士的唾弃。杜预当众怒责卫瓘，说他"既无德音，又不御下以正，是小人而乘君子之器"，卫瓘无言以对，只能向杜预致歉。二十七年后，卫瓘终究难逃命运的报复，他卷入了晋室诸王的政治斗争中，为贾南风、司马玮矫诏冤杀，祸延子孙。

成都之乱，死伤甚多，绵延数日才逐渐平定下来，司马昭以袁邵为益州刺史，并于二月辛卯（初一）颁布特赦令，赦免在蜀地的将士。这场变乱中，三国后期最杰出的三位奇才姜维、钟会、邓艾一朝被戮，司马昭无疑成为最大赢家。他既完成了灭蜀这样的不世之功，又手不沾血地让三人自相缠斗，同归于尽，自己作壁上观，坐享其成。他们之中，钟会志大才疏，死得其所；姜维计败身死，令人扼腕；而邓艾本没有叛逆之心，不过是政治情商差了一些，他的死最为冤屈。

邓艾死后，在洛阳的诸子被全部诛杀，妻子和孙子被流放西域，可见司马昭对邓艾一直心怀不满，根本没有打算为他恢复名誉。还是到司马炎登基之后，为了展现自己的仁君人设，才给邓艾连同此前被司马懿除掉的王凌平反，赦其子孙，允许祭祀[1]。后来在议郎段灼、给事中樊建

---

[1] 邓艾死后，其祠庙在蜀中颇多。《太平寰宇记》载，邓艾死后葬于遂州小溪县（今四川遂宁），有祠存。又《蜀中名胜记》载剑阁县有邓艾祠及唐人所立碑石。又据《宋史》，南宋龙州（今四川平武一带）有邓艾祠，知州洪咨夔毁邓艾祠，更祀诸葛亮，告其民曰："毋事仇雠而忘父母。"又据地方志，四川夹江县九盘坂有邓艾庙，明县令董继舒撤邓艾庙，投其塑像于水，改祀诸葛武侯。今四川省剑阁县北庙乡孤玉村孤玉山上存有邓艾邓忠墓。此外，今陕西省蒲城县洛滨镇前阿村有邓艾墓，墓前原有祠，存有前秦建元三年（367）冯翊护军郑能进所立《邓太尉祠碑》，今藏西安碑林博物馆。

等人的谏言下，司马炎于泰始九年（273）下诏肯定了邓艾的功勋，以其嫡孙为郎中。

钟会无后，其所养钟毓二子钟邕、钟毅，一随其死于成都，一为司马昭所诛。钟毓已于钟会入蜀的景元四年（263）冬病逝，司马昭念及钟毓生前所言，赦免其二子钟峻、钟迪，使钟繇幸免绝嗣之难。钟会功曹向雄为钟会收葬尸首，司马昭嘉其大义，不予责罚。

姜维死后，其妻子亦被乱兵所诛。《世语》云，姜维死后，魏兵剖开其尸，见胆大如升（汉代 1 升合今 0.2 升）。对于姜维的评价，后世一直有着较大的争议。季汉旧臣郤正从生活作风的角度认为姜维"乐学不倦，清素节约，自一时之仪表也"，并表示以身死族灭来贬损姜维有失《春秋》褒贬之义。晋人孙盛对姜维持全盘否定的态度，责他不忠、不孝、不义、不节、不智、不勇，"实有魏之逋臣，亡国之乱相"。晋人干宝为姜维的死惋惜，他认为姜维应当在"国亡主辱"的时候死去，而不应当与钟会一起制造叛乱而死。陈寿、常璩等两晋史家也多从姜维穷兵黩武、致使国家衰亡的角度，对其评价偏向负面。随着时间的沉淀，人们对姜维的评价也在发生着改变。经历过亡国之痛的胡三省虽也认同姜维对于季汉之亡负有重要责任，但对姜维的赤胆忠心也不吝赞颂之词："姜维之心，始终为汉，千载之下，炳炳如丹。"他认为陈寿、孙盛、干宝对姜维的贬损是不合适的。同样是亡国遗民的王夫之在《读通鉴论》中认为，虽然姜维北伐屡败屡战，民怨沸腾，但其有不得已之苦衷，出发点仍是为了蜀汉之图存，应当对姜维报以同情之理解①。

景元五年（264）三月己卯（十九日），捧着灭蜀的胜利果实，踩着姜维、钟会、邓艾、诸葛瞻、刘谌、傅佥等许多人的鲜血，司马昭如愿进爵晋王，加十郡封邑，距离称帝只剩一步之遥。但益州的战争并未结束，就在此时，一支两千多人的汉军还在永安城苦苦坚守。他们的对手不是魏军，而是昔日的盟友东吴。

汉军的最后一战

刘禅出降后，自汉中至成都的汉军尽皆受命献城，但

---

① 姜维墓今存四座，皆为纪念性质的衣冠冢：一在四川省剑阁县剑门关景区内；一在四川省芦山县东北龙尾山上，又名"胆墓"；一在甘肃省甘谷县姜家庄村后山上；一在甘肃省天水市天水镇东北的黄家坪山上。

当时益州还有两个区域魏军没有涉足，并保持有相当数量的军事规模，那就是巴东和南中。

巴东郡，刘备入蜀之后从巴郡分出，初名固陵郡，章武元年（221）改巴东郡，领永安、朐忍、汉丰、羊渠（后改南浦）、北井五县，是益州的最东端。其中永安（今重庆奉节）与吴境毗邻，控扼长江，沟通三峡，是季汉的东陲重镇，被法正形容为益州的"福祸之门"。夷陵之战后，刘备退保永安白帝城，崩逝于此，让这里在季汉历史上留下了悲情的一笔。而永安宫的榻前托孤，也悄然为这个国家翻开了新的一页。

诸葛亮主政之后，汉、吴复交，永安不再需要驻守重兵。于是中都护李严徙治所于巴郡江州县，留征西将军陈到督永安。在此后三十余年的历史中，除了两次增兵以应对东吴变局以外，永安地如其名，一直没有战争发生。

魏伐蜀之时，都督巴东的是右大将军阎宇。成都告急，朝廷召阎宇率兵回援。阎宇留两千人在永安，将守卫季汉东大门的重任交给了巴东太守罗宪。

罗宪，一作罗献，字令则，襄阳人。父罗蒙，避难入蜀，官至广汉太守。罗宪少年知名，师从谯周，被同门喻为子贡。他初为太子舍人、宣信校尉，曾出使东吴，但后来因为不肯阿附黄皓，被左迁至巴东太守。或许因为同为荆州人的缘故，阎宇对他十分信赖，拜他为领军，作为自己的副手。

阎宇走后，不久就传来刘禅出降、魏军入成都的消息。永安城内人心浮动，流言纷纷，长江沿岸许多城邑的官员都弃城而走。罗宪带兵巡城，当众斩杀了一名传言成都大乱的人，以儆效尤，城内方才安定了下来。几天后，罗宪接到了刘禅敕令投降的诏书，他率领所部在永安都亭为亡国的季汉哭祭三天。但他没有等到魏国的官员，却等到了吴国的大军。

早在邓艾奇袭江由时，刘禅就派使者向东吴请求救兵。汉吴唇齿相依，吴主孙休不能坐视不管，于是他一面派征西将军留平至南郡，与负责荆州军事的上大将军施绩商议援蜀的兵力部署，一面分兵两路伐魏，使大将军丁奉向寿春，将军丁封、孙异向沔中，以便趁魏蜀交战之时从中牟利。但很快，西陵督陆抗传来消息，刘禅已经出降，孙休只得召回了丁奉诸军。但他不甘心此次出师无功，便打上了永安的主意，他派建平太守盛曼率军西上，名为救援，实际上是想要趁乱攻袭罗宪。

罗宪站在白帝城头，望着眼前雄奇险峻的长江三峡，知道自己此时也处在历史的三峡之中。他和他的军队已经没有了母国，此时他所做的任何决定，都可能决定着自己未来的命运。他手中仅有两千人，没有义务为魏人守城，顺势投吴似乎也不失为一种选择。但与宿敌曹魏相比，罗宪和他的永安守军更痛恨吴人。且不说夷陵之败的创伤还在蜀人心中隐隐作痛，单是东吴这种趁火打劫的卑鄙伎俩，就足以让每一个有气节的蜀人愤怒。罗宪召集众将，高声说道："国家亡了，吴国本来是唇齿之邻，他们不仅见死不救，反而乘人之危，我们怎么能给吴人当降虏呢！"吴军的来袭，反而让罗宪坚定了降魏的决心。

建平郡与巴东郡相邻，所以盛曼来得很快。他仍然伪装成盟友的身份，派人谎称自己来是"献合从之计"，想骗开城门。罗宪让参军杨宗怒斥："别说城门了，城中一撮土都不会给你们！"罗宪率军趁着夜色，衔枚突袭吴军，盛曼大败而归。罗宪退守城池，修缮城郭，准备兵甲，鼓舞士卒，众人士气高涨，都愿意为他效命。

于是，三国史上戏剧性的一幕发生了。在季汉亡国之后，两千多名季汉将士还在为了国家而战，他们的敌人是昔日的盟友，而他们的盟友是昔日的敌人。

罗宪知道吴人不甘心失败，势必卷土重来，靠着他这点兵力很难守住这座孤城。他焦急地等待魏国前来接收的官员，但没想到跨过年来，成都发生了钟会之叛，蜀中百城无主，局面更加混乱，永安更没有人管了。二月，东吴对永安发动了第二次攻势，领兵者是吴丞相步骘之子、抚军将军步协，他曾随父长期在西陵驻守，对三峡一带的地理形势比较了解。但永安城面朝瞿塘峡口，长江环绕，水流湍急，城墙坚固，易守难攻。罗宪让弓箭手在城头向江中的吴军水师放箭，吴军不能抵御，只能稍退。趁此机会，罗宪忙派杨宗突围北上，向都督荆州军事的魏安东将军陈骞告急，同时他又派人将城中文武官员的印绶送往洛阳，还把自己的儿子也送去做了质子，以此向司马昭表达忠心，换取魏军的尽快来援。步协前来攻城，罗宪率军迎击，大破吴军，步协退走[①]。

吴军两度败北于永安城下，让孙休恼羞成怒，他继续

---

① 《华阳国志·巴志》对此战亦有记载，但与《襄阳记》《晋书》有较大出入："蜀平，献仍其任，拜凌江将军，领武陵太守。泰始二年，吴大将步阐、唐咨攻献，献保城。咨西侵至胸忍。故蜀尚书郎巴郡杨宗告急于洛，未还，献出击阐，大破之，阐、咨退。"《华阳国志》将此战系于晋泰始二年（266），应为误记。《华阳国志》称吴将唐咨参与此役亦与史实相违，唐咨早在六年前的寿春之役就降魏了。不过《华阳国志》所提供的史料亦有价值，如步阐可能参与此役，东吴水师可能西侵至胸忍一带。

派西陵督、镇军将军陆抗，征西将军留平增兵三万，与步协、盛曼合兵一处，对永安发起第三次进攻。这一次，吴军凭借兵多，将永安团团围住，昼夜攻打。这场围城战足足打了六个月，从二月持续到七月。时值盛夏，城中不仅缺粮少药，还爆发了疫病，兵士感染大半，死伤惨重。眼看就要守不住了，有人劝罗宪弃城而走，或者向南逃往牂牁，或者向北投奔上庸。罗宪厉声道："我既然作为一城之主，就是百姓们的依靠，如果我因为不能守住城池就抛弃他们，自己逃跑，那不是君子作为。我誓与此城共存亡！"将士们为罗宪的义烈所鼓舞，个个斗志昂扬。

魏国起初可能是想要坐观成败，袖手旁观，但看到罗宪坚守了半年，也为他的不屈精神打动。于是，魏国采取围魏救赵之策，派遣刚出任荆州刺史的胡烈率步骑二万南下攻击东吴重镇西陵（今湖北宜昌），陆抗等人担心后方有失，只好退还。永安之围终于解除。

陆抗是丞相陆逊次子，是东吴最后的名将，文武兼备，极善用兵。孙休以他出镇西陵，负责东吴长江防线西线军政，其都督区东起关羽濑（益阳），西至白帝城（永安）。然而，永安之战成为陆抗耻辱的一战，这不仅是军事上的失败，更是道义上的失败。季汉覆亡和永安之败为吴

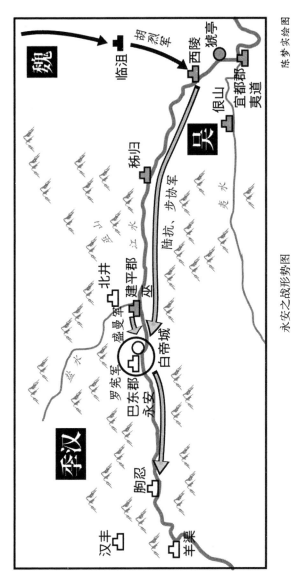

陈梦实绘图

永安之战形势图

主孙休带来了巨大的心理压力，当月，孙休就发病崩逝，群臣拥立乌程侯孙皓即位。

在季汉寂寂无闻的罗宪，凭此战获得了他在新政权的入场券。司马昭拜罗宪为凌江将军、巴东监军，封万年亭侯，继续镇守巴东郡。后来，东吴武陵郡四县发生民变，司马昭又以罗宪遥领武陵太守，对东吴荆州展开搅扰。突围求救的杨宗也因功被封为安蛮护军，后接替罗宪任武陵太守，驻南浦县（今重庆万州），诱使昔日季汉的盟友武陵蛮夷反吴。

晋朝建立后，罗宪进封西鄂侯，入朝，进位冠军将军，假节，被赐予鼓吹和山玄玉佩剑。司马炎大宴于洛阳华林园，专门召见了季汉遗臣子弟，并向罗宪询问他们之中有哪些人才可以叙用。罗宪举荐了常忌、杜轸、寿良、陈寿、高轨、吕雅（吕乂之子）、许国、费恭（费祎之子）、诸葛京（诸葛亮之孙）、陈裕（陈祗之子）十人，他们后来都被晋朝录用。罗宪回到永安后，为晋朝袭取了吴国的巫城（今重庆巫山），并上伐吴之策。史载，罗宪"方亮严正，待士不倦，轻财好施，不治产业"。西晋泰始六年（270），罗宪去世，其子罗袭代领其部曲。其侄罗尚，在西晋末年的乱世中出任平西将军、益州刺史，镇守巴蜀，在与李特的战事中续写襄阳罗氏家族的传奇。

与罗宪一样，主政南中的季汉旧臣霍弋也在季汉亡国之后主动向司马昭表示归附，并得到了继续镇抚本地的权力。

霍弋，字绍先，南郡枝江（今湖北枝江）人，梓潼太守霍峻之子。霍峻在刘备与刘璋相攻之时，仅率数百兵坚守葭萌城，抵抗刘璋军万人围攻，坚守长达一年，还出击斩将，创造了战争奇迹。可惜霍峻早死，未能在后来的战事中发挥作用。作为季汉的"将二代"，霍弋在刘禅为太子时就担任太子舍人，与刘禅关系密切。诸葛亮北伐，霍弋被征为记室，与诸葛乔共同参与运输物资的任务。刘禅立太子后，选择自己信赖的霍弋为太子中庶子，指导太子学习。太子刘璿喜爱骑射，游乐无度，霍弋常进言规劝。

南中自马忠担任庲降都督后，大体比较稳定。马忠之后，张松之子张表继任。张表之后，阎宇继任。霍弋被任命为参军，派往南中担任阎宇的副手，后又转护军，领永昌太守。他率兵讨伐永昌夷人叛乱，斩其豪帅，一郡安定。阎宇调往巴东后，霍弋以建宁太守统南中诸事，景耀六年（263）又进号安南将军。

　　霍弋在南中听闻魏军来伐的消息，连忙上表请求回成都协助御敌。但刘禅以防御策略已定为由，拒绝了他的请求。霍弋怎么也想不到，他再一次听到成都传来的消息，就是刘禅出降了。霍弋素服举丧，为亡去的季汉哭祭三日。但他并没有立即向魏国上降书。左右追问原因，霍弋说："如今南中与成都的道路阻隔，消息不畅，我还不知道主上的安危和去向，不能现在做决定。如果主上受到魏国的礼遇，我以南中归降也不迟。万一主上受难或者受辱，我就将以死与魏军相对抗！"

　　数月后，霍弋得知刘禅被迁往洛阳，这才统率南中六郡的太守、将领向魏国上表请求归附。司马昭对霍弋的行为很赞赏，仍封他为南中都督，统领南中诸郡。不久，东吴交州爆发叛乱，司马昭又以霍弋遥领交州刺史，派兵东进，与东吴争夺交州。晋泰始六年（270），司马炎以南中云南、建宁、永昌、兴古四郡置宁州。从霍弋开始，霍氏家族世守宁州，逐渐成为拥有私人部曲、在南中盘根错节的大姓豪族。在云南昭通发现的东晋霍承嗣墓壁画，画面上墓主人身份高贵，其下方绘有众多夷汉部曲士卒，这是霍氏家族在南中地位与实力的真实反映。

安乐公

在司马昭进位晋王的八天后，即景元五年（264）三月丁亥（二十七日），在成都之乱侥幸存活的刘禅举家来到了洛阳。当时魏廷下诏，要内迁季汉遗臣三万家于河东及关中，复二十年田租，所以更多的季汉臣子们要照顾家人老小，无法陪同刘禅，唯有原秘书令郤正、殿中督张通二人舍弃家眷，单身跟随刘禅，让刘禅十分感动。

从某种意义上来说，刘禅实现了诸葛亮"还于旧都"的梦想，只是汉室已经彻底死去了。在这座陌生的都市里，刘禅感到了前所未有的荒诞与寂寥。

司马昭使太常策命，封刘禅为安乐公①，食邑万户，赐

---

① 安乐公之封邑有两说。一说为渔阳郡安乐县。魏景初二年（238）六月，省渔阳郡之狐奴县，复置安乐县。其古城遗址今存，即北京市顺义区后沙峪镇古城村北的安乐古城遗址。《晋书·地理志》云："燕国安乐县，国相，蜀主刘禅封此县公。"渔阳郡地近刘禅祖籍涿郡，合乎爵封本县之义。一说为上庸郡安乐县。《华阳国志·汉中志》云："安乐县，咸熙元年为公国，封刘后主也。"《华阳国志·后贤志》载，刘禅之子刘恂嗣位安乐公后，淫乐无道，上庸太守王崇为书谏责，亦可证安乐公封邑在上庸郡。然《晋书·地理志》上庸郡条下无安乐县。未知孰是。不过，安乐公封邑仅具象征意义，刘禅北迁后一直在洛阳居住，并未就封国。

绢万匹，奴婢百人。据《汉晋春秋》载，司马昭在洛阳大摆筵席，款待刘禅，接下来就是妇孺皆知的"乐不思蜀"的故事：

> 司马文王与禅宴，为之作故蜀技，旁人皆为之感怆，而禅喜笑自若。王谓贾充曰："人之无情，乃可至于是乎！虽使诸葛亮在，不能辅之久全，而况姜维邪？"充曰："不如是，殿下何由并之。"他日，王问禅曰："颇思蜀否？"禅曰："此间乐，不思蜀。"郤正闻之，求见禅曰："若王后问，宜泣而答曰'先人坟墓远在陇、蜀，乃心西悲，无日不思'，因闭其目。"会王复问，对如前，王曰："何乃似郤正语邪！"禅惊视曰："诚如尊命。"左右皆笑。

一句"此间乐，不思蜀"，将刘禅钉在了中国古代昏君的耻辱柱上。当然也有人倾向认为，这是刘禅大智若愚，装傻自保的一种策略。面对司马昭这样连当朝皇帝都能弑杀的狠辣角色，只有将自己扮演成昏聩无能之辈，才能消除他的戒心，让自己苟活下去。

从蜀地北来的宗室、臣子们也都得到了封赏。季汉宗室都被封为三都尉（奉车都尉、驸马都尉、骑都尉），封侯者五十余人，其中，刘禅之弟、原甘陵王刘永与刘禅之侄、原安平王刘辑（刘理之子、马超外孙）皆封奉车都尉、乡侯。季汉遗臣中，尚书令樊建、侍中张绍、光禄大夫谯周、秘书令郤正、殿中督张通并封列侯，董厥、樊建二人入司马昭相国府为参军。

大量季汉遗臣被迁徙至河东郡居住，包括诸葛亮之孙诸葛京、诸葛乔之孙诸葛显、刘封之子牙门将刘林、黄金围督柳隐等。也有迁回原籍的，如孟达之子、议督军孟兴徙往扶风郡。还有一些与曹魏有渊源的汉臣，如督军裴越是季汉光禄勋裴儁之子，也是魏尚书令裴潜之侄、尚书仆射裴秀的堂兄弟，他迁回洛阳，拜议郎。

也有人没能来到洛阳。右车骑将军廖化、镇军大将军宗预都已年逾七十，作为见证季汉建立的一代人，他们目睹了季汉由衰到亡的全过程。在北上的路途中，两位老将相继病卒。

谯周因劝刘禅出降有功，被司马昭封为阳城亭侯，并被征辟入朝为官。谯周年迈，至汉中遇疾病不能前行，停滞数年。司马炎即位后，多次下诏催促谯周进京，直到西晋泰始三年（267），谯周才拖着病体抵达洛阳。司马炎拜谯周为骑都尉。谯周觉得自己没什么功劳，想要推辞自己的爵位，但没有得到批准。泰始六年（270），谯周在洛阳去世。一百多年后，他的家族将出现一个叫谯纵的人，于乱世之中在成都称王，割据巴蜀，实现了谯周生前想也不敢想的益州人"当家做主"的梦想。

谯周在蜀中门生弟子众多，其中有四人最为优秀：文立、陈寿、李密、罗宪，同窗们将他们分别比作孔子门徒中的颜回、子游、子夏、子贡。颜回是孔门中的道德楷模，文立在谯门中也以德性称著。文立，字广休，巴郡临江（今重庆忠县）人。他少游太学，精通群书，为费祎辟为益州从事，又为费祎大将军东曹掾、尚书。蜀亡后，魏分益州置梁州，文立是首任梁州别驾。司马炎即位后，开始大量征召季汉故地梁、益二州的才俊，于是让文立出任济阴太守，后征召回朝任太子中庶子，辅佐太子司马衷。文立累迁至散骑常侍、卫尉、梁益二州大中正，是季汉遗臣中入晋官位最高者。他死后，司马炎特意让人将他还葬于蜀地，为他举行丧事，修葺墓冢。

陈寿、李密均以文学出众，两人后来也都因为作品传世而名留青史。陈寿，字承祚，巴西安汉（今四川南充）人。李密，一作李宓、李虔，犍为武阳（今四川彭山）人。他们都出生于诸葛亮主政的季汉建兴年间，李密长陈寿九岁。两人少时皆学养深厚，李密治《春秋》左传，博览五经，陈寿治《尚书》《春秋三传》，精读《史记》《汉书》。两人仕官都在季汉末年姜维北伐之时，都曾出任宰辅大臣的僚属。李密曾任大将军府主簿（推测可能是费祎幕府），陈寿曾任卫将军府主簿（推测可能是姜维幕府）。李密任尚书郎时出使东吴，辩才为吴人所服。陈寿担任过一段时间的东观令史，东观是皇家的藏书、著书机构，陈寿在此阅读了大量史料典籍，这为他后来写史打下了良好的基础。

刘禅出降，陈寿和李密都成了亡国之臣。邓艾听闻李密之名，想延请他做自己的主簿，李密拒命不从，归家侍奉祖母，开塾讲学。陈寿则因为在父丧期间使婢女服侍自己喝药，被人借题发挥，攻击他不守孝道，导致很长一段时间都无法被叙录为官。他干脆赋闲在家著书立说。因为早早归隐，两人得以免遭成都之乱的影响，但也因为地位低微，所以他们并不在内徙的季汉遗臣之列，留在了蜀地。

司马炎即位后，诏令梁、益二州举荐贤才，陈寿、李密都在推荐之列，而他们从此走上了两条不同的路。李密生而丧父，母亲改嫁，他是在祖母刘氏的抚养下长大的。

李密原本就想用余年奉养祖母，再加上亡国之痛，让他对仕官丧失了兴趣。西晋泰始三年（267），李密被征为太子洗马，入朝听宣，李密多次拒绝，但郡县长官一再逼迫他赴任，并威胁要以抗旨罪论处。李密无奈，写下了一篇文章，详细陈述了自己的身世经历和与祖母的感情，解释了自己为侍奉祖母而不能奉诏为官的苦衷。文章洋洋洒洒，文采斐然，尤其是文中不断提到的孝道，与司马炎"以孝治天下"的理念相合，让司马炎十分感动。司马炎赏赐了李密奴婢二人，嘉勉他的孝心。李密凭借这篇《陈情表》成就了他的孝行。他在《晋书》中被列为《孝友列传》之首。

陈寿则以著述走上了史家之路。他在益州隐居期间，广泛搜集蜀、巴、汉中等地的史料，创作了一部以记录益州先贤人物为内容的《益部耆旧传》，共十篇。这部著作可以视为陈寿著三国史的前奏，也让朝廷注意到了他的才华。散骑常侍文立将他同窗的这部著作呈给司马炎看，司马炎很是喜欢，再加上另一位同窗罗宪也曾举荐过陈寿，于是司马炎令州郡举陈寿为孝廉，征为佐著作郎，后升著作郎。

据《晋书·职官志》，著作郎始置于魏明帝太和中，隶属中书省，其前身正是两汉东观负责著史的官员。晋置著作郎一人，谓之大著作郎，专掌史任，又置佐著作郎八人。晋廷对著作郎的要求十分严格，刚到任的著作郎都必须先撰写一篇名臣传记，作为考核，合格后方能正式任职。陈寿在著作郎的任上接到的一个重要的任务，就是将诸葛亮生平著述整理编纂成一部文集。西晋泰始十年（274）二月一日，已经出任平阳侯相的陈寿终于完成了这一重任，将编纂好的《诸葛氏集》共二十四篇呈送给司马炎。这部文集总字数达 104112 字，原书虽已亡佚，仅存零散篇章，但从保留下来的目录中可以看到，集中囊括了诸葛亮生前撰写的大量文书、论述、书信、法令、军令等，内容非常丰富。陈寿在上书中，还追述了诸葛亮的生平功业，等于是为诸葛亮作了一篇小传，这成为他后来创作《三国志》名臣列传的基础。陈寿对诸葛亮不吝赞美之词，文中特意提到诸葛亮死后，在巴蜀士民心中还存在着巨大的影响力："至今梁、益之民，咨述亮者，言犹在耳，虽甘棠之咏召公，郑人之歌子产，无以远譬也。"

在上书中，陈寿还特意解释了一个关于诸葛亮文风的问题。当时有人批评诸葛亮的文章"文彩不艳"，认为他的话语"过于丁宁周至"。陈寿不这么认为，他说，皋陶和周公都是圣贤，但《尚书》中的《皋陶谟》"略而雅"，周公的

《大诰》"烦而悉"。究其原因，是因为说话对象不同，皋陶说的话是跟舜、禹这样的帝王对谈，而周公说的话是面向普通大众，所以就不能太深奥艰涩。陈寿的意思是，诸葛亮与周公一样，经常跟下级打交道，所以言语才会朴实、琐碎一些。无独有偶，《晋书·李密传》记载，李密在祖母去世后入朝为官，司空张华问他："孔明言教何碎？"李密答："昔舜、禹、皋陶相与语，故得简雅；《大诰》与凡人言，宜碎。孔明与言者无己敌，言教是以碎耳。"其语与陈寿所言几乎完全一致。如果不是史官誊抄之误的话，那就是陈寿、李密两位同窗在对诸葛亮的评价上早已形成了共识。他们生于建兴，长于延熙，耳濡目染着蜀中百姓对诸葛亮的崇敬与爱戴，对诸葛亮有着十分深厚的感情。他们是诸葛亮治蜀的受益者，也是诸葛亮形象的维护者。而作为季汉遗臣，他们在赞美诸葛亮的同时，实际上也是在捍卫蜀人的尊严。

晋平吴之后，陈寿又获得东吴的典籍档案，于是他集合三国史料，开始撰写《三国志》。在《三国志》中，陈寿虽出于晋朝政治立场的需求，以魏为正统，将曹操、曹丕、曹叡等魏主以"本纪"的体例撰写，但在行文中，他却不遗余力地提升季汉的地位。如他将《蜀书》《吴书》

与《魏书》分开撰写，而不是将蜀、吴君臣作为"载记"附着在《魏书》之后，体现出了难能可贵的实事求是的精神。又如他在写刘备、刘禅传记时，虽以"列传"为名，但用的是"本纪"的体例，即在传中勾勒出其在位时期国家大事的编年，这是用春秋笔法来确立刘备、刘禅的君主地位。在《先主传》中，陈寿书刘备的姓名而加"讳"字，书刘备去世而加"殂"字，但在《吴主传》中却没有这么用，这也充分体现了陈寿在史书中对刘备及季汉政权的抬升。在《诸葛亮传》中，陈寿特附《诸葛氏集》目录及上书表，这一行为被清人王鸣盛评为"创史家未有之例，尊亮极矣"。

　　陈寿与李密都无法回避一个问题，就是如何评价他们的亡国之君刘禅，而他们两人也都给出了公允不失体面的回答。张华曾问李密："安乐公何如？"李密语出惊人："可次齐桓（可以比得上齐桓公）。"张华连忙问他原因。李密说："齐桓公任用名臣管仲得以称霸，任用小人竖刁而败亡。而安乐公任用诸葛亮而抗魏，任用黄皓而亡国，成败都是一样的。"滴水不漏，可谓绝妙。陈寿则在《三国志·后主传》的评语中说："后主任贤相则为循理之君，惑阉竖则为昏暗之后，传曰'素丝无常，唯所染之'，信矣哉!"他认为,刘禅任用贤相诸葛亮就是明君,宠溺宦官黄皓就成了昏君。他就像一条白色的丝绸,被什么样的颜料所染,就成了什么样的颜色。

李密与陈寿这对师兄弟,又一次达成了默契。的确,刘禅不过是一个平庸之人,只是不幸生在帝王之家,不幸生在一个英雄辈出的乱世之中,从而不幸成了千古以来昏君的代名词。可惜这些话,他们的故主刘禅看不到,也听不到了。西晋泰始七年(271),刘禅在洛阳去世,享年六十五岁,谥曰思公。他入洛阳之后,除了一次在司马昭接见吴国使者纪陟的宴会上陪坐外,再也没有任何事迹记载。他目睹了魏主禅让、司马炎登基的盛大场面,但他没有等到吴主北来的那一天,没能实现魏、汉、吴三主的历史性会面。

刘禅去世八年之后,即晋咸宁五年(279)十一月,司马炎经过多年蓄力,终于发起伐吴之役。伐吴大军共分六路:琅琊王司马伷出涂中、安东将军王浑出横江洞口,这两路从徐州、扬州南下长江下游,牵制吴军主力;建威将军王戎向武昌、平南将军胡奋向夏口、镇南大将军杜预向江陵,这三路从荆州、豫州南下夺取长江中游的战略要地。

　　而此次伐吴最重要的一支部队，是龙骧将军王濬、巴东监军唐彬率领的水师。

　　早在七年前，司马炎就采纳羊祜的建议，以王濬为益州刺史，都督益、梁二州诸军事，在巴蜀建造战船，训练水师。造船产生的大量木屑顺江流到了吴境，但没有引起吴主孙皓的重视。如今，这支由巴蜀的劳工、巴蜀的木材打造的浩大的舰队，载着巴蜀的将士，沿着当年费祎、宗预、樊建、李密等蜀使出访东吴的路线，顺长江东下，如入无人之境，在次年的三月壬寅（十五日）抵达吴都建业城下，吴主孙皓像当年的刘禅一样，舆榇自缚出降。

　　晋灭吴，实际上成了蜀灭吴，来自蜀地的士兵、水手与船工，成为三分归一统这一历史时刻的第一批见证者。

　　而这一年，恰是诸葛亮的一百岁冥寿。

参考文献

陈寿 撰，裴松之 注：《三国志》，中华书局 2012 年版

陈寿 撰，裴松之 注，卢弼 集解，钱剑夫 整理：《三国志集解》，上海古籍出版社 2009 年版

陈寿 撰，裴松之 注：《宋本三国志》，国家图书馆出版社 2018 年版

陈寿 撰，裴松之 注，杨耀坤 揭克伦 校注：《今注本三国志》，巴蜀书社 2012 年版

陈寿 撰，裴松之 注，杜小龙 译注：《三国志裴松之注全文通译》，团结出版社 2018 年版

范晔：《后汉书》，中华书局 2000 年版

房玄龄等：《晋书》，中华书局 2015 年版

司马光 撰，胡三省 注：《资治通鉴》，中华书局 2011 年版

诸葛亮 著，段熙仲 闻旭初 编校：《诸葛亮集》，中华书局 2012 年版

常璩 撰，彭华 译注：《华阳国志》，中华书局 2023 年版

习凿齿 撰，黄惠贤 校补：《校补襄阳耆旧记》，中华书局 2018 年版

刘义庆 著，刘孝标 注，余嘉锡 笺疏：《世说新语笺疏》，
　中华书局，2011 年版

郦道元 著，陈桥驿 校注：《水经注校注》，中华书局 2007 年版

李吉甫：《元和郡县图志》，中华书局 1983 年版

顾祖禹：《读史方舆纪要》，中华书局 2019 年版

萧统 编，李善 注：《文选》，上海古籍出版社 2019 年版

欧阳询等：《艺文类聚》，上海古籍出版社 1998 年版

李昉等：《太平御览》，中华书局 2000 年版

严可均：《全三国文》，商务印书馆 1999 年版

严可均：《全晋文》，商务印书馆 1999 年版

洪适：《隶释 隶续》，中华书局 1986 年版

张怀瓘：《书断》，浙江人民美术出版社 2012 年版

王夫之：《读通鉴论》，中华书局 2022 年版

赵翼 著，王树民 校证：《廿二史劄记校证》，中华书局 2016 年版

钱大昕：《廿二史考异》，上海古籍出版社 2004 年版

何焯：《义门读书记》，中华书局 1987 年版

王鸣盛：《十七史商榷》，上海古籍出版社 2016 年版

吴金华：《三国志校诂（增订纪念版）》，上海教育出版社
　2023 年版

吴金华：《三国志丛考》，上海古籍出版社 2000 年版

赵幼文：《三国志校笺》，巴蜀书社 2001 年版

马植杰：《三国史》，人民出版社 1993 年版

何兹全：《三国史》，人民出版社 2011 年版

王仲荦：《魏晋南北朝史》，上海人民出版社 2016 年版

田余庆：《秦汉魏晋史探微（重订本）》，中华书局 2011 年版

唐长孺：《魏晋南北朝史论丛》，商务印书馆 2010 年版

黎虎：《魏晋南北朝史论》，学苑出版社 1999 年版

柳春新：《汉末晋初之际政治研究》，岳麓书社 2006 年版

祝总斌：《两汉魏晋南北朝宰相制度研究》，北京大学出版社
    2017 年版

高敏：《魏晋南北朝兵制研究》，大象出版社 1998 年版

方诗铭：《论三国人物》，北京出版社 2016 年版

赵昆生：《三国政治与社会》，中国社会科学出版社 2011 年版

朱子彦：《汉魏禅代与三国政治》，东方出版中心 2013 年版

洪武雄：《蜀汉政治制度史考论》，文津出版社有限公司
    2008 年版

仇鹿鸣：《魏晋之际的政治权力与家族网络（修订本）》，上
    海古籍出版社 2020 年版

饶胜文：《大汉帝国在巴蜀（修订本）》，北京联合出版公司

2022 年版

谢伟杰 著，刘子钧 译：《东汉的崩溃：西北边陲与帝国之边缘》，东方出版中心 2023 年版

肖能：《魏晋名士志》，学林出版社 2022 年版

白帆：《〈三国志集解〉研究》，学苑出版社 2019 年版

谭良啸：《三国英雄的情感世界》，西南交通大学出版社 2021 年版

朱子彦：《司马懿传》，人民出版社 2020 年版

方北辰：《陈寿传》，天地出版社 2022 年版

谭其骧：《中国历史地图集》，中国地图出版社 1982 年版

郭沫若：《中国史稿地图集》，中国地图出版社 1996 年版

严耕望：《唐代交通图考》，北京联合出版公司 2021 年版

胡阿祥 孔祥军 徐成：《中国行政区划通史·三国两晋南朝卷》，复旦大学出版社 2017 年版

台湾三军大学：《中国历代战争史》，中信出版社 2019 年版

梁允麟：《三国地理志》，广东人民出版社 2004 年版

宋杰：《三国兵争要地与攻守战略研究》，中华书局 2019 年版

宋杰：《三国军事地理与攻防战略》，中华书局 2022 年版

宋杰：《三国战争与地要天时》，中华书局 2024 年版

孙启祥：《蜀道三国史研究》，巴蜀书社 2017 年版

温骏轩：《地缘看三国：地理如何影响历史选择》，中信出版
　社 2023 年版

孙机：《汉代物质文化资料图说（增订本）》，上海古籍出版
　社 2011 年版

王明珂：《羌在汉藏之间：川西羌族的历史人类学研究》，上
　海人民出版社 2021 年版

成长：《乱世来鸿：书信里的三国往事》，现代出版社 2021 年版

成长：《重返：三国现场》，台海出版社 2023 年版

申超：《秦汉长史研究》，陕西师范大学硕士研究生学位论文
　2010 年

陈乃华：《"夷三族"探源》，《山东师大学报（社会科学
　版）》1989 年第 6 期

张建国：《夷三族解析》，《法学研究》1998 年第 6 期

白帆：《李严"统内外军事"考》，《湖北文理学院学报》
　2017 年第 10 期

张寅潇　黄巧萍：《李严"统内外军事"辨析》，《湖北文
　学院学报》2023 年第 9 期

安剑华：《"东州士"与蜀汉政权》，《成都大学学报（社会
　科学版）》2010 年第 6 期

南山：《说东汉末年曹操徙入扶风、天水的武都氐户》，《中国历史地理论丛》1995 年第 2 期

李昆：《三国时期蜀汉地方武装叛乱探究》，《成都大学学报（社会科学版）》2021 年第 4 期

吕国康：《三国名臣蒋琬籍贯、故里考》，《寻根》2020 年第 2 期

吕一飞：《板楯蛮略论》，《中国魏晋南北朝史学会成立大会暨首届学术讨论会论文集》，四川省社会科学院出版社 1984 年

王兴骥：《魏晋南北朝时期的板楯蛮》，《贵州社会科学》1992 年第 4 期

黄剑华：《廪君与板楯蛮》，《文史杂志》2023 年第 2 期

白帆：《蜀汉无当飞军族属初探》，《成都大学学报（社会科学版）》2012 年第 3 期

申雷：《魏蜀兴势之战新探》，《重庆第二师范学院学报》2020 年第 2 期

王晓毅：《论曹魏太和"浮华案"》，《史学月刊》1996 年第 2 期

瞿正瀛：《交通史著述启发的三国史书写——以诸葛亮、姜维北伐路线为例》，《陕西理工大学学报（社会科学版）》

2017 年第 4 期

瞿正瀛：《蜀汉研究综述》，《湖北文理学院学报》2015 年
第 1 期

陈显远：《"傥骆道"初考》，《文博》1987 年第 3 期

李之勤：《傥骆古道的发展特点、具体走向和沿途要地》，
《文博》1995 年第 2 期

梁中效：《汉魏傥骆道的交通及影响》，《成都大学学报（社
会科学版）》2011 年第 2 期

王艳朋 许国涛 高田等：《秦岭骆谷道——傥骆古道考古调
查述略》，《文博》2017 年第 3 期

韩新明：《执行诸葛亮"南抚夷越"政策的典范——张嶷》，
《汉中师院学报（哲学社会科学版）》1984 年第 2 期

黎虎：《蜀汉"南中"政策二三事》，《历史研究》1984 年
第 4 期

雍际春 李根才：《段谷与上邽地望考》，《天水师范学院学
报》2002 年第 4 期

王瀚尧：《也论姜维"敛兵聚谷"的战略得失》，《湖北文理
学院学报》2016 年第 9 期

郭鹏：《蜀汉后期汉中军事防务及"敛兵聚谷"刍议——兼
谈对姜维的评价》《成都大学学报（社会科学版）》1992

年第 3 期

李文澜：《诸葛亮祭祀所见魏晋隋唐制祀的变化》，《魏晋南北朝隋唐史资料》2003 年

刘森垚：《论历代的诸葛亮崇祀——以官方崇祀为中心》，《成都大学学报（社会科学版）》2014 年第 2 期

陈显远：诸葛亮在汉中的活动遗迹略考》，《汉中师院学报（哲学社会科学版）》1984 年第 2 期

鲜肖威：《阴平道初探》，《中国历史地理论丛》1988 年第 2 期

蓝勇：《历史上的阴平正道和阴平斜道》，《文博》1994 年第 2 期

李龙：《阴平道考略》，《成都大学学报（社会科学版）》2017 年第 1 期

李龙：《阴平道考论》，西华师范大学硕士研究生学位论文 2018 年

李蓉 黄家祥 唐志工等：《四川青川县阴平道考古调查简报》，《四川文物》2021 年第 5 期

徐语杨 刘可欣 徐瑛蔓：《攀木缘崖，穿越古蜀道，最险在阴平｜寻路蜀道》，《封面新闻》2023 年 11 月 19 日

曾穷石：《对江油戍有关史实的考辨》，《成都大学学报（社

会科学版）》2009 年第 6 期

向远木：《蜀汉江油关遗迹考实》，《四川文物》1991 年第 5 期

曾穷石：《诸葛亮信仰与社会控制：从宋代龙州修建武侯祠
　　谈起》，《云南师范大学学报（哲学社会科学版）》2017 年
　　第 5 期

谢人吾：《苻秦〈魏故邓太尉祠碑〉考释》，《文博》1992 年
　　第 4 期

苏逾辉：《从流官到土著大姓：魏晋南中大姓霍氏家族的变
　　迁》，《江苏理工学院学报》2017 第 3 期

后　记

在许多三国故事中，"秋风五丈原"是故事的结尾，而在本书中，它却是故事的开端。

是的，这本书从一开始立意，就是想写一段人们不太熟知的三国史——季汉（蜀汉）的最后三十年。

三国的许多人和事都被反复言说，而三国后期的故事却总是被人们选择性遗忘，是因为那些熟悉的英雄人物都已经退场了吗？是因为历史的色调变得忧伤黯淡了吗？是因为缺乏精彩纷呈的故事情节吗？我以为都不是，而是我们没有找到一个合适的观察角度。

2022 年初春，我与家人驱车从西安前往宝鸡旅行，途中我们特意在岐山县蔡家坡镇的五丈原驻足。很惭愧，我是土生土长的西安人，却是第一次来到这个距离西安仅有一百三十公里的地方。而这一百三十公里，就是诸葛亮离大汉故都长安最近的距离。诸葛亮将人生的终点选择在渭水之滨的这方土塬之上，将遥不可及的梦想与自己枯瘦的身躯一同埋进了历史的长河之中。

2023 年夏末，我陪同一位老师在焦作考察三国遗迹，专程去了修武县的浊鹿城遗址。这是汉献帝刘协人生最后的归宿。虽然地表除了残存的夯土，已经看不出三国时期的任何痕迹，但面对着这片萧索与荒芜，联想到刘协凄凉坎坷的一生，风中依旧夹杂着历史的弦音。

两个同龄人，同一年出生，同一年死去。这不仅仅是一种巧合，也是四百年大汉王朝走向尾声的一种隐喻。公元 234 年，对季汉来说是无比绝望的一年，诸葛亮这座伟岸身躯的轰然崩塌，让举国上下无所适从，其后接踵而至的杨仪、魏延之争又险些将整个国家带入万劫不复之地。即便是这样，季汉作为三国之中最弱小的国家，依然将"汉"这面大旗又打了三十年。三十年，并不短，这个时间占到了整个季汉政权寿命的七成。即便从刘备入主益州算起，它也占到了六成之多。

褪去"诸神时代"的光芒，从公元 234 年开始，三国开始呈现出某种真实的历史底色，曹魏、季汉、东吴都陷入了各自的困局之中：对正统性的质疑、权力的代际过渡、攻守形势的逆转、功勋子弟的崛起、门阀大族的勃兴、民族矛盾的激化等等。在季汉，则尤以皇权与相权之间的博弈最为突出。后主刘禅开始揭开他神秘的面纱，从幕后走向台前。于是我们看到，季汉最后的三十年几乎可以被平均分成蒋琬、费祎、姜维三个主政时期。在此期间，我们也能隐约看到刘禅在逐步收回自己的权力，并且与姜维达成了一种微妙的君臣默契。这是姜维重启北伐的基础，也为姜维北伐的功败垂成埋下了伏笔。

如果说这本书有一条贯穿始终的主线，那么它可能就是后主刘禅与蒋琬、费祎、姜维乃至于诸葛瞻的君臣关系。尤其是刘禅与姜维这对人物，我在书中花费的笔墨最多。我认为传统观念中对这两个人物的认知都有偏差，且往往在评价上容易情绪化、极端化。对于刘禅，"扶不起的阿斗"已经成为他千百年来的昏君标签。但如果他是一个一无所长的君主，你无法解释他在季汉后三十年间在内部权力制衡中展现出的手腕。当然，我也并不赞成近年来互联网上对他"矫枉过正"的"封神"之论。同样，姜维于季汉的功过是非，也在他的身后被争吵了千余年。可惜的是，在很多赞誉者或者訾毁者眼里，姜维已经成为一种想象，一种情绪的输出，而脱离了历史的范畴。

对于历史研究者与写作者而言，越是大众不常触及的历史细节，就越具有探索钩沉的价值；越是大众不太关注的历史角落，就越能勾起我们挖掘的兴趣。在史料有限的条件下，我尝试在本书中对三国后期人物进行重新审视和解读，即便像王平、张嶷、罗宪这样的"小配角"，也拥有属于他们的"高光时刻"。我还尝试着结合军事地理形势，对三国后期的兴势之战、姜维北伐、诸葛恪北伐、寿春之战、魏灭蜀之战、永安之战等重要战役进行比较细致的拆解分析。这些鼓角争鸣的历史现场至今仍然留存在山河表里之间，它们像磁石一般吸引着我去实地走一走、看一看。我已经走访并记录过全国三百余处三国文化遗存，但书中所涉的许多地点我至今还未涉足。我曾计划借着写书的热情，实地走一遍褒斜道、祁山道、洮西道、阴平道，如今亦未能如愿。希望在本书出版之后，能够带上书踏上征程，了却这一夙愿。

本书是我的第五本三国题材历史非虚构作品，从选题萌发到与读者见面，前后历时四年。非虚构历史写作的过程对我而言是一种学业修行，这本书就像是交出的一张结课试卷。每每回忆写作的过程，被时光沉淀下来的都是收获观点与新知的幸福感。在非虚构历史写作中，我一直谨慎地尝试跨出三个小步，即解读力的一步、想象力的一步、文学性的一步。面对恒定而共有的史籍资源，好的历史写作者绝不会满足于对史料简单的堆砌和排列组合，他们会基于对历史客观全面的认知，提炼自己的观点和新解，用合理的推论填补史料的缝隙，并且用优美的文笔将历史的气韵呈现在纸张之上。尽管我现在创作方向已经转向了剧本和小说，但这种写作的训练和经验，将让我持续受益。

感谢中华书局的编辑傅可、董邦冠、李若彬，他们从选题策划到最终出版，全程参与，为这本书做了大量繁琐而细致的工作，贡献了很多精妙的建议。感谢梁满仓、宋杰两位先生拨冗撰写推荐语。本书在出版前，书中部分篇章整理为《建兴十二年》一文，刊发于《北京文学》2025年第 3 期，感谢执行主编师立斌、编辑侯磊的辛勤工作。感谢严保港、瞿正瀛、张睿、刘路、余欢、杜小龙、文大郎、吕峥、周渝、君天、池文汇、白帆、张寅潇等友人在本书撰写过程中提供的宝贵思路和意见。感谢陈梦实帮忙绘制了书中地图。感谢众多友人提供实地拍摄的三国遗迹照片。感谢家人在本书创作过程中给予我的鼓励与支持，家母挥毫赐墨，题写书名，为本书增色良多。读者朋友们对本书或书中所涉历史话题有任何见解和反馈，欢迎在各大自媒体平台搜索"写三国的成长"，期待与您交流。

2025 年 3 月 1 日于北京